Wanderley Fernandes

Cláusulas de Exoneração e de Limitação de Responsabilidade

Wanderley Fernandes

Cláusulas de Exoneração e de Limitação de Responsabilidade

ALMEDINA
BRASIL

Rio de Janeiro, 2025

Cláusulas de Exoneração e de Limitação de Responsabilidade

ALMEDINA é uma empresa do Grupo Editorial Alta Books (Starlin Alta Editora e Consultoria LTDA).

ISBN: 978-85-8493-815-5

Impresso no Brasil — 2ª Edição, 2025 — Edição revisada conforme o Acordo Ortográfico da Língua Portuguesa de 2009.

Dados Internacionais de Catalogação na Publicação (CIP)
(BENITEZ Catalogação Ass. Editorial, MS, Brasil)

F363c
2.ed. Fernandes, Wanderley
Cláusulas de exoneração e de limitação de responsabilidade / Wanderley Fernandes. – 2.ed. – Rio de Janeiro : Almedina Brasil, 2025.
480 p.; 15,7 x 23 cm.

Bibliografia.
ISBN 978-85-8493-815-5

1. Arbitragem (Direito) – Leis e legislação – Brasil. 2. Direito civil – Brasil. 3. Exoneração (Direito). 3. Legislação – Direito – Brasil. I. Título.

03-2025/85 CDU 347(81)

Índice para catálogo sistemático:
1. Brasil : Exoneração e limitação de responsabilidade : Direito civil 347(81)
Aline Graziele Benitez – Bibliotecária – CRB-1/3129

Grupo Editorial Alta Books

Produção Editorial: Grupo Editorial Alta Books
Diretor Editorial: Anderson Vieira
Editora-Chefe: Manuella Santos de Castro
Editor Pleno: Aurélio Nogueira
Vendas Governamentais: Cristiane Mutüs
Gerência Comercial: Claudio Lima

Produtora Editorial: Andreza Moraes
Revisão: Carol Colffield
Diagramação: Natalia Curupana

ALTA BOOKS
GRUPO EDITORIAL

Rua Viúva Cláudio, 291 – Bairro Industrial do Jacaré
CEP: 20.970-031 – Rio de Janeiro (RJ)
Tels.: (21) 3278-8069 / 3278-8419
www.altabooks.com.br – altabooks@altabooks.com.br
Ouvidoria: ouvidoria@altabooks.com.br

Editora
afiliada à:
ASSOCIADO

Aos meus queridos pais, Therezinha e Antonio, que cultivaram em mim o gosto pela leitura e pelo estudo.

WANDERLEY FERNANDES

Doutor pela Faculdade de Direito da Universidade de São Paulo.

Mestre em Direito - LLM - University of Illinois.

Bacharel em Direito pela Faculdade de Direito
da Universidade de São Paulo.

Program of Management Development - Harvard Business School.

Professor da Fundação Getulio Vargas - São Paulo
nos programas de graduação e pós-graduação.

Advogado e árbitro.

AGRADECIMENTOS

Este livro é resultado de minha pesquisa de Doutorado, oportunidade em que tive a valiosa colaboração da professora e orientadora Teresa Ancona Lopez. Desde o título, a sistematização, os problemas formais e, em especial, o conteúdo e a discussão dos temas abordados, nada escapou ao seu cuidado.

Também agradeço e rendo homenagem póstuma ao professor Antonio Junqueira de Azevedo, com quem, em mais de uma ocasião, tive a oportunidade de discutir alguns dos temas abordados no estudo. Foram comentários, recomendações e até mesmo objeções que por vezes provocaram maior ênfase na análise de algumas questões que se revelaram de extrema importância no desenrolar da pesquisa.

Importante destacar os preciosos comentários feitos pelos professores Cláudio Luiz Bueno de Godoy e Nestor Duarte, que, juntamente com a professora Teresa Ancona Lopez, participaram da banca de qualificação. A análise da aproximação do conceito econômico e jurídico de risco e, em particular, do risco como fator de proteção à parte que sofre os danos, deve-se aos comentários de Cláudio Bueno de Godoy. Do professor Nestor Duarte, permaneceu gravada em minha mente uma frase simples, mas de impacto no estudo: visite os clássicos. Foi, sem dúvida, essencial a leitura direta de autores como Josserand, Chironi, os Mazeaud, Paul Durant, Savatier, Ripert, Antonio Chaves, Serpa Lopes, Agostinho Alvim, Alvino Lima e outros para a compreensão da origem de teorias e conceitos que se propagaram no tempo e explicam de maneira profunda a compreensão que temos hoje do fenômeno da responsabilidade civil contratual e aquilina.

Foram igualmente valiosos os comentários, observações e críticas feitas pelos integrantes da banca de arguição, professores Cláudio Bueno de Godoy, Nelson Nery Junior, Otávio Luiz Rodrigues Junior e Francisco Paulo de Crescenzo Marino, além, claro, da professora Teresa Ancona Lopez. A revisão deste trabalho depois da arguição muito deve às contribuições deles recebidas.

Especiais agradecimentos ao colega e amigo Fábio Coutinho de Alcântara Gil que, além dos comentários ao texto final, no período em que ainda cogitava em ingressar no programa de pós-graduação, provocativamente, perguntou-me por que não tratar da limitação de responsabilidade – tema tão afeito à nossa prática da advocacia.

Expresso, também, agradecimentos à Alessandra Nascimento Silva e Figueiredo Mourão e Carlos Francisco de Figueiredo Mourão. Destaco com especial carinho os comentários e incentivos de Alessandra por, em meio às atribulações que a vida lhe trouxe, ter tido a dedicação de ler e comentar o projeto.

Agradeço a Caio Farah Rodriguez e Marco Paulo Peluso pela revisão e comentários ao texto e expresso meu reconhecimento a Rafael Lomelino pela colaboração na pesquisa jurisprudencial à primeira edição.

Meus agradecimentos também a Flávio Maia, com quem dividimos a coordenação dos cursos de contratos empresariais do programa GVLAW da Fundação Getulio Vargas, pelo ônus que teve em maior dedicação aos cursos durante algumas de minhas ausências. Estendo essa gratidão aos colegas Kleber Luiz Zanchin e Paulo Doron Rehder Araujo.

Não posso deixar de reconhecer também o incentivo de meus amigos Luiz Carlos Rossi, Maria Helena Pimentel, Gabriel Nogueira Dias e de todos os colegas das disciplinas cursadas durante o programa do doutorado, que se tornaram queridos amigos, em especial, Lucia Ancona Lopes de Magalhães Dias, Nelcina Tropardi e Gilberto Bergstein.

NOTA DO AUTOR

A decisão de publicar a segunda edição deste trabalho resulta da relevância que o tema ainda tem. Depois de publicar a tese de doutorado, foi possível verificar inúmeras publicações, no Brasil e no exterior, sobre aspectos específicos da questão ou ainda trabalhos de caráter geral sobre a validade e eficácia de cláusula de limitação de responsabilidade. Também na atividade como acadêmico, tive a oportunidade de publicar textos sobre a limitação da responsabilidade pelo inadimplemento da obrigação principal e a validade da cláusula aplicada ao dano ambiental.

Sendo um trabalho acadêmico, era urgente atualizar a literatura a respeito do assunto.

A nova edição atende também ao aspecto prático. No período entre a primeira e segunda edição, tive a honra de ser chamado a elaborar pareceres em arbitragens nacionais e internacionais em que a cláusula era um dos temas centrais. Da mesma forma, atuando como árbitro, juntamente com demais integrantes dos tribunais, tivemos que enfrentar a questão da eficácia da cláusula em projetos de infraestrutura, especialmente diante da misteriosa esfinge da culpa grave, tema tão debatido e ainda enigmático.

Esta edição trazida ao público vem revisada e aumentada. Todos os capítulos sofreram cortes, acréscimos ou revisões. Embora difícil a pesquisa jurisprudencial, pois muitas vezes as cláusulas estão inseridas em contratos complexos, submetidos à confidencialidade da arbitragem, procurei acrescentar novos casos no direito brasileiro e estrangeiro.

A primeira edição refere-se à "fundamental breach" como conceito importante da common law para entendermos a eficácia da cláusula quando o inadimplemento pudesse comprometer a utilidade da prestação. Posteriormente à primeira edição, o Brasil tornou-se plenamente signatário da Convenção das Nações Unidas para Compra e Venda Internacional de Mercadorias (CISG) que, no artigo 25, reconhece o conceito da "fundamental breach". Se antes esse conceito era elemento de interpretação, hoje é parte do direito brasileiro pela via da Convenção de Viena.

Para que ficasse clara a atualização, esta edição contém referência bibliográfica específica, onde é possível verificar os textos que foram publicados posteriormente à primeira edição. Em alguns casos, são textos que ao tempo da primeira edição não estavam facilmente disponíveis, mas a grande maioria, são trabalhos publicados posteriormente.

A evolução tecnológica e a regulação dos agentes econômicos também exerceram impacto relevante. No mundo todo, acordou-se para a relevância da proteção de dados pessoais diante de ciber attacks e vulnerabilidade dos dados pessoais arquivados em inúmeros sites e cuja utilização esteve à mercê de terroristas e criminosos cibernéticos. É possível limitar a responsabilidade do fornecedor que trata dados pessoais? Este foi tema de trabalho de mestrado profissional de autoria de Heitor Carmássio Miranda, coorientado pela professora Monica Guize e por mim, mostrando que o tema adquire novos contornos face ao desenvolvimento tecnológico.

Por razões acadêmicas ou pela prática negocial, espero, com esta nova edição, oferecer mais uma pequena contribuição ao direito das obrigações.

São Paulo, junho de 2024.

SUMÁRIO

INTRODUÇÃO

Os profissionais atuantes em negociação de contratos complexos,[1] como aqueles referentes à execução de obras de infraestrutura ou de

1 Francisco Paulo de Crescenzo Marino menciona operações contratuais complexas "envolvendo duas ou mais partes, estruturadas por meio de dois ou mais contratos unidos por um determinado nexo" (MARINO, Francisco Paulo de Crescenzo. *Contratos coligados no direito brasileiro*. São Paulo: Saraiva, 2009. p. 31-32). É possível, no entanto, que um mesmo contrato apresente complexidade em função de seu objeto. Crescenzo Marino cita Betti, que "observou poderem existir, de um lado, negócios jurídicos únicos, porém complexos, formados por uma pluralidade de atos (declarações ou comportamentos) que vão se integrando em seu conteúdo e são unificados no negócio; e, de outro, 'uma multiplicidade de negócios, coligados em uma *fattispecie* complexa, por meio de nexos que não excluem o valor próprio de cada um deles" (ibidem, p. 61). Autores dedicados à análise econômica do direito, por sua vez, assim definem complexidade: "We treat complexity as a multidimensional concept that can only be judged relative to the contracting environment. Specifically, by 'complexity,' we refer to three dimensions of the contract: (1) the expected number of payoff-relevant contingencies specified in the contract; (2) the variance in the magnitude of the payoffs contracted to flow between the parties; and (3) the cognitive load required to understand the contract. Each component of complexity is measuredalong a continuum: contracts are more or less complex." (EGGLESTON, K.; POSNER, E.; ZECKHAUSER, R. *Simplicity and complexity in contracts*. Disponível em: <http://www.cyberlibris.typepad.com/blog/files/contractsEPosner.pdf>. Acesso em: 6 jan. 2011). Em tradução livre: "Tratamos a complexidade como um conceito multidimensional que só pode ser julgado em relação ao ambiente de contratação. Especificamente, por 'complexidade', nos referimos a três dimensões do contrato: (1) o número esperado de contingências relevantes de pagamento especificadas no contrato; (2) a variação na magnitude dos pagamentos contratados para fluir entre as partes; e (3) a carga cognitiva

alta tecnologia, sabem que uma das mais difíceis cláusulas a negociar, em geral a última, trata da exclusão do dever de indenizar determinados danos ou da limitação do valor da indenização em caso de descumprimento ou cumprimento imperfeito do contrato (cláusula de não indenizar[2]).

Os riscos associados à inexecução ou ao atraso no cumprimento das obrigações e os prejuízos sofridos pela outra parte levam, assim, as empresas a buscar proteção, não apenas na forma de seguro de responsabilidade civil, mas também mediante a inclusão, no contrato, de cláusulas destinadas à exoneração do dever de indenizar certos danos. Essas cláusulas visam, ainda, ao estabelecimento de limites para o valor de indenizações em níveis julgados compatíveis com os riscos do negócio ou de uma operação econômica específica. É nesse sentido que o livro *Law and risks*, editado pela Law Commission of Canada, começa por afirmar no prefácio que contratos gerenciam os riscos da inexecução.[3]

Ao mesmo tempo em que a negociação dessas cláusulas parte de uma legítima discussão a propósito da "justa" alocação de riscos e

---

necessária para entender o contrato. Cada componente da complexidade é medido ao longo de um continuum: os contratos são mais ou menos complexos". Em outras palavras, utilizamos a expressão contratos complexos para designar operações econômicas que se integram a uma pluralidade de negócios jurídicos ou que, pelo seu conteúdo, envolvam, como menciona Betti, uma série de atos que a eles integram e são unificados no negócio. Além disso, a complexidade, no sentido proposto pelos autores americanos, também envolve as contingências, as incertezas e a dimensão dos valores ínsitos à transação, de maneira que todo contrato terá um componente de maior ou menor complexidade.

2 A expressão *cláusula de não indenizar* foi utilizada por José de Aguiar Dias em obra de referência sobre o tema no Brasil (AGUIAR DIAS, José de. *Cláusula de não-indenizar.* 4. ed. Rio de Janeiro: Forense, 1980). Esta Introdução vai tratar adiante da terminologia utilizada neste livro.

3 COMMISSION OF Canada. *Law and risk*. Vancouver: UBC Press, 2005. p. vii.

responsabilidades, a inclusão forçada, ou insidiosa, das cláusulas limitativas ou exoneratórias de responsabilidade por uma das partes representa, por vezes, a imposição do poder de barganha diante do consumidor ou de pequenas empresas em clara desvantagem econômica.

Ou seja, o mesmo tema adquire contornos distintos nos diversos contextos em que é posto.

Este texto analisará os requisitos de validade das cláusulas de limitação ou exoneração de responsabilidade no Brasil, bem como demonstrará que o equilíbrio das prestações e dos deveres contratuais exerce papel importante para o reconhecimento da eficácia dessas alterações convencionais do regime da responsabilidade contratual.

O presente trabalho *manterá o foco nos contratos entre empresas, fora do campo do direito do consumidor*, mas os efeitos que o direito do consumidor tem produzido no mundo dos negócios não serão ignorados. É indubitável que o microssistema consumerista tem influenciado as decisões dos tribunais, mesmo em relações que não se qualificam como de consumo, mormente quando há efetiva desigualdade de poder econômico entre as partes. Isso pode ser observado não apenas no Brasil, mas também em outros países, como veremos adiante.

A opção pela análise das cláusulas limitativas ou exoneratórias de responsabilidade justifica-se pelo impacto que a alocação de riscos tem no momento da formação do contrato.

Em obra sobre o assunto, Ana Prata observa, com correção, que o agente, ao causar dano a outrem, provoca um desequilíbrio patrimonial entre as partes.[4] Em face da natureza patrimonial do efeito do dano, assim como nos contratos de seguro, é possível determinar o preço para o risco assumido pelas partes — considerada a probabilidade de ocorrência e do possível valor do dano.

---

4 PRATA, Ana. *Cláusulas de exclusão e limitação de responsabilidade contratual*. Reimpr. Coimbra: Almedina, 2005. p. 9.

Como avaliar, então, a possibilidade de que o dano decorra do inadimplemento ou do cumprimento imperfeito da própria obrigação principal? Nesse caso, seria razoável, lícito, ou mesmo ético, restringir a responsabilidade do devedor pelo pagamento de uma indenização em face do inadimplemento ou do cumprimento defeituoso do próprio objeto central do contrato?

Tomemos como exemplo o contrato de empreitada. Teresa Ancona Lopez observa, em seus *Comentários ao Código Civil*, que "na empreitada há uma obrigação de fazer seguida de uma obrigação de dar, mas o contrato concentra-se no dar ou entregar".[5] A doutrinadora prossegue, fazendo a distinção entre contrato de prestação de serviços e contrato de empreitada, para concluir que a "prestação de serviço pode ser uma obrigação de meios (a maioria) ou de resultados. A empreitada é sempre obrigação de resultado".

Sendo obrigação de resultado, o desempenho ou funcionalidade da obra integra o conteúdo da obrigação principal. Assim posta a questão, poderia parecer óbvia a impossibilidade de limitação da responsabilidade do empreiteiro pela não entrega ou entrega parcial da obra. Em parecer publicado na obra *Estudos e pareceres de Direito Privado*, Antonio Junqueira de Azevedo enumera quatro exceções à validade das cláusulas de não indenizar, que ocorrem quando: (a) o dano decorre de dolo do agente; (b) a exoneração de responsabilidade é proibida por norma cogente; *(c) diz respeito à obrigação principal*; e (d) interessa à vida ou integridade física das pessoas naturais.[6]

---

5 LOPEZ, Teresa Ancona. *Comentários ao Código Civil*: parte especial — das várias espécies de contrato. São Paulo: Saraiva, 2003. v. 7, p. 243.

6 AZEVEDO, Antonio Junqueira de. Cláusula cruzada de não-indenizar *cross waiver of liability)*, ou cláusula de não indenizar com eficácia para ambos os contratantes. Renúncia ao direito de indenização. Promessa de fato de terceiro.

Essas quatro exceções à validade das cláusulas ora objeto de análise já foram enumeradas por José de Aguiar Dias[7] e têm sido reiteradas sem muita discussão. Este livro, além de consolidar o reconhecimento da validade das cláusulas no país, tem também por propósito discutir cada uma das exceções enumeradas há pouco, para, de maneira crítica, avaliar o seu sentido e a extensão de aplicabilidade ao tema.

Retomemos o exemplo da empreitada e a restrição à exoneração de responsabilidade pertinente à obrigação principal. Duas são as indagações: (a) essa regra é sempre verdadeira? e (b) as exceções à validade da cláusula de não indenizar se aplicam também à cláusula que limita o valor da indenização para o inadimplemento ou cumprimento defeituoso da obrigação principal?

No contrato de compra e venda, a exoneração da responsabilidade pelo descumprimento da obrigação de entrega da coisa, depois de pago o preço, provoca um flagrante desequilíbrio contratual e equivale à frustração do próprio contrato, ficando, evidentemente, afastada a validade de uma cláusula que exonere ou limite a responsabilidade do vendedor pela devolução do preço. O mesmo não é sempre verdadeiro no contrato de empreitada. O empreiteiro, em dado momento da execução do contrato, poderá ter despendido recursos proporcionais ou até superiores aos valores já recebidos do dono da obra. O resultado pode não ter sido atingido, ainda que grande parte da obrigação de fazer haja sido cumprida. Imaginemos, por exemplo, a empreitada que envolva o emprego de tecnologia ainda não testada. O resultado pode jamais ser atingido, ainda que o empreiteiro tenha completado a obra.

Estipulação em favor de terceiros. In: ______. *Estudos e pareceres de Direito Privado*. São Paulo: Saraiva, 2004. p. 201.

7 AGUIAR DIAS, José de. *Da responsabilidade civil*. 9. ed. Rio de Janeiro: Forense, 1994. v. II, p. 671-672.

Nesse caso, o desequilíbrio patrimonial já não serve de justificativa à vedação do limite da indenização ou até mesmo da exoneração do dever de indenizar do empreiteiro.

Por não ser este o momento de dar as respostas a todas as indagações, estas breves notas introdutórias servem tão somente para demonstrar a relevância da matéria.

O tema não é, decerto, inédito. Haja vista o título clássico de José de Aguiar Dias: *Cláusula de não-indenizar*. Porém, essa obra, referência no Brasil e de citação recorrente quando o assunto é contratos, foi escrita em 1947, quando ainda não havia o Código de Defesa do Consumidor, globalização era um tema distante e nem se cogitava falar em sociedade da informação. Em matéria contratual, muito ainda se devia à teoria clássica, própria do liberalismo econômico. O fundamento para a definição do conteúdo do contrato era todo creditado à autonomia da vontade das partes.

Não se trata, portanto, de simples atualização. O novo cenário determina uma nova concepção acerca dos limites da responsabilidade contratual e extracontratual — tema que, aliás, se coloca diante da ambivalência desses conceitos dicotômicos, hoje em processo de superação.[8]

---

8 Fernando Noronha observa que "a bipartição 'responsabilidade contratual' e 'extracontratual' reflete um tempo passado, o da elaboração da distinção, que se dava o máximo relevo às obrigações assumidas no âmbito da autonomia privada, relegando a lugar secundário as não contratuais. Atualmente já se vai reconhecendo que a responsabilidade que será chamada de extracontratual não é simplesmente a que a vai além dos contratos, ela é mais importante, é o regime regra da responsabilidade civil. Por essas razões falaremos apenas em 'responsabilidade civil' e em responsabilidade negocial, abandonando as designações tradicionais de 'responsabilidade contratual' e 'extracontratual'" (NORONHA, Fernando. *Direito das obrigações*. São Paulo: Saraiva, 2003. v. 1, p. 433). De maneira mais provocativa, Grant Guilmore, ao decretar a "morte do contrato" observa que "we are fast approaching the point where, to prevent injust

Dessa maneira, a originalidade do tema reside na sua contextualização e, eventualmente, na demonstração das transformações sofridas em razão do desenvolvimento da tecnologia e da atividade econômica. Além disso, como se verá mais adiante, a questão da validade da cláusula para a limitação ou exoneração do dever de indenizar em razão do inadimplemento da obrigação principal permanece controversa. Depois da primeira edição desta obra, alguns trabalhos evoluíram no sentido de admiti-la, tal como por nós propugnado, mas autores importantes ainda mantêm o entendimento de que não se admite a estipulação da cláusula para essa hipótese.

Embora Aguiar Dias, no livro *Cláusula de não-indenizar*, já tomasse em consideração a evolução do conceito na sociedade industrial, a realidade adquiriu grande complexidade, a ponto de já ser possível tratar do tema de forma bastante diferente ao atualizarmos, ou melhor, contextualizarmos o problema para a sociedade contemporânea.

---

enrichment, any benefit received by a defendant must be paid for unless it was clearly meant as a gift; where any detriment reasonably incurred by a plaintiff in reliance on a defendant's assurances must be recompensated. When that point is reached, there is really no longer any viable distinction between liability in contract and liability in tort" (GILMORE, Grant. *The death of contract*. Edited and with a foreword by Ronald K. L. Collins. 2. ed. Columbus, USA: Ohio State University Press, 1995. p. 96). Em tradução livre: "estamos nos aproximando rapidamente do ponto em que, para evitar o enriquecimento sem causa, qualquer benefício recebido pelo réu deve ser pago, a menos que tenha sido claramente concebido como um presente; onde qualquer prejuízo razoavelmente incorrido por um autor com base nas garantias de um réu deve ser recompensado. Quando esse ponto é alcançado, realmente não há mais nenhuma distinção viável entre responsabilidade contratual e responsabilidade civil" . Nesse sentido, a responsabilidade contratual poderia ser tomada como um regime especial, parte de um regime geral de responsabilidade civil, como pretende Fernando Noronha, ou como totalmente integrada à responsabilidade aquiliana, em um processo de convergência, da qual resultaria uma nova disciplina, ironicamente designada por Grant Guilmore como *Contorts* (ibidem, p. 98).

Por fim, é preciso tecer alguns comentários sobre a linguagem e a terminologia adotadas neste texto.

Muitos autores demonstram que a responsabilidade é inafastável em qualquer relação obrigacional, sendo impróprio falar-se em *exoneração, exclusão* ou *limitação da responsabilidade*; porém, no Brasil, o livro de Aguiar Dias sobre o tema, embora tenha o título *Cláusula de não-indenizar*, refere-se a essa convenção, em inúmeras passagens, como *cláusula de irresponsabilidade* e *cláusulas de limitação* ou *limitativas de responsabilidade.*[9]

Mais recentemente, o saudoso Antonio Junqueira de Azevedo, nas obras *Estudos e pareceres de Direito Privado*[10] e *Novos estudos e pareceres de Direito Privado,*[11] também utilizou expressões como *cláusulas de exoneração* e *limitativas de responsabilidade negocial.*

Outros autores a designam pela expressão *cláusula de não responsabilidade,*[12] porém, no exterior, seja nos países de tradição do direito civil ou da *common law*, predominam as expressões *cláusula de exoneração* e *limitação de responsabilidade.*[13]

---

9 AGUIAR DIAS, José de. *Cláusula de não-indenizar*, p. 24/25.

10 AZEVEDO, Antonio Junqueira de. Cláusula cruzada de não-indenizar (*cross waiver of liability*), ou cláusula de nã- indenizar com eficácia para ambos os contratantes. Renúncia ao direito de indenização. Promessa de fato de terceiro. Estipulação em favor de terceiros. In: ______. *Estudos e pareceres de Direito Privado*, p. 200/201.

11 Idem. Nulidade de cláusula limitativa de responsabilidade em caso de culpa grave. Caso de equiparação entre dolo e culpa grave. Configuração da culpa grave em caso de responsabilidade profissional. In: ______. *Novos estudos e pareceres de Direito Privado*, p. 427/431.

12 BEAUDONNAT, Emile. *Des clauses de non-responsabilité et de l'assurance de fautes*. Paris: Librairie de Jurisprudence Ancienne et Moderne, 1927.

13 Ana Prata, no título de seu livro, adota as expressões exclusão e limitação de responsabilidade contratual (PRATA, Ana. *Cláusulas de exclusão e limitação*

Antonio Junqueira de Azevedo entende que as aludidas expressões são impróprias porque as cláusulas dizem respeito à indenização e não à responsabilidade.[14] Sérgio Cavalieri Filho também critica essas expressões, pois a "cláusula não exime a responsabilidade, não afasta o dever de indenizar, nem elide a obrigação; afasta, apenas, a indenização, a reparação do dano".[15]

---

de responsabilidade contratual. Reimpr. Coimbra: Almedina, 2005). No mesmo sentido, António Pinto Monteiro refere-se a cláusulas limitativas e de exclusão de responsabilidade (MONTEIRO, António Pinto. *Cláusulas limitativas e de exclusão de responsabilidade civil*. Reimpr. Coimbra: Almedina, 2003). Ainda em Portugal, em obra mais recente, Nuno Manuel Pinto Oliveira, em subtítulo de sua obra, menciona cláusulas de exclusão e limitação do dever de indenizar (OLIVEIRA, Nuno Manuel Pinto. *Cláusulas acessórias ao contrato*: cláusulas de exclusão e de limitação do dever de indenizar e cláusulas penais. 2. ed. Coimbra: Almedina, 2005). Na França, expressões semelhantes são utilizadas, como cláusulas exoneratórias ou limitativas (GHESTIN, Jacques (Dir.). *Les clauses limitatives ou exonératoires de responsabilité en Europe* — actes du colloque des 13 et 14 décembre 1990. Paris: LGDJ, 1990) ou, ainda, cláusulas de irresponsabilidade (DURANT, Paul. *Des conventions d´irresponsabilité*. Tese. Paris, 1931). Nos países de tradição *Common law*, os autores referem-se a cláusulas de exclusão (YATES, David. *Exclusion clauses in contracts*. 2. ed. Londres: Sweet and Maxwell, 1982; LAWSON, Richard. *Exclusion clauses and unfair contract terms*. 5. ed. Londres: Sweet and Maxwell, 1998), de isenção ou exoneração de responsabilidade — *exculpation* ou *exculpatory* (FARNSWORTH. E. Allan. *Contracts*. 2. ed. Boston: Little, Brown and Co., 1990. p. 335; e SCHWARTZ, Alan; SCOTT, Robert. *Sales Law and the contracting process*. 2. ed. Westbury: The Foundation Press, Inc., 1991, p. 459). Na doutrina italiana as expressões seguem o mesmo padrão, sendo comuns a exoneração e a limitação de responsabilidade (GALGANO, Francesco. *Il contratto*. Padua: CEDAM, 2007. p. 101; ELGUETA, Giacomo Rojas. *L'autonomia privata e le limitazione della responsabilità patrimoniale del debitore*. Roma: Aracne, 2006; e SACCO, Rodolfo; DE NOVA, Giorgio. *Il contratto*. 3. ed. Torino: UTET, 2004. p. 367).

14 AZEVEDO, Antonio Junqueira de. Op. cit., p. 201.

15 CAVALIERI FILHO, Sérgio. *Programa de responsabilidade civil*. 3. ed. São Paulo: Malheiros, 2002. p. 451.

Ainda que imprópria a expressão, definida a responsabilidade como o dever de indenizar,[16] qualquer isenção ou limitação do valor da indenização importa alterar os limites e interfere na aplicação da própria responsabilidade.

A expressão pura e simples "cláusula de não indenizar", por sua vez, não distingue de imediato se estamos nos referindo a uma liberação integral ou parcial do dever de indenizar. Como veremos adiante, há distinção entre os dois tipos de convenção e, para evitarmos equívocos, utilizaremos expressões como cláusulas exoneratórias ou de exoneração (ou de exclusão) e de limitação (ou limitativas) do dever de indenizar. Opção que justifica, igualmente, o título atribuído a este livro.

---

16 Sílvio Venosa assim se refere à responsabilidade: "O termo responsabilidade é utilizado em qualquer situação na qual alguma pessoa, natural ou jurídica, deva arcar com as consequências de um ato, fato, ou negócio, dano. Sob esta noção, toda atividade humana, portanto, pode acarretar o dever de indenizar". (VENOSA, Sílvio. *Direito Civil IV*: responsabilidade civil. 9. ed. São Paulo: Atlas, 2009. p. 1). Arnold Wald, ao apresentar a distinção entre débito e responsabilidade, sob a formulação da doutrina alemã, observa que a responsabilidade (*Haftung*) "faculta ao credor atacar e executar o patrimônio do devedor a fim de obter o pagamento devido ou uma quantia equivalente acrescida de perdas e danos, ou seja, da indenização pelos prejuízos causados em virtude do inadimplemento da obrigação originária na forma previamente estabelecida" (WALD, Arnold. *Obrigações e contratos*. 12. ed. rev. ampl. e atual. com a colaboração de Semy Glanz. São Paulo: Revista dos Tribunais, 1995. p. 27).

CAPÍTULO 1

RISCO E RESPONSABILIDADE

1.1 Da Revolução Industrial à sociedade da informação

As cláusulas de exoneração e limitação do dever de indenizar são, por vezes, qualificadas como disposições típicas dos contratos por adesão.[17] Ao formular condições preestabelecidas para contratos futuros, a serem celebrados em série, o empresário busca minimizar os riscos e, consequentemente, a limitação sobre o valor de possíveis indenizações decorrentes da responsabilidade pelo descumprimento ou cumprimento imperfeito da prestação. A origem dessas cláusulas está associada aos contratos de transporte, que, desde cedo, eram celebrados por adesão.[18]

---

17 "Naturalmente que não vamos versar, em toda a sua extensão e complexidade, os problemas que os contratos de adesão levantam e a melhor forma de os resolver. Mas também não pode deixar de se lhes fazer aqui referência particular visto que eles são, como dissemos, o principal *veículo de difusão* das cláusulas exoneratórias, constituindo estas, por outro lado, o exemplo típico de cláusulas que, *abusiva* e *subrepticiamente*, o predisponente impõe através de suas *condições gerais*, integrando, por isso, o elenco das cláusulas submetidas a *especiais* medidas de controlo, de acordo com várias intervenções legislativas já realizadas neste domínio." (MONTEIRO, António Pinto. *Cláusulas limitativas e de exclusão de responsabilidade civil*, p. 335, grifos do autor).

18 Vale reproduzir as observações de Ana Prata: "Pondo de lado as que explicam o desinteresse por outras áreas contratuais, quatro são as razões que me parecem

Os contratos por adesão serão analisados adiante, mas, neste ponto, interessa-nos analisar a transformação do modelo de contratação que saiu do contexto do "novo estado industrial", nas palavras de John Kenneth Galbraith,[19] para uma "sociedade informacional", segundo Manuel Castells.[20]

A grande transformação da sociedade moderna é consistente com a distinção aristotélica entre o princípio do uso e o princípio do ganho na atividade econômica, tendo este caracterizado a chamada Revolução Industrial.[21] O lucro, mais do que a produção para o uso, tornou-se o principal objetivo dos agentes econômicos. Criou-se, assim, a "rematada utopia"[22] de um mercado autorregulável e foram erigidos três pilares da

---

determinantes da atenção das jurisprudências e doutrinas da generalidade dos países por tais cláusulas quando insertas em contrato de transporte: a natureza instrumental-essencial da actividade transportadora para o funcionamento da produção industrial; a inevitabilidade com que a inserção das cláusulas se manifestou nesse domínio, em que os riscos assumidos pelo transportador se apresentavam como dificilmente suportáveis pela relativa incipiência dos meios técnicos usados e pela frequente desproporção entre o valor dos danos e o custo do serviço; a possibilidade de segurar os riscos inerentes; e, *last but not least*, o facto de os contratos de transporte serem, desde cedo, celebrados sob a forma de contratos de adesão. Efectivamente, foi esta última circunstância que mobilizou a atenção para tais cláusulas, de tal forma que, em grande medida, é impossível dissociar — originalmente e na sua evolução até hoje — a discussão acerca das convenções sobre responsabilidade daquela que se refere à problemática dos contratos de adesão ou condições gerais de contratação." (PRATA, Ana. *Cláusulas de exclusão e limitação de responsabilidade contratual*, p. 26).

19 GALBRAITH, John Kenneth. *O novo Estado industrial*. Trad. Ana Paula Curado. Lisboa: Publicações Europa-América, 1985.

20 CASTELL, Manuel. *A era da informação: Economia, sociedade e cultura*. Trad. Roneide Venancio Majer. São Paulo: Paz e Terra, 1999. (A sociedade em rede, v. I).

21 POLANYI, Karl. *A grande transformação: As origens da nossa época*. Rio de Janeiro: Campus, 2000. p. 74-75.

22 *Ibidem*, p. 18.

economia moderna: soberania do consumidor, busca do lucro e poder da empresa derivado do direito de propriedade.[23]

Essa trindade resulta em uma teoria liberal de equilíbrio, combinada à lei da oferta e da procura, enunciada pelo francês Jean Baptista Say, que decretava: a "procura seria sempre igual à oferta".[24] Conceito que nos dá uma visão idealizada do mercado, não mais como o local físico, a praça principal, onde as trocas ocorriam, mas como o espaço abstrato,[25] onde agentes em igualdade de condições compareciam com suas mercadorias, sejam elas bens ou serviços (trabalho transformado em mercadoria). Esse *locus artificialis*, autorregulável, não necessita mais de um direito estatal, uma vez que pode produzir o seu próprio direito.[26]

Terra e trabalho passam à condição de mercadoria. Como observa Karl Polanyi:

> "Acontece, porém, que o trabalho e a terra nada mais são do que os próprios seres humanos, nos quais consistem todas as sociedades, e

---

23 GALBRAITH, John Kenneth. *O novo Estado industrial*, p. 14.

24 *Ibidem*, p. 15.

25 "Ma ad uno sguardo più atentto, l'identificazione spaziale del mercato non appare priva di ambiguità: si deve intendere quel luogo como um luogo fisico, o piuttosto como um luogo ideale? Come si è già accennato, infatti, il mercato può insere inteso come luogo in più sensi: può essere un luogo fisicamente determinato, o può invece essere un luogo ideale, simbolico, un'area della vita sociale dedicata agli scambi ed alle transazioni economiche"(FERRARESI, Maria Rosaria. *Diritto e mercato*. Turim: Giappichelli, 1992. p. 22). Em tradução livre: "No entanto, olhando mais de perto, a identificação espacial do mercado não aparece sem ambigüidade: esse lugar deve ser entendido como um lugar físico, ou melhor, como um lugar ideal? Como já foi referido, de fato, o mercado pode ser entendido como um lugar em vários sentidos: pode ser um lugar fisicamente determinado, ou pode ser um lugar ideal, simbólico, uma área da vida social dedicada às trocas e transações."

26 IRTI, Natalino. *L'ordine giuridico del mercato*. Roma: Laterza, 2003. p. VII.

> o ambiente natural no qual elas existem. Incluí-los no mecanismo de mercado significa subordinar a substância da própria sociedade às leis de mercado."[27]

Trazida essa ideia do mercado para o campo jurídico, é preciso qualificar os agentes que atuam nesse *locus* como sujeitos de direito, portanto, aptos a assumir direitos e obrigações nas trocas realizadas. Da mesma forma, essa troca deve, segundo o modelo liberal, mantido o equilíbrio aqui apontado, ser totalmente despersonalizada, diversamente do que ocorria nas relações do *ancien régime* entre nobres e plebeus, servos e suseranos. Em suma, o contrato substitui o *status* — um fenômeno que se desenvolveu ao longo da transição da sociedade feudal para a sociedade moderna, quando o pagamento em dinheiro substituiu o suprimento de segurança e de gêneros de subsistência humana.[28]

---

27 POLANYI, Karl. *A grande transformação*: as origens da nossa época, p. 93.

28 Douglas C. North e Robert P. Thomas descreveram esse fenômeno na expansão da Europa Central e do Norte. O desenvolvimento do mercado internacional permitiu a passagem de relações jurídicas fundadas na tradição para relações puramente contratuais, tendo por mediação o dinheiro e em um mercado que teve papel muito mais relevante, pois não estava restrito às relações econômicas e comerciais. Não se tratava de uma *lex mercatoria*, como uma lei própria de mercadores, mas de um mercado que somente pode florescer em uma sociedade de mercado. Nessa sociedade, o contrato toma o posto central, pois adquire a eficiência de reduzir os custos de transação e de sua *enforceability*. Nas palavras de Douglas C. North e Robert P. Thomas: "Economic historians long held the almost classic theory that the decline of manor was precipitated exactly, as we contend here, by the rise of a market economy. That explanation has fallen into disrepute. But in the context of our argument, the presence of a market for goods is clearly sufficient to explain the eventual disappearance of the essential element of the manorial system: the sharing of inputs in the form of labor dues. To recapitulate: the labor obligation was for its time an efficient form of contract because any alternative arrangement involved (in the absence of a market for goods) the necessity to specify a consumption bundle and to enforce the quantity and quality agreed upon. The traditional manorial contract, however, suffered

A despeito de parecer anacrônico citar autores comunistas, o texto de Evgueny Bronislanovitch Pasukanis é irresistível, quando observa a transformação do "homem zoológico" para o sujeito jurídico:

> "Veremos mais adiante em que sentido esta oposição entre coisa e o sujeito nos fornece a chave para compreender a forma jurídica. A jurisprudência dogmática, pelo contrário, serve-se desse conceito sob o seu aspecto formal. Para ela, o sujeito nada mais é do que um meio de qualificação jurídica dos fenômenos sob o ponto de vista da sua capacidade ou incapacidade de participar nas relações jurídicas. A

---

high enforcement costs because the labor had to be supervised and policed against shirking. *Ceteris paribus*, free labor, which is voluntarily given, is more productive than that of serfs which is not. When the development of a market removed the need to specify the consumption bundle, allowing instead payments in money or kind, the balance of efficiency tilted toward other contractual forms with lower enforcement costs." (NORTH, Douglas C.; THOMAS, Robert P. *The rise of the western world*: a new economic history. Cambridge: Cambridge University Press, 1999. p. 39.). Em português: "Os historiadores econômicos sustentaram por muito tempo a teoria quase clássica de que o declínio dos feudos foi precipitado exatamente, como sustentamos aqui, pelo surgimento de uma economia de mercado. Essa explicação caiu em descrédito. Contudo, no contexto de nosso argumento, a presença de um mercado de bens é claramente suficiente para explicar o eventual desaparecimento do elemento essencial do sistema feudal: a partilha de insumos na forma de encargos trabalhistas. Recapitulando: a obrigação de trabalho era, para a época, uma forma eficiente de contrato porque qualquer arranjo alternativo envolvia (na ausência de um mercado de bens) a necessidade de especificar uma cesta de consumo e fazer valer a quantidade e a qualidade acordadas. O contrato senhorial tradicional, no entanto, sofria altos custos de execução porque o trabalho tinha que ser fiscalizado e policiado contra esquivas. *Ceteris paribus*, o trabalho gratuito, dado voluntariamente, é mais produtivo do que o dos servos, que não o é. Quando o desenvolvimento de um mercado eliminou a necessidade de especificar a cesta de consumo, permitindo, em vez disso, pagamentos em dinheiro ou em espécie, o equilíbrio da eficiência pende para outras formas contratuais com menores custos de execução".

jurisprudência dogmática, por conseqüência, não põe, de modo algum, a questão das razões em virtude das quais o homem se transformou de indivíduo zoológico em sujeito jurídico. Ela parte da relação jurídica como uma forma acabada, dada *a priori*".[29]

Para sujeitos iguais, um ato deveria igualá-los: o negócio jurídico. Expressão máxima do individualismo, não bastava mais a intenção das partes e suas motivações, a relação jurídica negocial reduzia-se, agora, à declaração de uma vontade específica que se desprega do sujeito, tornando-se uma abstração. Essa é a opção do Código Civil alemão, ao criar uma categoria lógico-jurídica independente de uma relação histórica e social.[30]

O caráter vinculativo dessa supercategoria, fundada no pressuposto do equilíbrio de um mercado autorregulável, residia na vontade. Uma tradição que remonta a Bartolus, Baldus, passando por Grotius e chegando ao Código Civil francês pelas teorias desenvolvidas por Pufendorf, Domat e Pothier, e que, além disso, no que diz respeito à responsabilidade civil, acaba por desenvolver um princípio geral de responsabilidade fundada na culpa.[31] Os juristas do século XIX já não

---

29 PASUKANIS, Evgueny Bronislanovitch. *A teoria geral do direito e o marxismo.* Trad. Soveral Martins. Coimbra: Centelha, 1977. p. 134.

30 GALGANO, Francesco. *El negocio jurídico.* Tradução de Francisco Gascó e Lorenzo Albentosa. Valencia: Tirant lo Blanch, 1992. p. 46-47.

31 *Idem.* Le antiche e le nuove frontirere del danno risarcibile. *Contratto e impresa*, Pubblicazione bimestrale, anno XXIV, Turim: CEDAM, n. 1, jan.-fev., 2008. p. 77. A evolução do consensualismo e da teoria da vontade pode também ser observada em: GILISSEN, John. *Introdução histórica ao direito.* 4. ed. Trad. A. M. Hespanha. Lisboa: Fundação Calouste Gulbenkian, 2003. p. 736-739; e IBBETSON, David. *A historical introduction to the law of obligations.* Oxford, UK: Oxford University Press, 2006. p. 220-244. Sobre a evolução do jusnaturalismo e a influência do racionalismo na evolução do direito: WIEACKER, Franz. *História do Direito Privado Moderno.* 2. ed. Trad. A. M. Botelho Hespanha.

tinham necessidade de revolver os textos de Aristóteles, pois a soberania da vontade era um dogma inquestionável.[32]

A combinação dos dois pressupostos — o mercado autorregulável de agentes igualmente capazes (não mais o *indivíduo zoológico* de Evgueny Bronislanovitch Pasukanis) e a capacidade de criar obrigações pela simples enunciação da vontade — levou-nos à ficção jurídica de que o conteúdo de todo negócio jurídico, como um contrato, representa a vontade das partes e, sendo representação da vontade, é garantia de justiça contratual. *Qui dit contractuel dit juste.*

Essa ideologia desenvolveu-se em paralelo a um fenômeno inédito na história humana: a Revolução Industrial. Nunca o mundo progrediu tanto com a técnica e a produção ilimitada de bens e serviços desejados pela sociedade como depois desse advento. A máquina torna exponencial o esforço humano e uma classe abastada, a burguesia, não mais presa

---

Lisboa: Fundação Calouste Gulbenkian, 1993. p. 279-395; e LOPES, José Reinaldo de Lima. *O direito na história: Lições introdutórias*. 2. ed. rev. São Paulo: Max Limonad, 2002. p. 177-212.

32 Segundo James Gordley: "The nineteenth-century jurists, Anglo-American, French, or German, did not explain why contracts were binding or enforceable. They simply defined binding and enforceable contracts in terms of will or consent. They did not give a reason why the will of the parties ought to be respected. As Ranouil observes of the French will theorists, the binding force of contract was taken for granted rather then demonstrated. She quotes Gounot's description of their view: 'The contract is obligatory simply because it is the contract'" (GORDLEY, James. *The philosophical origins of modern contract doctrine*. Oxford: Clarendon Press, 1991. p. 163). Em português: "Os juristas do século XIX, anglo-americanos, franceses ou alemães, não explicaram por que os contratos eram obrigatórios ou exequíveis. Eles simplesmente definiram contratos obrigatórios e exequíveis em termos de vontade ou consentimento. Não deram uma razão pela qual a vontade das partes deve ser respeitada. Como observa Ranouil sobre os teóricos da vontade francesa, a força vinculante do contrato foi dada como certa e não demonstrada. Ela cita a descrição de Gounot de sua visão: "O contrato é obrigatório simplesmente porque é o contrato".

a privilégios de classe, mas sustentada pelo engenho comercial, emerge legitimada pelo princípio da igualdade. O desenvolvimento, portanto, associa-se à capacidade de organização e eficiência da produção. Países deixam de ser inimigos e passam a ser competidores em um mercado internacional — um fenômeno que produziu uma paz de cem anos, que se estendeu de 1815 a 1914.[33]

Como o poder desloca-se da propriedade da terra para a capacidade de produzir ganhos ou lucros, a propriedade deixa de ser o centro do universo. Com raras exceções recentes, países não mais se invadem à procura do butim e de expansão territorial, mas competem pelas melhores taxas de retorno e pela estabilidade de suas moedas. Adolf A. Berle Junior e Gardner C. Means, no início do século XX, observaram que a propriedade não era mais a fonte do poder.[34] O controle tomava o comando e se legitimava pela capacidade de geração de lucros para os acionistas das grandes corporações, cujo *equity* se dissolvia em minúsculas partículas detidas por velhinhas de Illinois.[35]

Esse cenário, no entanto, altera-se profundamente com a emergência da era da informação. Bens e serviços passam a ser oferecidos em um ambiente virtual, totalmente despersonalizado. Não se trata de olhar para o outro e pensá-lo como um sujeito de direitos capaz de entabular negócios jurídicos. A despersonalização é mais radical, pois não há mais outro, somente uma tela de computador e mensagens recebidas

---

33 POLANYI, Karl. *A grande transformação: As origens da nossa época*, p. 19.

34 BERLE JUNIOR, Adolf A.; MEANS, Gardner C. *The modern corporation and private property.* Nova York: Commerce Clearing House, 1932.

35 Em 1983, 16 velhinhas criaram um clube de investimentos em Beardstown, uma pequena cidade do estado americano de Illinois, e se tornaram estrelas nacionais. Publicaram livros sobre investimentos na bolsa de valores, incluindo *Common sense investment guide*, que se tornou best-seller nos Estados Unidos.

de um espaço desconhecido. Relações jurídicas surgem da interação de máquinas, sem a participação direta de seres humanos.

Cláudia Lima Marques trata da crise da pós-modernidade e menciona relações virtuais e desmaterializadas.[36] Conceitos um tanto abstratos; porém, basta-nos pensar em um ato que se repete cada vez mais: a compra de livros pela internet. Depois de nos identificarmos com senhas, recebemos uma mensagem que nos dá as boas-vindas e nos chama pelo nome. Diz mais: relembra nossas últimas compras e nos informa sobre a aquisição das mesmas obras por outros internautas, bem como de livros de temas relacionados. Mas isso não basta. São apresentados os últimos lançamentos musicais em CD e as afinidades da última compra. Assim, terminamos nossa navegação adquirindo produtos, inicialmente, não desejados. É como se um amigo estivesse do outro lado da tela. Alguém que sabe nosso nome, conhece nossos gostos e quer nos agradar, oferecendo aquilo que nos dá prazer. Buscamos um livro de Reinhard Zimmermann e acabamos comprando outro de Hugh Beale e talvez um CD de Winton Marsalis e Kathlen Battle. A possibilidade de downloads imediatos serve de incentivo adicional para as compras por impulso.

A descrição apresentada acima cobre um período de transformação tecnológica sem paralelo na história humana, que ainda está em curso, e cujos desdobramentos não são totalmente previsíveis. Em que momento a inteligência artificial se sobreporá ao cérebro humano e tomará o comando é algo assustador, e nos traz questões éticas e jurídicas relevantes, especialmente quanto à responsabilidade de robots e algoritmos que adquirem autonomia em relação ao seu criador.[37]

---

36 MARQUES, Cláudia Lima. *Contratos no Código de Defesa do Consumidor.* 4. ed. rev., atual. e ampl. São Paulo: Revista dos Tribunais, 2002. p. 158.

37 Temas explorados por Yuval Noah Harari em sua obra *Homo Deus: A brief history of tomorrow.* Nova York, Harper Collins Publishers, 2017.

A vulnerabilidade, no entanto, não é apenas do consumidor que adquire um bem pela internet. O fornecedor de bens e serviços também se expõe aos riscos desse universo virtual. Empresas têm utilizado a internet como um importante canal de distribuição de bens e serviços. Em alguns casos, dada a natureza dos produtos, ela é o canal exclusivo. Imaginemos, agora, que um fornecedor ofereça determinados programas de computação mediante download. Estes mesmos programas poderão ser utilizados para as mais diversas finalidades, algumas delas não concebidas pelo fornecedor no desenvolvimento de seus produtos. Além disso, poderão ser adquiridos em lugares diversos e sujeitos a diferentes ordenamentos jurídicos.

De uma era de certezas, medidas pela produtividade da máquina, passamos a uma sociedade baseada na informação que será utilizada por outros agentes em contextos inimagináveis em qualquer lugar do planeta, e sobre os quais, tal como o personagem de Thomas Mann, nos vemos vulneráveis à marcha dos acontecimentos.[38]

Essa esperança de que o futuro seguirá os desígnios humanos, no entanto, é parte da nossa crença de que poderemos moldar o comportamento futuro. O contrato, sem dúvida, é o instrumento pelo qual o homem busca desenhar o que se passará depois de declarada sua vontade, criando para si e para a outra parte um programa de conduta a ser cumprido ao longo da execução desse contrato.

---

38 Em algum momento da história, o homem acreditou que poderia dominar o rumo dos acontecimentos, pura e simplesmente porque os acontecimentos seguiriam uma lei de "autorregulamentação". Thomas Mann, em *Os Buddenbrook*, descreve a surpresa do homem ao se deparar com fatos inesperados, fora da ordem burguesa: "A marcha dos acontecimentos fizera-se sem ele! Mas ele tinha a impressão de que essas coisas antigamente não teriam podido suceder, que não se teriam atrevido a suceder! Passara-se mais um abalo da crença em sua própria sorte, poder e futuro [...]" (MANN, Thomas. *Os Buddenbrook: Decadência de uma família*. Trad. Herbert Caro. São Paulo: Círculo do Livro, 1981. p. 383).

Há um desejo de previsibilidade nas relações e, quando a riqueza se desloca da propriedade para o crédito, a confiança assume um papel fundamental. A segurança não reside mais na propriedade da terra, mas na confiança de que, vinculado a um contrato, o outro honrará a palavra dada.

A dificuldade, hoje, está no fato de que os bens e serviços poderão ser utilizados por agentes desconhecidos e para finalidades não declaradas no momento da contratação. A limitação dos efeitos nefastos e da responsabilidade que o uso desses bens ou serviços poderá provocar torna-se essencial para a continuidade do exercício de dada atividade econômica. Nesse contexto, as cláusulas de limitação ou de exoneração do dever de indenizar constituem-se em instrumento relevante para a mitigação dos riscos em matéria empresarial.

1.2 Incerteza e risco

A noção de risco no âmbito da atividade econômica está intimamente associada à de lucro. Frank H. Knight, ao explicar o lucro, observa que, no início da teoria econômica clássica, foi necessária a distinção entre o lucro e os juros. Mesmo Adam Smith e seus seguidores reconheceram que o lucro contém elementos que não se confundem com os juros sobre o capital, nem com a remuneração pelo trabalho e cuidado no exercício de uma atividade. Economistas franceses, como Jean Baptiste Say e Jean Gustave Courcelle-Seneuil, na mesma ocasião, já identificavam o lucro como o prêmio pela assunção de riscos.[39] Na modernidade, Robert C. Higgins observa que a avaliação de investimentos tem duas dimensões: ponderação dos riscos e expectativa de retorno. Conforme o autor, a

39 KNIGHT, Frank H. *Risk, uncertainty and profit.* Mineola, Nova York: Dover Publications, 2006. p. 24-25.

pergunta correta, para a análise de investimentos, não é "qual é a taxa de retorno?", mas sim "o retorno é suficiente para justificar o risco?".[40]

Nesse sentido, toda atividade lucrativa tem, por princípio, um componente, maior ou menor, de risco em sua exploração. Vejamos algumas definições de risco.

Charles O. Hardy, no texto intitulado "Risk and risk-bearing", reproduzido no livro de Antony T. Kronan e Richard A. Posner,[41] define o risco como a incerteza quanto a custos, perdas ou prejuízos. Enfatiza o aspecto incerteza em função do tempo decorrido em uma operação comercial. O livro *Law and Risk*, editado pela Law Commission of Canada, por sua vez, ao cuidar da questão ambiental, define risco como a probabilidade de ocorrência de consequências adversas sob certas condições.[42] No Brasil, Antonio Marcos Duarte Junior o descreve como "uma medida da incerteza associada aos retornos esperados de investimentos".[43]

---

40 No texto original: "Instead, investment evaluation is a two-dimensional task involving a balancing of risk against return. The appropriate question when evaluating investment opportunities is not 'what's the rate of return?' but 'Is the return sufficient to justify the risk?'" (HIGGINS, Robert C. *Analysis for financial management*. 8. ed. Boston: McGraw-Hill, 2007. p. 284). Em português: "Em vez disso, a avaliação de investimentos é uma tarefa bidimensional que envolve um equilíbrio entre risco e retorno. A pergunta apropriada ao avaliar oportunidades de investimento não é 'qual é a taxa de retorno?', mas sim 'o retorno é suficiente para justificar o risco?".

41 KRONMAN, Antony T.; POSNER, Richard A. *The economics of contract law*. Boston: Little Brown, 1979. p. 26.

42 LEISS, William; HRUDEY, Steve E. On proof and probability: introduction to law and risk. In: LAW COMMISSION OF CANADA. *Law and risk*. Vancouver: UBC Press, 2005. p. 1.

43 DUARTE JUNIOR, Antonio Marcos. A importância do gerenciamento de riscos corporativos em bancos. In: ______; VARGA, Gyorgy (Orgs.). *Gestão de riscos no Brasil*. Rio de Janeiro: Financial Consultoria, 2003. p. 3.

Embora a segunda definição não empregue a palavra incerteza, esta é um elemento comum a todas, mas que não se confunde com o risco. Nesse sentido, a definição de Antonio Marcos Duarte Junior é precisa ao referir-se a uma *medida de incerteza*.

Outro elemento comum é o tempo. Risco e tempo são os lados da mesma moeda.[44] É no tempo que as decisões são tomadas e, portanto, sob certas condições, os agentes econômicos têm de lidar com a incerteza no tocante aos seus efeitos. Em Relatório da Royal Society, de 1983, o risco é definido como "a probabilidade de que um determinado evento adverso ocorra durante um período de tempo específico ou resulte de um determinado desafio. Como uma probabilidade no sentido da teoria estatística, o risco obedece a todas as leis formais das probabilidades combinatórias".[45]

Probabilidade, medida e tempo.

Em torno desses três elementos da equação que define o risco, desenvolveram-se metodologias de análise qualitativas e quantitativas, como a análise de risco de crédito, essencial para os bancos, o gerenciamento de riscos em obras de construção e a avaliação de risco da própria continuidade de determinado negócio. Métodos como Monte Carlo partem de sofisticadas análises matemáticas computacionais buscando reduzir a variação (*variation reduction*), estreitando cenários futuros a partir do maior ou menor número de variáveis,[46] e utilizando instrumentos computacionais em áreas como *financial computing* ou *computational economy*. Em finanças e gerenciamento de projetos é possível encontrar

---

44 BERNSTEIN, Peter L. *Against the gods: The remarkable story of risk*. Nova York: John Wiley & Sons, 1996. p. 14.

45 ADAMS, John. *Risco*. Trad. Lenita Rimoli Esteves. São Paulo: Senac, 2009. p. 40.

46 KALOS, Malvin H. e WHITLOCK Paula A. *Monte Carlo Methods*, 2ª ed. Weinheim: Wiley-Blackwell, 2008, p. 3.

métodos de *risk assessment* com processos que partem da identificação, análise (qualitativa e quantitativa), planejamento de resposta e gerenciamento de riscos,[47] como a metodologia COSO de riscos corporativos e controles internos (The Comitee of Sponsoring Organization).

Há um aspecto matemático nas definições apontadas que revela a preocupação de controle e mensuração do risco em ambiente de incerteza. Esta se caracteriza como a falta de informação ou a ausência de segurança de que um evento terá determinado efeito futuro. A probabilidade será o grau de incerteza acerca da ocorrência de um evento entre várias outras possibilidades, sejam positivas ou negativas.

Segundo Frank H. Knight, risco é a incerteza mensurável, e incerteza, propriamente dita, é aquela não mensurável.[48] O risco está associado a uma medida de um efeito desfavorável, e a incerteza, por sua vez, situa-se no campo do favorável ou desfavorável. Por consequência, embora a incerteza seja um componente do risco, este não se confunde com a incerteza, mas é uma medida ou uma probabilidade de um efeito adverso.

É exatamente de acordo com esse modelo quantitativo que os agentes econômicos procuram gerenciar o risco, ou seja, quantificá-lo e mitigá-lo com base nas informações disponíveis no momento da decisão.

Essa mensuração do risco caracteriza o que se tem chamado de teoria objetiva ou Kelvinista do risco, muito bem expressa na definição dada

---

47 GIDO, Jack e CLEMENS, James P. *Gestão de projetos*. São Paulo: Centage Learning, 2011, p. 76 e seguintes.

48 KNIGHT, Frank H. *Risk, uncertaintiy and profit*, p. 233. O texto original diz: "To preserve the distinction which has been drawn in the last chapter between measurable uncertainty and an unmeasurable one we may use the term 'risk' to designate the former and the term 'uncertainty' for the latter.". Em tradução livre: "Para preservar a distinção que foi feita no último capítulo entre incerteza mensurável e não mensurável, podemos usar o termo 'risco' para designar a primeira e o termo 'incerteza' para a última".

pela Royal Society. Lorde Kelvin, citado por John Adams, afirma que "tudo o que existe, existe em alguma quantidade e pode, portanto, ser mensurado".[49]

Temos, assim, duas teorias a respeito do risco: a teoria objetiva ou do risco real, tal como proposto pela Royal Society, e a teoria do risco subjetivo, ou seja, aquele percebido pelo sujeito de modo empírico e impreciso. Neste último caso, o risco é entendido como uma construção cultural, que não pode ser reduzida a números, até porque há, no atual estágio do desenvolvimento científico, alguns limites para o cálculo de todas as infinitas possibilidades que a realidade apresenta. Em outras palavras, somado a qualquer elemento objetivo, temos de acrescentar o chamado livre arbítrio, o qual impõe certo caráter de irracionalidade, quando, mesmo advertidos, preferimos exercer uma liberdade que nos pode ferir.

No direito, aplicamos a medida do homem prudente ou bom pai de família que, racionalmente, persegue o melhor para si e para os seus. Na economia, toma-se como pressuposto o agente racional que busca sua satisfação medida pelo lucro.

Ora, mesmo agentes econômicos ditos racionais agem de modo irracional. Advogados que atuam na área societária conhecem bem a irracionalidade notada entre sócios em conflito.

Diante desse fato e do reconhecimento de que os agentes podem ser neutros, avessos ou apreciadores dos riscos, a questão retorna aos critérios de sua mensuração, tomando-se também o aspecto subjetivo. A medida é, então, afetada pela maneira como as pessoas reagem em face de eventos adversos semelhantes. Há, portanto, nesse processo, um *julgamento*.

Essa assertiva parece trazer mais insegurança, porém, leva-nos à necessária conclusão de que, nos limites humanos, é impossível

---

49 ADAMS, John. *Risco*, p. 42.

determinar o futuro; entretanto, devemos continuar agindo como se isso fosse possível de acordo com as probabilidades que, dadas as informações conhecidas no momento da decisão, nos permitem julgar o melhor caminho a seguir. O sucesso ou insucesso de determinada atividade está, em grande medida, associado a essa capacidade de julgamento.

Em termos contratuais, sendo o risco mensurável, as partes poderão distribuí-lo ou alocá-lo segundo alguns critérios objetivos e subjetivos, de acordo com o maior ou menor apetite ao risco das partes contratantes.

1.3 Risco e racionalidade nos contratos

No direito norte-americano, uma compra e venda instantânea não tem qualquer implicação contratual.[50] Trata-se de um fato econômico

50 O autor nos dá o exemplo de uma simples troca, em que nenhuma promessa de comportamento futuro é feita pelas partes: "The second limitation suggested by this definition is that the Law of contracts is confined to promises. It is therefore concerned with exchanges that relate to the future because a promise is a commitment by a person as to future behavior. Examples of exchanges that do not include such a commitment (and so do not involve a contract in this sense) are the transaction of barter, in which the parties simply make a present exchange of, say, apples for oranges, and the present (or cash) sale, in which the parties make a present exchange of, say, apples for money. Because no promise is given in either of these exchanges, there is no contract. Such exchanges may give rise to interesting legal questions. For example, if the apples had been stolen by the seller from their rightful owner, a question might arise as to whether the buyer is entitled to keep them if the original owner claims them. But this is a question relating to conflicting rights of ownership of the apples themselves, and it is considered one for the law of property rather than for the law of contracts. No question for the law of contracts arises unless the dispute is one over a promise — a commitment as to future behavior." (FARNSWORTH, E. Allan. *Contracts*. 2. ed. Boston: Little, Brown and Co., 1990. p. 4). Em português: "A segunda limitação sugerida por essa definição é que o direito

que, evidentemente, merece proteção legal. Esta, porém, segundo E. Allan Farnsworth, aproxima-se mais de um conceito de proteção à propriedade do que da regulação de uma relação contratual. O direito que tem o comprador à garantia de qualidade da coisa está associado à sua condição de proprietário de um bem que lhe foi transferido como efeito imediato de uma operação de troca de dinheiro por uma coisa, ou de uma coisa por outra.

Para a tradição anglo-saxã, o contrato representa uma promessa e, por consequência, há um ato que tem projeção no tempo. Ambas as partes, ou apenas uma delas, prometem entre si que deverão adotar determinado comportamento futuro. Há, portanto, a crença recíproca de que a outra parte deverá comportar-se tal como prometido.

Os valores das transações ou o mercado específico em que as trocas ocorrem não justificam, por vezes, uma avaliação profunda do risco de inadimplemento da outra parte. O custo de obtenção de informações pode ser maior do que os valores envolvidos, de tal sorte que os agentes econômicos simplesmente assumem o risco do negócio. Em outros casos,

---

dos contratos se limita às promessas. Está, portanto, preocupado com trocas que se relacionam com o futuro porque uma promessa é um compromisso de uma pessoa quanto ao comportamento futuro. Exemplos de trocas que não incluem tal compromisso (e, portanto, não envolvem um contrato nesse sentido) são a transação de escambo, na qual as partes simplesmente fazem uma troca de presente de, digamos, maçãs por laranjas, e a venda de presente (ou à vista), na qual as partes fazem uma troca de presente, digamos, maçãs por dinheiro. Como nenhuma promessa é feita em nenhuma dessas trocas, não há contrato. Essas trocas podem dar origem a questões jurídicas interessantes. Por exemplo, se as maçãs foram roubadas pelo vendedor de seu legítimo proprietário, poderá surgir uma dúvida sobre se o comprador tem o direito de mantê-las se o proprietário original as reivindicar. No entanto, essa é uma questão relacionada aos direitos conflitantes de propriedade das maçãs em si, e é considerada uma questão para a lei de propriedade e não para a lei dos contratos. Nenhuma questão para a lei dos contratos surge a menos que a disputa seja sobre uma promessa — um compromisso quanto ao comportamento futuro".

o mercado em que as operações ocorrem é regulado por normas postas pelo Estado ou pelos próprios usos, que os agentes estabelecem entre si, fundados em um sistema no qual a informação, em princípio, é disponível a todos.

Note-se que não estamos cuidando do risco do negócio em si, pois uma operação na bolsa, em ambiente de alta volatilidade, pode ser altamente arriscada. Não se garante o resultado, mas sim que as regras do jogo serão cumpridas. Essas regras, em um sistema jurídico, devem ser caracterizadas pela sua permanência e generalidade, pois não seria possível alterá-las durante o jogo, situação que retiraria o caráter de previsibilidade de aplicação da norma.[51]

Confiança e previsibilidade, no entanto, podem se manifestar pela existência de usos bastante sedimentados em determinados mercados. Lisa Bernstein, professora da Boston University School of Law, escreveu brilhante artigo para o *Journal of Legal Studies* sobre o funcionamento do mercado de diamantes na cidade de Nova York. O texto avalia as razões pelas quais esse mercado prescinde de quaisquer normas postas pelo Estado. Logo na introdução, a autora nos informa tratar-se de um mercado constituído de um conjunto de sofisticados mercadores que desenvolveram normas e sanções destinadas a resolver, sem a

---

51 Como observa Natalino Irti: "Le regole costitutive non sono logorate e consumate dagli individui atti del giuocare, ma — come forme che s'impogono all'evento — restano fisse, inattive, imutabili. E próprio questo le rende capaci di durare attraverso 'innumerevoli generazioni di giuocatori': che è il caratere di astrattezza e generalità, predicato per le norme giuridiche" (IRTI, Natalino. *L'ordine giuridico del mercato*, p. 64). Em português: "As regras constitutivas não são desgastadas e consumidas pelos indivíduos envolvidos no jogar, mas — como formas que se impõem ao acontecimento — permanecem fixas, inativas, imutáveis. E, justamente isso, as torna capazes de perdurar por 'inúmeras gerações de jogadores': que é o caráter de abstração e generalidade, predicado pelas normas jurídicas

interferência do Estado, as disputas entre os agentes.[52] A eficácia dos mecanismos de solução de conflitos e das sanções, efetivamente impostas, permite um grau de previsibilidade bastante alto quanto ao comportamento do outro contratante.

Em sociedades como essa, os riscos de transação são estimados em níveis tão baixos que ela ocorre sem que sobre o preço incida qualquer valor de contingência. O preço, nesse caso, será o puro reflexo da demanda e da oferta, elementos que, por sua vez, podem estar associados a outros riscos sociais que levam os agentes econômicos a investir no produto.

A sociedade moderna, entretanto, não se caracteriza pela estabilidade de microssistemas como o mercado de diamantes. As regras locais, determinadas pela prática reiterada de uma comunidade ou pela imposição do Estado dotado do monopólio do exercício da força, acabam por misturar-se às regras impostas pelo contato internacional, por meio da atuação

52 No original: "Business disputes arise in all industries, and the diamond industry is no exception. Unlike the situation in many other industries, however, diamond industry disputes are resolved not through the courts and not by the application of legal rules announced and enforced by the state. The diamond industry has systematically rejected state-created law. In its place, the sophisticated traders who dominate the industry have developed an elaborate, internal set of rules, complete with distinctive institutions and sanctions, to handle disputes among industry members." (BERNSTEIN, Lisa. Opting out of the legal system: extra-legal contractual relations in the diamond industry. *Journal of Legal Studies*, v. XXI, Chicago: The University of Chicago, 1992. p. 115). Em tradução livre para o português: "Disputas comerciais surgem em todas as indústrias, e a de diamantes não é exceção. Ao contrário da situação em muitos outros setores, no entanto, as disputas da indústria de diamantes não são resolvidas por meio dos tribunais nem pela aplicação de regras legais anunciadas e executadas pelo estado. Ela tem rejeitado sistematicamente a lei criada pelo estado. Em seu lugar, os comerciantes sofisticados que dominam o setor desenvolveram um elaborado conjunto interno de regras, completo com instituições e sanções distintas, para lidar com disputas entre os membros do setor."

das corporações transnacionais que exigem dos poderes locais a uniformização de normas para tornar mais fluídas as relações internacionais.

Há, portanto, uma tensão entre o poder local e a pressão das relações internacionais, cada vez mais intensas. Diz-se que há uma "glocalização"[53] — por mais esdrúxula que a palavra pareça — fora de qualquer dimensão de espaço e tempo. Como descreve Ulrich Beck: "Elas não possuem contexto, são uma autêntica *mélange* de elementos disparatados, extraídos de toda parte e de parte alguma, nascidas do moderno (pós-moderno) tanque do sistema global de comunicação".[54]

Nessa *mélange*, curiosamente, desenvolve-se um paradoxo, pois a informação é a base da convicção e da avaliação dos riscos envolvidos. Porém, há um *excesso* de informação. A internet permite o acesso imediato a dados e documentos antes restritos às bibliotecas. Nasce, por consequência, outro risco: o da veracidade e correção dos dados. Como saber se os dados e documentos disponíveis por esse meio são corretos? Segundo Ulrich Beck, "os espaços sociais transnacionais também são sustentados por perigos indesejados, negados e reprimidos de forma conflituosa e enigmática, pelas costas dos homens".[55] O autor antecipa, décadas atrás, o que hoje se propaga insidiosamente como "fake news".

Nesse contexto, sabedoras dos riscos, sem que possam mensurá-los, as vítimas tornam-se culpadas de seu próprio infortúnio ao se expor, voluntariamente, a esses riscos. Em outras palavras, se o perigo reside em toda esquina, o assaltado é culpado do próprio assalto quando cruza

---

53 "Globalização quer também dizer: a conjunção e o encontro de culturas locais que deverão ainda ser conceitualmente redefinidas em meio a este '*clash of localities*'. Robertson propõe a substituição do conceito base de globalização por *glocalização* — o cruzamento das palavras globalização e localização" (BECK, Ulrich. *O que é globalização?* Tradução de André Carone. São Paulo: Paz e Terra, 1999. p. 95).

54 BECK, Ulrich. *O que é globalização?*, p. 103.

55 *Ibidem*, p. 78-79.

a esquina mais próxima. Dilui-se a responsabilidade do causador do dano, ressaltando-se a negligência daquele que se submete ao perigo.

As relações tornam-se reticulares; redes em que os nós são representados pelos compromissos articulados pelos agentes econômicos. Cada nó significa uma fonte de regras e normas que determinam não o poder, mas sim a influência que um agente exerce sobre o outro.

A imagem é poderosa. Imaginemos um trapezista. Seus movimentos e acrobacias estão sempre condicionados à existência de uma rede de proteção. Tão maiores os desafios e riscos assumidos quanto maior for a segurança de que será sustentado na queda. Essa rede, por sua vez, somente resiste porque o peso do atleta ou artista não se concentrará sobre um único ponto. A pressão será propagada na queda para cada um dos nós dessa proteção. Talvez haja um impacto maior sobre um ponto, porém será distribuído sobre outros nós que, pressionados, serão ainda mais atados e propagarão maior segurança para todo o sistema. A questão é que tais pontos não podem ser percebidos pelos demais pontos da rede. Esse é o princípio do seguro, do mutualismo, que visa à socialização dos riscos.

Niklas Luhmann[56] nota que o risco pode ter se incorporado aos aspectos normais da vida, porém a questão é saber como transformar o infortúnio em risco[57] e promover a distribuição (alocação) desse risco entre os agentes, a exemplo do mecanismo da rede mencionada no

---

56 LUHMANN, Niklas. *Risk: a sociological theory.* Traduzido do original em alemão, *Soziologie des risikos*, por Rhodes Barrett. New Brunswick, USA: Transaction Publishers, 2006.

57 Nas palavras do autor: "This is not say (true as it may be) that risk is among the normal aspect of daily life. The question is rather what we can learn about normal processes in our society from the fact that it seeks to comprehend misfortune in the forma of risk" (*ibidem*, p. xxviii). Em português: "Isso não quer dizer (por mais verdadeiro que seja) que o risco esteja entre os aspectos normais da vida diária. A questão é, antes, o que podemos aprender sobre os processos normais

parágrafo anterior. Ou seja, como transformar o imponderável em algo mensurável e passível de ser incorporado em nossas decisões diárias?

Em outras palavras, a incerteza do futuro deixa de ser compreendida pelo acaso e pelo infortúnio, mas medida pelo risco.

Nesse ponto, Niklas Luhmann[58] reencontra-se com Max Weber, pois ambos entendem que estamos perseguindo sempre um direito calculável ("calculabilidade formal"[59]). A noção do risco associa-se à necessidade fundamental de racionalidade dos agentes. Se o futuro depende das decisões tomadas no presente, algum mecanismo de cálculo estatístico, probabilístico, ou qualquer que seja a fórmula adotada, deverá nos dar previsibilidade do resultado futuro. Essa calculabilidade já nos permite alguma noção de risco. Há uma causalidade necessária entre os eventos da vida. Sabedores de que os nossos atos presentes são capazes de determinar resultado futuro, diante da incerteza das variáveis que poderão definir o resultado para além da determinação de nossa vontade, *talvez possamos criar mecanismos de limitação ou delimitação dos efeitos que tais resultados venham a ter sobre nossa vida e sobre a vida daqueles que são por eles afetados direta ou indiretamente.*

Em termos econômicos, a noção de risco nos negócios se apresenta sob duas faces. A primeira delas, pelo conhecimento de que o mundo também se move pelo acaso, ou melhor, pela sorte — esta entendida como eventos não previsíveis. Eventos podem ocorrer de forma determinística, porém um agente pode estar no lugar certo e na hora certa. Um supercomputador poderia determinar esse momento e o agente

---

em nossa sociedade a partir do fato de que ela busca compreender o infortúnio na forma de risco".

58 *Ibidem.*

59 WEBER, Max. *Economia e sociedade.* Tradução de Regis Barbosa e Karen Elsabe Barosa. São Paulo: UnB, 2004. v. 2, p. 52-62.

mais eficientemente posicionado para auferir os benefícios de evento auspicioso; porém, como esse computador ainda não existe, o talento individual será determinado pela capacidade de previsão aliada ao elemento sorte. Como Luhmann[60] observa, o conhecimento pode, em certas circunstâncias, reduzir ou prevenir, porém jamais eliminar os riscos de uma operação econômica.

A segunda face do risco diz respeito à insuficiência das salvaguardas jurídicas. O direito pode assegurar que promessas válidas sejam cumpridas e fornecer instrumentos para sua exigibilidade. Pode assegurar pretensões, porém jamais poderá determinar e garantir que uma transferência patrimonial será efetivamente suficiente para compensar um dano causado. Não é sem razão a existência da popular frase "ganhar, mas não levar". E isso é uma disfunção não do direito, mas da realidade e da percepção de risco que o credor teve ao aceitar o crédito do devedor. Estamos diante de uma incorreta avaliação do risco de crédito.

Fábio Konder Comparato, na sua obra sobre seguro de crédito,[61] faz a distinção entre os riscos ordinários, extraordinários e complementares. São ordinários aqueles associados ao eventual inadimplemento, seja em decorrência da inexecução pura e simples, ou da insolvência do devedor e é nesse sentido que o os denomina, propriamente, riscos ordinários ou comerciais. São extraordinários aqueles associados à ocorrência de força maior, e complementares, os que decorrem do adimplemento imperfeito da prestação, seja por culpa do devedor ou não.

Em um contrato, buscamos regular o comportamento futuro das partes contratantes e, nesse sentido, ele é instrumento de segurança

---

60 LUHMANN, Niklas. *Risk: a sociological theory.*

61 COMPARATO, Fábio Konder. *O seguro de crédito.* São Paulo: Revista dos Tribunais, 1968. p. 40-81.

e previsibilidade; porém, eventos imprevisíveis poderão determinar resultado diverso daquele esperado ou, ainda, o desentendimento das partes no tocante ao conteúdo das promessas trocadas poderá determinar a interferência de um terceiro para interpretá-lo e preenchê-lo.

Essas incertezas podem ser explicadas de maneira científica ou irracional, mas, seja de uma forma ou de outra, os agentes econômicos procuram quantificar o efeito das disfunções e transformar o infortúnio em risco calculado. Cálculo que se reflete sobre o preço.

É essencial o entendimento do efeito do risco sobre as operações econômicas e como os agentes buscam proteger-se. O contrato, dessa maneira, será guiado pela racionalidade de compartilhamento ou alocação dos riscos para aquele que se encontre em melhores condições de mitigar ou excluir os efeitos nefastos de um evento futuro.

1.4 Alocação eficiente de riscos

Podemos partir do princípio de que toda empresa ou agente econômico busca adequar a expectativa de retorno nos seus empreendimentos em função dos riscos que assume. Tais empreendimentos podem ser desenvolvidos internamente, mediante estrutura hierárquica, em que as atividades econômicas são desenvolvidas por agentes monitorados pelos diversos órgãos da empresa ou tais riscos são compartilhados com parceiros autônomos.

Uma grande empresa poderá tomar a decisão racional de investir em determinado produto ou empreendimento com base na expectativa de que terá um retorno financeiro adequado a esse esforço de investimento e aos riscos envolvidos. Ela decide investir quando acredita que o mercado será capaz de absorver o aumento da produção e da oferta do produto ou serviço. A perspectiva de lucro ao acionista será um dos guias para a tomada de decisão.

Ao analisar o custo de transação disponível no mercado e os custos internos de monitorar as atividades de seus agentes econômicos, o empresário poderá decidir pelo crescimento ou por aliar-se a terceiros para compartilhar os riscos e resultados de um novo empreendimento.[62]

Imaginemos que, em determinada obra, diversos agentes são necessários. Para a construção de uma nova unidade industrial, a empresa necessita de projetos, serviços de construção civil, montagem, aplicação de tecnologia e consultores que poderão avaliar a viabilidade técnica e financeira do empreendimento. Cada uma dessas atividades poderá estar imediatamente disponível na própria organização empresarial ou depender da colaboração de outros agentes do mercado. Deve-se considerar que, havendo a necessidade de colaboração, cada um deles assumirá os riscos próprios da atividade específica desenvolvida.

Cada uma dessas empresas poderá considerar que um erro ou inconsistência dos resultados por ela planejados poderá dar causa a danos ou prejuízos incomensuráveis no momento em que sua atividade for desenvolvida. Um erro de projeto, por exemplo, poderá dar causa a refazimentos ou substituição de equipamentos, cujos prejuízos poderão exceder, em muito, a fatia esperada pelo projetista nos resultados sobre o empreendimento global. Ora, se cada um desses agentes econômicos considerar os riscos globais envolvidos em determinado projeto ou empreendimento, haverá uma forma de sobreposição de contingências

---

62 "The firm grows until costs of organizing production internally exceed the costs of organizing through market transactions" (EASTERBROOK, Frank H.; FISCHEL, Daniel R. *The corporate structure of corporate law.* Cambridge, USA: Harvard University Press, 1991. p. 8-9). Em português: "A firma cresce até que os custos de organizar a produção internamente excedem os custos de organizá-la por meio de operações no mercado".

e, por consequência, essas empresas tomarão como próprios os riscos que, conceitualmente, deveriam ser compartilhados.

Essa análise poderia nos levar à consideração de que seria sempre mais desejável que um único agente desenvolvesse isoladamente cada projeto, capturando, de maneira isolada, os resultados e assumindo sozinho os riscos. Isso porque, caso todos os colaboradores tivessem de avaliá-los de maneira global, e não apenas a sua parcela de escopo da obra, teríamos a incorporação em cada preço de contingências ou mecanismos de proteção redundantes, o que inviabilizaria, em última instância, o resultado financeiro do próprio empreendimento.

Essa conclusão, portanto, não pode deixar de levar em consideração que os diversos agentes participam em proporções diferentes no empreendimento. No mercado de engenharia é cediço que os custos (e preços) de elaboração de um projeto representem algo entre 5% e 10% do investimento total e, dependendo da tecnologia empregada, os equipamentos poderão atingir percentual relevante para o empreendedor, algo entre 50% e 70% do valor total da obra. A montagem e construção civil poderão, ainda, consumir grande parte dos custos com a mão de obra. Centenas de operários participarão da construção de um projeto desenvolvido por uma empresa de engenharia e seguindo instruções do fabricante dos equipamentos e do detentor da tecnologia. Esses custos poderão representar, igualmente, parte substancial dos investimentos. É a forma de contratação, como aponta Lie Uema do Carmo, da "chamada *multi-prime* ou *multiple prime contracts*", o equivalente a múltiplos contratos primários ou principais. Nesta, o dono ou proprietário da obra estabelece diversas relações contratuais principais concomitantemente. O dono da obra contrata empreiteiros, que se encarregam de etapas ou partes diferentes do projeto, e uma empresa de engenharia, que administra os vários empreiteiros".[63]

63 *Contratos de construção de grandes obras*. São Paulo: Almedina, 2019, p. 79.

No caso de participar, cada um, em percentuais diversos no custo total da obra, seria razoável que todos assumissem integralmente ou na mesma proporção os mesmos riscos associados ao valor global do investimento?

Há uma racionalidade econômica na distribuição dos riscos. No caso de uma integração vertical, concentrando-se todas as atividades em um único agente, este poderia capturar todos os resultados, mas ficaria, igualmente, sujeito ao risco integral de perdas, seja em decorrência da variação de preços de mão de obra e de materiais, seja em razão de acidentes ou eventos imprevistos.

Além disso, a divisão de tarefas pressupõe eficiência, na qual cada um dos participantes, em princípio, terá maior produtividade ao manter o foco em sua atividade específica. Trata-se de uma alocação eficiente de recursos,[64] que, em um ambiente competitivo, poderá resultar em menor preço para o dono da obra. Uma eficiência que, nos termos de David Yates, corresponde à minimização dos custos sociais totais, ao mesmo tempo em que há uma maximização dos interesses individuais.[65]

---

64 Stephen F. Ross, da Universidade de Illinois, em material sobre antitruste, observa o seguinte: "The now ascendant view is that antitrust laws should promote allocative economic efficiency. With only a few limitations, business conduct that ultimately results in an efficient allocation of society's resources should be permitted and encouraged under this view, and antitrust law should only proscribe conduct that ultimately harms allocative efficiency. In other words, the goal of antitrust is to promote a market system that maximizes societal wealth by deploying our resources where they are most highly valued." (ROSS, Stephen F. *Principles of antitrust law.* Westbury, USA: The Foundation Press, Inc., 1993. p. 3). XXXX

65 David Yates tem um texto precioso a respeito da eficiência econômica aplicada às cláusulas de exclusão de responsabilidade em contratos por adesão: "It is with the evaluation of efficiency — normative economic analiysis — that most of the current research is concerned. 'Efficiency', in this context, has a particular meaning. The efficiency approach to law proceeds on the basis that the objective

Nesse caso, podemos tomar a própria condição do dono da obra como um agente que, se tivesse assumido diretamente a construção, incorreria no risco integral. Ao associar-se com terceiros independentes, o dono da obra lhes transfere parte desse risco. No caso de haver multiplicidade de participantes, tal como descrito há pouco, estes, ao alocarem de maneira mais eficiente seus recursos e distribuírem os riscos de acordo com as suas respectivas competências e participações no projeto, poderão diminuir os custos e, consequentemente, reduzir o preço final ao dono da obra.

De certa maneira, ao admitir-se a alocação de riscos distribuída entre os agentes da cadeia, em conformidade com a sua participação em uma obra comum, já haverá uma forma de limitação da responsabilidade de cada contratante.

Essa distribuição ou alocação dos riscos poderá ser feita a critério das partes contratantes, porém, sem dúvida, existem maneiras eficientes e racionais de fazê-la. Se tomarmos, novamente, o exemplo da construção de uma unidade industrial, a contratação da obra poderá dar-se de diversas maneiras. A empreitada poderá ser integral e, neste caso, o construtor assume, em princípio, todos os riscos relacionados à variação do preço dos materiais e da mão de obra. No entanto, a empreitada também poderá ser exclusivamente de *lavor*, hipótese em que o dono da obra fornece todo o material.

As duas formas poderão apresentar vantagens ou desvantagens; porém, o critério de eficiência estará associado aos interesses e ao conhecimento que as partes detêm a respeito da obra. Por exemplo, se esta consistir exclusivamente de construção civil e montagem de estruturas metálicas para instalações industriais, sob as quais o empresário

---

is to minimize the total social costs (i.e, the cost to society as a whole) of an activity, while at the same time encouraging individuals to maximize their self-interest." (YATES, David. *Exclusion clauses in contracts*, p. 11).

instalará suas máquinas, será bastante razoável supor que o dono da obra prefira a contratação de uma empreitada global. Essa é uma decisão racional e eficiente porque o empreiteiro, detendo o conhecimento do mercado e a técnica da construção, poderá obter melhores condições para adquirir os materiais, assumindo a variação dos preços dos insumos e os seus riscos de segurança e solidez.

A unidade industrial, no entanto, poderá ser complexa, constituindo-se, basicamente, de equipamentos pesados, como uma usina de açúcar e álcool ou uma refinaria de petróleo. Uma indústria dessa natureza é composta, principalmente, de equipamentos específicos para essa atividade. É razoável supor que o conhecimento da tecnologia de produção e dos equipamentos envolvidos seja próprio do usineiro ou da indústria petroleira. O dono da obra, então, terá conhecimento maior do que o empreiteiro a respeito do mercado fabricante dos equipamentos e da tecnologia aplicada. Isso poderá determinar outra forma de contratação, pela qual o empreiteiro assume a obrigação de construir a usina de acordo com as especificações do dono da obra e este contratará diretamente a aquisição dos equipamentos, pois tem melhores condições de barganha. Nessa hipótese, a empreitada de lavor poderá ser a maneira mais eficiente para as partes contratantes, por poder reduzir o custo total da obra.

É evidente que, dependendo da aversão ao risco das partes, as duas hipóteses apontadas poderão sofrer alterações e, nesse caso, a eficiência não será medida pelo custo, mas pela expectativa das partes (a dimensão subjetiva do risco, referida há pouco).

Imaginemos que o dono da obra, na primeira hipótese, também detenha conhecimento do mercado da construção civil. O resultado da negociação poderá ser diverso e a contratação poderá ser feita mediante empreitada de lavor. O mesmo é válido para a segunda hipótese. Suponhamos que o objeto do contrato seja a construção de uma unidade de geração termelétrica para suprimento de energia a uma unidade industrial de produção de açúcar e álcool. Como a tecnologia de geração termelétrica é relativamente conhecida pelas grandes empreiteiras, o usineiro poderá entregar a obra ao empreiteiro, que já realizou projetos semelhantes para diversos tipos de atividades industriais, para que esta seja desenvolvida na forma de empreitada global. Nessa hipótese, o dono da obra não estará em melhor condição do que o empreiteiro para negociar a contratação de aquisição dos equipamentos e, consequentemente, a empreitada global poderá ser a forma mais adequada de contratação.

Como podemos observar, a realidade dos negócios pode ser bastante rica para determinar formas complexas de contratação, porém, um critério bastante objetivo para alocar riscos é a capacidade da parte que o assume de mitigá-los ou reduzi-los da maneira mais eficiente, entendendo-se a eficiência como a redução de custos e a maior segurança do próprio empreendimento. Conforme observa Fernando Araujo:

> "Uma aplicação direta da '*Regra de Learned Hand*' no seio dos contratos conduz directamente à conclusão de que é possível promover dentro do contrato a partilha eficiente do risco, fazendo-o recair mais pesadamente sobre a parte com maior aptidão para suportá-lo, o '*superior risk bearer*'. E não temos sequer de nos cingir aos riscos, pois a análise económica dos contratos costuma recomendar que os deveres sejam cometidos principalmente à parte capaz de se desincumbir com menor custo, e os direitos e as oportunidades sejam conferidos prioritariamente à parte susceptível de explorá-las com maior eficiência — por forma a originar uma *precaution cost liability*' directamente incentivadora da precaução eficiente."[66]

---

66 ARAÚJO, Fernando. *Teoria económica do contrato*. Coimbra: Almedina, 2007. p. 874-875. A título de esclarecimento, a *Regra de Learned Hand* é constituída de

1.5 O risco como causa de atribuição de responsabilidade

Até este ponto, analisamos o risco como um dado para a análise de investimentos ou decisões tomadas pelos agentes econômicos. Como demonstrado há pouco, a análise do risco está totalmente associada à expectativa de retorno para o empresário. Há, entretanto, o outro lado da moeda. Uma vez que o risco se incorpora ao preço como contingência, isso significa que a perda poderá materializar-se ou não, conforme os fatos determinem a ocorrência de um evento nefasto para o empresário e danoso para a vítima. Exercida a atividade ou executado o contrato, sem que acidente ou inadimplemento algum ocorra, a contingência transforma-se em resultado, incorporando-se ao lucro. Porém, a racionalidade econômica não é capaz de prever ou conter a realidade, de tal sorte que, ao executar sua atividade ou um contrato específico, o empresário poderá causar danos a terceiros, seja em razão de um acidente, seja como mera externalidade[67] inerente à própria atividade.

---

uma fórmula definida pelo juiz Hand ao decidir o caso *United States v. Carrol Towing Co.* A responsabilidade deveria ser definida pela seguinte expressão algébrica: $B<LP$, sendo *B* (*burden*) o custo de prevenir o dano, *L* o valor do dano e *P* a probabilidade de sua ocorrência. Assim, será responsável aquele que tenha um custo menor para prevenir a ocorrência do dano.

67 O conceito de externalidade nos é dado pela economia. Segundo Robert Cooter e Thomas Ulen, *externalities* caracterizam-se como uma das imperfeições do mercado (*market failure)*, pois representam um efeito da atividade sobre a esfera de terceiros, podendo representar um benefício (*external benefit*) ou um custo ou encargo (*external costs)* imposto a não participantes da transação ou da atividade. "The second source of market failure is the presence of what economists call *externalities.* Exchange inside a market is voluntary and mutually beneficial. Typically, the parties to the exchange capture all the benefits and bear all the costs, thus having the best information about the desirability of the exchange. But sometimes the benefits of an exchange may spill over onto other parties than those explicitly engaged in the exchange. Moreover, the costs of the

Esse efeito da atividade ou dos atos desenvolvidos sobre a esfera patrimonial ou pessoal de terceiros poderá ou não impor o dever de indenizar ao agente econômico, de tal sorte que o fundamento desse dever poderá ser encontrado, exatamente, na exposição de terceiros aos riscos dessa atividade.

A teoria da responsabilidade civil, no entanto, desenvolveu-se sob o fundamento da culpa, o elemento subjetivo de imputabilidade — o que não deixa de ser uma conquista da civilização, uma vez que a atribuição de responsabilidade, sob essa teoria, liga-se ao comportamento do sujeito e não à vontade de um soberano ou ao mero exercício da vingança. Na atualidade, conforme desenvolvido adiante, a responsabilidade objetiva, independente da culpa, ganha espaço no campo da responsabilidade civil, porém, é preciso observar que o conceito de culpa como fonte de atribuição de responsabilidade também é fundamental para o estado de direito.

---

exchange may also spill over on the parties. The first instance is an example of an external benefit, the second, an external cost." (COOTER, Robert; ULEN, Thomas, *Law and economics*. 4. ed. Boston: Pearson Addison Wesley, 2004. p. 44). "Diz-se que uma dada atividade gera *externalidades* quando as decisões de um agente geram custos ou benefícios para outros agentes, sem que o agente que gerou esses custos ou benefícios tenha de ressarcir os outros (no caso de gerar custos), ou ser remunerado por eles (no caso de benefícios)." (FIANE, Ronaldo. *Teoria dos jogos para cursos de administração e economia.* Rio de Janeiro: Elsevier, 2004. p. 105). Sob outro aspecto, ocorrerá a externalidade quando alguém não usufrui inteiramente ou não assume integralmente os custos de uma determinada ação. "An externality exists whenever a person does not enjoy all the benefits or incur all the costs that result from the actions that person undertakes" (BAIRD, Douglas G.; GERTNER, Robert H. *Game theory and the law.* Cambridge, USA: Harvard University Press, 1994. p. 307). Exemplo de *external benefits* seria a polinização de plantas de um orquidário vizinho a um apiário, enquanto o caso típico de *external cost* seria a poluição gerada por determinada indústria e suportada pela comunidade (COOTER, Robert; ULEN, Thomas, *op. cit.*, p. 44).

O Estado moderno construiu-se pelo domínio da lei sobre a vontade do rei ou da mágica medieval e ninguém poderá ser responsabilizado sem que tenha agido com culpa. Nesse sentido, há, ainda, uma vasta gama de circunstâncias em que a responsabilidade somente poderá ser imputada após demonstração da culpa do agente. Como observa Fernando Noronha, o princípio da culpa, "sendo fundado no livre--arbítrio, tem conotações essencialmente éticas, mas acaba tendo importantes repercussões político-econômicas".[68] E, prosseguindo, o autor completa: "Associado ao princípio da livre iniciativa, ele vai significar ser consentido causar dano a outras pessoas, desde que o agente proceda com os cuidados que seriam preconizáveis. Deste modo, evita-se que o desenvolvimento econômico e o progresso sejam coarctados pelo receio de danos que eventualmente pudessem ser causados a outrem."[69]

Além disso, mesmo os mais ardorosos defensores da teoria do risco criado, como Louis Josserand, na França, e Alvino Lima, no Brasil, não deixam de reconhecer que risco e culpa, lado a lado, visam à realização de equilíbrio mais satisfatório de interesses e de direitos, diante da necessidade de se ver ressarcido todo o dano causado.[70] Ideias que, decorridas muitas décadas, ainda se revelam atuais.

---

68 NORONHA, Fernando. *Direito das obrigações*, p. 435.

69 *Ibidem*, p. 435-436.

70 Nas palavras de Louis Josserand, ao cuidar da teoria do risco: "L'idée est donc en marche, dans le prétoire comme à l'école, et le concept du risque, sans expulser celui de la faute, s'installe à cote de lui em vue de la réalisation d'un plus satifaisant equilibre des intérêts e de drois". (JOSSERAND, Louis. *Cours de droit civil positif français*. Paris: Librairie du Recueil Sirey, 1933. v. II, p. 308). Alvino Lima, referindo-se às teorias do risco e da culpa, observa: "Ambas, porém, continuarão a subsistir, como forças paralelas, convergindo para um mesmo fim, sem que jamais, talvez, se possam exterminar ou se confundir, fundamentando, neste ou naquele caso, a imperiosa necessidade de ressarcir o

A responsabilidade civil, primitivamente, confundia-se com a responsabilidade penal, tendo as sanções um caráter religioso de penitências e sacrifícios "impostos pelo grupo e no interesse deste, embora em nome de divindades".[71] Houve, no entanto, um processo de laicização, pelo qual a defesa do ofendido passou a cargo do núcleo familiar, marcada ainda como vingança privada e para a qual a compensação detinha caráter de pena e composição voluntária.[72] Nesse momento, prevalecia a vingança e não se cogitava o ressarcimento, mas a inflição de uma penalidade ao causador do dano[73] — característica que não foi estranha ao direito romano primitivo que, seguindo os instintos humanos, manifestava, nas palavras de Alvino Lima, a "reação espontânea e natural contra todo o mal sofrido".[74]

A Lei das XII Tábuas representou uma transição entre a composição voluntária e a composição legal obrigatória. Neste último caso, a vítima seria compensada com uma soma fixada pela lei, mas, ainda assim, o valor permanecia como preço pela vingança ou composição

---

dano, na proteção dos direitos lesados". (LIMA, Alvino. *Dano e risco*. 2. tir. São Paulo: Revista dos Tribunais, 1963. p. 45).

71 NORONHA, Fernando, *op. cit.*, p. 528.

72 NORONHA, Fernando. *Direito das obrigações*, p. 528.

73 Segundo Wilson Melo da Silva, "esse foi o primeiro estágio ou primeira forma do desagravo no seio dos homens primitivos. Não se cogita aí de nenhuma idéia de culpa ou não culpa, por parte do autor do dano. Pune-se apenas porque se foi lesado e isso de modo animalesco, instintivo, automático. E quando, por qualquer eventual circunstância, o desagravo não se pode processar desde logo, sobrevém a vindita meditada a que se refere Letourneau, vindita essa que, regulamentada, veio a dar, muito depois, no olho por olho e no dente por dente do talião barbaresco". (SILVA, Wilson Melo da. *Responsabilidade sem culpa*. Belo Horizonte: Bernardo Alvares, 1962. p. 38-39).

74 LIMA, Alvino. *Dano e risco*, p. 20.

legal.[75] Geneviève Viney, nas páginas iniciais de sua introdução à responsabilidade civil, apresenta o desenvolvimento do seu conceito. Segundo a autora, no direito romano não havia princípio geral de responsabilidade pelos danos causados. Embora houvesse distinção entre ações de natureza civil e penal para a imposição de sanções ao causador do delito, inexistia sistematização entre os dois tipos de ação, havendo mesmo tendência à criação de ações ditas mistas, que tinham por objetivo pronunciar pena e condenação ao ressarcimento dos danos sofridos pela vítima.[76]

---

75 Segundo Henri Mazeaud e Leon Mazeaud, "A ce point de vue, le droit romain du temps des XII Table représente 'une époque de transition' entre la phase de la composition volontaire e celle de la composition légale obligatoire: la victime d'un delit prive est tantot libre de se satisfaire par l'exercice de la vengeance corporelle, ou par l'obtention d'une somme d'argent, dont elle fixe librement le montant, tantôt contrainte d'accepter le paiement de la somme fixée par la loi. Mais cette somme reste essentiellement le prix de la vengeance, une composition, une poena, c'est une peine privée. Jamais le droit romain n'a arrivera à se dégager complètement de cette idée, à faire de la condannation civile ce qu'elle est aujourd'hui: une indenité." (MAZEAUD, Henri; MAZEAUD, Leon. *Traité théorique et pratique de la responsabilité civile.* 4. ed. Paris: Librairie du Recueil Sirey, 1947. t. I, p. 30). No mesmo sentido, François Chabas: "Le droit romain des XII Table marque la transition entre la phase de la composition volontaire e celle de la composition obligatoire: dans certe cas, mais seulement dans certains cas, la victime est contrainte d'accepter la composition et de renoncer à la vengeance. Cette composition demeurera en droit romain une peine privée (poena) em même temps qu'une réparation, de telle sorte que jamais la distinction entre la responsabilité pénale et la responsabilité civile ne será complètement realisée." (CHABAS, François. *Leçons de droit civil*: obligations, théorie générale. Org. Henri Mazeaud, Leon Mazeaud, Jean Mazeaud et François Chabas. 9. ed. Paris: Montchrestien, 1998. t. II, v. I, p. 370).

76 "Il est certain, d'abord, que, se le droit romain a bien connu la distinction entre 'delits publics' et 'delits privés', il n'a jamais complètement distingué la peine de la réparation (et, par consequence, la responsabilité civile de la responsabilité pénale). Certes, il a creé, à l'epoque classique, des actions à but principalement indemnitaire (lês action 'réipersécutoires') e d'autres actions dites 'penales', destinées principalement à frapper d'une sanction a l'auteur du delit, mais

Porém, como observam Henri e Leon Mazeaud, a distinção entre os dois tipos de ação permaneceu vacilante no direito romano, não se afastando das ações reipersecutórias o caráter de pena ao causador do dano.[77] Embora a evolução tenha afastado o conceito de vingança, a condenação do autor ao ressarcimento conservava o caráter de composição, resgate ou "*prix du pardon qui éteint la vengeance*",[78] o que se verificava caso a caso, sem que se tivesse desenvolvido um conceito geral de reparação pelos danos causados.

No que tange ao fundamento da responsabilidade no direito romano, ou seja, se ancorado na culpa ou no risco, não há consenso entre os autores. É certo que, na fase primitiva, como mencionado por Wilson Melo da Silva, não se cogitava de culpa ou não culpa, mas se buscava antes a vingança pelo mal sofrido e, nesse sentido, pode-se dizer que a responsabilidade, na sua forma primitiva, era objetiva. Louis Josserand, aliás, foi feliz ao se referir à evolução do conceito de responsabilidade como um movimento de vaivém (como um pêndulo) entre a forma objetiva e a subjetiva de atribuição de responsabilidade, para observar

---

l'opposition entre ce types d'action n'a jamais été systématisée et, au Bas-Empire, elle a même eu tendance à s'effacer em raison de la création des action dites 'mixtes' qui tendaient à la fois au prononcé d'une peine e à une condamnation à dommages et intéret." (VINEY, Geneviève. *Introduction à la responsabilité* de droit civil: traité de droit civil. 3. ed. Paris: LGDJ, 2008. p. 8).

77 Segundo os autores, "lês collaborateurs de Justinien distinguent ce qu'ils appelent les actions réipersécutoires, les actions pénales proprement dites e les actions mixtes (à la fois pénales e réipersécutoires), les premières étant des actions civiles em dommages-intérêts, les secondes des actions pénales conduisants au prononcer d'une peine prives: mais 'la distinction est restée vacillante' e n'a jamais conduit à dégager les actions réipersécutoires de certaines régles qui ne s'expliquent que par l'idée de peine." (MAZEAUD, Henri; MAZEAUD, Leon. *Traité théorique et pratique de la responsabilité civile*, p. 30).

78 *Ibidem*, p. 39.

que, no direito romano antigo, a responsabilidade era objetiva, aplicando-se independentemente de qualquer ideia de *faute*.[79] Opinião compartilhada, na Itália, por Francesco Galgano[80] e, no Brasil, por Agostinho Alvim.[81]

A controvérsia se instala a partir da *Lex Aquilia* que, posteriormente, os juristas medievais e jusnaturalistas tomam como a origem da imputabilidade fundada na culpa. Alvino Lima suscita a dúvida se a *Lex Aquilia* teria introduzido a culpa como requisito essencial

---

79 "Le solutions à donner à ce probléme ont toujours divisé et divisent de plus en plus les esprits. Une double évolution s'est produite, depuis les origins du droit romain jusqu'a nos jours, qui se ramène à un mouvement de va-et-vient; après s'être éloignée du point de depart, la théorie de la responsabilité tend à s'en rapprocher; double évolution qui gravite autour de ces deux notions cardinals: la faute et le risqué; avec la premiere, la responsabilité est subjective; sous l'influence de la deuxième, elle s'objective. Dans l'ancien droit romain, la responsabilité etáit objective; elle était engage indépendamment de toute ídée de faute" (JOSSERAND, Louis. *Cours de droit civil positif français*, p. 213).

80 "Il danno risarcibile prescinde, in epoca classica, dal requisitio della colpa. Nella *lex aquilia* si parla sì di *culpa*, e anzi di *culpa levissima*, ma solo nel senso di imputabilità del fatto, di sua riferibilità al soggeto chiamato a risponderne; sicché il rendere sufficiente una *culpa levissima* sta a significare la sufficienza di un sai pur labile rapporto di causalità fra il fatto e il danno. Il che val quanto dire, a volersi esprimere in termini moderni, che la responsabilità aquiliana dell'epoca clássica era una responsabilità rigorosamente oggetiva, basatta sulla sola attribuibilità del fatto ad un dato soggetto, indipendetemente da ogni indagine sull'elemento soggetivo della imprudenza, della negligenza, della imperizia." (GALGANO, Francesco. *I fatti illeciti*. Pádua: CEDAM, 2008. p. 7-8).

81 "Por isso é que, dissertando acerca da evolução da teoria da culpa, Louis Josserand assinala o movimento de vai e vem. No antigo direito romano — observa ele — a responsabilidade era objetiva; não dependia de culpa, antes se apresentava como uma reação da vítima contra a causa aparente do dano. E, estabelecendo paralelo com a criança, que se volta contra quem a feriu, acentua que a pessoa só tinha em vista devolver o mal recebido, sem se preocupar com a imputabilidade." (ALVIM, Agostinho. *Da inexecução das obrigações e suas conseqüências*. 5. ed. São Paulo: Saraiva, 1980. p. 243).

ao direito à reparação e indica os autores adeptos e os contrários a essa tese.[82] Observa, no entanto, que a questão é meramente teórica, sem nenhuma influência prática sobre os problemas da responsabilidade extracontratual.

Mesmo aqueles que negam a culpa como elemento presente na *Lex Aquilia* reconhecem que, a partir dela, houve, ao menos, uma interpretação que abriu espaço para o elemento subjetivo como critério de imputabilidade do ressarcimento do dano, o que, no entanto, permaneceu restrito a algumas hipóteses da lei, como observa Geneviéve Viney.[83] Segundo G. P. Chironi, a atuação jurisprudencial, a partir da *Lex Aquilia*, passou a determinar os elementos constitutivos do fato ilícito, unindo à ofensa objetiva a consideração subjetiva de

---

82 "Não faltam sustentadores para ambas as opiniões; no geral, os expositores da matéria incluem o elemento da culpa como indispensável, sem o qual não se caracterizaria o delito — *In lege Aquilia levissima culpa venit.* Assim ensinam GIRARD, GASTON MAY, E. CUQ, PIRSON ET VILLÉ, CONTARDO FERRINI, IHERING, LEONARDO COLOMBO e outros. Outros, porém, sustentam a opinião oposta, declarando que a culpa não era elemento constitutivo do delito da Lei Aquilia; este elemento teria sido introduzido, pouco a pouco, por força da interpretação, à vista das necessidade sociais. Assim pensam EMILIO BETTI, MARIO COZZI, que declara ser uma interpolação das expressões *In lege Aquilia et levíssima culpa venit*; LEON e HENRI MAZEAUD, FREDERICO PEZELLA e outros." (LIMA, Alvino. *Dano e risco*, p. 24-27). Wilson Melo da Silva faz, igualmente, referência à controvérsia (SILVA, Wilson Melo da. *Responsabilidade sem culpa*, p. 42-44).

83 "Dans le droit ancient, il semble même que la sanction de délits n'etait aucunement conditionnée par la faute en tant que telle. L'action était donnée à la victime d'un dommage présentant certains caracteres objectifs. Et ce n'est qu'à la fin de la République que certains jurisconsultes dégagérent la notion de *culpa* qui est à la base notamment de 'l'action de dol'. Mais, même à l'epoque classique, c'est seulement pour certains délits, en particulier ceux de la loi Aquilia, que la '*faute*' semble être devenue réellement une condition de la responsabilité." (VINEY, Geneviève. *Introduction à la responsabilité*, p. 11).

imputabilidade[84] — ideia que tem sido confirmada por modernos historiadores do direito, como John Gilissen, que vê na jurisprudência romana a direção para o reconhecimento da culpa como fundamento da responsabilidade civil.[85]

Na linha desse percurso doutrinário, parece-nos correta a observação de Alvino Lima de que é incontestável que a evolução se operou no sentido de introduzir o elemento subjetivo da culpa, "expurgando--se do direito a idéia de pena, para substituí-la pela reparação do dano sofrido".[86]

Durante a Idade Média, sob a influência dos povos germânicos, a Lex Salica, legislação datada do século V, ao tempo do rei Clóvis I, tinha

---

84 "Il lavoro giurisprudenziale ordito sulla tenue materia offerta dalla l. Aquilia pote determinare gli elementi costituvi del fatto illecito, elevandosi dalla semplice nozione del danno, all'a offesa contro il diritto, e facendo di questo un fonte speciale di obbligazione com l'unire all'a ingiuria oggetiva la considerazione soggetiva dell'imputabilità, potè in conseguenza, separando il concetto di pena dall'altro di risarcimento, segnalare il campo in cui la semplice ingiuria oggetiva è ragione di rapporto avente a scopo il riconoscimento del diritto offeso, e sommettendo cosi la riparazione del danno alla colpa" (CHIRONI, G. P. *La colpa nel Diritto Civile odierno: Colpa extra-contrattuale.* Turim: Fratelli Bocca, 1903. v. I, p. 28).

85 "No decurso dos séculos seguintes, a jurisprudência deu uma larga extensão à lei aquiliana; em lugar dos factos limitados visados pela lei, qualquer dano causado, contrariamente ao direito (*in-iuria*) aos bens de outrem podia dar lugar a uma sanção; mas esta conserva um caráter misto: ao mesmo tempo, pena e reparação dos danos. A doutrina romana clássica exigiu que, além da relação de causalidade entre o acto ilícito e o dano, houvesse culpa, que podia consistir tanto numa negligência ou imprudência (enquanto que o dolo implicava a vontade de prejudicar); mas esta teoria da culpa continua ainda imprecisa, ainda que seja ela que vai dominar a concepção moderna da responsabilidade civil". (GILISSEN, John. *Introdução histórica ao direito.* 4. ed. Tradução de A. M. Hespanha. Lisboa: Fundação Calouste Gulbenkian, 2003. p. 751).

86 LIMA, Alvino. *Dano e risco*, p. 28.

a pretensão de regular diversos aspectos da vida pública e privada, inclusive a sanção aos delitos cometidos. Ela atribuía efeitos a uma série de delitos, prevendo, para cada um, penalidade cujo montante era fixado em consideração à natureza do dano e à condição da vítima.[87] Nesse período, segundo Geneviève Viney, não havia distinção clara entre responsabilidade contratual e extracontratual ou entre responsabilidade civil e responsabilidade penal, tanto assim que parte da penalidade deveria ser dirigida ao Tesouro real e parte para a indenização à vítima ou sua família. Ademais, no período que precedeu o reinado de Carlos Magno, a penalidade tinha caráter de composição para substituir a *vendetta* entre famílias; por consequência, recusada a composição, as partes poderiam dar seguimento à vingança particular.[88] Houve, no entanto, considerável avanço no sentido do reconhecimento de um princípio geral de responsabilidade civil, do qual resultava que, causado um prejuízo, em decorrência de uma falta qualquer, deveria o causador reparar o dano.[89]

Essa evolução decorre do encontro entre o direito romano e os princípios morais do cristianismo, em especial pelas ideias de São Tomás de Aquino.[90] Nas palavras de Geneviève Viney, teria ocorrido simbiose entre as soluções práticas romanas e os grandes princípios

87 VINEY, Geneviève. *Introduction à la responsabilité.* p. 12.

88 *Ibidem*, *loc. cit.*, p. 12.

89 MAZEAUD, Henry; MAZEAUD, Leon. *Traité théorique et pratique de la responsabilité civile*, p. 41.

90 "L'influence que le Christianism exerça dant tous le pays d'Europe occidentale et en particulier en France dès le début du Moyen Age se fit sentir très rapidement dans le domaine juridique et notamment dans celui de la sanction et de la reparation des delits, grace aux canonistes qui puisèrent dans l'ouvre des théologiens les plus influents comme saint Thomas les principles qu'ils placèrent à la base du systeme qu'ils edifièrent." (VINEY, Geneviève. *Introduction à la responsabilité*, p. 13).

morais cristãos, o que resultara no conceito moderno de responsabilidade civil consagrado no Código de Napoleão.[91]

O referido processo de abstração em direção a um conceito geral de responsabilidade atinge seu máximo desenvolvimento em Domat, segundo o enunciado de que todo aquele que causar dano a outrem, seja por quebrar um acordo ou por simplesmente violar o dever geral de não causar danos a terceiros, ficará obrigado a repará-lo.[92] Além disso, o jurista francês sistematiza as possíveis fontes de responsabilidade em três hipóteses de *fautes*: (a) crime ou delito, havendo, nesse caso, uma responsabilidade penal *vis-à-vis* ao Estado e também à vítima; (b) quebra de uma convenção, sendo, portanto, uma responsabilidade contratual; e (c) responsabilidade decorrente de atos que não representam crime, nem falta contratual, mas têm natureza civil e resultam de negligência ou imprudência.[93]

Os textos romanos possibilitaram que se atingisse um direito racional por excelência, em especial pela influência de Grotius, Domat e Pufendorf, pelo que o dever de ressarcir o dano por dolo ou culpa nasce como um princípio universal, sendo o ressarcimento uma lei conforme a razão e a natureza.[94]

---

91 *Ibidem*, p. 14.

92 Este é o texto original, citado por Mazeaud e Mazeaud: "c'est une suite naturelle de toutes les espèces d'engagements particuliers et de l'engagement general de ne faire tort à personne que ceux qui causent quelque dommage, soit pour avoir contravenu à quelque engagement ou pour avoir manqué, sont obligés de réparer le tort qu'ils ont fait" (*Les lois civiles dans leur ordre naturel.* In: MAZEAUD, Henry; MAZEAUD, Leon. *Traité théorique et pratique de la responsabilité civile*, p. 43.)

93 MAZEAUD, Henry; MAZEAUD, Leon, *op. cit.*, p. 42.

94 GALGANO, Francesco. *I fatti illeciti*, p. 11. O autor, em outro texto, observa que Bartolo e Baldus desenvolvem o conceito de responsabilidade por ato de dependentes e por fato da coisa dada em custódia. Mais tarde, Grotius, Domat e Pufendorf desenvolvem um conceito geral de culpa, como resultado de um

Esse percurso da vingança à culpa como fundamento da responsabilidade é descrito por Renato Scognamiglio, de maneira precisa e sintética. Primeiro, temos a vingança, com a retribuição nem sempre equivalente imposta ao ofensor ou ao grupo a que este pertence — inclusive com a imposição de castigos ou sofrimento corporal ao causador do dano patrimonial —, o que se transforma em compensação em moeda, inicialmente facultativa e, depois, obrigatória. Estabelecida a distinção entre delito civil e delito público, a compensação vai aos poucos perdendo seu caráter de pena para adquirir contornos de ressarcimento, que, por influência dos jusnaturalistas, somente seria cabível em decorrência do comportamento doloso ou culposo do agente. Princípio recepcionado pelo Código de Napoleão, base para a formulação de codificações posteriores em inúmeros outros países.[95]

---

princípio natural da razão: "Tavolta i giusnaturalisti operano sui testi romani, ravvisando in essi un diritto razionale per eccelenza; talaltra vi si discostano, e vi si discostano sensibilmente, per costruire, al loro posto, un diverso diritto, realmente conforme a la ragione. Emergono, sotto questo aspetto, le opere dell'olandese Grozio, del francese Domat e del tedesco Pufendorf. Essi proclamano il principio, che presentano como principio di ragione, che ogni danno, purché cagionato com dolo o con colpa, debba essere risarcito, anche se il suo resarcimento con trova nel diritto romando uma base testuale." (GALGANO, Francesco. Le antiche e le nuove frontirere del danno risarcibile. *Contratto e impresa*, pubblicazione bimestrale, anno XXIV, n. 1, jan.-fev. 2008. Turim: CEDAM, 2008. p. 77).

95 "Negli ordinamenti arcaici la reazione al torto si configura nei modi della vendetta, contro l'offensore o il gruppo cui appartiene, che tende bem presto a trasfigurarsi nei termini caratteristici della compensazione in denaro facoltativa, ed in seguito addirittura obbligatoria. Con la formazione di ordinamenti giuridici più progrediti — ci si vuole riferire al diritto romano del período clássico — si assiste mano alla provisione e disciplina di distinte ipotesi di torti, secondo le categorie fondamentali dei delitti pubblici e di quelli privati, tra cui fa spicco il delitto di danneggiamento (previsto dalla *Lex Aquilia* di incerta data). Nel passaggio dall'età ântica a quella moderna si verifica poi la

Entretanto, a culpa como pressuposto necessário para a responsabilidade é, nas palavras de Renato Scognamiglio, um mito, uma vez que nenhuma exigência de lógica jurídica possa ser deduzida no sentido de estabelecer uma identidade entre as noções de responsabilidade e de culpa. A culpa seria, antes, um elemento "nel contesto delle fattispecie soggestive dell'obbligo di resarcimento", verificando-se, no curso da evolução histórica, a adoção de fatores e critérios diversos de atribuição de responsabilidade.[96]

Nesse sentido, o dano poderá decorrer não apenas do comportamento culposo do agente, mas também do exercício legítimo de atividade que apresente repercussões sobre a esfera pessoal e patrimonial de terceiros. Nesse caso, embora seja desejável socialmente a utilidade resultante da atividade desenvolvida pelo agente econômico,

> "[...] ninguém poderia ser obrigado a suportar danos incidentes sobre a sua pessoa ou sobre o seu patrimônio, desde que tivessem sido causados por outrem, ainda que sem qualquer culpa, ou desde que, em casos especiais, tivessem simplesmente acontecido em conexão com certas atividades econômicas desenvolvidas por outra pessoa."[97]

---

progressiva eliminazione dei caratteri della penalità, dall disciplina dell'azione concessa al leso avverso il danno, a cui fa riscontro la sua estensione al di là dei rigorisi pressuposti propri della fattispecie delittuosa. Il punto di arrivo di questo secolare moto di svilupo si ravvisa nella statuizione di principio, secondo cui ciascuno è tenuto a rispondere per il suo atto doloso o colposo che arreca danno ad altri in violazione del diritto. Tale regola, già chiaramente delineata nel pensiero dei giusnaturalista, viene successivamente recepita sul piano del diritto positivo, con il disposto dell'art. 1382 del condice francese, dal quale sonstanzialmente derivano nel nostro ordinamento l'art. 1151 del codice del 1865 e l'art. 2043 de codice vigente" (SCOGNAMIGLIO, Renato. *Responsabilità civile e danno*. Turim: G. Giappichelli, 2010. p. 41-42).

96 *Ibidem*, p. 44-45.

97 NORONHA, Fernando. *Direito das obrigações*, p. 435.

Ao tomarmos a ideia de Louis Josserand, a propósito de um movimento de vaivém, podemos reconhecer, a partir do final do século XIX, que o pêndulo volta a deslocar-se para a objetivação da responsabilidade com a moderna teoria do risco.

O desenvolvimento da atividade industrial trouxe desafios para os quais a teoria da culpa era insuficiente.

No contexto liberal da primeira metade do século XIX, caracterizado pela ideia de livre comércio e de *laissez-faire*, o fundamento de qualquer sistema de responsabilidade civil não poderia ser restrição ao crescimento da indústria nascente e desenvolvimento social. Ampliar o espectro dos danos ressarcíveis, segundo Guido Alpa, significava fazer uma opção entre o interesse individual e o interesse da empresa, sendo este último identificado com o interesse coletivo.[98] Multiplicados os danos, seria impor à *infant industry* o custo excessivo de sua reparação. Os danos, na verdade, eram tomados como mera externalidade não

98 "In un'epoca de free trade e di laissez faire, l'obiettivo fondamentale di ogni sistema di responsabilità civile non poteva che consistere nella riduzione dei costi accollati alle 'imprese nascenti', al fine di non ostacolare lo sviluppio tecnológico. Ampliare l'area del dano risarcibile in modo da dare ingresso a forme di tutela delle vittime di attivitá rischiose significava operare una opzione tra interessi del singolo e interessi dell'impresa (e quindi della collettività) che, nella prospettiva indicata, non poteva risolversi a svantaggio di quest'ultima. E l'identificazione tra interessi dell'impresa e interessi della collettività assurgeva a direttiva fondamentale della 'filosofia' dell'epoca, che nella smithiana mano invisibile trovava giusticazioni ad uma politiva di *free enterprise*. L'ordinamento giuridico, allora, non faceva che tradurre in norme queste stesse direttive. Nella gerachia di valori sui quali si reggeva il sistema dell'illecito spresso da 'figure' no a torto definite 'ascaiche', la tutela della persona e della proprietà costituivano lo scopo immediato delle regole di responsabilità. Na con l'spandersi dell'industria (e con il moltiplicarsi dei danni) questi valori dovettero cedere dinanzi all'esigenza di 'protezione' delle strategie di profitto delle imprese" (ALPA, Guido. *Elogio dell'incertezza*: *aspetti della letteratura civilistica*. Nápoles: Scientifiche Italiane, 1991. p. 584).

ressarcível, que deveriam ser suportados, individualmente, em razão das vantagens coletivas trazidas pelo exercício da empresa.[99] Guido Alpa cita um caso decidido pela Corte de Nova York que exprime de forma eloquente esse princípio pelo qual, exercendo uma atividade industrial "io non sono affato responsabile dei danni che accidentalmente e inevitabilmente essi possono provocare al mio vicino; egli ottine il resarcimento di questi danni dal benessere sociale".[100]

Vê-se com clareza que o risco é tratado como um custo alocado à sociedade, porém, arcado individualmente por aquele atingido pela "externalidade" representada pelo dano sofrido.

Esse quadro, entretanto, sofre alteração profunda ao final do século XIX, pois, com o desenvolvimento da indústria, há multiplicação de acidentes. Isso demanda a necessidade de socorro às vítimas, em especial porque, tratando-se de responsabilidade extracontratual, caberia à vítima provar a culpa do autor do dano,[101] o que era extremamente difícil. Os acidentes, então, estavam associados ao processo de produção industrial e causados por equipamentos e máquinas que tornavam, nos termos de Louis Josserand, obscuras as causas e *anonymes* os acidentes.[102] Esse anonimato decorria da complexidade do processo de produção e de organização da empresa, de tal forma que a culpa seria fracionada em correspondência à divisão do trabalho e, nesse caso, como anota Pietro Trimarchi, "in mille piccole quote trascurabili, ciascuna insufficiente a giustificare uma responsabilità

99 *Ibidem*, p. 584.

100 *Losee v. Buchanan*, caso citado na obra de ALPA, Guido, *op. cit.*, p. 585.

101 CHABAS, François. *Leçons de droit civil: Obligation, théorie générale*, p. 372.

102 JOSSERAND, Louis. *Cours de droit civil positif français*, p. 215.

del suo autore; vuoi, infine, che di culpa non si possa assolutamente parlare".[103]

Essa formulação, aliás, corresponde ao desenvolvimento da moderna teoria da empresa no âmbito do direito mercantil, pela qual se atinge "um novo ponto de referência para o direito comercial, isto é, a prática reiterada de atos negociais, de modo organizado e unificado, por um mesmo sujeito, visando a uma finalidade econômica unitária e permanente".[104] O ponto de referência desloca-se do ato para a atividade e isso tem implicações relevantes na determinação da responsabilidade pelos danos decorrentes não de um ato isolado, mas de uma atividade econômica organizada, tal como se caracteriza a empresa moderna. Luiz Gastão Paes de Barros Leães observa que atos isolados podem apresentar riscos, porém de maneira ocasional e esporádica, enquanto o exercício de uma atividade continuada e organizada pode implicar um "risco constante, visto que os eventos danosos podem não só ser estatisticamente previstos, como resultar inevitáveis a partir de determinados níveis de exigência qualitativa".[105]

Dessa maneira, a teoria da culpa sofre uma crise de *praticabilité*, pois coloca a vítima em situação muito desfavorável quanto à prova, o que torna inviável sua aplicação ao novo contexto industrial.[106] Sendo impraticável a teoria e progressiva a multiplicação dos acidentes e dos tipos de danos possíveis, o direito não poderia deixar de reagir. Vários

---

103 TRIMARCHI, Pietro. *Istituzioni di Diritto Privato*. 17. ed. Milão: Giuffrè, 2007. p. 127.

104 LEÃES, Luiz Gastão Paes de Barros. *A responsabilidade do fabricante pelo fato do produto*. São Paulo: Saraiva, 1987. p. 14.

105 *Ibidem*, p. 22-23.

106 JOSSERAND, Louis, *op. cit.*, p. 215.

foram "os processos técnicos postos em jogo para atender à praticabilidade da responsabilidade".[107]

A questão teve maior premência nas relações do trabalho. Embora não fosse possível a imputação de culpa direta ao padrão em decorrência de defeitos, explosões ou qualquer outro vício dos equipamentos empregados na produção, era evidente a necessidade de proteção ao trabalhador, sendo este "le vittime più frequenti dei rischi industriali, perché piu vicini alle fonti di pericolo".[108] No caso de se verificar, estatisticamente, a ocorrência de acidentes na utilização de máquinas, estes passam a ser tomados como riscos da empresa, o que permitiu o surgimento de legislação específica para a infortunística em matéria do trabalho ao final do século XIX e começo do século XX.[109]

No início, alguns autores, como noticiam Henri e Leon Mazeaud, desenvolveram uma técnica de *contratualização* da responsabilidade, o que parece até intuitivo, uma vez que, se o problema era o pesado ônus da prova imposto à vítima, tratar a responsabilidade como contratual traria como consequência natural e necessária a inversão do ônus probatório.[110] Estaríamos diante de uma obrigação preexistente de segurança

---

107 ALVINO LIMA. *Dano e risco*, p. 43.

108 TRIMARCHI, Pietro. *Istituzioni di Diritto Orivato*, p. 128.

109 *Idem*. *Rischio e responsabilità oggetiva*. Milão: Giuffrè, 1961. p. 12.

110 "Aussi chercha-t-on un nouveau moyen d'assurer aux ouvriers une protection plus efficace: on transporta le problem du terrain de la responsabilité delictuelle sur celui de la responsabilité contractuelle, du domaine de l'article 1382 Cope Civil, sur celui de l'article 1147. MM. Souzet e Sainctlette s'efforcèrent de montrer que le patron est tenu, par le contrat de travail passe avec l'ouvrier, de lui assurer la sécuritè; par suíte, si l'ouvrier est blessé, le patron a manqué a son obligation; il est, de ce fait, responsable à moins qu'il ne démontre que l'accident a une cause qui lui est étrangère (art. 1147 C. Civ): la charge de la preuve est renversée." (MAZEAUD, Henry; MAZEAUD, Leon. *Traité théorique et pratique de la responsabilité civile*, p. 73).

em benefício da vítima.[111] François Chabas informa que, durante muito tempo, os acidentes ocorridos na execução do contrato eram tratados segundo regras de responsabilidade *délictuelle et quasi délictuelle*, de tal sorte que um passageiro, vítima de um acidente de transporte, teria de provar a culpa do transportador. Em 1911, uma decisão da Corte de Cassação altera esse entendimento, sob o pressuposto de que, em um contrato de transporte, o transportador tem não apenas o dever de conduzir alguém ou alguma coisa de um ponto a outro, mas também assume uma *obligation de sécurité*. Essa *obligation*, no entanto, não se confunde com o dever geral de não causar dano a outrem; trata-se de obrigação determinada e específica, inerente a uma relação contratual, como uma verdadeira *responsabilité profissionelle*.[112]

Outra vertente mantinha-se nos limites da responsabilidade extracontratual, fundando a responsabilidade no conceito de abuso de direito. Porém, essa solução não dá resposta à questão da *praticabilité* da responsabilidade civil, pois o abuso se caracteriza pela motivação ilegítima e, nesse caso, a prova incumbirá àquele que demandar o ressarcimento.[113]

Maneira artificial de dar solução ao problema foi criar ficções legais de presunção de culpa. Graças a esse subterfúgio a vítima é socorrida

---

111 "On eut l'idée de refouler la responsabilité delictuelle si peu secourable à la victime, ou moyen de la responsabilité contractuelle qui place le créancier dans une situation meileure, fut elaboré e présentée ce sens par des jurisconsultes, notamment en Belgique para M. Sainctelette et en France para M. Souzet; elle consiste à faire produire aux contrats, à certains d'entre eux du moins, une obligation de sécurité sous l'égide de laquelle on plaçait le droits de la victime [...] le fardeau de preuve se trouve en réalité déplacé" (JOSSERAND, Louis. . *Cours de droit civil positif français*, p. 216).

112 CHABAS, François. *Leçons de droit civil: Obligation, théorie générale*, p. 375.

113 JOSSERAND, Louis. *De l'esprit des droits et de leur relativité: Théorie dite de l'abus des droits*. 2. ed. Paris: Dalloz, 2006. p. 141.

e a culpa, embora conservada, em tese, como fundamento, é mantida por força somente da tradição, uma vez que nada mais representa do que uma mera ficção.[114]

Nos itens anteriores, procuramos demonstrar, da perspectiva econômica, a conexão entre risco e lucro empresarial. O mesmo resultado pode ser observado pela evolução da teoria jurídica a respeito da responsabilidade civil.

Ao revelar-se insuficiente o princípio da responsabilidade pela culpa para resolver os problemas dos danos causados no exercício da atividade industrial, o empreendedor, tendo por finalidade obter lucro, passa a assumir a responsabilidade pelos danos decorrentes da atividade. Assim, como afirma Pietro Trimarchi: "Nesta regra se vê realizada uma lei de conexão entre o lucro e o risco. Acrescente-se que o empreendedor pode, melhor do que qualquer outro, assegurar-se contra tal risco e distribuir, pois, entre todos os produtos, o custo total de sua produção".[115]

Temos, assim, uma primeira formulação a propósito da teoria do risco, como a teoria do risco-proveito: "quem lucra pondo em risco a vida, a integridade física e os bens de terceiros deve ser onerado pelo pagamento de indenização".[116] Segundo Teresa Ancona Lopez, o "conceito de risco-proveito é conceito econômico que existe na atividade empresarial, originado na empresa, pois essa tem escopo de

---

114 *Idem. Cour de droit positif français*, p. 217.

115 O texto é tradução livre do original: "In questa regola si vide realizzata 'una legge di conessione fra il profitto e il rischio'. Si aggiunse che l'imprenditore può, meglio di ogni altro, assicurasi contro tale rischio e distribuire poi, fra tutti gli oggeti prodotti, il costo totale della loro produzione" (TRIMARCHI, Pietro. *Rischio e responsabilità oggetiva*, p. 14).

116 LOPEZ, Teresa Ancona. *Princípio da precaução e evolução da responsabilidade civil*, São Paulo: Quartier Latin, 2010. p. 44-45.

lucro e deve ressarcir terceiros prejudicados com essa atividade — *ubi emolumentum, ibi onus*".[117] Para Alvino Lima, o que se deve ter em vista é a vítima, assegurando-se a reparação, sem que se tenha em consideração a aplicação de uma pena ao autor, pois "os dados econômicos modernos determinam a responsabilidade fundada sobre a lei econômica da 'causalidade entre o proveito e o risco'".[118]

Uma nova racionalidade surge, porém de caráter objetivo, pois, se os agentes econômicos colhem os resultados de uma atividade empresarial, é justo e racional que esses agentes suportem os encargos e que respondam pelos riscos disseminados. Mais uma vez, nas palavras de Alvino Lima, "não é justo, nem racional, nem tampouco equitativo e humano, que a vítima, que não colhe os proveitos da atividade criadora dos riscos e que para tais riscos não concorreu, suporte os azares da atividade alheia".[119]

A teoria do risco-proveito sofreu algumas críticas, entre elas a de que, se a responsabilidade está associada ao proveito (lucro), tal responsabilidade não se justificaria na ausência de qualquer resultado positivo, ou, ainda, se o agente deveria responder pelos danos, deveria, igualmente, participar dos proveitos que sua atividade viesse a proporcionar a terceiros. Objeção afastada com prontidão por Alvino Lima, que a qualifica como "demasiadamente superficial, porque o proveito não se determina concretamente, mas é tido como finalidade da atividade criadora do risco".[120]

A crítica também deixa de considerar que não nos fiamos mais no proveito de um ato específico, mas de uma atividade, cujos critérios de

---

117 *Ibidem*, p. 45.

118 LIMA, Alvino. *Dano e risco*, p. 121.

119 *Ibidem*, p. 124.

120 *Ibidem*, p. 212.

aferição de resultado podem ser múltiplos e a perda em determinada operação econômica poderá ser compensada pelas demais transações integrantes da atividade. Ademais, tratando-se de danos previsíveis, o empresário poderá dispor de meios de contingenciamento e absorção do dano, "levando à conta de seu passivo os prováveis danos a serem ressarcidos".[121] Nesse sentido, o risco já é tomado como um elemento das finanças corporativas para a determinação do lucro e dos resultados esperados. Esses resultados poderão se manter positivos, ainda que ocorrendo um ato danoso, mormente se considerarmos também a contratação de seguro de responsabilidade.[122]

De qualquer maneira, a doutrina e a jurisprudência se encarregaram de superar a objeção mediante a formulação da teoria do risco criado. Louis Josserand, pioneiro da teoria do risco, ao lado de Saleilles, afirma o princípio de que o criador do risco deve assumir as consequências de suas realizações e a ideia de mérito ou demérito nada tem a ver com esse caso, "a chacun selon ses actes e selon ses iniciatives; à chacun la responsabilité que lui attirent logiquement l'autorité et le controle dont il dispose, ce son ces idée simples qui sont la base de la responsabilité moderne".[123]

Temos, portanto, risco criado em decorrência de atividade econômica. Segundo René Savatier, a responsabilidade fundada sobre o risco criado

---

121 LIMA, Alvino. *Dano e risco*, p. 211.

122 "Como bem diz Veniamin, estudando a influência dos dados econômicos na evolução da responsabilidade, o acidente torna-se quase uma condição da atividade, e, assim, os dados econômicos modernos determinam a responsabilidade fundada sobre a lei econômica da conexidade entre o proveito e o risco. Entra, pois, no balanço da empresa ou da atividade, na coluna do passivo, a verba possível para a reparação dos danos decorrentes dos acidentes, se o problema já não estiver solucionado pelo seguro de responsabilidade." (*Ibidem*, p. 211.)

123 JOSSERAND, Louis. *Cours de droit civil positif français*, p. 307.

consiste na obrigação de reparar os danos produzidos em razão de uma atividade que se exerce em benefício próprio e sob o controle do agente.[124] O mesmo autor, citando M. P. Eismein, assinala que a responsabilidade sem culpa também pode ser notada em contratos envolvendo as obrigações de garantia, hipótese que se assemelha à responsabilidade fundada no risco criado.[125] Embora René Savatier não exemplifique a hipótese, podemos tomar as cláusulas pelas quais o devedor assume os riscos decorrentes de caso fortuito ou força maior.

Ao atribuir a responsabilidade sem qualquer consideração ao aspecto subjetivo, o direito está alocando ao agente econômico o risco criado. Essa alocação de riscos, como ensina Francesco Galgano, serve como um incentivo para sua distribuição a toda a coletividade, na medida em que o risco assim alocado se torna um custo da atividade produtiva e que é acrescentado ao preço, tal como um seguro, e "a questo modo il costo conesso al sistema della responsabilità civile si socializza, viene ripartito, per minuscole quote, sull'a intera collettività".[126]

Essa socialização dos riscos tem conduzido a novas formulações — além da mera distribuição do custo de reparação embutido no preço

---

124 "La responsabilité fondée sur le risque creé consiste dans l'obligation de réparer des faits dommageables produits par une activité qui s'exerçait dans votre intérêt e sous votre contrôle." (SAVATIER, René. *Traité de la responsabilité civile en droit français*. Paris: Librairie Générale de Droit et de Jurisprudence, 1939. t. I, p. 355).

125 "Un contrat peut mettre, à la charge du débiteur qui manque à son obligation, la réparation du dommage causé par ce manquement, même dans l'hypothèse ou il n'a commis aucune faute. Il y a alors obligation de garantie. M. P. Eismen a très bien montré que la situation établie par le contrat était semblable, en cette hypothese, à celle que fait naitre la loi lorsqu'elle fonde une responsabilité sur le risque créé." (*Ibidem*, p. 356.)

126 GALGANO, Francesco. *I fatti illeciti*, p. 17.

—, como a criação do chamado "dano social"[127] e a adoção da teoria da precaução ou da prevenção.[128] Geneviève Viney aponta esse fenômeno da coletivização dos riscos em que a preocupação igualitária favorece a atuação de solidariedade em contexto de enriquecimento geral, incitando a criação de novos mecanismos de indenização destinados a dar conta de riscos ditos sociais.[129] No Brasil, em uma de suas últimas obras, Antonio Junqueira de Azevedo propõe o reconhecimento de uma nova modalidade de dano: o dano social, ao lado dos danos materiais e morais. Segundo o autor:

> "[a] questão é mais importante e representa o ponto central das presentes considerações: é que um ato, se doloso ou gravemente culposo, ou se negativamente exemplar, não é lesivo somente ao patrimônio material ou moral da vítima, mas sim, **atinge a toda a sociedade, num rebaixamento imediato do nível de vida da população. Causa do dano social**".[130] (grifo do autor)

Para fazer frente a essa nova realidade, Teresa Ancona Lopez observa que a socialização dos riscos depende de seguro social e do seguro privado obrigatório, pois, sendo facultativo, não haveria resposta efetiva

---

127 AZEVEDO, Antonio Junqueira. Por uma nova categoria de dano na responsabilidade civil: o dano social. In: ______. *Novos estudos e pareceres de Direito Privado.* São Paulo: Saraiva, 2009. p. 377-394.

128 LOPEZ, Teresa Ancona. *Princípio da precaução e evolução da responsabilidade civil*; LEWICKI, Bruno. Princípio da precaução: impressões sobre o segundo momento. In: BODIN DE MORAES, Maria Celina (Coord.). *Princípios do Direito Civil contemporâneo.* Rio de Janeiro: Renovar, 2006. p. 357-385.

129 VINEY, Geneviève. *Introduction à la responsabilité*, p. 27.

130 AZEVEDO, Antonio Junqueira de, *op. cit.*, p. 380.

ao problema do dano. Nesse sistema, como afirma a doutrinadora, "não importa o autor do dano; é a vítima que importa".[131]

Desloca-se o foco para a vítima e para a sociedade que não devem arcar com os ônus decorrentes de atividade com riscos à sociedade ou a determinada categoria de pessoas. Cláudio Bueno de Godoy, na mesma direção, assinala que "tem-se cada vez mais um sistema voltado não apenas à recomposição do dano, mas, antes, à prevenção mesmo de sua ocorrência".[132] Segundo Renato Scognamiglio, a base da teoria da prevenção se coloca no fim perseguido, qual seja, "l'obiettivo di dissuadere i consociati dal tenere un contegno illecito e dannoso". De outra parte, o mesmo autor refere-se à tendência eclética, pela qual o sistema da responsabilidade civil se vale de múltiplos fatores, sejam atinentes à sua estrutura (subjetiva ou objetiva), sejam relacionados à sua função (prevenção e dissuasão).[133]

Teresa Ancona Lopez utiliza-se de expressão cunhada por Ulrich Beck para observar que, "Enquanto na sociedade industrial predomina a lógica da produção de riquezas, na sociedade de riscos a lógica de produção de riscos passa a dominar".[134] Dessa maneira, a proteção *a posteriori*, mediante indenização, torna-se também insuficiente, fazendo-se necessária a adoção de instrumentos que, preservando a segurança e o bem-estar social, permitam prevenir a ocorrência do dano, conforme "diretrizes e valores do sistema de antecipação de riscos

---

131 LOPEZ, Teresa Ancona. *Princípio da precaução e evolução da responsabilidade civil*, p. 53.

132 GODOY, Cláudio Bueno de. *Responsabilidade civil pelo risco da atividade: Uma cláusula geral no Código Civil de 2002*. São Paulo: Saraiva, 2009. p. 6.

133 SCOGNAMIGLIO, Renato. *Responsabilità civile e danno*, p. 48.

134 LOPEZ, Teresa Ancona. *Princípio da precaução e evolução da responsabilidade civil*, p. 38.

hipotéticos, coletivos ou individuais, que estão a ameaçar a sociedade ou os seus membros com danos graves e irreversíveis e sobre os quais não há certeza científica".[135]

Em síntese, tivemos como propósito, nos itens abordados até aqui, demonstrar que, embora a racionalidade econômica seja pautada pelo lucro, sendo o risco um elemento a ser considerado pelo agente econômico, a racionalidade jurídica acaba por valer-se do conceito econômico de risco para alocar ao titular da atividade econômica o dever de reparação dos danos causados a terceiros. A *infant industry* amadureceu e se consagrou a preponderância da dignidade da pessoa humana, que merece reparação pelos danos sofridos, bem como do interesse social de distribuição dos riscos e prevenção da ocorrência dos danos a eles associados.

Procuramos demonstrar a relevância do conceito de risco para o desenvolvimento de um sistema de responsabilidade civil eficaz, tema intimamente relacionado aos propósitos deste livro, uma vez que as cláusulas de limitação ou de exoneração de responsabilidade têm sido instrumento contratual de alocação de riscos entre os agentes econômicos. Ademais, o desenvolvimento do conceito de objetivação da responsabilidade é a base para a análise a ser formulada adiante sobre a aplicabilidade das cláusulas às hipóteses de responsabilidade objetiva.

1.6 Cláusulas de exoneração e limitação de responsabilidade como instrumentos de alocação de riscos

Até este ponto, analisamos o fenômeno risco sob dois aspectos: de um lado, a visão empresarial e econômica que toma o risco como um dos elementos de definição do preço e, de outro, o risco como fundamento

135 *Ibidem*, p. 103.

de atribuição de responsabilidade. Embora estejamos diante de dicotomia entre a racionalidade econômica, que busca eficiência e lucro, e a racionalidade jurídica, que busca a harmonização de direitos e, no caso específico, a garantia de que os lesados serão ressarcidos, não entendemos que isso, necessariamente, configure antagonismo entre conceito econômico e conceito jurídico.

Como verificado no item anterior, uma das manifestações da teoria do risco como fundamento da responsabilidade objetiva é a do risco-proveito, ou seja, tendo lucrado com sua atividade, deve o empresário assumir os ônus do seu exercício. Ora, ao analisarmos o conceito econômico de risco, verificamos sua íntima ligação com o lucro, variando na proporção direta do risco assumido. Sendo alto o risco, as margens de lucro deverão ser maiores, exatamente para fazer frente às contingências trazidas por ele.

Nesse sentido, o preço funciona como uma espécie de autosseguro privado, distribuído em todas as operações realizadas pelo agente econômico, havendo, assim, uma forma de solidarização do custo associado ao risco de reparação entre todos os sujeitos que com ele contratam.

Em outras palavras, o preço, em princípio, deverá conter a previsão feita pelo empresário dos custos de ressarcimento daqueles que, eventualmente, venham a ser atingidos pela sua atividade econômica. Essa ideia é expressa por Atilio Aníbal Alterini da seguinte maneira:

> "Aunque, en todo caso, cuando los empresarios incluyen en su ecuación de costos el importe de las indemnizaciones que deben soportar, las primas de los seguros mediante los cuales cubren la eventualidad del siniestro, o el gasto originado por las medida necesarias para prevenir el daño, los trasladan a los precios e, indirectamente, los descargan

sobre un número indeterminado de adquirentes de sus productos o servicios."[136]

A racionalidade jurídica que abriga o princípio da responsabilidade civil é, assim, inteiramente coerente com a prática comercial que faz de seus negócios onerosos fonte de lucro, e cuja composição já incorpora eventuais ônus de reparação dos danos causados, na forma de seguro ou de autosseguro, nas palavras de Pietro Trimarchi.[137]

A racionalidade dos agentes econômicos, no entanto, é limitada. Ou seja, esses agentes, quando tomam decisões de negócios, não detêm todas as informações capazes de lhes permitir prever todas as hipóteses de efeitos que seus atos possam gerar.[138] Essa racionalidade

---

136 ALTERINI, Atilio Aníbal. *Los limites de la responsabilidad civil.* Buenos Aires: Abeledo-Perrot, 1997. p. 56. No mesmo sentido, Pietro Trimarchi: "In questa regola si vide realizzata 'una legge di connessione fra il profitto e il rischio'. Si aggiunse che l'imprenditore può meglio di ogni altro, assicurarsi contro tale rischio e distribuire poi, fra tutti gli oggetti prodotti, il costo della loro produzione". (TRIMARCHI, Pietro. *Rischio e responsabilità oggetiva*, p. 14).

137 "La responsabilità dovrà venire attribuita a chi ha il controle delle condizioni generali der rischio, ed è in grado di tradurre il rischio in costo, inserendolo armonicamente nel gioco dei profitti e delle perdite con lo strumento della assicurazione ou della autosicurazione." (*Ibidem.*, p. 50).

138 "Um dos pontos em que a NEI (nova economia institucional) mais se afasta do que se entende por ortodoxia econômica é o pressuposto comportamental de racionalidade individual — um dos principais pilares da economia neoclássica. A despeito de esse ponto ser um freqüente alvo de críticas, foi Herbert Simon quem se ocupou em redefinir a racionalidade do agente econômico de modo sistemático. A contribuição de Simon pode ser identificada em três pontos de apoio, hoje utilizados pela NEI: a) racionalidade limitada; b) seleção de formas organizacionais e c) análise estrutural discreta. Em contraposição ao pressuposto de plena racionalidade dos agentes, assumido pela ortodoxia, Simon propõe o conceito de racionalidade limitada. Dessa forma, diferentemente do conceito de um agente que seria capaz de desenvolver cálculos complexos com rapidez, precisão e sem custos em seu processo decisório, apresenta-se um conceito que

limitada dos agentes também está associada à incapacidade do ser humano em processar todas as informações de um sistema complexo. Determinadas escolhas poderão ser feitas, portanto, sem que todos os elementos presentes e disponíveis ao conhecimento do agente tenham sido sopesados e avaliados.[139]

Como corolário dessa racionalidade limitada, o direito contratual tem reconhecido na modernidade a teoria dos contratos incompletos, ou seja, nenhum instrumento contratual será suficientemente completo para abarcar as soluções convencionais de todos os conflitos possíveis que a operação econômica possa engendrar entre as partes e perante terceiros.[140]

---

reconhece que, embora o ser humano condicione o seu comportamento à razão, ele o faz de maneira limitada." (FARINA, Elizabeth Maria Mercier Querido. *Competitividade*: mercado, estado e organizações. São Paulo: Singular, 1997. p. 43).

139 "O direito mercantil sempre reconheceu a impossibilidade de o empresário deter todas as informações relacionadas à transação e ao futuro; *a racionalidade limitada dos economistas não nos é estranha*. Tanto assim é que, ao longo dos séculos, o sistema jurídico criou mecanismos para lidar com essa incompletude. Eloquente exemplo é o instituto da onerosidade excessiva, que autoriza a denúncia no caso do advento de evento imprevisto e imprevisível, capaz de alterar profundamente a economia contratual. Outra diferença entre a visão econômica e a jurídica é que, para a primeira, o ser humano tem limites em sua capacidade de lidar com problemas complexos, mesmo que a informação lhe seja plena e sem custos. No direito, esse fato não é reconhecido como uma problema, mas identificado como as possibilidades de ação que o mercado abre para a empresa" (FORGIONI, Paula A. *Teoria geral dos contratos empresariais*. São Paulo: Revista dos Tribunais, 2009. p. 69).

140 "Um contrato diz-se incompleto em mais de um sentido. Em primeiro lugar, diz-se contrato incompleto de um instrumento contratual que não prevê explicitamente todas as condições ou eventos possíveis (contingências) que possam afetar seu cumprimento dentro de um universo de condições e eventos relevantes." (MENDES, Maria Cristina Varalla; RODRIGUEZ, Caio Farah. Notas sobre alocação de riscos e garantias contratuais. In: FERNANDES,

Quando a incerteza atinge o nível da imprevisibilidade, o direito tende a desobrigar as partes em razão da ocorrência do evento inesperado, tal como no caso da onerosidade excessiva ou nas hipóteses de caso fortuito e de força maior, embora o direito brasileiro não requeira a imprevisibilidade como requisito para a caracterização do caso fortuito ou de força maior. Nesse sentido, Arnoldo Medeiros da Fonseca observa que a imprevisão não se confunde com caso fortuito, uma vez que o "caso fortuito ou de força maior só libera quando acarreta a impossibilidade absoluta ou objetiva de executar, enquanto em matéria de imprevisão, se atende também à impossibilidade subjetiva ou onerosidade excessiva da prestação".[141] Ademais, o caso fortuito ou força maior tem como efeito a desoneração das partes, enquanto na onerosidade excessiva, "não estará excluído o direito do credor a uma razoável reparação".[142]

Wanderley (Coord.). *Fundamentos e princípios dos contratos empresariais.* São Paulo: Saraiva, 2007. p. 395). Por vezes, no entanto, os custos de transação tornam inconveniente a negociação de determinada condição para o regramento de eventos julgados de pouca probabilidade, ou seja, "[o]corre que muitas vezes não apenas não é possível como também inconveniente às partes especificar todos os eventos que possam afetar o cumprimento de um contrato. Por exemplo, as partes podem considerar que a probabilidade de ocorrência de determinados eventos é baixa (será que isso significa que a não previsão de um evento — digamos aumento imprevisível e extraordinário de preços do aço e do cimento — deve ser entendida como atribuição do risco a apenas uma das partes?) e que custa mais, em termos de esforço, tempo e dinheiro, discutir a inclusão de determinada disposição contratual específica do que simplesmente não incluí-la no contrato ou incluir uma disposição genérica, que preveja um parâmetro mais aberto de *performance* (do tipo 'o pagamento não será devido se o serviço não for concluído de maneira satisfatória, segundo parâmetros razoáveis de mercado'; ou 'em caso de aumento imprevisível e extraordinário dos custos X e Y, as partes renegociarão o preço contratual, de boa fé')" (*Ibidem*, p. 396).

141 FONSECA, Arnoldo Medeiros da. *Caso fortuito e teoria da imprevisão.* 3. ed. Rio de Janeiro: Revista Forense, 1958. p. 346.

142 Deve ser entendido por credor, nesse caso, a parte cuja prestação tornou-se excessivamente onerosa (*ibidem*, p. 346).

Embora a lei tenha estipulado solução padrão, ao liberar o devedor do cumprimento da prestação, no caso fortuito ou força maior, as partes podem alocar os riscos entre si, conforme disposto na parte final do artigo 393 do Código Civil brasileiro. No que tange à alocação de riscos, já nos debruçamos sobre o tema no item 1.4 deste capítulo, tomando como critério básico a alocação do risco ao agente capaz de evitá-lo ou de mitigá-lo com mais eficiência.[143]

As hipóteses apontadas — caso fortuito ou força maior e onerosidade excessiva — envolvem fatos excepcionais e inevitáveis, sem que haja culpa ou possa ser imputada às partes a ocorrência do evento gerador da perturbação do adimplemento.[144]

---

143 Adicionalmente ao texto de Fernando Araujo, citado no item 1.4, esse princípio também pode ser encontrado em diversos outros autores: "It must be assumed that in the usual case, where both parties are risk-averse, they will have allocated the risk of an anticipated loss caused by nonperformance to the party better able to bear it or to insure against it, who will typically be the party making the promise. The only exception to this approach would be where the event preventing performance was an unusual one, beyond the scope of the normal risks contemplated by the parties, in which case the doctrine of frustration will operate under English law to terminate further performance of the contract (thus making the parties share the risk)." (HARRIS, Donald. R.; VELJANOVSKI, Cento G. The use of economics to elucidate legal concepts: the law of contract. In: DAINTITH, Terence; TEUBNER, Gunther (Eds.). *Contract and organization: Legal analysis in the light of economic and social theory*. Berlin: Walter de Gruyter, 1986. p. 114). "Can economics provide a method for the court to decide which apportionment is better? From the standpoint of economic efficiency, the court should assign the loss from nondelivery so as to make future contractual behavior more efficient. A rule for doing this assigns the losses to the party that could have borne the risk at less cost. One way to make risk more bearable is to take precaution against it." (COOTER, Robert; ULEN, Thomas. *Law and economics*, p. 6).

144 "Vimos que a *ausência de culpa* é um requisito externo indispensável à caracterização do *caso fortuito* (nº 102 *supra*). Quando há concorrência de culpa do obrigado, este não ser libera, não se considerando existente caso fortuito, do

Nosso campo de estudo, no entanto, diz respeito, precisamente, aos danos que uma parte possa causar à outra em decorrência do seu comportamento culposo ou em face de atribuição de responsabilidade sem culpa; isto é, não se trata de um fato externo à relação. Nesse caso, a lei também provê uma solução padrão, qual seja, o princípio geral de responsabilidade civil pela reparação do dano à parte lesada. Essa solução é absolutamente coerente com a noção de alocação eficiente de riscos, pois, tratando-se do inadimplemento ou cumprimento imperfeito da obrigação decorrente de ato imputável ao devedor, fica ainda mais evidente que este poderia ter evitado o dano se houvesse agido com diligência ou sem a intenção de descumprir a obrigação. Nas palavras de Ana Prata, trata-se "de um ponto de vista social, [de] investimento a fazer pelo devedor — e que permite eliminar a causa do incumprimento — justifica-se, desde que represente um valor inferior ao do montante dos danos verificados nas esferas patrimoniais de ambas as partes".[145]

Essa solução, ademais, é socialmente desejável, pois produzirá o incentivo a que as promessas sejam cumpridas, assegurando-se a tutela do crédito, tão cara à segurança e calculabilidade esperadas pelos agentes econômicos, ao mesmo tempo em que determinará uma melhor organização empresarial e aproveitamento dos recursos produtivos destinados à produção de melhores bens e serviços.[146]

Esse efeito social, ou, em termos bettianos, essa função econômico-social da responsabilidade contratual também é reconhecida por

---

ponto de vista jurídico. Se há *culpa*, não há *fortuito*; e reciprocamente, se há caso fortuito, não pode haver *culpa* do credor. Uma exclui o outro." (FONSECA, Arnoldo Medeiros. *Caso fortuito e teoria da imprevisão*, p. 163).

145 PRATA, Ana. *Cláusulas de exclusão e limitação de responsabilidade contratual*, p. 419-420.

146 *Ibidem*, p. 420.

Robert Cooter e Thomas Ulen, quando enumeram as funções do direito contratual:

> "[...] o primeiro propósito do direito contratual é permitir às pessoas converter jogos com soluções ineficientes em jogos com soluções eficientes [...] Como resultado, o segundo propósito do direito contratual é encorajar a divulgação eficiente de informações dentro da relação contratual. [...] A terceira finalidade do direito contratual é assegurar um comprometimento ótimo em adimplir".[147]

As três funções indicadas, tomadas de uma perspectiva econômica, são coerentes com os princípios contratuais consagrados pelo Código Civil brasileiro: a boa-fé objetiva, no que concerne à cooperação entre as partes e ao dever de informar (primeira e segunda funções do direito contratual), bem como a função social do contrato, que é assegurar a tutela do crédito, expressa na terceira finalidade de assegurar um compromisso ótimo com o adimplemento.

Não obstante a persecução de um nível ótimo de adimplemento, todo contrato apresenta riscos associados à execução do seu objeto e riscos de sua inexecução ou execução imperfeita. Como observa Agostinho Alvim:

> "Se as leis, na sua acepção mais vasta, são as relações necessárias que derivam da natureza das coisas (cf. Montesquieu, *Esprit des Lois*, p. 3), a infração da lei ou do avençado é, por sua vez, uma lei, pressupostas as

---

147 Tradução livre do seguinte texto: "*The first purpose of contract law is to enable people to convert games with inefficient solution into games with efficient solutions* [...] As result, *the second purpose of contract law is to encourage the efficient disclosure of information within the contractual relationship* [...] *The third purpose of contract law is to secure optimal commitment to performing.*" (COOTER, Robert; ULEN, Thomas. *Law and economics*, p. 198/201).

nossas más inclinações e, mesmo sem elas, a simples fraqueza do entendimento, responsável pelas contradições entre pessoas de boa fé".[148]

A fraqueza do entendimento referida pelo autor coincide com a ideia de uma racionalidade limitada que não é capaz de prever todas as hipóteses futuras ou, ainda, processar de maneira integral todas as informações disponíveis no tocante aos efeitos do inadimplemento. O principal efeito, no entanto, embora não totalmente calculável em sua extensão, é o dever de indenizar a parte inocente.

Aqui, entramos no campo próprio da relação obrigacional em que o interesse tutelado é o crédito. Nas palavras de Fábio Konder Comparato, o crédito, "na teoria geral do direito privado, designa o direito do sujeito ativo numa relação obrigacional, ou, mais precisamente, o direito à prestação do devedor".[149] Descumprida a obrigação, há, então, um desequilíbrio entre as partes. Ainda segundo Comparato, os economistas modernos, ao explicar o crédito,

> "[...] insistem sobre o fato de que o creditante, ao realizar sua prestação, priva-se do uso da riqueza transferida ao creditado durante certo tempo. Ele sacrifica a liquidez de seu patrimônio, como disse Keynes, o que legitima de sua parte a existência de uma prestação suplementar à restituição da riqueza transferida."[150]

Do ponto de vista jurídico, o conceito econômico sofre algumas alterações. A primeira diz respeito ao tempo e a segunda, à transferência patrimonial do creditante ao creditado. Com relação ao tempo, basta mencionar que o direito tutela e protege o credor não apenas no

---

148 ALVIM, Agostinho. *Da inexecução das obrigações e suas conseqüências*, p. 3.

149 COMPARATO, Fábio Konder. *Seguro de crédito*, p. 29.

150 *Ibidem*, p. 28-29.

caso de prestações diferidas, mas também em transações que ocorrem de maneira imediata e instantânea. O cumprimento defeituoso da prestação realizada instantaneamente dá ao credor o direito à reparação dos danos sofridos. No que tange à transferência patrimonial, é preciso observar que em uma relação contratual, ainda que uma parte não tenha cumprido sua obrigação, poderá exigir da outra parte o cumprimento de sua respectiva prestação. O princípio do consensualismo, já desenvolvido por Hugo Grotius,[151] contempla que a simples promessa da outra parte é suficiente para o surgimento de uma obrigação.

As partes projetam um comportamento futuro que é julgado adequado no momento da formação do contrato. Alterada a equação contratual pelo inadimplemento, nasce um desequilíbrio que merece ser reparado.[152] Como observa Judith Martins-Costa:

> "Se o sinalagma traduz, como é bem verdade, a existência e a configuração dos deveres contrapostos, que devem manter posição de relativo equilíbrio entre si, a violação de uma das prestações nele implicadas caracteriza justamente *uma violação ao sinalagma* que está na estrutura essencial dos contratos bilaterais".[153]

---

151 "Da mesma maneira que dito pelos jurisconsultos que não há nada de tão natural que a vontade do proprietário querendo transmitir sua coisa a outro, seja considerada válida. Da mesma maneira, se diz que nada é tão conforme a boa-fé humana que manter em conjunto o que foi assim definido. Assim é que o edito relativo a um pagamento que a gente se obriga a fazer, sem que tivesse havido anteriormente na pessoa daquele que se obriga outra razão de dever senão o consentimento, é considerado como favorável à equidade natural." (GROTIUS, Hugo. *O direito da guerra e da paz (de uire belli et pacis).* Trad. Ciro Mioranza. Unijuí: Fondazione Casamarca/Unijuí, 2004. v. 1, p. 549.)

152 PRATA, Ana. *Cláusulas de exclusão e limitação de responsabilidade contratual*, p. 9.

153 MARTINS-COSTA, Judith. *A boa-fé no direito privado.* 2. tir. São Paulo: Revista dos Tribunais, 2000. p. 465.

Alguns dos efeitos do inadimplemento podem ser previstos e mensurados, como por exemplo, a perda do investimento das partes no adimplemento de sua respectiva prestação (danos emergentes) ou a perda dos resultados esperados da troca ou de negócios futuros que decorreriam do adimplemento (lucros cessantes). Porém, dada a nossa racionalidade limitada ou "fraqueza de entendimento", nas palavras de Agostinho Alvim,[154] nem sempre somos capazes de prever todas as hipóteses possíveis de inadimplemento e seus efeitos.

Este é o risco propriamente contratual: o inadimplemento.

Agostinho Alvim disseca a figura do inadimplemento e o classifica em inadimplemento absoluto, que pode ser parcial ou total, e mora.

O inadimplemento absoluto ocorre "quando a obrigação não foi cumprida, nem poderá sê-lo, quando no caso de perecimento do objeto, por culpa do devedor".[155] O inadimplemento absoluto será total quando a prestação, em sua totalidade, deixar de ser cumprida e será parcial, quando, compreendendo vários objetos ou várias atividades, o devedor deixar de entregar ou executar parcialmente a prestação. A mora ocorrerá quando "a obrigação não tenha sido cumprida no lugar, no tempo, ou na forma convencionados, subsistindo em todo o caso, a possibilidade de cumprimento".[156] Portanto, como esclarece Giovanni Ettore Nanni, "[n]o domínio do incumprimento imputável ao devedor, o inadimplemento absoluto e a mora representam características marcantemente diferentes. Em especial, a mora é situação temporária, enquanto o descumprimento é definitivo".[157]

---

154 ALVIM, Agostinho. *Da inexecução das obrigações e suas conseqüências*, p. 3.

155 *Ibidem*, p. 7.

156 *Ibidem*, *loc. cit.*

157 *Inadimplemento absoluto e resolução contratual: Requisitos e efeitos*. São Paulo: Thomson Reuters, 2021.

Assim caracterizado, embora o inadimplemento seja previsível, não é possível mensurar de maneira precisa o dano que possa dele resultar. É, com certeza, mensurável, porém não de maneira exata no momento da contratação.

José Luis García-Pita y Lastres, ao analisar a limitação de responsabilidade,[158] vale-se da classificação proposta por J. Garrigues Diaz-Cañabate sobre as possíveis condutas na "*lucha contra el riesgo*":

(a) evitar o fato temido:
(1) mediante a instrução ou aprendizado;
(2) por meio da transferência do risco para outro sujeito;
(3) pela repartição do risco;
(b) substituir as consequências econômicas desfavoráveis por um equivalente econômico.

A letra *b* aponta algo mais do que limitação de responsabilidade:

> "[...] se trata de algo muy diferente: el aseguramiento de la propria responsabilidad, en principio ilimitada, asi en cuanto al importe de la obligación de responsabilidad, como en cuanto al conjunto patrimonial ejecutable. Nos encontraríamos, por conseguiente, en el ámbito del seguro privado".[159]

A limitação de responsabilidade propriamente dita está contida nos mecanismos de prevenção de ocorrência do fato temido. A instrução e o aprendizado representam maneiras de se tentar evitar a ocorrência

158 LASTRES, José Luis García-Pita y. *La limitación de la responsabilidad civil del naviero*. Vitoria-Gasteiz: Servicio Central de Publicaciones del Gobierno Vasco, 1996. p. 26.

159 LASTRES, José Luis García-Pita y. *La limitación de la responsabilidad civil del naviero*, p. 26-27.

do evento danoso, ao passo que a transferência do risco a outro sujeito e o compartilhamento do risco representam formas de alocação efetiva dos riscos, seja para exonerar (transferência do risco), seja para limitar (compartilhamento do risco) a responsabilidade do agente causador do dano.

Um modo de transferência do risco pode ser verificado na formação do preço. O risco poderá ser distribuído em inúmeras transações, como apontado há pouco, ou incorporado ao preço de uma única operação, de tal maneira que, se um agente pretende que a outra parte pague altas indenizações em caso de inadimplemento, deverá estar preparado para pagar alto preço pela contraprestação como forma de compensar o risco assumido pela outra parte.[160]

A negociação de um nível adequado de ressarcimento possível dos danos pode significar, assim, benefícios mútuos às partes. De um lado, dando previsibilidade ao possível causador do dano, o que lhe permite, igualmente, a contratação de seguros em condições mais favoráveis, e, de outro, propiciando também à outra parte uma eficiente equação dos riscos, pois não terá incorporado ao preço o custo da contingência conectada a um evento que *poderá ou não ocorrer*, ao mesmo tempo em que poderá ter ressarcidos os danos em níveis julgados adequados no momento da formação do contrato. Como observam Louis Kaplow e

---

160 "The level at which damages are set also affects the contract price. The greater the damages that a promisor would have to pay for committing breach, the higher the price that the promisor will insist on at the outset. The higher price is, in effect, compensation for the higher risk that the higher level of damages reflects. If your client wants the contractor to pay very high damages for committing breach, the contractor may well want your client to pay a much higher price." (KAPLOW, Louis; SHAVELL, Steven M. Contracting. In: ______. *Analytical methods for lawyers.* Nova York: Foundation Press, 2003. p. 113). No mesmo sentido, SCHWARTZ, Alan; SCOTT, Robert E. *Sales law and the contracting process*, p. 180.)

Steven M. Shavell, "you should be setting liquidated damages at a level that's mutually advantageous; if you do, then there should be a contract price adjustment that leaves both you and the other party better off".[161]

Nesse sentido, como observam Donald R. Harris e Cento G. Veljanovski, o direito contratual deveria facilitar o processo de compartilhamento dos riscos assegurando a eficácia da alocação de riscos estabelecida nos contratos.[162]

Essa alocação de riscos, por outro lado, pode ser estabelecida pela lei, quando define compensações tarifadas ou mesmo quando proíbe qualquer limitação. Neste último caso, temos os contratos nas relações de consumo. Isso não significa impedir a eficiente alocação de riscos, pois, em se tratando de tipo de contratação em rigor de massa, o agente econômico poderá distribuir o risco nas inúmeras transações efetuadas, de tal sorte que a contingência deverá refletir-se sobre o preço de maneira menos acentuada, como vimos há pouco.

Tratando-se de relações contratuais paritárias, o direito também define padrão de alocação de riscos, atribuindo a responsabilidade ao causador do dano, tendo em vista que essa é a alocação eficiente, conforme demonstrado em citação de Ana Prata. Essa alocação, no entanto, é passível de modificação pelas partes, conforme observa Francesco Galgano: "La ripartizione del rischio per l'inadempimento,

---

161 KAPLOW, Louis; SHAVELL, Steven M. Contracting. In: ______. *Analytical methods for lawyers*, p. 113.

162 "A contract is often a reciprocal allocation of specified risks and efficient system of contract law should facilitate risk-sharing by upholding the allocation of risks made by the contract". (HARRIS, Donald. R.; VELJANOVSKI, Cento G. The use of economics to elucidate legal concepts: the law of contract. In: DAINTITH, Terence; TEUBNER, Gunther (Eds.). *Contract and organization: Legal analysis in the light of economic and social theory*, p. 114).

così come attuata dal codice civile, può entro certi limiti essere modificata per volontà delle parti".[163]

Nesse contexto, as cláusulas de exoneração e limitação de responsabilidade exercem função muito importante, tal como as cláusulas penais, pois permitem às partes ter previsibilidade no tocante aos efeitos do eventual inadimplemento, seja ele absoluto ou caracterizado como mora.

Ana Prata, principal doutrinadora contrária à admissibilidade da cláusula de limitação e de exoneração de responsabilidade, defende a manutenção do regime legal da responsabilidade civil sob dois fundamentos: facilidade de absorção do dano pelo seu causador e nível maior de conhecimento do devedor no que tange aos possíveis danos causados pelos bens ou serviços por ele fornecidos, disso resultando que a ele caberia arcar com tais riscos.[164] Apresenta os mesmos argumentos que fundamentam o regime geral da responsabilidade civil e não faz qualquer distinção entre relações de consumo ou puramente empresariais.

Ana Prata sustenta posição isolada e, mesmo em Portugal, António Pinto Monteiro defende a alteração do regime geral da responsabilidade civil em caso de culpa leve, pois, conforme o autor, "Negar tal possibilidade, traduzir-se-ia, quantas vezes, em impedir a realização de operações arriscadas, com graves prejuízos para o próprio credor — impedindo de contratar — e para o tráfico jurídico em geral".[165] Ou seja, as cláusulas de exoneração e de limitação de responsabilidade, consideradas as condições especiais e os riscos de cada operação

---

163 GALGANO, Francesco. *Diritto Privato.* 5. ed. Pádua: CEDAM, 1988. p. 202.

164 PRATA, Ana. *Cláusulas de exclusão e limitação de responsabilidade contratual*, p. 419-425.

165 MONTEIRO, António Pinto. *Cláusulas limitativas e de exclusão de responsabilidade civil*, p. 251.

econômica, poderão fazer a *sintonia fina* da alocação de riscos, modulando a extensão da aplicação do regime geral de responsabilidade ao negócio específico.

Como é impossível prever todas as hipóteses de danos, pois os contratos são incompletos, e não temos controle sobre ocorrência de eventos futuros, resta-nos atuar sobre os seus efeitos, alocando entre as partes e definindo os danos ressarcíveis ou não, bem como estabelecendo limites ou prefixando o valor da reparação.

CAPÍTULO 2

CLÁUSULAS DE EXONERAÇÃO E DE LIMITAÇÃO DE RESPONSABILIDADE: DEFINIÇÃO E CARACTERÍSTICAS

Este capítulo trata do conceito das cláusulas de exoneração e de limitação de responsabilidade dentro de uma modalidade de cláusulas que dão contorno à responsabilidade contratual, seja para agravá-la ou para atenuá-la, como se verá a seguir. Nesse sentido, como observa Otávio Rodrigues Junior,[166] teríamos uma *categoria de cláusulas de responsabilidade*, como, por exemplo, cláusulas penais, arras, definição da extensão dos casos fortuitos ou força maior, limitação e exoneração de responsabilidade etc. Daremos início à abordagem pelas cláusulas de agravamento da responsabilidade.

Por outro lado, sendo convenção das partes, não serão tratadas neste capítulo os excludentes legais da responsabilidade pelo incumprimento das prestações. Embora as partes possam alocar os riscos de forma diversa, o caso fortuito ou força maior, tornando impossível ou impraticável o cumprimento da prestação, serve como hipótese excludente da responsabilidade do devedor pela não execução do contrato. Igualmente, onerosidade excessiva e impossibilidade superveniente da prestação poderão dar ao devedor a possibilidade de pleitear a resolução

166 RODRIGUES JUNIOR, Luiz Otávio. Função, natureza e modificação da cláusula penal no direito brasileiro. 2006. Tese (Doutorado em Direito) — Faculdade de Direito da Universidade de São Paulo, São Paulo, 2006.

do contrato diante de fatos extraordinários e imprevisíveis, eximindo o devedor do cumprimento da prestação ou da responsabilidade pelo não cumprimento.

Além disso, Reinhard Zimmermann, ao tratar da limitação da responsabilidade por danos no direito contratual europeu, traça interessante paralelo entre a tradição da *common law* e da *civil law* para a exclusão da indenização dos chamados danos indiretos. Invoca o celebre exemplo da vaca contaminada vendida em feira de gado leiteiro elaborado por Robert Pothier[167] e o também celebre caso Hadley v. Baxendale. Para a tradição civil, expressa no artigo 1.151 do Código Civil francês e reproduzida no artigo 403 do Código Civil brasileiro, os danos indenizáveis ficam restritos aos danos emergentes e lucros cessantes resultantes "direta e imediatamente" do inadimplemento, ainda que por dolo. No caso Hadley v. Baxendale, de acordo com Reinhard Zimmermann, somente seriam indenizáveis aqueles danos que poderiam ter sido contemplados pelas partes no momento da formação do contrato como resultado provável do inadimplemento.[168] Em ambas as hipóteses, há o elemento de previsibilidade das consequências do inadimplemento.

Outras hipóteses de excludente dizem respeito à culpa da outra parte ou perda do objeto do contrato por impossibilidade da prestação. Tais hipóteses, embora tenham por efeito excluir ou limitar a responsabilidade do devedor, representam circunstâncias não convencionais, fugindo, então, do escopo deste trabalho.

---

167 POTHIER, Robert. *Tratado das obrigações*. Trad. Adrian Sotero de Witt Batista e Douglas Dias Ferreira. Campinas: Servanda, 2001.

168 *Limitation of liability for damages in European contract law*. Revista de Direito Civil Contemporâneo. N. 2, vol. 3, abril-junho, 2015. São Paulo: Revista dos Tribunais, 2015.

2.1 Cláusulas de agravamento da responsabilidade

O artigo 389 do Código Civil brasileiro enuncia o princípio geral da responsabilidade contratual, pelo qual, "não cumprida a obrigação, responde o devedor por perdas e danos", estes constituídos dos danos emergentes e dos lucros cessantes (artigo 402 do CC). As partes, no entanto, podem estipular convenções de alteração do regime geral da responsabilidade contratual, seja agravando ou atenuando a responsabilidade do devedor.

Como menciona Ana Prata, a cláusula que imputa ao devedor um regime de responsabilidade que excede ao regime legal representa uma "regulação convencional do risco da prestação".[169] Embora a autora tenha visão bastante negativa acerca das cláusulas que atenuam a responsabilidade do devedor, quando se trata de seu agravamento, a autora se utiliza dos mesmos argumentos que servem de justificativa para a atenuação, ou seja,

> "[...] pacificamente se entende que o regime legal de distribuição do risco — correspondendo, embora, a critérios de equilíbrio patrimonial e até de conveniência social que a lei considera adequados — não é informado por princípios de ordem pública ou outros, justificativos de sua inderrogabilidade."

Diversamente das cláusulas que reduzem a responsabilidade do devedor, as cláusulas de agravamento são em geral aceitas, ficando a questão de sua validade limitada a algumas circunstâncias que serão examinadas adiante, em particular quando o inadimplemento ou cumprimento imperfeito do contrato pelo devedor decorre de

---

169 PRATA, Ana. *Cláusulas de exclusão e limitação de responsabilidade contratual*, p. 33.

comportamento do próprio credor. Segundo Geneviève Viney e Patrice Jourdain, essas cláusulas são, em rigor, aceitas, salvo se contra elas houver disposição de ordem pública.[170] Os autores citam o caso de agravamento da responsabilidade do empregador no tocante aos atos praticados na relação de emprego e também hipóteses na área de construção, em que as partes alocam a uma os riscos que seriam naturalmente suportados pela outra.[171]

Um exemplo claro dessa hipótese de agravamento da responsabilidade diz respeito à alteração da regra geral de liberação do devedor no cumprimento de suas obrigações contratuais em caso de ocorrência de caso fortuito ou força maior. O artigo 393 do Código Civil é explícito nesse sentido ao determinar que "o devedor não responde pelos prejuízos resultantes de caso fortuito ou força maior, *se expressamente não se houver por eles responsabilizado*" (grifo nosso). Nesse caso, o devedor assumirá os riscos inerentes a tais eventos, havendo, portanto, alteração convencional do regime geral da responsabilidade pela qual se acrescenta às obrigações do devedor um dever de garantia pelos efeitos do caso fortuito ou de força maior.

Outro modo de agravamento da responsabilidade do devedor, ainda relacionado aos eventos de força maior e de caso fortuito, é comumente adotado ao incluir eventos que, mesmo necessários e irresistíveis, são excluídos pelas partes do âmbito de incidência do *caput* do referido artigo. O devedor não assume inteiramente os riscos, mas as partes

---

170 VINEY, Geneviève; JOURDAIN, Patrice. *Les effet de la responsabilité*, p. 342: "Ces conventions aggravent la responsabilité de l'un des contractants et réduisent ou suppriment celle de l'autre. Elles sont généralement considérées comme valables et efficaces dans la première de ces fonctions, sauf si le contractant au detriment duquel le risqué est déplacé se trouve protégé contre elles par une disposition relevant de l'ordre public."

171 *Ibidem*, p. 342.

circunscrevem as hipóteses. Exemplo usual é a exclusão da greve como evento liberatório da responsabilidade, mormente quando tem abrangência setorial a dada atividade econômica. Uma greve poderá ser motivada pelo descumprimento de obrigações trabalhistas de uma das partes, o que, evidentemente, não poderá ser constituído como evento de força maior (pois seria evitável, tivesse a empresa cumprido suas obrigações), porém, muitas vezes, algumas delas têm natureza política ou são motivadas por solidariedade entre integrantes de determinada categoria profissional. Neste último caso, embora o evento possa ser qualificado como irresistível, nada obsta que as partes aloquem o risco de sua ocorrência para o devedor.

Na Espanha, Adela Serra Rodriguez menciona exatamente essa hipótese, fundada no artigo 1.105 do Código Civil daquele país, para admitir a licitude de cláusulas que excluam determinados casos fortuitos como circunstâncias de exoneração.[172] A autora cita, ainda, a cláusula penal com efeito dissuasório como outra forma de agravamento, uma vez que poderá ser fixada em valor sabidamente maior do que os possíveis danos, desde que não resulte excessivo o valor, caso em que o juiz, segundo o direito espanhol, poderá reduzir de modo equitativo o valor da pena,[173] tal como o disposto no artigo 413 do Código Civil brasileiro.

---

172 "Entre los supuestos de pactos de agravación de responsabilidad del primer tipo se encontrarían los pactos que amplían las causas determinantes de la responsabilidad, como los de imputabilidad al deudor de la impossibilidad sobrevenida de la prestación en los que, de acuerdo con los criterios legales de imputación (ex arts. 1103, 1104, 1182 del CC), el deudor resultaría exonerado; o los de exclusión de determinados casos fortuitos como circunstancias de exoneración, conforme al articulo 1105 del CC, han de ser considerados lícitos." (RODRIGUEZ, Adela Serra. *Cláusulas abusivas en la contratación: En especial, las cláusulas limitativas de responsabilidad*. Pamplona: Aranzadi, 1996. p. 90-91).

173 *Ibidem*, p. 91.

É igualmente comum, em alguns contratos, incluir-se cláusula pela qual o devedor assume risco da inexecução, seja qual for a causa impeditiva. Essa disposição contratual visa, em especial, atribuir a responsabilidade mesmo quando a inexecução seja decorrente de fato de terceiros. Evidente que estamos nos referindo a terceiros sem qualquer vínculo de subordinação ou de subcontratação com o devedor. Estamos novamente diante da alocação de riscos em decorrência de fatores externos às partes. A responsabilidade pela obtenção de licenças ambientais, entrega de equipamentos por terceiros, acidentes causados por outros agentes que integram a execução de uma obra, sem vínculo de subordinação, são exemplos de alocação de riscos por atos de terceiros.

Nas hipóteses em que a cláusula atribui a responsabilidade em qualquer hipótese de impedimento, a sua validade torna-se problemática quando relacionada a atos do próprio credor. Se esse ato for intencional e tiver por objetivo comprometer a capacidade do devedor em se desincumbir de suas obrigações contratuais, a cláusula violará claramente o dever de colaboração. Deverá, portanto, ser considerada nula por ferir o princípio da boa-fé objetiva.

Ademais, como observa com propriedade Ana Prata, a hipótese não se coloca mais no âmbito da alocação de risco.[174] A doutrinadora recorre a outros autores para asseverar que a cláusula deveria ser nula na hipótese de comportamento tanto doloso como culposo. Nesse caso, seria como prover indenização para o credor, mesmo em referência a atos a ele imputáveis.

Embora seja pouco provável que um devedor aceite tal condição, ela não seria de todo despropositada. Vejamos a hipótese de um empreiteiro que aceite assumir os riscos de eventuais erros de projetos ou de

174 PRATA, Ana. *Cláusulas de exclusão e limitação de responsabilidade contratual*, p. 33-35.

especificações fornecidos pelo dono da obra. A validade dessa cláusula está associada à possibilidade de verificação e aferição pelo empreiteiro da correção e acuidade das informações recebidas. Ele assume o risco técnico de revisão das informações recebidas.

Entendemos, no entanto, que essa cláusula não poderá ser admitida em caso de dolo ou culpa grave do credor, pois seria admitir a premiação de sua desídia em prejuízo do devedor.

São citadas também, como alargamento da responsabilidade do devedor, as estipulações de extensão do prazo de prescrição.[175] No Brasil, isso não é possível, pois o artigo 191 do Código Civil somente admite a renúncia ao prazo depois que a prescrição se consumar. Ademais, o artigo 192 é expresso ao proibir a alteração dos termos por acordo das partes.

Outra forma de agravamento da responsabilidade consiste na transformação de uma obrigação de meio em resultado. Em contrato de prestação de serviços de gerenciamento de execução de uma obra, o prestador do serviço, de maneira geral, não assume obrigação de resultado (entendida como a conclusão satisfatória da obra), pois sua função é a de gerenciar a execução da obra por terceiros (projetistas, construtor ou montador de equipamentos), não arcando com a responsabilidade a eles imputável.

Sua obrigação não pode ser qualificada, propriamente, como de resultado, pois sua prestação consistirá em agir com diligência no gerenciamento das atividades, sem, no entanto, assumir os riscos decorrentes do inadimplemento ou de erros na execução das obras por terceiros.

Nada obsta, entretanto, que as partes decidam transformar a obrigação de meio em obrigação de resultado. Segue o mesmo raciocínio

175 *Ibidem*, p. 43.

aplicado à assunção dos riscos decorrentes de atos de terceiros, como indicado há pouco. Uma solução que, no entanto, poderá descaracterizar o contrato de gerenciamento, equiparando o gerenciador ao empreiteiro que subcontrata o projetista, o montador ou o construtor. Sendo racionais os agentes, é de se esperar que o gerenciador inclua no seu preço as contingências associadas a esses riscos. De acordo com a extensão desse agravamento da responsabilidade, a hipótese poderá confundir-se com o próprio conteúdo da obrigação e não da responsabilidade, pois, ao assumir todos os riscos de execução, o gerenciador estará, na verdade, assumindo uma obrigação de resultado de promover a execução integral da obra.

Consideramos ter apresentado as principais modalidades de agravamento da responsabilidade, mas cabe-nos endereçar o leitor à obra de Ana Prata[176] que cita, ainda, as hipóteses de alteração do regime do ônus da prova, alteração dos riscos de perda da coisa segundo o princípio do *res perit domino*, aumento do âmbito da causalidade — quando o devedor assume a responsabilidade por danos além daqueles derivados direta e imediatamente da inexecução do contrato, ou seja, em todos os casos em que o ato do empreiteiro seja condição *sine qua non* para a ocorrência do dano —, cláusula *solve et repete* etc.

A cláusula penal também poderá servir de agravamento da responsabilidade, quando o valor estipulado tiver, além de cunho indenizatório, característica punitiva ou persuasória. Esse tema será abordado em capítulo próprio, ao tratarmos da distinção entre cláusula penal e as cláusulas de limitação e de exoneração da responsabilidade.

A título de conclusão, entendemos que esse tipo de cláusula, embora coerente com a liberdade das partes na definição do conteúdo do contrato, não deve ser aceita de maneira absoluta, pois o seu exercício

---

176 PRATA, Ana. *Cláusulas de exclusão e limitação de responsabilidade contratual.*

poderá ser abusivo, como abusivas poderão ser as cláusulas de exoneração ou de limitação da responsabilidade do devedor. Em especial, quando a atividade desenvolvida pelo devedor tiver caráter de relevância social e a atribuição legal de limites — como o limite temporal da prescrição, por exemplo — serve como estímulo e proteção para determinadas categorias profissionais. Esse seria o caso, por exemplo, de transformação em obrigação de resultado para o cirurgião cardíaco, pois a conversão de obrigação de meio em resultado poderia expor o paciente a excessos do profissional na obtenção do resultado a todo custo.

Por fim, C. Massimo Bianca observa que o agravamento da responsabilidade pode decorrer do próprio processo de objetivação da responsabilidade civil, referindo-se, o autor, à "*figure complesse di responsabilità oggetiva e aggravata*".[177]

2.2 Cláusulas de exoneração e de limitação de responsabilidade: definição

O item anterior trata das hipóteses de agravamento convencional da responsabilidade do devedor. As cláusulas de exoneração ou de limitação de responsabilidade seguem pelo caminho inverso, pois representam sua atenuação. Manuel Garcia Amigo define as cláusulas de *limitação* de responsabilidade de maneira bastante abrangente para incluir qualquer cláusula que, de alguma forma, tenha o efeito de, preventivamente, e fundada no princípio da autonomia da vontade, estabelecer limitação da responsabilidade que uma lei dispositiva atribui ao devedor pelo

177 BIANCA, C. *Diritto Civile: La responsabilità*. Milão: Giuffrè, 1994. v. 5, p. 739-765.

descumprimento de obrigações contratuais a ele imputável.[178] Nesse sentido, estão incluídas as convenções que alteram o regime do ônus da prova, reduzem prazos de prescrição ou restringem os remédios disponíveis para o credor buscar a satisfação do seu interesse, além daquelas que, efetivamente, eliminam o dever de indenizar ou limitam o *quantum* da indenização.

Entendemos, no entanto, que a definição de Manuel Garcia Amigo, ao incluir disposições que atenuam a responsabilidade do devedor de maneira ampla, incide sobre aspectos processuais e materiais que não se confundem com cláusulas que atuam sobre o dever de indenizar em si. Ao tornar o conceito tão abrangente, o autor espanhol submete a um mesmo tratamento fenômenos bastante diversos.

Além disso, a definição inclui aspectos desnecessários, como a referência à autonomia da vontade, que é, segundo o autor, fundamento da cláusula, e a sua circunscrição à limitação da aplicabilidade de normas dispositivas sobre responsabilidade contratual.

Embora seja lugar-comum afirmar sua validade em decorrência da autonomia privada, isso diz respeito à sua justificação — algo que poderia legitimar a existência de qualquer cláusula contratual admitida pelo direito. Ainda, as normas cogentes ou de ordem pública podem

---

178 No texto original: "No obstante, y sin pretensiones ahora de presentar un concepto definitivo, sino para entenderse mejor y para aceptar provisoriamente la siguiente definición: entendemos por cláusulas de limitación de responsabilidad aquellos pactos insertos en un contrato — tantas veces celebrado en base a condiciones generales — mediante los cuales el acreedor y el deudor se ponen de acuerdo para establecer preventivamente y en virtud del principio de la autonomía privada de la voluntad una limitación cualquiera de la responsabilidad que la ley dispositiva atribuye al deudor por el incumprimiento imputable de sus obligaciones contractuales." (GARCIA AMIGO, Manuel. *Cláusulas limitativas de la responsabilidad contractual*. Madri: Tecnos, 1965. p. 94).

retirar a validade de uma disposição dessa natureza. Consideramos, assim, inadequado trazer um fundamento para a própria definição.

A autonomia da vontade tem sido dogma em franca superação e não deve ser elemento necessário à definição dos negócios jurídicos. Antonio Junqueira de Azevedo, em obra sobre essa categoria jurídica, já deixou bastante claro que a vontade nem ao menos integra a sua estrutura.[179] A exemplo disso, é comum citar-se a conversão substancial, quando as partes desejam determinado negócio, mas, nos termos da lei, celebram outro — caso do endosso de título de crédito vencido que passa a ter efeito de cessão de crédito.[180]

Em se tratando de cláusulas de limitação ou de exoneração de responsabilidade, a autonomia da vontade também não deve integrar a definição. Como veremos adiante, alguns sistemas exigem que passem por um teste de *reasonableness* (razoabilidade) ou *fairness* (equilíbrio ou comutatividade), como condição superior à simples indagação quanto à liberdade de contratar das partes. Ou seja, não basta a autonomia da vontade das partes, pois tais convenções deverão ser razoáveis e equilibradas no contexto do contrato.

Preferimos o conceito que as circunscreve ao regramento da indenização, seja para eliminá-la integralmente ou para estipular um limite ao seu valor. Inversão do ônus da prova, redução de prazos de prescrição e quaisquer outros mecanismos dessa natureza podem ser qualificados

---

179 "Todavia, por ora, não desenvolveremos esse ponto e limitar-nos-emos a essas breves considerações, uma vez que, mais adiante, ao examinarmos o exato papel da vontade no negócio jurídico, procuraremos demonstrar que a vontade não é elemento essencial para a existência do negócio jurídico (plano da existência), tendo relevância somente para a sua validade e eficácia; segue-se daí que, não fazendo ela parte da existência do negócio, muito menos poderá ser elemento definidor ou caracterizador do negócio." (AZEVEDO, Antonio Junqueira de. *Negócio jurídico, existência, validade e eficácia*, p. 9).

180 *Ibidem*, p. 7-8.

como condições de atenuação da responsabilidade, porém não devem ser confundidos com as cláusulas específicas de exoneração ou de limitação do dever de indenizar.

A razão reside no fato de que essas demais condições têm natureza muito diversa das cláusulas de exoneração e de limitação do dever de indenizar; ademais, os agentes econômicos possuem visão muito mais precisa a respeito desse tipo de acordo, seja para excluir a indenização para determinados tipos de danos, como lucros cessantes, por exemplo, seja para estipular um valor máximo para a indenização devida.

David Yates define *exclusion clauses* também de maneira ampla: "cláusula de exclusão é aqui entendida por, como um guia geral, qualquer condição em um contrato restringindo, excluindo ou modificando um remédio ou uma responsabilidade resultante de uma quebra de uma obrigação contratual".[181] Notemos que a definição também é ampla ao excluir certos remédios. Para ilustrar, podemos tomar o caso de exclusão do direito à execução específica, cabendo, exclusivamente, o direito a perdas e danos. Também caberia dentro da definição a exclusão de certas garantias técnicas, como aquelas que se limitam à reparação ou substituição de peças, renunciando o comprador ao direito de devolução do bem, ou seja, ao direito à resolução do contrato. O próprio autor, aliás, reconhece que existem outros tipos de cláusulas de exclusão que podem operar de maneira diversa, mas que a definição por ele proposta serve ao propósito de sua obra. Trata-se, portanto, de uma definição estipulativa.

Tomamos duas definições acima apenas para demonstrar a dificuldade de conceituarmos um fenômeno que pode se apresentar

---

181 O texto é tradução livre do seguinte original: "By exclusion clause here is meant, as a general guide, any term in contract restricting, excluding or modifying a remedy or a liability arising out of a breach of a contractual obligation." (YATES, David. *Exclusion clauses in contracts*, p. 1).

de diversas formas; portanto, cabe-nos identificar os atributos desse tipo de convenção para que possamos construir uma definição ou para aderirmos a conceito que seja consistente com o enfoque que apresentamos.

Tratando-se de cláusula, a primeira indagação é se uma convenção de tal natureza somente é possível em relação contratual? Admite-se a modificação convencional do regime da responsabilidade extracontratual?

O próprio título da obra *Cláusulas acessórias ao contrato: Cláusulas de exclusão e de limitação do dever de indenizar e cláusulas penais*, de Nuno Manuel Pinto Oliveira, atribui às convenções de alteração do regime geral da responsabilidade o caráter acessório às obrigações principais. Nessa perspectiva, tais convenções somente seriam possíveis no âmbito das relações contratuais.

A doutrina tem considerado a preexistência de uma relação jurídica entre as partes como critério razoável para a caracterização da responsabilidade contratual. A responsabilidade pré-contratual, por exemplo, tem sido caracterizada, por alguns autores, como contratual em razão do dever de cuidado e de não causar dano a outrem decorrerem de relação já estabelecida entre partes que se encontram em negociação, diverso do dever de indenizar decorrente da obrigação genérica de *neminem laedere*, como em um acidente de automóvel, em que o causador do dano e a vítima não têm qualquer vínculo prévio ao acidente. Outros autores entendem que a responsabilidade pré-contratual é sempre aquiliana, justamente porque o dever violado é o dever genérico de não causar danos, ainda que já existente um contato social, como uma negociação contratual.

Essa é uma questão bastante controversa e será analisada no Capítulo 3. Contudo, para efeito deste item, entendemos que a convenção deverá integrar um contrato ou se inserir em contexto cuja responsabilidade, mesmo aquiliana, possa ser tratada de modo convencional. São comuns os memorandos de entendimentos, na fase de tratativas, em que as partes estipulam regras de não indenizar, mesmo em caso de ruptura abrupta de negociações.

Encontramo-nos, portanto, diante de convenção de irresponsabilidade que não está inscrita em um contrato, porém, nada impede que as partes em negociação acordem tal condição que, de resto, é bastante comum na prática negocial.

Em outras palavras, entendemos que as cláusulas de exoneração, ou de limitação de responsabilidade, dizem sempre respeito a relação preexistente, seja de natureza contratual ou não — como a responsabilidade pré-contratual, as relações de vizinhança e outras hipóteses que serão analisadas adiante ao tratarmos, especificamente, da aplicabilidade das cláusulas à responsabilidade extracontratual.

Nesse sentido, uma disposição de tal natureza poderia deixar de ser acessória a obrigações contratuais e construir-se, inclusive, em convenção principal de instrumento firmado entre vizinhos, partes em negociação, ou qualquer outra hipótese em que seja jurídica e factualmente possível sua estipulação. Consideramos, portanto, que o caráter acessório não deve ser tido como atributo a integrar uma definição das cláusulas de exoneração ou de limitação de responsabilidade, o que é, igualmente, reconhecido por José de Aguiar Dias.[182]

As cláusulas devem, ainda, estipular regra que excepcione o regime geral da responsabilidade integral do devedor. Como optamos por definição mais restritiva do que aquela elaborada por Manuel Garcia Amigo, devem referir-se ao dever de indenizar, seja para eliminá-lo ou para limitar o *quantum* da indenização. Nesse sentido, ficam afastadas do conceito a inversão do ônus da prova, diminuição do prazo de

---

182 AGUIAR DIAS, José de. *Cláusula de não-indenizar*, p. 39-40.

prescrição ou restrição dos remédios deferidos ao credor para o ressarcimento dos danos causados pelo devedor.

Podemos, todavia, incluir no conceito as cláusulas que restrinjam a responsabilidade patrimonial do devedor. Ou seja, as partes poderão acordar que somente um bem responderá pela inadimplência do devedor. Nesse caso, os prejuízos do credor somente poderão ser ressarcidos até o limite do valor de um bem dado em garantia, seja na forma de penhor ou hipoteca, conforme o caso. Embora não se tenha estipulado limite para o valor da indenização, esta ficará restrita ao valor do bem dado em garantia, sem que o credor possa promover a execução sobre todo o patrimônio do devedor. O efeito será o mesmo da cláusula de limitação do valor da indenização, com a diferença de que o *plafond* se torna variável, de acordo com a apreciação do valor de mercado do bem dado em garantia.

José de Aguiar Dias, ao analisar diversas definições, toma partido pela definição de Félix Cluzel, que assim define as cláusulas de irresponsabilidade: "são as convenções pelas quais o devedor eventual da obrigação de indenizar obtém do credor eventual da mesma obrigação a renúncia à ação de perdas e danos".[183] Para José de Aguiar Dias, não é dado às partes o poder de afastar a responsabilidade, sendo-lhes lícito, apenas, afastar o seu efeito, que é a reparação. Por essa razão, entende que a definição de Félix Cluzel "dá a exata noção da figura jurídica a identificar, como convém a uma boa definição, e evita os equívocos de técnica notados nas demais definições".[184]

Pelas mesmas razões indicadas por José de Aguiar Dias, ou seja, de que convenção está adstrita à reparação, inferimos que a renúncia diz respeito ao direito à própria reparação e não ao direito de ação. Aliás,

183 CLUZEL, Félix. *Essai pour les clauses d'irresponsabilité*. Paris, 1913. In: AGUIAR DIAS, José de. *Cláusula de não-indenizar*, p. 37.

184 AGUIAR DIAS, José de. *Cláusula de não-indenizar*, p. 39.

são inúmeros os casos em que as partes somente têm definido o direito ou não à indenização em sede judicial ou arbitral.

Definição mais recente é proposta por António Pinto Monteiro: "Podemos defini-las, neste sentido, como estipulações negociais destinadas a excluir ou limitar, em certos termos, mediante acordo prévio das partes, a responsabilidade em que, doutra forma, o devedor incorreria, pelo não cumprimento (cumprimento defeituoso ou mora) das suas obrigações."[185] Essa definição apresenta o mérito de afastar a confusão com a figura da transação, por deixar evidente que o acordo é anterior à ocorrência do dano e também é suficientemente ampla para acolher diversos modos ("em certos termos") pelos quais as partes podem excluir ou limitar a responsabilidade pelo inadimplemento.

A definição feita por António Pinto Monteiro, no entanto, apresenta o inconveniente de deixar aberta a controvérsia no tocante à possibilidade de exclusão da própria responsabilidade. Conforme salientado, José de Aguiar Dias considera inviável a exclusão da responsabilidade em si, sendo passível de convenção somente sua consequência, que é a reparação. Além disso, a definição parece se circunscrever à responsabilidade contratual.[186]

Em parecer publicado na Revista de Direito Civil Contemporâneo, Judith Martins-Costa associa as cláusulas à alocação de riscos, mas segue definição de José Aguiar Dias como renúncia ao direito de ação. Vale reproduzir o texto: "Do ponto de vista econômico, a cláusula de não indenizar (e, igualmente, a cláusula limitativa de responsabilidade) constitui uma transação sobre os riscos. Da perspectiva

---

185 MONTEIRO, António Pinto. *Cláusulas limitativas e de exclusão de responsabilidade civil*, p. 100.

186 A questão da cumulação de responsabilidade contratual e extracontratual será analisada no Capítulo 3.

dogmática jurídica, configura convenção pela qual 'o devedor eventual da obrigação de não indenizar obtém do credor eventual da mesma obrigação a renúncia à ação de perdas e danos'".[187]

Entendemos que a definição acima acaba por destacar os efeitos e não o conceito. Ademais, pretende ser genérica para incluir exclusão e limitação de responsabilidade, mas a renúncia à ação de perdas e danos somente se opera inteiramente na exclusão do dever de indenizar, enquanto o credor, dentro dos limites fixados na cláusula limitativa do dever de indenizar, poderá propor a ação de perdas e danos. Poder-se-ia argumentar que há renúncia parcial, mas isso somente reforçaria a insuficiência da definição acima.

Por essa razão, propugnamos que a definição em foco deveria referir-se, diretamente, à indenização. Sendo assim, as convenções de exoneração e limitação de responsabilidade poderiam ser definidas como ***convenções pelas quais as partes, em certos termos, previamente à ocorrência de um dano, excluem o dever de indenizar ou estabelecem limites, fixos ou variáveis, ao valor da indenização.***

A definição proposta mostra-se, por um lado, ampla para incluir até mesmo as convenções de alteração do regime geral da responsabilidade extracontratual, quando possível; por outro, ela é suficientemente específica para deixar claro que essas convenções atuam diretamente sobre a indenização.

Álvaro Villaça Azevedo ensina que a "responsabilidade nada mais é do que o dever de indenizar o dano".[188] Nesse sentido, entendemos

---

187 *Contrato de construção. Contratos-Aliança. Interpretação contratual. Cláusulas de exclusão e limtição do dever de indenizar. Parecer.* Revista de Direito Civil Contemporâneo. Ano 1, vol. 1, outubro-dezembro, 2014. São Paulo: Revista dos Tribunais, 2014

188 AZEVEDO, Álvaro Villaça. *Teoria geral das obrigações, responsabilidade civil.* 10. ed. São Paulo: Atlas, 2004. p. 276.

que António Pinto Monteiro age com propriedade quando menciona excluir ou limitar a responsabilidade, pois ao fazê-lo está dizendo que tais convenções excluem ou limitam o dever de indenizar — por consequência, a própria responsabilidade.[189] Porém, deixando ao largo controvérsias, consideramos a referência direta à indenização mais precisa.

A despeito de nossa proposição, entendemos que a realidade e a criatividade nos negócios decerto poderão trazer novas condições ou termos que não mais caberão em uma fórmula, devendo o advogado ou jurista dedicar-se mais à compreensão do que à definição abstrata de fenômenos jurídicos.

2.3 Terminologia e fundamentos da distinção entre os dois conceitos

Conforme esclarecido na Introdução, a opção pela terminologia que dá título a este livro é não apenas formal, mas indica distinção conceitual entre as cláusulas de exoneração e de limitação do dever de indenizar.

Nos *Principles of European contract law*, a Comissão Lando, coordenada por Ole Lando, cuida das cláusulas que excluam ou restrinjam remédios em caso de inexecução do contrato (Article 8:109), recomendando que os remédios possam ser excluídos ou restritos salvo se tal convenção for contrária à boa-fé e à lealdade na negociação ("*fair dealing*").[190] A regra é bastante genérica e não faz qualquer distinção

189 Esta a razão pela qual justificamos o título desta tese como *cláusulas de exoneração e limitação de responsabilidade.*

190 O texto original é o seguinte: "Article 8.109: Clause Excluding or Restricting Remedies. Remedies for non perfomance may be excluded or restricted unless it would be contrary to good-faith and fair dealing to invoke the exclusion or restriction." (BEALE, Hugh; LANDO, Ole. *Principles of European contract law.* Parts I and II. Haia: Kluver Law International, 2000. p. 385).

entre exoneração e limitação da responsabilidade. Nos comentários a esse princípio, a Comissão justifica sua posição da seguinte maneira:

> "Nenhuma distinção é feita entre cláusulas que limitam a responsabilidade ou que a excluam inteiramente. É difícil distingui-las, pois um pequeno limite à indenização é efetivamente uma exclusão e não há uma boa razão para impor diferentes controles nos dois casos."[191]

Não obstante a dificuldade apontada pela Comissão, motivo pelo qual opta por um tratamento indistinto das duas figuras, submetendo-as aos limites impostos pela boa-fé e *fair dealing*, é possível salientar algumas diferenças entre tais cláusulas e que motivam alguns ordenamentos, diversamente do que recomenda a Comissão, a dar tratamento diferente às disposições que eliminam ou limitam o dever de indenizar.

Como observam Geneviève Viney e Patrice Jourdain, para defender a validade das cláusulas de não responsabilidade, alega-se sua semelhança com as disposições limitativas, porém, como corretamente aduzem os autores, "les arguments invoqués en faveur de la valité des clauses limitatives ne leur sont nullement transposables".[192] Portanto, os critérios de validade não podem ser transpostos de maneira automática de uma figura a outra.

O artigo 1.150 do *Code* estabelece que o devedor somente será responsável pelas obrigações e proveito que tenham sido previstos ou que pudessem ser previstos no momento da celebração do contrato, o

---

191 BEALE, Hugh; LANDO, Ole. *Principles of European contract law*. Parts I and II, p. 385. Texto original: "No distinction is drawn between clauses which limit responsibility and those which exclude it altogether. It is difficult to distinguish them anyway since a derisory limit on recovery is effectively an exclusion, and there is no good reason for imposing different controls in the two cases."

192 VINEY, Geneviève; JOURDAIN, Patrice. *Les effets de la responsabilité*. 2. ed. Paris: LGDJ, 2001. p. 353.

que, de certo modo, correspondente a uma possibilidade de *limitação* aos danos previsíveis; porém isso não significa permissão para a *exclusão* total do direito à reparação.[193] Além disso, a doutrina francesa, por vezes chamada de hesitante, tende a considerar de maneira mais condescendente a cláusula de limitação de responsabilidade, comparada à de irresponsabilidade.[194]

Poder-se-ia argumentar que se trata de uma questão meramente quantitativa, sendo a limitação uma forma de exclusão parcial;[195] entretanto, a exoneração importa que o credor renuncie à indenização, enquanto a limitação do valor decerto tem relevância para a definição do sinalagma contratual e poderá servir a uma função dissuasória para a inexecução do contrato,[196] salvo se irrisório o *quantum* estipulado como limite da indenização. Nesse sentido, António Pinto Monteiro observa que: "Parece, no entanto, de realçar, no plano dos *princípios*, uma diferença (de certo modo) qualitativa, que poderá obstar uma

193 O texto legal assim se expressa: "Art. 1150. Le debiteur n'est tenu que de dommages e interêts qui ont été prevus ou qu'on a pu prevoir lors du contrat, lorsque ce n'est point par son dol que l'obligation n'est point executée."

194 VINEY, Geneviève; JOURDAIN, Patrice, *op. cit.*, p. 348-349.

195 "Aparentemente, a cláusula limitativa não passa de uma exclusão parcial (e a cláusula exoneratória de uma limitação total da responsabilidade), não sendo mais do que simples *variante* da cláusula de exclusão." (MONTEIRO, António Pinto. *Cláusulas limitativas e de exclusão de responsabilidade civil*, p. 175.)

196 "A questão perder-se-á, do ponto de vista de Eörsi, com a importância a atribuir à função preventiva da responsabilidade civil, pois a cláusula exoneratória eliminaria essa função, o mesmo não acontecendo, porém com a cláusula limitativa. Consequentemente, prossegue o autor, teria de concluir-se não haver lugar para a cláusula de exclusão em sistemas jurídicos que considerem da máxima importância aquela função preventiva." (*Ibidem*, p. 176.)

visão da cláusula limitativa meramente como um *minus* em relação à cláusula de exclusão."[197]

No caso da exclusão de responsabilidade temos verdadeira exceção ao princípio da reparação integral do dano — conforme artigos 402 e 944 do Código Civil brasileiro —, enquanto a limitação do valor da indenização apenas atenua esse princípio, tal como, aliás, a cláusula penal poderá servir para a prefixação do valor devido, ainda que o dano seja superior ao valor da penalidade.

Outro aspecto relevante à distinção diz respeito a um argumento recorrente, utilizado para o combate à cláusula de exoneração do dever de indenizar. Afirma-se que a cláusula de não indenizar importa em descaracterização do próprio vínculo obrigacional, tornando-o, no máximo, uma obrigação natural. Por caracterizar-se a obrigação pela necessária responsabilidade do devedor em caso de descumprimento ou cumprimento imperfeito da prestação, a eliminação total do dever de indenizar tornaria totalmente inócua a obrigação. Crítica que, sendo razoável o limite do valor da indenização, não poderia ser feita à convenção de limitação da responsabilidade.

Ademais, entendemos que a existência ou não de um dever de indenizar já é fato suficiente para que possa ser traçada distinção entre as duas figuras; em especial, se considerarmos que o valor estipulado como limite da indenização poderá, eventualmente, *ser suficiente para cobrir todo o dano sofrido pelo credor.* Dessa forma, enquanto a cláusula de exoneração de responsabilidade privaria por completo o credor do seu direito à indenização, no caso de limitação do dever de indenizar, o credor poderá receber o valor integral da indenização devida se o teto for superior ao dano efetivamente sofrido. Portanto, ontologicamente, há diferença fundamental, pois em um caso há indenização,

---

197 *Ibidem*, p. 176.

ainda que limitada, e, em outro, o credor nada teria a receber. É como a diferença entre o ser e o não ser, entre o zero e o um. Havendo exclusão, estamos diante do zero, do nada, não há indenização. Na limitação, há indenização e o limite fixado pelas partes poderá ser maior do que o valor da perda. Para quem sofre o dano, a diferença é evidente entre ser compensado, inclusive integralmente, se o limite for maior que o dano, ou nada receber.

Poderíamos, ainda, do ponto de vista da alocação de riscos, observar que a cláusula de exoneração de responsabilidade resulta em transferência integral do risco contratual do devedor para o credor, enquanto a cláusula de limitação poderia ser compreendida como distribuição ou compartilhamento dos riscos entre as partes.

Assim como a Comissão Lando, no âmbito da União Europeia, alguns ordenamentos tratam as duas formas de convenção de maneira indistinta. O artigo 1.229 do Código Civil italiano atribui nulidade a ambas as cláusulas em caso de dolo ou culpa grave, bem como de atos contrários às normas de ordem pública. Em igual sentido, manifesta-se o controverso artigo 800º do Código Civil português, conforme examinado com mais profundidade no Capítulo 9 deste livro. O artigo 276 do BGB, o *Codex* alemão, também não faz distinção entre as figuras, ao simplesmente prever que o devedor não poderá ser exonerado por falta intencional.

O Código de Obrigações suíço, entretanto, prevê tratamento diferenciado para o caso de exclusão em certas hipóteses. A parte inicial do artigo 100 é, em muito, semelhante ao texto do artigo 1.229 do Código Civil italiano, declarando nulas as estipulações em caso de dolo ou culpa grave. Porém, na segunda parte, o Código de Obrigações suíço admite que o juiz possa dar por nulas as cláusulas que liberem previamente o devedor de toda a responsabilidade em caso de falta leve, se o credor, no momento da renúncia, se encontrava a serviço do devedor, ou se a responsabilidade decorrer do exercício de atividade objeto de concessão pública.[198]

No Brasil, o legislador estabeleceu algumas distinções no tratamento das duas figuras. A questão fica bastante clara pelo disposto no artigo 51, inciso I, do Código de Defesa do Consumidor, quando declara nulas as cláusulas que

> "[...] impossibilitem, exonerem ou atenuem a responsabilidade do fornecedor por vícios de qualquer natureza dos produtos e serviços ou impliquem renúncia ou disposição de direitos. Nas relações de consumo entre o fornecedor e o consumidor pessoa jurídica, a indenização poderá ser limitada, em situações justificáveis."

Em outros termos, a lei consumerista brasileira determina que, nas relações de consumo, a cláusula que impossibilita ou exonera a responsabilidade do fornecedor será sempre nula, seja o consumidor pessoa física ou jurídica, ao passo que nas relações entre pessoas jurídicas a cláusula de limitação da responsabilidade será admissível em situações justificáveis. Portanto, diverso do que aponta a Comissão Lando, o Código de Defesa do Consumidor brasileiro delas cuida de maneira distinta, o que consideramos absolutamente correto, uma vez que os efeitos de ambas podem ter considerável diferença, como apontado há pouco. Nesse sentido, a dificuldade de diferenciação, mencionada

---

198 No texto original: "Art. 100 Convention exclusive de la responsabilité. Est nulle toute stipulation tendent à libérer d'avance le debiteur de la responsabilité qu'il encourrait en cas de dol ou de faute grave. Le juge peut, en vertu de son pouvoir d'appreciation, tenir pour nulle une clause qui libérerait d'avance le debiteur de toute responsabilité en cas de faute légere, si le créancier, au moment où il a renonce à rechercher le débiteur, se trouvait à son service, ou si la responsabilité resulte de l'exercice d'une industrie concédée par l'autorité."

pela Comissão europeia, não justifica o tratamento indistinto de figuras diversas.

Portanto, embora alguns aspectos sejam comuns à interpretação e aplicação dessas cláusulas, entendemos que a distinção deva prevalecer, seja em razão do disposto no Código de Defesa do Consumidor, seja pelo tratamento mais rigoroso dado pela jurisprudência, em especial estrangeira, à convenção de exoneração do dever de indenizar.

2.4 Algumas figuras afins

As cláusulas de limitação e de exoneração de responsabilidade guardam semelhanças com outras figuras jurídicas que, de certa maneira, nos permitem verificar que alguns dos fundamentos que justificam sua validade estão presentes em outros institutos jurídicos.

Vamos nos deter em três figuras que consideramos relevantes à nossa análise: (a) cláusulas que delimitam o conteúdo das obrigações, (b) cláusula penal e (c) seguro de responsabilidade.

A doutrina tem estabelecido algumas distinções entre a cláusula que delimita o conteúdo da obrigação e aquelas que importam alteração convencional do regime da responsabilidade contratual; porém, é forçoso admitir que tais cláusulas apresentam elementos que, eventualmente, se confundem e resultam em efeitos semelhantes.

A cláusula penal, por sua vez, tem suscitado debate interessante quanto a sua aplicação, em determinadas circunstâncias, como cláusula de limitação de responsabilidade. Essa intersecção de institutos provoca a análise pertinente aos requisitos de sua validade, como veremos adiante.

Por fim, temos o seguro de responsabilidade. Embora constitua contrato em si mesmo e apresente características que o afastam de qualquer identificação com as cláusulas de não indenizar — valendo, inclusive, como instrumento que busca assegurar a eficácia da responsabilidade contratual, diferentemente das cláusulas de não indenizar, que representam uma modificação do regime geral da responsabilidade —, essa modalidade tem características relevantes para a apreciação das cláusulas de irresponsabilidade, pois são também instrumentos cujo objetivo é imprimir algum controle sobre os riscos verificados em determinado negócio jurídico.

Conforme vimos aqui, outras figuras poderiam ser tomadas por afinidade, como restrição aos remédios contratuais, redução de prazos de prescrição, exclusão de garantias e outros instrumentos que se aproximam das cláusulas de não indenizar; porém, também como já discutido, entendemos que essas fórmulas atuam como modos de atenuação da responsabilidade sem que apresentem pontos relevantes de aproximação com a exoneração ou limitação de responsabilidade propriamente ditas.

2.4.1 A limitação do conteúdo da obrigação

Seja pelo princípio da autonomia da vontade ou por necessidade, os agentes econômicos dispõem da possibilidade de criar relações jurídicas e desenhar operações econômicas de maneira a compatibilizar seus interesses e alocar os riscos entre si. Para isso, contam com alguns padrões ou tipos já definidos pela lei, ao mesmo tempo em que estão, igualmente, aptos para criar operações, seja pela combinação de contratos típicos ou atípicos (contratos atípicos mistos) ou criação de novas modalidades de contratos (contratos atípicos puros). De acordo com Pedro Pais de Vasconcelos:

> "[...] a tipicidade dos contratos pode ser referida aos tipos contratuais legais ou simplesmente aos tipos contratuais sem restrição aos legais. A diferença é importante. No primeiro caso, são atípicos os contratos que não contêm na lei um modelo regulativo típico; no segundo, são atípicos aqueles que não têm um modelo regulativo típico, nem na lei, nem na prática."[199]

Isso significa que as partes têm liberdade para definir o conteúdo de dada operação econômica, valendo-se dos tipos ou não.

No Brasil, Antonio Junqueira de Azevedo analisou com profundidade a estrutura do negócio jurídico, seus elementos, requisitos de validade e fatores de eficácia. Os elementos constitutivos do negócio são as circunstâncias negociais, a forma e o objeto.

> "O objeto do negócio, abrangendo todo o seu conteúdo, encerra em si aqueles elementos, que, na ordem decrescente de abstração, se colocam abaixo dos elementos gerais de negócio jurídico, ou seja: a) em primeiro lugar, os elementos categoriais inderrogáveis, desde que da espécie que poderíamos chamar objetiva ou causal (o acordo sobre o preço e a coisa, numa compra e venda, por exemplo, faz parte do objeto do negócio); b) em segundo lugar, todos os elementos categoriais derrogáveis que, de resto, vão constituir o conteúdo implícito do negócio e que, por isso mesmo, muitas vezes, são chamados erroneamente de 'cláusulas' implícitas; e, c) finalmente, em terceiro lugar, todos os elementos particulares, isto é, as diversas cláusulas (condições, termos, etc.) no negócio expressamente incluídas."[200]

---

199 VASCONCELOS, Pedro Pais de. *Contratos atípicos*. Coimbra: Almedina, 1995, p. 207.

200 AZEVEDO, Antonio Junqueira de. *Negócio jurídico: Existência, validade e eficácia*. 4. ed. atual, de acordo com o novo Código Civil. São Paulo: Saraiva, 2002. p. 136.

Para Luigi Cariota Ferrara, o conteúdo do negócio refere-se aos elementos que o compõem. "Questi sono, però, intesi nella concreta realizzazione che hanno trovara nel singolo negozio: cioè sono presi cosi come sono stati dalle parti voluti: sim pensi all'oggetto, alla causa, ecc. Così si comprende come fanno parte del contenuto ache gli elementi accidentali: condizione, ecc."[201]

Nesse sentido, embora o objeto do contrato seja todo o seu conteúdo, podemos identificar alguns elementos essenciais para a qualificação de determinado contrato. De acordo com Pedro Pais de Vasconcelos, os elementos essenciais "são características cuja presença, na totalidade, é necessária e suficiente para determinar a subsunção e cuja ausência, de uma apenas que seja, é suficiente para determinar a exclusão".[202] É possível falar-se, então, em índices do tipo, ou seja, elementos que servem "para o individualizar, para o distinguir de outros tipos e para o comparar, que com outros tipos, na formação de séries e planos, quer com o caso, na qualificação e concretização".[203]

Definir, portanto, o objeto do contrato é projetar ou modelar uma operação econômica em todo seu conteúdo. E isso pode se dar dentro de um tipo contratual, definido a partir da verificação da presença de determinados índices que o qualificam, ou mediante uma operação econômica fora do modelo prestabelecido pela lei. Estamos no campo

---

201 FERRARA, Luigi Cariota. *Il negozio giuridico nel Diritto Privato italiano*. Nápoles: Morano [s.d.], p. 113-114. Em tradução livre: "Estes são, no entanto, compreendidos na concreta realização de um negócio jurídico específico: são tomados como desejados pelas partes, como o objeto, a causa etc, assim se compreende que fazem parte do conteúdo do contrato os elementos acidentais, condições etc."

202 VASCONCELOS, Pedro Pais de. *Contratos atípicos*, p. 114.

203 *Ibidem, loc. cit.*

do que se convencionou chamar de liberdade de contratar, assim definida por Orlando Gomes:

> "O conceito de liberdade de contratar abrange os poderes de autoregência de interesses, de livre discussão das condições contratuais e, por fim, de escolha do tipo de contrato conveniente à atuação da vontade. Manifesta-se, por conseguinte, sob tríplice aspecto: a) liberdade de contratar propriamente dita; b) liberdade de estipular o contrato; c) liberdade de determinar o conteúdo do contrato."[204]

António Pinto Monteiro se refere às cláusulas limitativas do objeto do contrato como "cláusulas destinadas a definir o objecto do contrato, precisando o seu conteúdo e extensão, ao abrigo da liberdade contratual, na sua vertente de liberdade de modelação".[205]

Ana Prata segue pela mesma trilha e observa que uma "configuração mais complexa do contrato — por referência ao tipo — é um contraponto à liberdade da sua configuração menos complexa, mediante redução dos seus efeitos obrigacionais ou da redução, no interior de cada um destes, do respectivo âmbito vinculativo".[206]

A definição do conteúdo do contrato, portanto, envolve também a descrição da prestação objeto da obrigação contratual. A título de exemplo, um empresário pode adquirir determinado bem e, no mesmo contrato, incluir a obrigação de instalação e manutenção do equipamento em seu estabelecimento; pode, inclusive, acrescentar ou retirar

---

204 GOMES, Orlando. *Contratos*. 26. ed. atual por Antonio Junqueira Azevedo e Francisco Paulo de Crescenzo Marino. Rio de Janeiro: Forense, 2007. p. 26.

205 MONTEIRO, António Pinto. *Cláusulas limitativas e de exclusão de responsabilidade civil*, p. 117.

206 PRATA, Ana. *Cláusulas de exclusão e limitação da responsabilidade contratual*, p. 139.

do escopo determinadas partes do equipamento que sejam necessárias ou não ao atendimento de suas necessidades. Essa delimitação do objeto do contrato não se confunde, de maneira, com exclusão da responsabilidade pelo não fornecimento de um item do escopo do contrato. Trata-se de conceitos distintos, mas que, em certas circunstâncias, podem se aproximar em seus efeitos, como veremos adiante.

Embora as partes tenham liberdade para definir o conteúdo do contrato, essa autonomia sofre algumas restrições, como, por exemplo, nas relações de consumo, com as restrições às cláusulas abusivas previstas no artigo 51 do Código de Defesa do Consumidor e nos contratos por adesão regidos pelo artigo 424 do Código Civil. Essas restrições à autonomia das partes na definição do conteúdo do contrato serão analisadas adiante, com mais profundidade.

De qualquer maneira, a restrição não retira das partes o poder de definir o conteúdo da prestação, desde que não retirem do contratado direitos essenciais próprios ao contrato celebrado. Não encontramos julgados envolvendo contratos empresariais para, em comparação, deixarmos claro esse conceito, entretanto, dois casos relacionados a planos de saúde nos auxiliam nesse ponto. No primeiro caso, o autor descobriu que sofria de câncer gástrico, com prescrição de quimioterapia ambulatorial, porém a ré recusou-se a cobrir o tratamento com fundamento em limitação prevista contratualmente. O Tribunal de Justiça de São Paulo, em acórdão relatado pelo desembargador José Luiz Gavião de Almeida, entendeu o seguinte:

> "[...] é cediço que o objeto do contrato destina-se à prestação de serviços médicos e hospitalares (cláusula 1, fl. 22). Nesse sentido, as práticas que possam impedir a execução do contrato devem ser reconhecidas como abusivas e, portanto, passíveis de anulação, como reconhecido na decisão guerreada".

Mais adiante, o acórdão prossegue: "O autor, ao celebrar o contrato de plano de saúde, acreditou estar amparado para todos os males que lhe pudessem acometer. A falta de cobertura em casos como o dos autos atenta contra o escopo do contrato que é a garantia da saúde dos consumidores".[207]

Em outro caso, a autora, também sofrendo de câncer, pleiteia o tratamento no Hospital Sírio Libanês, no município de São Paulo. O contrato de seguro fora firmado com a empresa Unimed de Ribeirão Preto, pessoa jurídica distinta da Unimed Paulistana. O acórdão foi relatado pelo desembargador Carlos Alberto Giarusso Lopes Santos, também do Tribunal de Justiça de São Paulo, onde se lê o seguinte: "Outrossim, o contrato celebrado entre as partes limita expressamente o seu objeto à prestação de serviços exclusivamente na área de atuação da contratada, ou seja, nos municípios de Ribeirão Preto, Jaú, Cravinhos, Jardinópolis, Serrana e Luis Antônio". Mais adiante: "Nesse sentido, no caso, a restrição contratual a determinados hospitais não causa dano e não viola valores sociais, na medida em que existem hospitais credenciados satisfatórios."

Os dois exemplos evidenciam que a discussão gira em torno da delimitação do conteúdo do contrato, em um caso reconhecendo a legitimidade da exclusão fundada em cobertura territorial, o que não retira o *fim primordial do contrato*, nas palavras da Ministra Nancy Andrighi em caso semelhante ao da limitação de tratamento quimioterápico,[208] e, em outro, rejeitando os termos da cláusula uma vez que "atenta contra

207 Apelação n. 527.24.2-4/1, da Comarca da Capital, Rel. Des. José Luiz Gavião de Almeida, j. em 98.04.2008.

208 Em decisão mais recente, envolvendo a recusa ao plano de saúde em cobrir transplante de órgãos, a Rel. Min. Nancy Andrighi assim se pronuncia: "Além de ferir o fim primordial do contrato de seguro-saúde, a cláusula restritiva de cobertura de transplante de seguro acarreta desvantagem exagerada ao segurado, que celebra o pacto justamente ante a imprevisibilidade da doença [...]." Resp. 1053810/SP (2008/0094908-6), p. em 15.03.2010.

o escopo do contrato". É cristalino que não estamos, aqui, diante de uma cláusula de não indenizar, pois esta tem aplicação, exatamente, quando há o descumprimento de uma obrigação já inserida no escopo contratual, não se discutindo se o contrato inclui ou não determinados deveres, seja no tocante à obrigação principal ou acessória.[209]

Essa é uma distinção já pacífica na doutrina. José de Aguiar Dias observa que o "objeto da cláusula de irresponsabilidade não é, como a fórmula consagrada parece indicar, a exoneração do ônus contratual, pois de forma alguma afasta o dever de prestar, a cargo do seu beneficiário". Ao prosseguir, o autor aponta um aspecto importante na distinção:

> "Se a cláusula importasse ausência de obrigação, isto é, se constituísse em afirmação de que o devedor não deve, além de apresentar-se contraditória em si mesma, valeria como exoneração em qualquer caso, ainda no de dolo, porque não haveria que cogitar deste ou dos seus efeitos, uma vez inexistente a obrigação contra a qual fosse dirigida."[210]

---

209 Sobre o tema, Sérgio Cavalieri Filho cita interessante julgado em que o Tribunal faz expressamente a distinção entre as duas figuras (RJRJ, 2ª C., Apelação Cível nº 3.029/95, Rel. Des. Sérgio Cavalieri Filho): "Enquanto a cláusula de não indenizar tem por finalidade excluir a responsabilidade [sic], a cláusula limitativa de uso apenas restringe a utilização que o locatário pode fazer do cofre. A primeira é ineficaz porque tornaria inócua a obrigação essencial do contrato; a segunda é válida e eficaz porque apenas limita a obrigação assumida pelo locador. Assim, vedada no contrato a utilização do cofre para a guarda ou o depósito de títulos e valores mobiliários ao portador, dinheiro, jóias e outros assemelhados, não pode ser o banco responsabilizado pelo roubo desses bens simplesmente porque em relação a eles não assumiu obrigação contratual de guarda. E sem violação de dever jurídico não há que se falar em indenização." (CAVALIERI FILHO, Sérgio. *Programa de responsabilidade civil.* 5. ed, São Paulo: Malheiros, 2003. p. 461).

210 AGUIAR DIAS, José de. *Cláusula de não-indenizar*, p. 67-68.

Em igual sentido, António Pinto Monteiro faz distinção entre as duas figuras:

> "Uma primeira distinção que se impõe é entre as cláusulas limitativas ou de exclusão de responsabilidade e as cláusulas que afastam do contrato obrigações que, sem essa manifestação de vontade, dele fariam parte, por força de preceito legal, ou por constituirem deveres acessórios (adjacentes) da prestação principal ou, em geral, do fim contratual."[211]

Fábio Henrique Peres afirma que

> "[...] equivaler a cláusula contratual limitativa ou excludente do dever de indenizar à cláusula limitativa do objeto do contrato significa ignorar as características e as funções próprias de cada uma das distintas figuras jurídicas, devendo tal posição, portanto, ser inteiramente refutada".[212]

Conforme salientado, é evidente a distinção entre as figuras, porém, assim como no caso da cláusula penal, é possível identificarmos campo de intersecção entre esses diferentes tipos de cláusulas e a distinção, por vezes, deixa de ser tão nítida. Francesco Benatti já apontava o surgimento de "*delicati problemi in ordine alla loro concreta individuazione e alla loro disciplina*",[213] exemplificando com as hipóteses de contratos bancários em que, a título de definir o conteúdo da prestação, tinham por objetivo impor verdadeira exoneração de responsabilidade. A

---

211 MONTEIRO, António Pinto. *Cláusulas limitativas e de exclusão de responsabilidade civil*, p. 116.

212 PERES, Fábio Henrique. *Cláusulas contratuais excludentes e limitativas do dever de indenizar.* São Paulo: Quartier Latin, 2009. p. 189.

213 BENATTI, Francesco. Clausole di esonero dalla responsabilità. In: ______. *Digesto delle discipline privatistiche: Sezione civile.* Turim: UTET, 1995. p. 403.

questão é relevante, pois, qualificada como limitação do conteúdo do contrato, a cláusula não ficaria sujeita às restrições do artigo 1.229 do Código Civil italiano que retira a validade nos casos de danos decorrente de dolo ou culpa grave.

A dificuldade também é apontada por António Pinto Monteiro. Segundo o autor, se, em termos teóricos a distinção é clara, do ponto de vista prático poderá ser, eventualmente, *ilusória*, constituindo subterfúgio para que se contornem, em fraude à lei, as restrições à validade das cláusulas exoneratórias.[214] Além disso, caracterizada a cláusula como limitativa do conteúdo, ela não poderá excluir obrigações essenciais ou que retirem a função econômica social própria do contrato, fato já apontado aqui na análise dos casos de planos de saúde.

Ana Prata segue pelo mesmo caminho, apontando algumas hipóteses em que a definição do conteúdo do contrato pode ter efeitos sobre a responsabilidade. Cita cláusulas em que se define certo padrão de diligência, o que, por via indireta, poderá excluir a responsabilidade pelos danos decorrentes da falta da diligência que se espera de determinados profissionais; menciona, ainda, a hipótese de transformação de uma obrigação de resultado em obrigação de meio, reduzindo ou até exonerando a responsabilidade do devedor.[215]

Robert Yates também observa que, em certos casos, há dificuldade de interpretação ao traçar a linha entre as duas figuras; assim, a cláusula de limitação do conteúdo da obrigação poderá ser afastada da mesma forma que a cláusula de exclusão de responsabilidade quando seus

---

214 MONTEIRO, António Pinto. *Cláusulas limitativas e de exclusão de responsabilidade civil*, p. 120.

215 PRATA, Ana. *Cláusulas de exclusão e limitação da responsabilidade contratual*, p. 140.

termos implicarem exclusão não aceita pela lei.[216] Geneviève Viney e Patrice Jourdain igualmente observam que as cláusulas poderão ter idêntico efeito; merece, pois, sujeitar-se ao mesmo controle de sua validade.

O Superior Tribunal de Justiça, ao analisar a responsabilidade de bancos por furtou ou roubo de bens em cofres alugados por seus clientes, reconheceu que a cláusula limitativa de ressarcimento até R$15.000,00 era válida, entendendo que o valor fixado estava relacionado ao conteúdo das prestações das partes, pois caberia ao locatário do cofre declarar os valores ali depositados e fazer seguro para cobertura dos bens pelo seu valor efetivo, uma vez que o banco não exercia controle sobre os bens depositados no cofre.[217] O ministro Luiz Felipe Salomão, para fundar seu voto vencedor, cita precedente em que se lê: "II – A cláusula limitativa de uso, assim compreendida como sendo aquela que determina quais seriam os objetos que poderiam (ou não) ser armazenados e sobre os quais recairiam (ou não) a obrigação (indireta) de segurança e proteção, não se confunde com a cláusula que exclui a responsabilidade da instituição financeira anteriormente mencionada. III – O contrato, ao limitar o uso do receptáculo posto à disposição do cliente, preceitua que a instituição financeira tem por obrigação zelar pela segurança e incolumidade do receptáculo posto à disposição do cliente, devendo ressarci-lo, na hipótese de roubo ou de furto, os prejuízos referentes aos bens subtraídos que, por contrato, poderiam encontrar-se no interior do compartimento. Sobre os bens, indevidamente armazenados, segundo o contrato, não há dever de proteção, já que refoge, inclusive, do risco profissional assumido (REsp 1.163.137/

---

216 YATES, David. *Exclusion clauses in contracts*, p. 78 e ss.

217 AgInt no AGRAVO EM RECURSO ESPECIAL Nº 1.268.514 - SP (2018/0069189-0). Ministro Luiz Felipe Salomão. Publ. DJe: 24/08/2018.

SP, Relator Ministro MASSAMI UYEDA, TERCEIRA TURMA, DJe 3/2/2011).[218]

No caso reportado acima, seja como limitação do conteúdo da obrigação, ou seja, dever de segurança relacionado a um determinado valor do bem ou como limitação da responsabilidade do banco por ato de terceiros, o efeito seria o mesmo, qual seja, limitar a indenização ao valor declarado dos bens.

Em síntese, reconhecemos a distinção entre as duas figuras, mas não podemos deixar de concordar que, em dadas circunstâncias, poderão ter o mesmo efeito, como na hipótese da limitação do valor da indenização pelo furto ou roubo de bens depositados em cofres referida no caso citado acima. Assim, uma cláusula de exoneração ou de limitação de responsabilidade, cujo efeito seja excluir determinados direitos do credor próprios a certas obrigações nos contratos por adesão, deverá sujeitar-se à verificação de sua validade no que diz respeito a comprometer direitos essenciais à natureza do negócio (na letra do artigo 424), da mesma forma que uma cláusula de delimitação do conteúdo da obrigação, cujo efeito seja excluir ou limitar a responsabilidade não poderá ser válida, por exemplo, em caso de violação dolosa ou caracterizada como culpa grave.

---

218 Embora seja possível encontrar jurisprudência divergente, o Tribunal de Justiça de São Paulo tem seguido a mesma orientação: Apelação nº 0130862-36.2012.8.26.0100, relator: Walter Fonseca, 18 de maio de 2017. Apelação nº 0129628-19.2012.8.26.0100, relator: Fernando Sastre, 16 de março de 2016. Apelação nº 0214858-63.2011.8.26.0100, relatora: Ana de Lourdes Coutinho Silva da Fonseca, 21 de outubro de 2015, Apelação nº 0018117-89.2012.8.26.0011, relatora: Ana de Lourdes Coutinho Silva da Fonseca, 21 de outubro de 2015. As decisões, de maneira geral, afirmam que as cláusulas limitativas de uso não se confundem com as cláusulas de limitação de responsabilidade. Em sentido contrário: APELAÇÃO nº 0136029-34.2012.8.26.0100, relator: Ricardo Negrão, 10 de novembro de 2014. Apelação nº 0130720-32.2012.8.26.0100, relator: Costa Neto, 03 de dezembro de 2015. Apelação nº 0145250-41.2012.8.26.0100, relator: Sérgio Shimura, 27 de julho de 2016, relatora:

2.4.2 Cláusula Penal

A cláusula penal tem sido tomada como instrumento de afirmação da validade das cláusulas de não indenizar por se tratar de figura jurídica que, tal como as cláusulas de limitação de responsabilidade, procura antecipar os contornos da indenização a ser paga como compensação pelos danos decorrentes do inadimplemento absoluto, total ou parcial, e da mora.

Na definição de Louis Josserand, "clause pénale est celle par laquelle les parties fixent à l'avance la somme dont sera passible le débiteur s'il n'exécute pas son obligation ou s'il ne l'exécute que tardivement".[219] Definição bastante sintética, mas que confirma as afirmações do parágrafo anterior. Aliás, é interessante notarmos que o autor se vale, inclusive, da cláusula de irresponsabilidade como elemento de comparação com a cláusula penal. Menciona, por exemplo, que a cláusula penal

219 JOSSERAND, Louis. *Cours de droit civil positif français.* Paris: Librairie du Recueil Sirey, 1933. v. II, p. 351. Definições semelhantes podem ser encontradas em outros autores: "La clausola penale è il patto che determina in via preventiva e forfettaria il risarcimento del danno per il ritardo o per l'inadempimento dell'obbligazione (1382 cc)" (BIANCA, C. Massimo. *Diritto Civile*: la responsabilità. Milão: Giuffrè, 1994. v. 5, p. 221). "Dans une conception 'moderne', par la créacion d'une clause pénale, les parties chechent à garantir l'execution d'une obligation initiale souscrite par le débiteur ef fixent la somme forfaitaire ('peine') qui, en cas d'inexecution illicit imputable au débiteur, sanctionnera la faute de celui-ci indépendamment de l'importance, voire de l'existence, du préjudice subi par le créancier." (CHABAS, François. *Leçons de droit civil*: obligations, théorie générale, p. 771). "Cláusula penal é um pacto secundário e acessório em que se estipula penal ou multa para a parte que se subtrair ao cumprimento da obrigação, a que se obrigara, ou que apenas retardá-lo" (MONTEIRO, Washington de Barros. *Curso de Direito Civil* — direito das obrigações. 32. ed. atual por Carlos Alberto Dabus Maluf de acordo com o Novo Código Civil (Lei nº 10.406, de 10-1-2002. São Paulo: Saraiva, 2003. v. 4, p. 335).

vale mesmo naqueles casos em que a cláusula de irresponsabilidade não é admitida, como o da hipótese de transporte de mercadorias.[220]

O mesmo se dá com G. P. Chironi, ao destacar aspecto importante no que diz respeito à validade da cláusula penal, comparada à cláusula de não indenizar. O autor aduz que a cláusula penal é admitida mesmo para atos dolosos, pois se trata de estipulação diversa da cláusula de irresponsabilidade, hipótese em que não se admite a liberação do devedor por atos dolosos.[221] Tais referências, embora acentuem os casos de inadmissibilidade das cláusulas de não indenizar, ressaltam dois

220 "La validité de ces stipulations, réserve faite de l'interdiction portée par la loi de 1932, ne fait aucun doute: les clauses pénales sont prévues et réglementées dans les articles 1152 et 1226 à 1233; elles sont licites là même ou la clause de non-responsabilité demeure prohibée, par example dans le *transport de marchandises* (L. Josserand, Les transports, nº 641 et suiv): autre chose est supprimer toute responsabilité, autre chose est'aménager à l'avance et la conditionner; la clause pénale ne serait elle-même nulle que si, par la modicité de la peine fixée, elle tendait à tourner la regle prohibitive des clauses de non-responsabilité: *fraus omnia corrumpit*." (*Ibidem*, p. 351-352.)

221 "A fin de evitare le questioni, spesso intricate assai che facilmente possono sorgere nell'accertamento e nella valutazione del danno, le parti provvedono direttamente alla liquidazion del pregiudizio derivante de inadempimento colposo dell'obbligazione: e ciò fanno o seguita che già sai l'inesecuzione, o con patto anteriore (anche contemporaneamente all'obbligazione), convenendo che qualora il negozio no sia eseguito il debitore, cui l'inadempimento sai imputabile, debba corrispondere una determinata prestazione a titolo di danni. Il qual regolamento anteriore d'indennità può ben concernere anche il caso d'inadempimento doloso, perchè altro è il pattuire ne dolus praestatur, altro il regolarne le conseguenze quanto il debitore v'incorra nell'esecuzione dal rapporto, e di cio si dirá in seguito: a meno che il regolamento non contenga uma diminuizione de quel che sarebbe l'indennità regulata secondo la legge (danni preveduti o no e prevedibili o no), perchè allora si potrebbe presumere che il patto apparenetemente inteso alla liquidazione anteriore del resarcimento contenga in realtà la liberazione parziale del dolo: convenzione no lecita" (CHIRONI, G. P. *La colpa nel Diritto Civile odierno*: colpa extra-contrattuale. 2. ed. Turim: Fratelli Bocca, 1897. p. 588-589).

aspectos: (a) o parentesco das cláusulas e (b) o reconhecimento de que as cláusulas de irresponsabilidade são admitidas em dadas circunstâncias. A referência de Louis Josserand é importante, pois, ao dizer que a cláusula penal vale mesmo para os casos que a cláusula de irresponsabilidade não alcança, é como afirmar a existência, todavia, de um campo de incidência comum. O mesmo vale para o expresso por G. P. Chironi, pois se, de um lado, não se admite a cláusula de não responsabilidade por atos dolosos, por outro, os atos decorrentes de culpa leve constituem campo coincidente para a aplicação das duas cláusulas.

Emile Beaudonnat, em 1927, referia-se à cláusula de não responsabilidade como uma *exagération* da cláusula penal reconhecida válida quando o valor da penalidade fosse menor que o dano.[222]

Ou seja, a cláusula penal, assim como a cláusula de não indenizar, representa forma de alteração convencional do regime geral da responsabilidade contratual. Esse argumento serve ao propósito de afastar a objeção de que são de ordem pública os princípios da responsabilidade civil contratual e que é nula a renúncia prévia ao direito à indenização integral.

Outro aspecto importante na comparação entre as figuras diz respeito à equivalência dos efeitos da cláusula penal e da cláusula de limitação de responsabilidade quando o valor do dano excede ao limite do *quantum* da indenização ou ao valor estipulado na cláusula penal. Conforme disposto no artigo 416 do Código Civil brasileiro, "ainda que o prejuízo exceda ao previsto na cláusula penal, não pode o credor exigir indenização suplementar se assim não foi convencionado". Portanto, do ponto de vista material, o resultado poderá ser o mesmo: o credor não poderá receber mais do que o valor estipulado como *plafond*. É evidente que na

---

222 BEAUDONNAT, Emile. *Des clauses de non-responsabilité et de l'assurance de fautes*, p. 28.

cláusula penal o credor terá o benefício de ter previamente estipulado o valor da indenização, ficando mesmo dispensado de comprovar a existência ou extensão do dano, conforme *caput* do artigo citado.

A cláusula penal não é instituto rígido e uniforme em todos os ordenamentos jurídicos. O atual Código Civil brasileiro assim o demonstra, uma vez que trouxe inovações na matéria em relação ao Código de 1916, como a abertura à revisão do seu valor em caso de cumprimento parcial da obrigação ou quando a pena se revelar manifestamente excessiva (artigo 413), e a estipulação de que o credor não poderá cobrar o valor excedente da indenização, se assim não foi convencionado (artigo 416). Porém, alguns elementos comuns podem ser extraídos em quase todos os ordenamentos: a cláusula penal serve para a prefixação do valor da indenização, como substituição à prestação cujo inadimplemento lhe deu origem e como incentivo ao devedor para o cumprimento da obrigação, uma vez que o seu valor possa ser superior ao valor do dano que poderia decorrer do inadimplemento. Por consequência, ao devedor será mais benéfico cumprir do que descumprir a obrigação.

Conforme salientado, a cláusula penal poderá, em dadas circunstâncias, coincidir com os efeitos da cláusula de limitação de responsabilidade. Essa coincidência é ressaltada por António Pinto Monteiro de forma muito clara, ao comentar o artigo 810°, n. 1, do Código Civil português, que regula a cláusula penal:

> "Significa isto que a fixação, por acordo, do montante da indemnização exigível, nos termos do art. 810°, n° 1, pode conduzir, na circunstância concreta, a um *agravamento* da responsabilidade do devedor, sempre que a quantia acordada pelos contraentes se revele *superior* ao dano efectivo. Assim como pode conduzir a uma *limitação* da reponsabilidade, desde que a soma estipulada se mostre *inferior* ao dano efectivo.

> Trata-se, pois de um risco inerente à fixação antecipada, de modo invariável — à forfait —, da indenização."[223]

O mesmo argumento pode ser encontrado em Manuel Garcia Amigo, quando observa que, sendo o dano superior ao valor da pena, "puede, por tanto, darse prácticamente una intersección entre las dos figuras".[224] Além disso, o autor acrescenta que ambas as modalidades de cláusulas têm caráter acessório e são estipulações convencionais prévias à ocorrência do dano — diverso da transação.

Ana Prata, por sua vez, rejeita o argumento da semelhança entre as figuras como elemento de afirmação da validade das cláusulas de limitação de responsabilidade. Apresenta distinções estruturais e funcionais que, segundo a autora, prejudicam o argumento.[225] O primeiro aspecto estrutural diz respeito à invariabilidade da cláusula penal e ao fato de que ela poderá se constituir em pena convencional não pecuniária. Além disso, a cláusula penal é meio mais expedito, uma vez que o credor não terá de provar o dano. Outra diferença reside no fato de que as partes poderão convencionar a cláusula penal, sem que isso seja impedimento para a cobrança do valor integral do dano, diverso da cláusula de limitação de responsabilidade. Com relação ao aspecto funcional, Ana Prata ressalta a tutela do crédito. Nas palavras da autora:

> "Se a verificação de que a invariabilidade é uma nota essencial da cláusula penal constitui razão que fortemente milita contra a

---

223 MONTEIRO, António Pinto. *Cláusula penal e indemnização*. Coimbra: Almedina, 1999. p. 259.

224 GARCIA AMIGO, Manuel. *Cláusulas limitativas de la responsabilidad contractual*, p. 118.

225 PRATA, Ana. *Cláusulas de exclusão e limitação de responsabilidade contratual*, p. 621 e ss.

aproximação a ela da cláusula limitativa da responsabilidade, mais poderoso parece, contudo, nesse sentido o argumento retirado da concepção funcional da cláusula penal que emerge da lei".[226]

Ana Prata assinala que, enquanto a cláusula penal milita pela segurança jurídica, prefixando o valor da indenização, a cláusula limitativa não elimina a controvérsia, o que provoca dúvidas no tocante a sua admissibilidade, se o valor é ínfimo ou não, ou, mesmo, se houve ou não dolo ou culpa grave, como requisitos de sua validade.[227]

No mesmo sentido, Natalia Álvarez Lata adverte que as cláusulas restritivas de responsabilidade e as cláusulas penais têm funções incompatíveis; as primeiras destinadas à tutela dos interesses do devedor e as segundas, à do credor.

> "El hecho de que en un supuesto concreto y a la luz de una valoración *ex post*, el valor de la cláusula penal sea inferior que el daño resarcible representa un elemento de carácter circunstancial que por si mismo

---

226 *Ibidem*, p. 644-645.

227 "Ora, confrontada esta situação com aquela que é tipicamente resultante de uma cláusula de limitação da responsabilidade, fácil é concluir pela inexistência de qualquer semelhança. Não regulando definitivamente a situação, a cláusula limitativa não elimina a controvérsia subsequente ao incumprimento, não dispensa a prova dos danos, não evita, em suma, o recurso aos Tribunais, nem, aí, simplifica o processo. Ao contrário, as dúvidas a que os pressupostos da sua admissibilidade andam inevitavelmente associados — foi doloso ou gravemente culposo o inadimplemento?, é o seu quantitativo tão baixo que deva ser qualificada como cláusula de exclusão? foi acordada em troco de uma redução de preço ou da concessão de outra qualquer vantagem? etc — fazem dela uma fonte privilegiada de incerteza e de consequente discussão. A dissemelhança explica que, se a aludida razão de economia social está na base da consagração legal da cláusula penal, ela mesma afaste a da cláusula limitativa." (*Ibidem*, p. 656).

no influye sobre la naturaleza de la cláusula ni, menos aún, sirve para atribuirle una función limitativa."[228]

Do nosso ponto de vista, Ana Prata faz análise muito interessante no que tange à distinção entre os institutos, porém é incontestável que, em dadas circunstâncias, há coincidência de efeitos e, como aponta com propriedade António Pinto Monteiro, independentemente das diferenças estruturais ou funcionais, há ponto em comum: a limitação do valor concedido ao credor como ressarcimento dos danos decorrentes do inadimplemento. É verdade que: (a) a cláusula penal prescinde de prova do dano; (b) e o valor da pena é invariável, salvo circunstâncias previstas em lei; (c) a cláusula penal é, de maneira geral, estipulada em benefício do credor e a limitação em favor do devedor. Essas diferenças, entretanto, não excluirão o ponto comum da limitação do valor da indenização quando o dano for superior à pena ou ao limite acordado.[229] Nesse caso, inclusive, a benevolência legal é mais liberal com a cláusula penal, já que se aplica também nas hipóteses de dolo e

---

228 LATA, Natalia Álvarez. *Cláusulas restrictivas de responsabilidad civil*. Granada: Comares, 1998. p. 55.

229 Conclusão semelhante encontramos em Fábio Henrique Peres: "Assim, apenas incidentalmente representa a cláusula penal uma restrição ao dever de reparar, no caso, por exemplo, de o valor fixado convencionalmente a título de cláusula penal ser inferior ao montante efetivo dos danos incorridos e desde que não se tenha estabelecido expressamente ao credor a faculdade de pleitear indenização suplementar. Nessas situações, os efeitos decorrentes da incidência da cláusula penal se aproximarão, na prática, aos da cláusula contratual de limitação do dever de indenizar, não obstante ainda se possa verificar relevantes diferenças entre os institutos, como, por exemplo, no tocante à necessidade ou não de comprovação dos prejuízos incorridos — de fato, enquanto tal aferição se faz necessária na hipótese de cláusula de não-indenizar, o mesmo não ocorre no tocante às cláusulas penais." (PERES, Fábio Henrique. *Cláusulas contratuais excludentes e limitativas do dever de indenizar*, p. 68-69).

culpa grave, beneplácito não concedido para a limitação e exoneração de responsabilidade.

Ana Prata, ao ressaltar as diferenças, parece contestar argumento inexistente, qual seja, a identidade entre os institutos. De maneira geral, os doutrinadores reconhecem todas as diferenças e ressaltam apenas que, nas palavras de José de Aguiar Dias, "a universal admissão da cláusula penal constitui ponderoso argumento a favor da cláusula de irresponsabilidade".[230] O autor, aliás, contestando alguns doutrinadores, admite expressamente a analogia.[231]

A invariabilidade do valor da cláusula penal também não nos parece ser argumento suficiente para afastar eventual analogia. A própria autora noticia a possibilidade de revisão judicial do valor da pena de acordo com a equidade.[232] Como referido há pouco, a cláusula penal, quando de valor superior ao possível dano, terá um efeito de incentivo ao cumprimento, porém, o seu abuso poderá ter efeito contrário, servindo como elemento incitativo para o credor dificultar o adimplemento pelo devedor, pois ao credor, eventualmente, será mais benéfico receber a pena do que o cumprimento da obrigação. Fenômeno que Yves-Marie Laithier designa como *tentation d'enrichissement* do credor, o que demanda a imposição de limites à liberdade de fixação do montante da cláusula penal.[233] Referidos limites, por sua vez, não podem ser fixados

---

230 AGUIAR DIAS, José de. *Cláusula de não-indenizar*, p. 74.

231 *Ibidem*, p. 75.

232 PRATA, Ana. *Cláusulas de exclusão e limitação de responsabilidade contratual*, p. 651-652.

233 "Toutefois, cet avantage de dommages-intérêt compensatoires est controversé, car l'incitation à plaider génère en retour des 'coûts sociaux'. En effet, l'existence d'une peine privée crée une tentation d'enrichissement. Le risque existe alors que toute inexécution ne se transforme en casus belli, un litige que le créancier portera immanquablement devant le juge afin d'en recueillir le benefice." (LAITHIER, Yves-Marie. Clause pénale et dommages et interest incitatifs. In: JAMIN, Christophe (Dir.). *Droit et économie des contrats*. Paris: LGDJ, 2008.

a priori, pelo legislador, em consideração ao fato de que o *quantum* está intimamente relacionado aos riscos próprios do negócio específico, razão pela qual o controle se dá judicialmente, como, aliás, no Brasil, está previsto no artigo 413 do Código Civil.[234]

---

p. 146). Análise interessante também é desenvolvida por Fernando Araujo, ao comparar sistemas que admitem o caráter punitivo *versus* o sistema americano que repele *punitive damages* ou *penalty clauses*. O autor denomina como bizarra a exceção e observa que as partes poderiam criar mecanismos oblíquos para superar a restrição, como, por exemplo, transformar em bônus o que era multa por atraso — ou seja, o preço é reduzido ao mesmo tempo que o prazo real é aumentado; o preço total somente será pago se o contrato completar-se no prazo menor original, de tal forma que o não pagamento de bônus equivalerá ao pagamento de multa. O autor analisa hipóteses em que a multa poderá ser eficiente, se adequadamente fixada, como instrumento de incentivo ao cumprimento da obrigação e conclui: "Postas as coisas nesses termos, parece muito mais razoável cingir-se a crítica à penalty doctrine ao facto de elas deixarem de fora as próprias estipulações penalizadoras que sejam eficientes" (ARAUJO, Fernando. *Teoria económica do contrato*, p. 935).

234 De maneira geral, a imutabilidade da cláusula penal tem sido posta em cheque em diversos países, não apenas no Brasil e Portugal como referido aqui. O mesmo fenômeno é noticiado por Geneviève Viney e Patrice Jourdain a partir do conceito de controle das cláusulas abusivas (VINEY, Geneviève; JOURDAIN, Patrice. *Les effets de la responsabilité*, p. 454). Na Alemanha, Harm Peter Westermann informa-nos que a pena convencional encontra certa desconfiança, em particular porque muitas delas são incluídas em contratos *standard*; dessa forma, "a lei também aqui (§343) faculta ao juiz, mediante reclamação do devedor, reduzir para uma soma adequada uma pena contratual desproporcionalmente alta e, com isso, interferir constitutivamente no contrato. Dessa disposição faz-se largo uso na prática, a despeito de que, segundo seu teor literal, parece ser destinada para os casos de excesso" (WESTERMANN, Harm Peter. *Código Civil alemão* — direito das obrigações, parte geral. Trad. Armindo Edgar Laux. Porto Alegre: Sergio Antonio Fabris, 1983. p. 36). Na Itália, Alberto Trabucchi observa que: "L'art. 1384 d'altra parte concede al giudice il potere di ridurre l'ammontare della penale quando l'equità lo esiga. È questa una forma di controllo che l'ordinamento si riserva sull'autonomia delle parti interessate." (TRABUCCHI, Alberto. *Istituzioni di Diritto Civile*. 43. ed. Pádua: CEDAM,

Quanto à cláusula de limitação de responsabilidade, o valor da indenização será naturalmente variável, de acordo com o valor demonstrado do dano, porém, o próprio limite fixado poderá ser submetido ao escrutínio judicial quando tiver caráter tão somente derrisório, tema que será abordado ao tratarmos do conteúdo das cláusulas de não indenizar.

Entendemos, da mesma forma, que a objeção de Natalia Álvarez Lata, embora pertinente, não retira a utilidade da análise comparativa entre as cláusulas. Não se pretende atribuir à cláusula penal um efeito limitativo *a priori*; porém, mesmo *a priori*, é possível prever a hipótese de que o dano seja maior do que o valor da pena. Nesse sentido, ambas as cláusulas *potencialmente* poderão ter o mesmo efeito, daí por que a análise da cláusula penal constitui forte argumento de validade das cláusulas de limitação de responsabilidade.

Na Itália, a questão é tratada de maneira mais simples. Segundo C. Massimo Bianca, o efeito de limitação ao ressarcimento atribuído à cláusula penal decorre do artigo 1.382 do Código Civil italiano e "risponde all'interesse di certezza del debitore in ordine all'ammontare del resarcimento del danno".[235] Isso não quer dizer que a cláusula penal

---

2007. p. 744). Em igual sentido é a afirmação de Pietro Trimarchi: "La legge non ammette però che la penale possa essere enorme e sproporzionata alle funzione anzidette. Dispone perciò che la penale può essere diminuita equamente dal giudice quando sai manifestamente eccessiva, avuto riguardo all'interesse che il creditore aveva all'adempimento (art. 1384 cod. Civ.)." (TRIMARCHI, Pietro. *Istituzioni di Diritto Privato*. 17. ed., p. 363).

235 BIANCA, C. Massimo. *Diritto Civile*: la responsabilità, v. 5, p. 235. Rodolfo Sacco e Giorgio de Nova insistem na distinção entre as cláusulas, mas chegam à mesma conclusão de C. Massimo Bianca, ou seja, a cláusula penal que tenha efeito equivalente ao da limitação deverá sujeitar-se aos mesmos requisitos de validade das cláusulas de limitação: "Se invece la predeterminazione del danno risarcibile è incongrua, perché irrisória, la clausola penale senza risarcimento del danno ulteriore sarà nulla per frode alla norma imperativa di cui all'art.

seja, necessariamente, uma limitação de responsabilidade.[236] Trata-se de um interesse secundário ao primário, que é a tutela dos interesses do credor em ter predefinida a indenização. Na hipótese de inversão, ou seja, a cláusula penal utilizada tendo como interesse primário a limitação da responsabilidade, tal fato "*farebbe dalla clausola un negozio indiretto*"; nesse caso, valendo como limitação de responsabilidade, ficará sujeita aos mesmos limites previstos no artigo 1.229 do Código Civil italiano, ou seja, o devedor não se subtrairá aos efeitos dos atos praticados com dolo ou culpa grave.[237]

Nos países de tradição da *common law*, figura equivalente às cláusulas penais é encontrada nos chamados *liquidated damages*, ou seja, danos prefixados pelas partes. Nesses países, entretanto, segundo David Yates, quando a finalidade da cláusula tiver caráter de penalidade, a indenização ficará reduzida ao dano efetivamente sofrido.[238] De acordo com Joseph M. Perillo, os tribunais têm resistido a admitir o caráter punitivo aos *liquidated damages*, apesar da enraizada tradição do princípio da

---

1229 c.c., e il creditore potrá chiedere il risarcimento del danno integrale ove l'inadempimento sia imputabile a dolo o colpa grave" (SACCO, Rodolfo; NOVA, Giorgio de. Il contratto. In: SACCO, Rodolfo. *Trattato di Diritto Civile*. 3. ed. Turim: UTET, 2004. t. II, p. 165). Pietro Trimarchi, embora considere escarsa a hipótese, também vislumbra o efeito limitativo na cláusula penal: "Sono chiare, a questo punto, le funzioni che la penale può svolgere. Essa porta in ogni caso una semplificazione probatória e può consentire un risarcimento anche quando il dano da inadempimento sia di natura non patrimoniale ou comunque non valutabile con criteri economici. Inoltre, se è scarsa, ha l'effeto di una limitazione della responsabilità, qualora no sia stata convenuta la risarcibilità del danno ulteriore. Se è forte, costituice un mezzo di pressione per ottenere l'adempimento." (TRIMARCHI, Pietro, *op. cit.*, p. 363).

236 SACCO, Rodolfo; DE NOVA, Giorgio, *op. cit.*, p. 164.

237 SACCO, Rodolfo; NOVA, Giorgio de. *Il contratto*, p. 235-236.

238 YATES, David. *Exclusion clauses in contracts*, p. 18.

liberdade contratual. Para que a cláusula de *liquidated damages* seja admitida, é necessário que: (a) as partes tenham tido a intenção de fixar os danos e não uma pena; (b) a definição do valor do dano seja incerta e difícil de quantificar e (c) a soma estipulada seja razoável.[239] Retirado o caráter punitivo da cláusula, de certa maneira há maior aproximação da figura da limitação da responsabilidade quando o dano é superior à pena. Assim, David Yates observa que: "A valid liquidated damages clause may in practice limit the liability that would have been imposed on a party in breach of contract had there been no such provision".[240]

Ao cuidar do tema, Nilson Lautenschleger Junior ressalta as diferenças entre as figuras, mas observa: "Fato é que serve de argumento, a contrário senso, de que a limitação há de ser aceita se a estimativa pode substituir, ainda que menor, mas não ínfima, a indenização realmente devida, pois há também, aqui, em efeito, a limitação da responsabilidade".[241] Com propriedade, o autor conclui, no entanto, que "os pressupostos de admissibilidade e eficácia de ambas, especialmente no que se refere à estimativa de danos, são completamente diferentes e não permitem uma equiparação simplista".

Fábio Henrique Peres, embora se coloque em posição contrária à atribuição de caráter punitivo à cláusula penal, adverte que, "para

---

239 PERILLO, Joseph M. *Calamari and perillo on contracts*. 5. ed. Saint Paul, USA: Thomson — West, 2003. p. 612. A inadmissibilidade para *punitive damages* em matéria contratual é repetida por E. Allan Farnsworth (*Contracts*, p. 874) e por Allan Schwartz e Robert Scott, que analisam os mesmos requisitos apontados aqui (SCHWARTZ, Allan; SCOTT, Robert. *Commercial transactions*: principles and policies. 2. ed. Westbury, NY: Foundation Press, 1991. p. 430-435).

240 YATES, David, *op. cit.*, p. 38.

241 LAUTENSCHLEGER JUNIOR, Nilson. Limitação de responsabilidade na prática contratual brasileira: permite-se no Brasil a racionalização dos riscos do negócio empresarial?. *Revista de Direito Mercantil, Industrial, Econômico e Financeiro*, São Paulo: Malheiros, 2002, v. 125, p. 12.

os que se filiam a essa linha de pensamento, se encontra aqui mais uma distinção entre os dois institutos em tela, haja vista a inequívoca impossibilidade de a cláusula de não indenizar representar uma pena com relação ao devedor".[242]

A objeção, entretanto, não invalida o argumento. Em se tomando a coincidência de efeitos quando o dano for superior ao valor prefixado, a cláusula penal tampouco terá caráter punitivo, uma vez que o devedor nem ao menos terá ressarcido ao credor o valor do dano por este suportado.

Em suma, o que pretendemos, neste ponto, não é examinar em profundidade a natureza jurídica da cláusula penal, mas tão somente demonstrar que, tal como as cláusulas de limitação de responsabilidade, ela serve também ao propósito de alocação de riscos. O valor prefixado na cláusula penal poderá ser maior ou menor do que o valor efetivo do dano. Sendo menor, perde o credor; sendo maior, o risco torna-se, de certa maneira, agravado para o devedor, porém, havendo efetivo consentimento, este teria assumido um risco considerado razoável no momento da execução do contrato.

Ora, esse mesmo objetivo é perseguido pelas cláusulas de limitação de responsabilidade. Sendo razoável o limite acordado, presume-se que as partes assumiram os riscos próprios do negócio. Caso o limite seja superior ao valor do dano, o credor será integralmente ressarcido; sendo inferior, e, repita-se, razoável o limite previamente acordado, o credor terá assumido risco equivalente ao da cláusula penal inferior ao dano.

Ao concluir a análise do assunto em foco, colocamo-nos ao lado de José de Aguiar Dias quando o autor afirma que, embora não caiba falar

---

242 PERES, Fábio Henrique. *Cláusulas contratuais excludentes e limitativas do dever de indenizar*, p. 71-72.

em identidade de institutos jurídicos, sem dúvida a admissibilidade da cláusula penal representa "*ponderoso argumento*"[243] em favor da validade das cláusulas de limitação de responsabilidade. Além disso, conforme C. Massimo Bianca, na hipótese de a cláusula penal ser estipulada tendo por interesse primário a limitação de responsabilidade, ou seja, caracterizado o negócio jurídico indireto, denota ser adequada a solução italiana de que a cláusula se submeta aos mesmos requisitos de validade das cláusulas de não indenizar.

2.4.3 Seguro de responsabilidade

Outra figura que apresenta alguns pontos de contato com a cláusula de exoneração e de limitação de responsabilidade diz respeito ao seguro de responsabilidade. Enquanto a cláusula penal e a cláusula de limitação do conteúdo da obrigação podem apresentar, em dadas circunstâncias, pontos de intersecção, como vimos anteriormente, com o seguro de responsabilidade não há essa sobreposição. São institutos complementares e que podem combinar-se na alocação dos riscos entre as partes. São, nas palavras de Manuel Garcia Amigo, dois institutos paralelos com a finalidade comum de aliviar para o empresário a carga decorrente da responsabilidade civil.[244]

---

243 AGUIAR DIAS, José de. *Cláusula de não-indenizar*, p. 74.

244 "El seguro de la responsabilidad civil y las cláusulas de irresponsabilidad son dos instituciones paralelas que se han desarrollado con la finalidad común de aliviar al empresario de la pesada carga que la disciplina moderna de la responsabilidad contractual pone sobre el." (GARCIA AMIGO, Manuel. *Cláusulas limitativas de la responsabilidad contractual*, p. 108.)

Pelo seguro, as partes transferem a um terceiro os efeitos patrimoniais do inadimplemento.[245] Não há, portanto, uma exoneração ou limitação da responsabilidade do devedor; ao contrário, a parte prejudicada mantém intacto o seu direito ao recebimento da indenização integral em caso de inadimplemento, ainda que o valor expresso na apólice seja inferior ao valor da indenização. O artigo 781, aliás, estipula que o valor da indenização não deve ultrapassar o valor do interesse segurado no momento do sinistro e, em hipótese alguma, o limite máximo da garantia fixado na apólice, salvo em caso de mora do segurador. Dessa maneira, o valor do prejuízo, excedente ao valor consignado na apólice, permanece sob a responsabilidade do devedor.

Enquanto a cláusula de limitação de responsabilidade somente tem aplicação pelo inadimplemento, o seguro representa, antes de tudo, um contrato de garantia. Fábio Konder Comparato esclarece a questão: "Daí a concepção da obrigação própria do segurador como uma obrigação de garantia, ou dever de prestar segurança (*Sicherheitsleistung*), e a qualificação do contrato de seguro como um contrato de garantia."[246]

Essa é a distinção fundamental entre o seguro de responsabilidade e as cláusulas de exoneração de responsabilidade, enquanto esta visa a excluir ou limitar para o causador do dano o dever de indenizar:

---

245 BENATTI, Francesco. *Clausole di esonero dalla responsabilità*. In: ______. *Digesto delle discipline privatistiche* — sezione civile, p. 403. Segundo Fábio Henrique Peres: "Há, assim, em ambos os institutos, uma transferência onerosa de riscos, a qual, na hipótese de incidência de uma cláusula contratual limitativa do dever de indenizar, se opera entre a esfera patrimonial do devedor e a do credor — em contrapartida por alguma vantagem correspondente, conforme será destacado a seguir —, enquanto que, no seguro de responsabilidade civil, o ônus é assumido pelo segurador — terceiro inicialmente alheio à relação geradora dos riscos financeiros envolvidos —, em correspondência ao recebimento do prêmio fixado." (PERES, Fábio Henrique. *Cláusulas contratuais excludentes e limitativas do dever de indenizar*, p. 74).

246 COMPARATO, Fábio Konder. *O seguro de crédito*, p. 136.

> "[el] derecho del acreedor a la indemnización por los daños contractuales recibe en el seguro de responsabilidad una mayor garantia de ser pagado, precisamente porque la compañia aseguradora asume — cumulativa o sucesivamente — el débito id quod interest del asegurado".[247]

Outra distinção relevante diz respeito ao conteúdo de cada uma dessas figuras. As cláusulas do seguro definem o conteúdo das obrigações a serem asseguradas pela companhia seguradora, ao passo que a cláusula de limitação de responsabilidade define exatamente a exclusão ou limite para a responsabilidade contratual em caso de cumprimento defeituoso, "en otras palabras, que dichas figuras pertenecen a dos momentos distintos del concepto de obligación, separables incluso cronológicamente".[248]

As diferenças entre os institutos são ressaltadas por Ana Prata, tanto do ponto de vista estrutural como do funcional. Do ponto de vista estrutural, a autora anota que, no seguro, o segurador toma o risco de maneira profissional, assume amplo conjunto de riscos e opera a sua compensação redistribuindo o respectivo encargo entre a massa dos segurados. Do ponto de vista funcional, se, de um lado, para o devedor, tanto o seguro quanto a cláusula de não indenizar são mecanismos para antecipadamente afastar o encargo indenizatório, de outro, para o credor, o seguro serve de reforço da garantia, enquanto a cláusula de não indenizar o priva do ressarcimento. Dessa maneira, a autora entende que se encontra estabelecida uma clara distinção entre as figuras, "pelo que os respectivos âmbitos de licitude, ainda quando

---

247 GARCIA AMIGO, Manuel. *Cláusulas limitativas de la responsabilidad contractual*, p. 111.

248 *Ibidem*, p. 114.

parcialmente coincidentes, não são definidos em função dos mesmos critérios e os respectivos regimes são diversos".[249]

José de Aguiar Dias, por sua vez, pondera que, entre as semelhanças, há um potencial efeito negativo, pois podem fomentar a negligência do responsável. Porém, como assinala o autor, de um lado mitiga o efeito preventivo da responsabilidade civil, mas, por outro, também "atende o mesmo princípio, se se tiver em conta puramente a reparação do dano: possibilitam-se, em maior escala, as lesões a bens ou direitos, mas assegura-se, em grau talvez maior, a reparação aos prejudicados".[250]

Por essas razões, diverso das cláusulas de exoneração de responsabilidade, não recaem sobre o seguro de responsabilidade as mesmas restrições aplicáveis àquelas.[251] É oportuno, no entanto, salientar que, nos termos do artigo 762 do Código Civil, será nulo o contrato "para garantia de risco proveniente de ato doloso do segurado, do beneficiário, ou de representante de um ou de outro".

António Pinto Monteiro faz uma observação muito importante a respeito do efeito que o seguro de responsabilidade tem sobre as cláusulas de exoneração e de limitação de responsabilidade, reduzindo a hostilidade com que estas são encaradas pela doutrina e 'pela jurisprudência. Vale a pena reproduzi-la:

---

249 PRATA, Ana. *Cláusulas de exclusão e limitação de responsabilidade contratual*, p. 171.

250 AGUIAR DIAS, José de. *Cláusula de não-indenizar*, p. 26.

251 "Por ello en el seguro de responsabilidad civil, la víctima del daño no queda desprotegida en absoluto; de ahi que no pesen sobre él las reservas a su validez en planean sobre las cláusulas de no responsabilidad, especialmente en lo que respecta a su adecuación con el orden público y la moral." (LATA, Natalia Álvarez. *Cláusulas restrictivas de responsabilidad civil*, p. 57.)

> "[...] a existência do seguro obsta a que o credor fique sem indenização, apesar de ter aceite uma convenção de irresponsabilidade, bastando para tal, que ele próprio tenha contraído o seguro; por outro lado, a cláusula limitativa do montante da indenização facilita a prática do seguro, tornando-o possível e financeiramente suportável".[252]

Por fim, destacamos que a prática negocial tem criado outros mecanismos para assegurar o cumprimento das obrigações contratuais. São garantias contratadas no mercado financeiro, como fianças bancárias, ou cartas de crédito com finalidade de garantia (como as chamadas *standby letter of credit*), ou, ainda, os seguros-garantia, como uma modalidade situada entre a fiança bancária e o contrato de seguro.[253] Porém, todas essas formas de garantia se afastam da figura do seguro, pois sua contratação em benefício do credor impõe a constituição de contragarantias pelo devedor para a entidade financeira, que terá o direito de regresso contra o afiançado ou segurado. Nesse sentido, afastam-se, da mesma forma, das figuras da exoneração ou da limitação de responsabilidade, pelo qual o devedor visa isentar-se total ou parcialmente do pagamento da indenização.

---

252 MONTEIRO, António Pinto. *Cláusulas limitativas e de exclusão de responsabilidade civil*, p. 135.

253 Essas modalidades de garantias são mais bem descritas por Caio Farah Rodriguez e Cristina Varalla e, por não ser propósito deste livro descrever os referidos mecanismos, remetemos o leitor ao texto desses autores (Notas sobre alocação de riscos e garantias contratuais. In: FERNANDES, Wanderley (Coord.). *Fundamentos e princípios dos contratos empresariais*).

2.5 Ônus da prova

Como informa a doutrina, a jurisprudência e alguns doutrinadores franceses, no passado, advogavam a *reversão* do ônus da prova como consequência necessária da estipulação da cláusula de exoneração e de limitação de responsabilidade.[254] Utilizamos o termo reversão, pois, como é cediço, a responsabilidade contratual tem como principal característica a inversão do ônus da prova, bastando ao credor alegar o descumprimento da obrigação contratual.[255] Caberá, então, ao devedor apresentar defesas e exceções que justifiquem a não execução do contrato, como, por exemplo, ocorrência de caso fortuito e de força maior, culpa do credor, exceção do contrato não cumprido etc.

Se houvesse uma cláusula de exoneração de responsabilidade, segundo alguns autores, dar-se-ia a reversão do ônus da prova para o credor, visto que a cláusula serviria de um manto protetor ao devedor, cabendo ao credor a prova de ocorrência de dolo ou culpa grave. Essa solução decorria do entendimento de que a responsabilidade não

---

254 Conforme António Pinto Monteiro, em nota de rodapé: "Costumam referir-se, como pioneiros desta tese da jurisprudência, a decisão da Cour de Bordeux, de 5 de março de 1860 (em que se afirma, a propósito de uma cláusula exoneratória estipulada por uma companhia de caminhos de ferro, que 'une telle convention ne pouvant avoir d'autre effet, ainsi que cela a été d'ailleurs reconnu dans les débats, que d'exonerer la Compagnie de la presomption resultant de art. 103, Cod. Com., et 1784, Cod. Nap., et de mettre la preuve de la faute à la charge de l'expéditeur') e, a nível da Cour de Cassation, cláusulas exoneratórias 'n'ont pas l'effet d'affranchir les Compagnies de la responsabilité des fautes commises, mais de mettre la preuve de fautes à la charge du propriétaire de merchandises')" (MONTEIRO, António Pinto, *op. cit.*, p. 418).

255 "Per la responsabilità del debitore inadempiente (responsabilità contrattuale, o da inadempimento), como si è già detto, la legge prevede un'inversione dell'onere della prova)." (TRABUCCHI, Alberto. *Istituzioni di Diritto Civile*, p. 693).

poderia ser suprimida como exigência de ordem pública.[256] Conforme aponta François Chabas, a jurisprudência recusava à cláusula o efeito de exoneração da responsabilidade e lhe atribuía um simples efeito de "*renversement de la charge de la preuve*".[257] Essa regra, no entanto, foi abandonada e a jurisprudência passou a admitir a exoneração completa da responsabilidade, mesmo quando o lesado tivesse provado a falta do devedor, salvo se esta tivesse se dado intencionalmente ou em razão de falta grave.[258] Em outras palavras, o ônus da prova pesaria sobre a parte que pretendia se valer da cláusula de exoneração em oposição à pretensão do ressarcimento.[259]

Nos dias atuais, prevalece o entendimento de que a estipulação de exoneração ou de limitação de responsabilidade não altera as regras sobre o ônus da prova. Como aponta António Pinto Monteiro:

> "Vimos que a validade desta cláusula só poderá afirmar-se nos limites da culpa leve. Assim, presumindo a lei a culpa do devedor, terá de ser este a provar, para a cláusula exoneratória produzir seus efeitos, que a falta de cumprimento ou cumprimento defeituoso da obrigação não procedem de dolo ou culpa grave."[260]

---

256 *Ibidem*, p. 418.

257 CHABAS, François. *Leçons de droit civil: Obligation, théorie générale*, v. I, t. II, p. 770.

258 *Ibidem, loc. cit.*

259 "C'est d'abord au sujet de la charge de la preuve de l'accepation que le tribunaux ont parfois marque un certain flottement. Toutefois aujourd'hui, il semble bien admis qu'en cas de doute, cette charge pese sur celui des co-contractants qui se prévaut de la clause." (VINEY, Geneviève; JOURDAIN, Patrice. *Les effets de la responsabilité*, p. 421.)

260 MONTEIRO, António Pinto. *Cláusulas limitativas e de exclusão de responsabilidade civil*, p. 420.

Nesse ponto, os autores portugueses coincidem em seu entendimento, Ana Prata, igualmente, não vê qualquer fundamento para a assimilação da cláusula de exoneração a uma reversão do ônus da prova.[261]

José de Aguiar Dias observa que, se o efeito exclusivo da cláusula de não indenizar fosse a inversão do ônus da prova, sem qualquer efeito exoneratório, bastaria ao credor provar a culpa, e a cláusula deixaria de existir: "automaticamente desaparece, não irresponsabiliza, isto é, não afasta a obrigação de indenizar".[262]

Não podemos, todavia, deixar de reconhecer que as cláusulas cujo objeto seja inversão do ônus da prova poderão ter um efeito de verdadeira exoneração de responsabilidade. Como alerta Manuel Garcia Amigo: "Dichas cláusulas dirigidas a invertir la carga de la prueba, si directamente no atacan la responsabilidad contractual determinada por la ley, indirectamente, en cambio, representan auténticas cláusulas de irresponsabilidad."[263] No Brasil, em matéria de direito do consumidor, referidas cláusulas são expressamente vedadas, nos termos do inciso VI do artigo 51 do Código consumerista, mas semelhante proibição não existe no Código Civil. O parágrafo único do artigo 333 do Código de Processo Civil, por sua vez, estipula que é nula a convenção que

261 PRATA, Ana. *Cláusulas de exclusão e limitação de responsabilidade contratual*, p. 96-97.

262 AGUIAR DIAS, José de. *Cláusula de não-indenizar*, p. 55.

263 GARCIA AMIGO, Manuel. *Cláusulas limitativas de la responsabilidad contractual*, p. 178. Conclusão a que também chegou António Pinto Monteiro: "Mas em alguns casos poderá haver justificação objetiva para esta inversão convencional do ônus da prova, noutros, porém, prosseguir-se-á, com esta cláusula, uma finalidade exoneratória, ainda que por via indirecta, atentas as dificuldades práticas, porventura insuperáveis, de o credor conseguir obter a prova da culpa do devedor e, assim, a responsabilidade deste." (MONTEIRO, António Pinto. *Cláusulas limitativas e de exclusão de responsabilidade civil*, p. 419).

distribui de maneira diversa o ônus da prova quando: (a) recair sobre direito indisponível da parte; e (b) tornar excessivamente difícil a uma parte o exercício do direito. Em se tratando de matéria contratual, estamos no campo dos direitos patrimoniais disponíveis; logo, é justo inferir que, em matéria contratual, fora das relações de consumo, as partes têm autonomia para convencionar o regime probatório, salvo se tal arranjo tornar excessivamente difícil a uma das partes desincumbir-se do ônus da prova.

Essa solução aproxima-se da italiana. Pietro Trimarchi observa que o ônus da prova "può essere modificato o invertito per accordo delle parti, alla condizione che tratti di diritti di cui possano disporre e che la modificazione o l'inversione non renda ad una delle parti eccessivamente difficile l'esercízio del diritto".[264]

Segundo Richard Lawson, a questão do ônus da prova nos países de tradição da *common law* se situa no plano da eficiência para a produção da prova, ou seja, mantém-se o *burden of proof* sobre o devedor, pois este tem mais condições de dar respostas e provar as razões pelas quais deixou de cumprir a obrigação. Mantém-se o ônus sobre o devedor, pois este tem mais conhecimento das condições contratuais que determinam o cumprimento ou descumprimento do contrato. O autor cita alguns casos tendo esse fundamento como determinante para a manutenção do regime probatório em matéria contratual, mas mesmo quando o ônus se inverte, basta ao credor demonstrar alguma evidência de possível *fundamental breach* para que o ônus se mantenha sobre o devedor.[265]

---

264 TRIMARCHI, Pietro. *Istituzioni di Diritto Privato*, p. 544.

265 No caso *Levison v. Patent Steam Carpet Cleaning Co.*, a decisão inicial seguiu a regra geral de ônus para o autor da causa, mas a Court of Appeal foi unânime em reverter a decisão para atribuir o ônus da prova ao réu sob o fundamento de que "If no explanation is forthcoming, then it is quite likely that the loss or damage

Resta-nos analisar uma hipótese de cumulação entre cláusula de exoneração de responsabilidade e de inversão do ônus da prova. Como vimos, por um lado, os autores afirmam que o efeito da cláusula de irresponsabilidade não pode ser reduzido à reversão do ônus da prova; entretanto, por outro lado, todos eles concordam que uma cláusula de inversão do ônus da prova poderá ser acordada se relacionada a direitos dispositivos e se a inversão não representar incontornável dificuldade de produção da prova. Dessa maneira, a cláusula de exoneração de responsabilidade poderá combinar-se com a inversão do ônus da prova, desde que tais convenções estejam expressamente consignadas no contrato, não se podendo deduzir que a cláusula de exoneração tenha o efeito necessário de inverter o ônus probatório.

Essa é a conclusão de Germana Carlotta Adriano, que reproduzimos a seguir:

> "In definitiva, può dirsi che le clausole di esonero e di limitazione della responsabilità per inadempimento hanno un effetto sostanziale, e possono sortire anche effetti processuali solo se esse prevedono espressamente l'inversione dell'onere della prova, o una modificazione di questo."[266]

---

was due to a fundamental breach of contract such as theft or delivery to the wrong address. The defendants were in the best position to provide an answer and the onus of the proof, which they had failed to discharge, accordingly lay on them.". Conclusão nesse sentido também pode ser observada no caso *Woolmer v. Delmer Price Ltd.*, no qual um casaco foi perdido de maneira inexplicável e os réus foram julgados responsáveis uma vez que o ônus era deles demonstrar que a perda não teria decorrido em face de sua *fundamental breach*. A matéria, no entanto, não é pacífica, havendo decisões em contrário. De qualquer modo, como aponta o autor, o ônus da prova mantém-se com o devedor se o credor é capaz de apresentar alguma evidência de que o devedor poderia ter cometido uma *fundamental breach* (LAWSON, Richard. *Exclusion clauses and unfair contract terms*, p. 62-63).

266 ADRIANO, Germana Carlotta. *Clausole di esonero e di limitazione della responsabilità civile*. Roma: Aracne, 2009. p. 60.

Ou seja, desde que previstas de maneira expressa, ambas as condições, de exoneração e de inversão do ônus da prova, poderão ter eficácia, não porque o efeito de uma decorre da outra, mas porque ambas estipulam condições que têm eficácia independente e se sujeitarão aos requisitos próprios de validade.

CAPÍTULO 3

RESPONSABILIDADE CONTRATUAL E EXTRACONTRATUAL

3.1 Validade da limitação ou exclusão da responsabilidade aquiliana

Parte da doutrina defende a tese de que não é possível a limitação ou exoneração do dever de indenizar em matéria de responsabilidade extracontratual, ainda que o dano tenha decorrido de culpa leve.[267]

---

267 Esta tem sido, tradicionalmente, a posição da doutrina francesa, conforme veremos adiante, mas, em obra recente, Natalia Álvarez Lata defende tese contrária à validade das cláusulas de restrição do dever de indenizar para a responsabilidade extracontratual e o faz pelas mesmas razões da doutrina francesa, isto é, em face do suposto caráter de ordem pública das normas relativas à responsabilidade aquiliana: "Es sobre la base de esta consideración de donde van a devenir diferencias en torno a la admisibilidad de las cláusulas de no responsabilidad en los dos sectores. Así, la naturaleza jurídica, o mejor, el carácter imperativo o dispositivo, de la fuente se convierte en la clave para averiguar la viabilidad concreta de una intervención de la autonomía privada en la obligación indemnizatoria. En este sentido, si la fuente — norma primaria — de la obligación resarcitoria — se caracteriza por su imperatividad o no disponibilidad o, en otros términos, por su carácter de orden publico, tal cualidad va a contagiar a la obligación resarcitoria — norma secundaria — que queda asimismo determinada pela indiponibilidad e imperatividad. La comunicación entre ambas normas, la primaria y la secundaria, o entre la obligación y su fuente, la consideramos imprescindibile: su existencia — o su incomunicación — seria como negar la imperatividad de la fuente de la que deriva la obrigación

O fundamento comumente utilizado é o caráter de ordem pública das normas aplicáveis à responsabilidade aquiliana. Esta nos parece, entretanto, uma justificativa pouco esclarecedora, até porque a ordem pública também é fator que retira a eficácia e a validade de determinadas cláusulas de limitação ou exoneração de responsabilidade contratual,[268] como, por exemplo, aquelas que visem comprometer o direito à indenização decorrente de lesão corporal ou morte da parte inocente. Além disso, é controversa a tese de que as normas relativas à responsabilidade extracontratual sejam necessariamente de ordem pública.[269]

---

resarcitoria. Así, de poco valdria afirmar tajantemente la inderogabilidad de una norma cundo permitimos la exclusión voluntaria de sus consequencias jurídicas." (LATA, Natalia Álvarez. *Cláusulas restrictivas de responsabilidad civil*, p. 115).

268 "Mais beaucoup d'auteurs s'accordent aujourd'hui pour reconnaître que cette justification est trop sommaire, car l'ordre public, qui a effectivement une place en matière de responsabilité dèlictuelle, n'est pas non plus absent du domaine des contrats dans lequel pourtant la jurisprudence admet en principle la validité des clauses restrictive de responsabilité." (VINEY, Geneviève; JOURDAIN, Patrice. *Les effets de la responsabilité*, p. 409.)

269 Conforme Francesco Benatti, na Itália, provavelmente em razão de influência francesa, alguns autores consideram-na inadmissível em face da natureza de ordem pública da responsabilidade aquiliana, porém, o mesmo autor aponta outra tese que resolve a questão a partir da natureza do bem lesado, ou seja, não se trata de afastar definitivamente a admissibilidade do pacto quanto à responsabilidade extracontratual, mas de avaliar o próprio objeto da lesão. Nesse sentido, por exemplo, seriam nulas todas as cláusulas relativas à integridade física da pessoa humana, mas admissíveis as cláusulas pertinentes aos danos ao patrimônio. Nas palavras do autor: "Ormai superata l'antica discussione se tali clausole siano ammissibili da un ponto de vista concettuale, e constatato come esse ricorrano con sempre maggiore frequenza nella pratica, gli scrittori sono divisi nella valutazione di questo tipo di patti. Secondo un'opinione che probabilmente deriva dalla dottrina francese, essi sono considerati nulli sulla base della natura delle norme della responsabilità aquiliana, ritenuta di ordine pubblico. Un'altra tesi risolve la questione intorno alla valità delle

Ainda segundo a corrente que não admite restrições à responsabilidade extracontratual, inexistindo uma relação específica entre as partes, seria estranho admitir-se a limitação ou exoneração de responsabilidade decorrente de eventos que nem ao menos poderiam ter sido considerados ou previstos pelas pessoas envolvidas. Um exemplo corriqueiro ilustra bem a dificuldade: como limitar o valor de uma indenização em função de acidente de automóvel entre partes que não têm qualquer relação prévia? Como sustenta Giulio Ponzanelli, não se poderia conceber que o proprietário do veículo pudesse estipular sua completa ou parcial irresponsabilidade com todos os possíveis sujeitos passíveis de serem prejudicados em decorrência da circulação do veículo.[270] Em aulas de graduação, cito como exemplo jocoso a hipótese de alguém que, saindo de sua garagem, pudesse fixar nos vidros traseiros a seguinte mensagem: "prezado senhor pedestre, na hipótese remota de atropelá-lo, serei responsável pela indenização dos danos até o limite de R$50.000,00. Sem dúvida, como dizem os franceses, seria uma impossibilidade lógica, pois não há qualquer relação entre o motorista e o pedestre que pudesse alocar de maneira eficiente os riscos.

---

clausole di esonero da responsabilità extracontratuale muovendo dalla natura del bene leso: sono, perciò, nulle, ad esempio, le convenzioni che riguardano fatti lesivi della persona; sono valide, invece, quelle che si riferiscono ad eventi pregiudizievoli alle cose e al patrimonio." (BENATTI, Francesco. Clausole di esonero dalla responsabilità. In: ______. *Digesto delle discipline privatistiche* — sezione civile, p. 402).

270 Guilio Ponzanelli, ao comentar a doutrina contrária à admissibilidade da cláusula, apresenta exatamente este exemplo: "Volendo esemplificare tale posizione dottrinale in altri termini, si potrebbe dire che il proprietário di un'autovettura no può stipulare la sua (completa o parziale) irresponsabilità con tutti i possibili soggetti che potrebbero essere danneggiati dalla circolazione de suo veicolo." (PONZANELLI, Guilio. *Le clausole di esonero dalla responsabilità civile - Studio di diritto comparato*. Milão: Giuffrè, 1984. p. 206).

Ao comentar a extensão da aplicabilidade do artigo 1.229 do Código Civil italiano à responsabilidade aquiliana, Grazia Ceccherini menciona certa perplexidade dos autores em admitir a possibilidade de isenção ou limitação de responsabilidade para esses casos. Segundo a doutrina tradicional, além da inexistência de uma previsão explícita, há uma impossibilidade lógica para a hipótese, como no exemplo citado há pouco, e, além disso, invoca-se, igualmente, o princípio da ordem pública como fundamento da inadmissibilidade.[271]

Embora admita a validade da cláusula, António Pinto Monteiro também reconhece a dificuldade de sua aplicação, tendo em vista que a responsabilidade aquiliana constitui violação de deveres absolutos perante a generalidade das pessoas, "pelo que não se vê como é que alguém poderá antecipadamente excluir a sua responsabilidade perante pessoas que — precisamente por não estarem ligadas entre si por qualquer vínculo jurídico particular — se apresentam como

---

271 O artigo 1.229 do Código Civil italiano é aquele que regula a validade da cláusula de limitação e exoneração de responsabilidade contratual, sem que exista uma norma específica regulando a validade desse tipo de convenção à responsabilidade extracontratual. Daí a controvérsia no tocante à extensão da norma de maneira analógica à responsabilidade aquiliana. Segundo a autora, "[l]a dottrina, d'altro canto, soppratuto in passato, há sempre avuto no poche perplessità ad ammettere l'applicazione dell'art. 1229 c.c., anche alle clausole di esonero da responsabilità extracontrattuale (o di esclusione del relativo risarcimento). Gli argomenti sui quali è più a lungo insistito, oltre a quello relativo alla mancanza de di una esplicita e diretta previsione normativa, hanno avuto riguardo da un lato alla stessa improponibilità o impossibilità lógica delle clausole di esonero da responsabilità extracontrattuale e dall'altro lato alla circonstanza che la responsabilità extracontrattuale è una responsabilità di ordine pubblico, assolutamente inderogabile, dunque, da parte della volontà negoziale privata, neppure entro i limiti della colpa lieve." (CECCHERINI, Grazia. *Responsabilità per fatto degli ausiliari* — clausole di esonero a responsabilità — artt. 1228-1229. Il Codice Civile — commentario. Milão: Giuffrè, 2003. p. 200-201). Essa suposta impossibilidade lógica também é mencionada por Giulio Ponzanelli, ao comentar as teorias sobre o tema (PONZANELLI, Guilio, *op. cit.*, p. 207).

terceiros".[272] Haveria, portanto, um impedimento de caráter puramente pragmático.[273]

Para os autores franceses Geneviève Viney e Patrice Jourdain, as regras que governam a responsabilidade civil extracontratual estão inspiradas na preocupação de manter o equilíbrio entre a liberdade de ação e a segurança dos indivíduos e dos grupos sociais.[274] Nesse contexto, faz sentido afirmar que a norma que assegura a indenização da vítima é de ordem pública e não pode ser afastada. Na esteira desses autores, Marianne Faure Abbad noticia a existência de numerosas decisões declarando nulas as cláusulas restritivas de responsabilidade delitual, tendo como fundamento a ordem pública.[275] François Chabbas confirma o entendimento da casuística pela nulidade, manifestado por uma jurisprudência inexata, mas *presque constant*.[276]

---

272 MONTEIRO, António Pinto. *Cláusulas limitativas e de exclusão de responsabilidade civil*, p. 391-392.

273 "El primer obstáculo a la admisibilidad de las cláusulas restrictivas en el ámbito de la responsabilidad extracontractual se circunscribe a un impedimento de carácter puramente pragmático. 'Semejantes pactos son inconcebibles. La responsabilidad delictual se origina entre terceros, entre personas que no han tenido relaciones anteriores, que ni siquiera se conocen'. En este sentido, no se entiende como una convención de este genero puede surgir entre ellos antes de la realización del daño." (LATA, Natalia Álvarez. *Cláusulas restrictivas de responsabilidad civil*, p. 92.)

274 VINEY, Geneviève; JOURDAIN, Patrice. *Les effet de la responsabilité*, p. 410.

275 ABBAD, Marianne Faure. *Les fait générateur de la responsabilité contractuelle*. Poitiers: JGDJ, 2003. p. 460.

276 CHABAS, François. *Leçons de droit civil: Obligation, théorie générale*, p. 756. No mesmo sentido, Fábio Konder Comparato informa que a jurisprudência francesa tende a ser favorável à limitação da responsabilidade contratual, mas tem, sistematicamente, anulado as cláusulas de responsabilidade extracontratual atenuada (Idem. *Essai d'analyse dualiste de l'obligation em droit privé*. Paris: Librairie Dalloz, 1964. p. 188).

A maioria dos doutrinadores, entretanto, reconhece validade à cláusula aplicável à responsabilidade extracontratual. José de Aguiar Dias trata da questão em capítulo específico do livro *Cláusula de não-indenizar* e reconhece que: "No terreno extracontratual, é dificilmente admissível, à primeira vista, a existência da cláusula de irresponsabilidade".[277] Não obstante certa hesitação do texto que dá início ao capítulo, o autor, adiante, conclui que: "Sem dúvida que não havendo contrato não pode haver cláusula que, por definição, é estipulação entre várias. Contudo, a irresponsabilidade pode ser objeto de convenção autônoma, destinada a afastar a responsabilidade extracontratual".[278]

C. Massimo Bianca não vê justificação para a inderrogabilidade da responsabilidade extracontratual fundada no interesse público, uma vez que o interesse público relacionado à tutela de direitos e a fonte normativa das sanções "sono infatti dati comuni alle due sfere di responsabilità, contrattuale ed extracontrattuale". O autor faz somente a ressalva de que a convenção não poderá alcançar danos causados por dolo ou culpa grave, tal como ocorre na responsabilidade contratual, e salienta que essa tem sido a direção que orienta a jurisprudência italiana.[279]

Em obra mais recente, Grazia Ceccherini confirma essa tendência jurisprudencial italiana e adverte que nem se poderia sustentar a completa nulidade da cláusula *a priori* em matéria de responsabilidade extracontratual, pois, afinal, há uma profunda variedade de situações e interesses que podem ser cobertos pela cláusula geral do ressarcimento pelo dano ilícito, como previsto no artigo 2.043 do

277 AGUIAR DIAS, José de. *Cláusula de não-indenizar*, p. 241.

278 AGUIAR DIAS, José de. *Cláusula de não-indenizar*, p. 245.

279 BIANCA, C. Massimo. *Dell'inadempimento delle obbligazioni, art. 1218-1229*: commentario del Codice Civile. SCIALOJA, Antonio; BRANCA, Giuseppe (a cura). Bolonha: Nicola Zanichelli, 1967. p. 401.

Código Civil italiano.[280] Segundo a autora, o juiz deverá analisar o interesse juridicamente tutelado ("interessi meritevoli di tutela secondo l'ordinamento giuridico") para definir a legitimidade da cláusula.[281] Nesse sentido, não será válida a cláusula que atente contra a integridade física da pessoa humana, condição que, aliás, aplica-se, igualmente, à responsabilidade contratual.

Em igual sentido, Giulio Ponzanelli reclama uma distinção essencial para a análise da questão, em que se deve verificar a *diversa natura degli interesse protetti*. O autor conclui então, que não será admitida a modificação do regime geral da responsabilidade civil para os danos à integridade física da pessoa, porém, tratando-se de danos patrimoniais, será legítima a cláusula de exoneração da responsabilidade, desde

---

280 CECCHERINI, Grazia. *Responsabilità per fatto degli ausiliari — clausole di esonero a responsabilità — artt. 1228-1229. Il Codice Civile — commentario*, p. 202. O artigo do Código Civil italiano tem a seguinte redação: "Art. 2043 — Risarcimento per fatto illecito. Qualunque fatto doloso o colposo, che cagiona ad altri un danno ingiusto, obliga colui che ha comesso il fatto a risarcire il danno".

281 A autora parte da admissão da cláusula também no domínio extracontratual ao mencionar certa divergência doutrinária no tocante ao artigo do Código aplicável ao caso. Alguns autores fundam a admissibilidade no princípio da autonomia da vontade, expresso no art. 1.322, do Código Civil italiano ("Art. 1322 **Autonomia contrattuale** Le parti possono liberamente determinare il contenuto del contratto nei limiti imposti dalla legge (e dalle norme corporative). Le parti possono anche concludere contratti che non appartengono ai tipi aventi una disciplina particolare, purché siano diretti a realizzare interessi meritevoli di tutela secondo l'ordinamento giuridico"), pelo qual as partes têm liberdade para a definição do conteúdo do contrato, dentro dos limites legais. Grazia Ceccheni, observa, no entanto, que "[l]a valutazione della legitimità di ogni singola clausola di esonero, secondo la natura del bene (e, quindi, dell'interesse) protetto dall'ordinamento, costituisce il fondamento anche dell'opinione di chi, al contrario, ritiene che l'art. 1229 c.c., malgrado il silenzio del legislatore, possa valere anche 'nel território extracontrattuale" (CECCHERINI, Grazia, *op. cit.*, p. 202).

que o comportamento não seja qualificável em termos de culpa grave ou dolo.[282]

Nesse ponto, tomando-se a observação de Grazia Ceccherini a propósito de uma profunda variedade de situações e interesses possíveis envolvidos na responsabilidade extracontratual, entendemos que algumas distinções relevantes merecem ser feitas, de acordo com as circunstâncias em que tal convenção possa ter origem. Vislumbramos, portanto, as seguintes hipóteses:

(a) ocorrência de eventos ensejadores de responsabilidade civil extracontratual no curso da execução de um contrato existente;
(b) existência de uma situação de fato anterior entre as partes, sem que haja uma relação contratual propriamente dita; e
(c) inexistência de relação prévia entre vítima e causador do dano.

Na primeira hipótese, podemos tomar o exemplo de um acidente causado por negligência, durante a execução de uma empreitada.[283] Aqui, estamos diante da violação de dever genérico de cuidado em

282 "In tutti i tre sistemi considerati, però, la delimitazione delle aree, successive all'applicazione di tali criteri, non è molto dissimile: ad una indagine che vada al di là delle espressioni o dei critério formali, si rivela centrale una distinzione essenzialmente fondata su una valutazione della *diversa natura degli interessi protetti*, e, conseguentemente, un modo di operare sostanzialmente uniforme dell'ordine pubblico. Quando si trata di interessi di natura personale non è permesso alle parti di modificarei l regime previsto dal legislatore; quando, invece, vengono in considerazione interessi di natura patrimoniale, le clausole di exonero possono esse giudicate legitime a meno che non siano *unreasonables* o *unconscionables* o poste in essere con un comportamento qualificabile in termini di colpa grave o di dolo." (PONZANELLI, Giulio. *Le clausole di esonero dalla responsabilità civile*, p. 289.)

283 No Brasil, poder-se-ia argumentar, ainda, que a responsabilidade, nesse caso, seria contratual com fundamento no conceito de mora — cumprimento imperfeito do contrato quanto ao tempo, lugar e forma, nos termos do artigo 394 do

relação a qualquer pessoa e que não decorre, simplesmente, da existência de um contrato. Trata-se de um dever que existirá sempre, conforme será explorado no item 3.3 que cuida da cumulação da responsabilidade contratual e extracontratual.

Nesse caso, a impossibilidade lógica referida não se justifica, já que as partes podem, previamente, antecipar e avaliar os riscos envolvidos na execução do contrato.

Na segunda hipótese, embora inexista uma relação propriamente contratual, as partes poderão manter situação fática que permita a ambas avaliar os efeitos dos danos que possam causar uma à outra. Exemplo recorrente é o das relações de vizinhança e de compáscuo.[284]

Código Civil brasileiro —, ou seja, o acidente teria decorrido do cumprimento imperfeito quanto ao modo negligente de execução.

284 José de Aguiar Dias nota que: "Por sua vez, o insigne Josserand observa nada impedir que os proprietários vizinhos renunciem convencionalmente a demandarem por estragos que nos respectivos terrenos façam os animais de criação ou de casa. A Ordem pública não pode ser turbada por esse *modus vivendi* que, ao contrário, tem por objeto assegurar a harmonia da vizinhança." Adiante, o autor prossegue: "[e]xemplo frequente dessa espécie de cláusula subentendida é o dos animais em pasto comum. Mais de uma vez decidiu a justiça francesa que, pondo os animais em pasto comum, sem vigilância, os respectivos proprietários permitem a conclusão de que exonerar-se reciprocamente de toda responsabilidade no tangente aos acidentes resultantes da situação, com iguais possibilidades de danos para qualquer deles" (AGUIAR DIAS, José de. *Cláusula de não-indenizar*, p. 241 e ss.). Assim também entende António Pinto Monteiro, ao considerar que, "constituindo as relações de vizinhança, quantas vezes, fonte de inúmeros litígios e conflitos, não é de estranhar que estas convenções sejam vistas como uma forma de assegurar a harmonia da vizinhança e de contribuir para a paz pública, revelando tratar-se de pessoas avisadas e prudentes. Parece-nos, em suma, que a possibilidade fáctica de se estipularem convenções de responsabilidade extracontratual não é precludida pela natureza desta. E, apesar de estas convenções não assumirem a mesma importância prática das cláusulas de exclusão de responsabilidade contratual, elas não deixam, ainda assim, de revelar-se úteis, mormente no quadro dos problemas emergentes das

Nesses casos, há utilização de área comum, e essa convivência poderá gerar danos de uma parte à outra. Mesmo autores franceses, cuja doutrina e jurisprudência rejeitam a validade da cláusula para responsabilidade extracontratual, reconhecem o isolamento da referida posição e mencionam hipóteses em que as partes podem se encontrar em situação de fato que torna tais convenções concebíveis.[285] François Chabas menciona a dificuldade de exoneração ou limitação de responsabilidade quando a vítima ignora a possibilidade de ocorrência de um dano, porém entende que referidas convenções são possíveis em matéria extracontratual e cita algumas hipóteses, como a do industrial que, tendo conhecimento do incômodo que a fumaça, o ruído ou o odor poderá causar aos vizinhos, propõe a estes uma convenção sobre a responsabilidade pelos possíveis futuros danos.[286]

Giulio Ponzanelli cita, além do compáscuo, a hipótese do construtor que negocia uma cláusula de exoneração ou de limitação de responsabilidade para os prejuízos eventualmente causados aos imóveis circunvizinhos durante as obras e justifica a validade da cláusula em razão do eventual benefício que os vizinhos terão pela valorização da área.[287]

António Pinto Monteiro sustenta que determinadas situações de fato, em função de proximidade ou vizinhança dos agentes, permitem previsibilidade ao homem prudente quanto aos danos que possa causar,

---

relações de vizinhança como dissemos" (MONTEIRO, António Pinto. *Cláusulas limititativa e de exclusão de responsabilidade civil*, p. 393).

285 ABBAD, Marianne Faure. *Les fait générateur de la responsabilité contractuelle*, p. 45; VINEY, Geneviève; JOURDAIN, Patrice. *Les effet de la responsabilité*, p. 408-410.

286 CHABAS, François. *Leçons de droit civil: Obligation, théorie générale*, p. 759.

287 PONZANELLI, Guilio. *Le clausole di esonero dalla responsabilità civile: Studio di diritto comparato*, p. 272.

da mesma forma que às pessoas particularmente ameaçadas por eles, sendo possível estimar a extensão dos danos que possam sofrer.[288] Ademais, em especial nas relações de vizinhança, o autor consigna que: "As convenções de exclusão de responsabilidade extracontratual poderão constituir mesmo uma importante forma de regulamentação pacífica de problemas emergentes das relações de vizinhança".[289]

A vizinhança pode estar associada ao exercício de atividades perigosas e, nesse caso, segundo Giulio Ponzanelli, não seria difícil imaginar um acordo entre aquele que exerce a atividade perigosa e a pluralidade de sujeitos concretamente individuados e que estejam expostos aos efeitos danosos de determinada atividade.[290] Embora

---

288 Nas palavras do autor: "se é certo que o homem não tem possibilidades de calcular todos os danos que poderá vir a causar nem de prever todas as pessoas que poderá lesar, não é menos certo, contudo, que há danos que o homem prudente pode prever, bem como as pessoas particularmente ameaçadas por eles, Daí que, apesar de não poder excluir ou limitar a sua (eventual) responsabilidade perante toda a gente, o presumível lesante possa, no entanto, afastar ou atenuar a responsabilidade em face de pessoas cuja situação de facto — tendo em conta a sua relação de proximidade ou de vizinhança — faça prever apresentarem-se como potenciais vítimas." (MONTEIRO, António Pinto. *Cláusulas limitativas e de exclusão de responsabilidade civil*, p. 393). Como conclusão, o autor aduz: "Parece-nos, em suma, que a possibilidade fáctica de se estipularem convenções de exclusão da responsabilidade extracontratual não é precludida pela natureza desta. E, apesar de estas convenções não assumirem a mesma importância prática das cláusulas de exclusão de responsabilidade contratual, elas não deixam, ainda assim, de revelar-se úteis, mormente no quadro dos problemas emergentes das relações de vizinhança, como dissemos." (*Ibidem*, p. 394-395).

289 *Ibidem*, p. 393.

290 A responsabilidade decorrente do exercício de atividades perigosas é regida na Itália pelo artigo 2.050 do *Codice Civile*, nos seguintes termos: "Chiunque cagiona danno ad altri nello svolgimento di un'attività pericolosa, per sua natura o per natura dei mezzi adoperati, è tenuto al risarcimento, se non prova di avere adottato tutte le misure idonee a evitare il danno". A questão sendo trazida para o direito brasileiro, importa salientar que, embora o parágrafo primeiro

guarde certo parentesco com o disposto no artigo 927 do Código Civil brasileiro e tenha servido de referência para o legislador nacional, o artigo 2.050 do Código Civil italiano cuida das atividades perigosas, não se confundindo com a ideia de risco da atividade, que pode se manifestar em atividades não essencialmente perigosas.[291] Ademais, o *Codice* manteve-se preso à responsabilidade fundada na culpa, de maneira que, embora possamos vislumbrar a mesma hipótese indicada por Giulio Ponzanelli no Brasil, a cláusula de limitação ou exoneração de responsabilidade teria de passar pelo teste de validade em face da responsabilidade objetiva.

---

do artigo 927 guarde certo parentesco com o artigo 2.050 do direito italiano, a doutrina nacional tem feito a distinção entre o conceito de atividade perigosa e o risco decorrente do exercício de uma atividade. São conceitos diversos; de um lado, a atividade é, em si, perigosa, enquanto no direito brasileiro, ainda que a atividade não seja essencialmente perigosa, a responsabilidade poderá ser objetiva quando expuser terceiros a risco dela decorrente. Como anota Cláudio Bueno de Godoy, "a disposição do parágrafo único do artigo 927 do Código Civil brasileiro, de maneira diversa, colocou-se claramente no campo do risco como e enquanto nexo de atribuição. E sem a mesma excludente do artigo 2050 do Código Civil Italiano, ao menos em sua redação final, como se verá no Capítulo 4. Dessarte trilhou caminho próprio, com mais ampla potencialidade de aplicação." (GODOY, Cláudio Bueno de. *Responsabilidade civil pelo risco da atividade*, p. 45-46).

291 A esse propósito, consideramos acertadas as observações de Cláudio Bueno de Godoy, ao comentar o artigo 927 do Código Civil brasileiro: "Por fim, anote-se que preceito semelhante àquele ora em comento se contém nos arts. 2050 e 493.2, respectivamente dos Códigos italiano e português, entretanto alusivos ao perigo, não só ao risco, portanto sem a mesma potencialidade expansiva do Código Civil brasileiro, dado que, conforme exemplificação que se vem de colacionar, atividades há que podem não ser essencialmente perigosas, mas indutivas de especial, diferenciado risco." (GODOY, Cláudio Bueno de. Comentários ao art. 927 do Código Civil. In: PELUSO, Cezar (Coord.). *Código Civil comentado: Doutrina e jurisprudência*. 3. ed. Barueri: Manole, 2009. p. 886.)

Em recente publicação, Fábio Henrique Peres cria uma hipótese bastante plausível, como o acordo entre indústrias vizinhas que convencionam a exclusão ou limitação de responsabilidade em decorrência das externalidades recíprocas geradas por cada uma delas. O autor cita julgados do Tribunal de Justiça do Rio de Janeiro a propósito de cláusulas de não indenizar em convenções de tutela que, não ofendendo a ordem pública, os bons costumes e preceito vigente de lei, devem ser reconhecidas como válidas.[292]

Além dos casos de direito de vizinhança e compáscuo, a doutrina costuma mencionar as hipóteses de competições esportivas, não havendo restrição alguma em que as partes pactuem a exclusão ou limitação de responsabilidade pelos danos que possam surgir da prática regular do esporte, como boxe, competições automobilísticas e outras práticas nas quais seja possível prever a ocorrência de danos.[293] Esse é um caso de aceitação do risco pelo agente lesado e, por consequência, prevalecendo a vontade das partes em exercer uma atividade esportiva, não há razão para que se recuse a validade das cláusulas de exoneração e de limitação de responsabilidade, salvo em caso de dolo ou culpa grave que, nesse caso, se caracteriza, essencialmente, como violação das regras do jogo. Embora se trate de responsabilidade extracontratual, as partes têm vínculo prévio ao dano, que lhes permite avaliar os riscos e expressar validamente sua vontade. Como diz Giulio Ponzanelli, causador do dano e a parte prejudicada estão *collegati* na realização do ato ilícito.[294]

---

292 PERES, Fábio Henrique. *Cláusulas contratuais excludentes e limitativas do dever de indenizar*, p. 121-122.

293 CHABAS, François. *Leçons de droit civil: Obligation, théorie générale*, p. 770.

294 "Per esemplificare tale discorso, che sarà ripreso con maggiore ampieza nelle pagine successive, può essre fatto riferimento al settore dell'ativitá sportiva, o, più generale, all'ampia categoria dell accetazione del rischio, aree alle quali

3.2 Responsabilidade pré-contratual

Outra hipótese bastante ligada à prática negocial diz respeito à responsabilidade pré-contratual. Terreno obscuro, em que, no atual estágio da doutrina, não nos parece possível afirmar categoricamente a natureza contratual, extracontratual ou de um *tertium genus* para o fenômeno. A questão que nos importa para o propósito deste livro é demonstrar que, durante a fase de tratativas, é possível a convenção de limitação, ou mesmo exoneração, do dever de indenizar os danos que, segundo doutrina majoritária, qualificam a responsabilidade pré-contratual como aquiliana.

Em Portugal, Ana Prata e Eva Sónia Moreira da Silva ilustram de forma muito eloquente a divergência doutrinária. Depois de apresentar as diversas teorias, tanto em Portugal quanto em outros ordenamentos continentais, Ana Prata afasta, de princípio, a caracterização da responsabilidade pré-contratual como *tertium genus*, bem como as teses designadas ecléticas que admitem a aplicação de ambos os regimes, dependendo das circunstâncias negociais,[295] e se filia à teoria

---

la giurisprudenza italiana applica pontualmente le norme della responsabilità civile e nelle quali i soggetti danneggiante e danneggiato sono 'colegati' prima della commissione del fatto illecito. (PONZANELLI, Guilio. *Le clausole di esonero dalla responsabilità civile* — studio di diritto comparato, p. 6.)

295 "Condenadas ao inêxito, como parecem ter definitivamente ficado, todas as tentativas de construir a responsabilidade pré-contratual como um *tertium genus* relativamente à responsabilidade contratual e extracontratual, permanecem também isoladas as vozes, representantes das chamadas teorias eclécticas ou dualistas, que defendem que a responsabilidade *in contrahendo* seja subsumida ora à responsabilidade obrigacional, ora à extraobrigacional, em função da natureza (heterogênea) dos factos que possam fundamentá-la." (PRATA, Ana. *Notas sobre responsabilidade pré-contratual*. Coimbra: Almedina, 2005, p. 202-203.)

contratualista, em Portugal designada como responsabilidade obrigacional em oposição à responsabilidade delitual.[296]

Eva Maria Sónia da Silva, por sua vez, identifica uma variedade tal de manifestações que não se coaduna com enquadramento único, propugnando, portanto, por uma terceira via.[297] Noticia, ainda, a inconstância doutrinária e, para ilustrar, cita o caso de Carlos Alberto Mota Pinto que, segundo a autora, em certo momento, qualificava a responsabilidade como extracontratual, porém, "mais tarde, já em outra obra, o autor muda de opinião e acaba por defender a 'qualificação da responsabilidade pré-contratual como responsabilidade obrigacional".[298]

Na Itália, embora a doutrina majoritária se incline pela responsabilidade extracontratual,[299] Francesco Benatti, autor da obra de referência a respeito do tema, qualifica a responsabilidade pré-contratual como contratual. Declara inaceitável a teoria do *tertium genus*, uma vez que as expressões responsabilidade contratual e extracontratual sejam referidas a determinada disciplina normativa, de sorte que a *culpa in*

---

296 "Só que, sendo certo, em muitos casos, o facto gerador da responsabilidade será praticado por terceiro, sendo — ao contrário do que afirma Almeida Costa — manifestamente inadequado o regime do artigo 500, a conclusão é, conformemente aos princípios, a de que a responsabilidade pré-contratual se deve reconduzir à obrigacional." (*Ibidem*, p. 214.)

297 "A situação fáctica subjacente à *c.i.c* pode assumir uma variedade tal que ao se coadune com um único enquadramento jurídico. Cremos que é de defender uma solução mais flexível e esta só poderemos encontrar numa terceira via de responsabilidade." (SILVA, Eva Maria Sónia da. *Da responsabilidade pré-contratual por violação dos deveres de informação*. Coimbra: Almedina, 2003. p. 64.)

298 SILVA, Eva Maria Sónia da. *Da responsabilidade pré-contratual por violação dos deveres de informação*, p. 58.

299 ZANETTI, Cristiano de Sousa. *Responsabilidade pela ruptura das negociações*. São Paulo: Juarez de Oliveira, 2005. p. 44 e ss.

contrahendo como terceira via seria uma conclusão decerto inexata.[300] Pela mesma razão, considera "sicuramente inaccetabili sono pure le teorie eclettiche, quelle cioè che considerano la culpa in contrahendo ora di natura contrattuale, ora di natura extracontrattuale". Francesco Benatti apoia sua convicção sobre o dever de conduta fundado na boa-fé, no sentido de norma objetiva de conduta assumida como critério de especificação de uma série de obrigações recíprocas entre partes em negociação, enquanto a responsabilidade extracontratual é essencialmente relacionada à violação de deveres absolutos fora de uma relação entre sujeitos determinados.[301]

No Brasil, Antonio Chaves entende que a responsabilidade pré-contratual não tem natureza contratual, pois, nas palavras do autor: "Parece estranho falar-se em responsabilidade pré-contratual decorrente de um período preparatório de um contrato que não

300 "Conviene muovere dalla critica di quest'ultima opinione, manifestamente inaccettabile. Infatti, le espressioni 'responsabilità contrattuale' e 'responsabilità extracontrattuale' non sono que formule riassuntive di una determinata disciplina normativa: pertanto, la teoria in esame dovrebbe giungere a sostenere che la *la culpa in contrahendo* à soggeta a proprie e autonome regole, conclusione certamente inesatta." (BENATTI, Francesco. *La responsabilità precontrattuale*. Milão: Giuffrè, 1963. p. 116.)

301 "A questo propósito, è stato giustamente osservato che l'inquadramento della norma nella categoria delle responsabilità 'ex delicto' porterebbe a una deformazione del significato che la legge attribuisce alla buona fede in questo campo. La buona fede no potrebbe, cioè, essere intesa in senso oggetivo, nel senso di norma obiettiva di condotta assunta come criterio di specificazione di una serie di obblighi reciproci, imposti alle parti entrate in trattative indipendentemente dall'esito della conclusione di un valido contrato. 'La responsabilità extracontrattuale è essenzialmente collegata alla violazione di doveri assoluti, che sorgono al di fuori di una relazione specifica tra soggeti determinati, ed è certo che alla determinazione del contenuto dei doveri corrispondenti à estranea una valutazione a stregua di buona fede." (*Ibidem*, p. 128-129.)

chegou a existir, e que, portanto, não produz nenhum efeito!"[302] Porém, reconhece que, mesmo não concordando com a teoria contratualista, na fase de negociações, já há entre as partes uma "ligação de confiança, com obrigações recíprocas de conteúdo positivo"[303] que aproxima a *culpa in contrahendo* da imputabilidade contratual.

Em obra mais recente, Cristiano de Sousa Zanetti afasta peremptoriamente a teoria contratualista, pois o regramento contratual do Código Civil brasileiro tem características específicas para o inadimplemento contratual, não guardando qualquer relação com as características da fase negocial.[304] Outros autores, como Judith Martins-Costa, fundamentam a responsabilidade pré-contratual nos deveres positivos resultantes da boa-fé objetiva, não se explicando mais a responsabilidade pelo dever negativo de *neminem laedere*. Deveres de cuidado, de prestar informações, lealdade, coerência etc., demandam comportamento positivo que permitiria deduzir a inserção da responsabilidade

---

302 CHAVES, Antonio. *Responsabilidade pré-contratual*. 2. ed. São Paulo: Lejus, 1997. p. 110.

303 CHAVES, Antonio. *Responsabilidade pré-contratual*, p. 141.

304 "Com efeito, no direito brasileiro a responsabilidade contratual assume contornos bem definidos, assim como na França, pois diz respeito exclusivamente ao inadimplemento contratual. Por outras palavras, a responsabilidade contratual tem contornos próprios e específicos no direito brasileiro que, de fato, não guarda qualquer relação com o *iter* negocial. Na verdade, a consideração de algumas das regras específicas a respeito da responsabilidade contratual bem demonstra sua inaplicabilidade ao período das negociações. Seguindo a ordem do novo Código Civil, verifica-se, já de início, que os artigos a respeito da interpretação do conteúdo do negócio jurídico contratual e, consequentemente, definidores da responsabilidade por eventual descumprimento, insertos na Seção I do capítulo atinente às disposições gerais dos contratos, não guardam qualquer relação possível com as negociações." (ZANETTI, Cristiano de Sousa. *Responsabilidade pela ruptura das negociações*, p. 57.)

pré-contratual ao lado da responsabilidade contratual e da aquiliana.[305] Na mesma esteira, Regis Fichtner Pereira anota que a responsabilidade extracontratual se identifica com a fórmula precisa do *neminem laedere* "em que o foco de atenção não está na existência de deveres de obrigações pessoais entre os agentes envolvidos, mas sim na violação ou não do dever de não causar dano a qualquer outra pessoa".[306]

Vê-se, portanto, que a melhor doutrina nacional se inclina pela teoria extracontratual ou por uma terceira via fundada nos deveres positivos decorrentes da boa-fé objetiva. Embora esse debate não seja objeto deste livro, interessa-nos ressaltar que as cláusulas de exoneração e de limitação de responsabilidade têm sido largamente utilizadas por agentes econômicos que, em negociações, visam afastar a responsabilidade pelos atos praticados durantes as tratativas. É bastante comum a inclusão, em memorandos de entendimentos, ainda em fase de tratativas, de cláusulas com o propósito de definir os contornos da responsabilidade pelos danos que as partes possam causar entre si, em particular no tocante à ruptura imotivada e abrupta das negociações.

Em negociações complexas, como a aquisição de empresas ou a formação de *joint ventures*, é frequente as partes incluírem cláusulas limitando a indenização ou afastando totalmente o dever de indenizar os danos — despesas e custos de transação — pela desistência do negócio. Cláusulas, do nosso ponto de vista, plenamente válidas e eficazes, mesmo que inexistente o contrato perseguido pelas partes. Portanto, prevalecente a tese da teoria extracontratual ou de uma terceira via, é possível afirmar que as cláusulas de limitação ou de exoneração do dever

305 MARTINS-COSTA, Judith. *A boa-fé no Direito Privado*, p. 472 e ss.

306 PEREIRA, Regis Fichtner. *A responsabilidade civil pré-contratual*. Rio de Janeiro: Renovar, 2001. p. 252-253.

de indenizar são plenamente aplicáveis ao contexto da responsabilidade pré-contratual, não ficando restritas à responsabilidade contratual.

Nesse caso, ainda que o contrato não tenha se formado, a relação já estabelecida entre as partes, como uma forma de *contato contratual,*[307] pode ser identificada como uma situação intermediária entre a relação contratual e a simples relação social.[308] Nesse sentido, diverso da relação meramente casual em que se encontram o motorista e o pedestre envolvidos em um acidente de trânsito, as partes em negociação podem avaliar os riscos envolvidos nessa relação especial, nesse contato contratual, que é *fazer uma negociação*. Sendo possível essa avaliação, consideramos razoável que as partes possam regular entre si os seus efeitos, limitando ou excluindo o dever de indenizar daí decorrente.

Pelas mesmas razões apontadas, não podemos deixar de concordar que as cláusulas de exoneração ou de limitação do dever de indenizar não poderão ser admitidas quando inexistente relação prévia entre as partes, como no exemplo do acidente de trânsito.

Em síntese, entendemos que a validade das cláusulas para a responsabilidade extracontratual dependerá sempre das circunstâncias fáticas, sendo plenamente eficazes quando o dano for causado no curso da execução de um contrato ou já existir uma relação estabelecida entre as partes — condomínio, compáscuo ou responsabilidade pré-contratual. Luiz Octávio Villela de Viana Bandeira vale-se do conceito de violação positiva do contrato em caso de acidente durante a execução de uma empreitada,[309] por exemplo. A nosso ver, entretanto, a teoria da violação positiva do contrato é desnecessária no contexto do ordenamento brasi-

---

307 PEREIRA, Regis Fichtner. *A responsabilidade civil pré-contratual*, p. 266.

308 *Ibidem*, p. 277.

309 BANDEIRA, Luiz Octávio Villela de Viana. *As cláusulas de não indenizar no direito brasileiro*. São Paulo: Almedina, 2016, p. 198.

leiro, pois a mora já cobre a hipótese de cumprimento imperfeito do contrato quando ao modo de execução.

A cláusulas, por outro lado, não poderão ser admitidas quando o dano decorrer do mero contato social em que prevalecer o dever geral de *neminem laedere* entre partes indeterminadas. Além disso, viável a estipulação da cláusula, esta deve sujeitar-se aos mesmos limites das cláusulas de limitação ou de exoneração da responsabilidade contratual, ou seja, não poderão ser admitidas para modificar a responsabilidade em função de dolo ou culpa grave e não poderão contrariar princípios de ordem pública para alcançar direitos de ressarcimento dos danos à integridade física da pessoa humana.

Por derradeiro, como conclusão deste item, não podemos deixar de enfrentar objeção comumente feita à admissibilidade das cláusulas de exoneração ou de limitação de responsabilidade à responsabilidade extracontratual. Ao convencionar tais condições, estariam as partes *contratualizando* a responsabilidade extracontratual? Ou seja, ao firmar um acordo de vontades para regular a indenização dos danos causados, as partes estariam firmando um contrato e, logo, a responsabilidade daí decorrente seria contratual?

O argumento contém, à primeira vista, uma lógica sedutora, porém não podemos concordar com a tese. Tomamos, de início, como via de argumentação o fato de que não teríamos, ainda, um contrato, porque inexistente uma operação econômica, como um deslocamento patrimonial, na forma definida por Enzo Roppo.[310] Porém, esse caminho nos reconduziria a um debate anacrônico no que tange à distinção entre contratos e meras convenções, ou teríamos de ressuscitar a figura do quase contrato. Ademais, ao definir os limites da indenização, esse

310 ROPPO, Enzo. *O contrato*. Trad. Ana Coimbra e M. Januário C. Gomes. Coimbra: Almedina, 1988, p. 10-15.

pacto teria um efeito patrimonial inconteste, de maneira que não poderíamos negar a natureza contratual de referida convenção.

António Pinto Monteiro afasta, completamente, a objeção. O autor formula a questão da seguinte maneira: "Intervindo uma convenção sobre responsabilidade extracontratual, destinada a afastar antecipadamente a mesma, isso não virá a alterar a natureza da responsabilidade?".[311]

A resposta dada pelo autor mostra-se, a nosso ver, irrefutável. É preciso distinguir a convenção e a situação a que ela se reporta. Quando as partes convencionam a exoneração ou a limitação de responsabilidade, poderão se referir a uma responsabilidade decorrente de um contrato ou não. Logo, a convenção poderá configurar-se como um contrato e estabelecer regras para regular a responsabilidade contratual — decorrente do inadimplemento — ou definir o modo e a extensão da responsabilidade extracontratual. Não se trata de definir a natureza da convenção, mas o seu âmbito de incidência. O mero acordo de vontades não torna contratual o que é extracontratual. Nesse sentido, é pertinente a reprodução dos comentários de António Pinto Monteiro:

> "Em suma, uma coisa é a convenção de irresponsabilidade, em si mesma, outra, a situação a que ela se reporta, pois a simples circunstância de se estipularem cláusulas sobre responsabilidade civil (nas palavras de Pessoa Jorge) não significa que esta seja necessariamente obrigacional: não é o facto de estar contemplada em um contrato que torna contratual a responsabilidade [...]".[312]

---

311 O autor esclarece a questão: "Por outras palavras, o facto de duas pessoas acordarem antecipadamente a exclusão da responsabilidade extracontratual implicará que esta se transforme ou converta em responsabilidade contratual, ou em todo caso, deparar-se-á um concurso de responsabilidades?" (MONTEIRO, António Pinto. *Cláusulas limitativas e de exclusão de responsabilidade civil*, p. 392).

312 MONTEIRO, António Pinto. *Cláusulas limitativas e de exclusão de responsabilidade civil*, p. 398-399.

3.3 Cumulação da responsabilidade aquiliana e da responsabilidade contratual

No item anterior, tratamos da distinção entre responsabilidade contratual e extracontratual e sua relevância ao tema deste livro. O ponto, agora, diz respeito à possibilidade de sua cumulação, ou seja, se é possível ao lesado pleitear o ressarcimento e cumular a responsabilidade contratual e a extracontratual em uma mesma relação jurídica.[313] A questão tem relevância prática e necessária a este texto, uma vez que, a partir da resposta dada ao questionamento apresentado neste item, poderemos proceder à indagação alusiva à aplicação da cláusula de exclusão ou de limitação do dever de indenizar a responsabilidade aquiliana.

Podemos vislumbrar algumas hipóteses para a solução do problema:

(a) não cumulação, prevalecendo a responsabilidade aquiliana;
(b) não cumulação, prevalecendo a responsabilidade contratual;
(c) o lesado poderá valer-se dos remédios que lhe oferecem tanto o regime da responsabilidade contratual como o da extracontratual;
(d) existência de opção para o lesado entre reclamar o ressarcimento mediante o regime da responsabilidade contratual ou pelo regime extracontratual.

A alternativa contida na letra (a) coincide com a teoria monista da responsabilidade, de sorte que toda responsabilidade seria aquiliana; faltar com a palavra dada seria, puramente, uma modalidade de

313 Debate que não é novo, tendo sido formulado por Louis Josserand nos seguintes termos: "1º Les deux responsabilités sont-elles vraiment de nature différente? Si oui, conçoit-on qu'elles se cumulent pour un même rapport obligatoire donné?" (JOSSERAND, Louis. *Cours de droit civil positif français*, p. 256).

ato ilícito de natureza delitual (um ilícito tão somente qualificado como contratual).[314]

Ao trazer o debate para questões mais contemporâneas, podemos verificar um processo de avanço dos princípios da responsabilidade aquiliana sobre a contratual em matéria de responsabilidade pelo fato do produto. Grant Gilmore, na renomada obra *A morte do contrato*, descreve, exatamente, a questão dos chamados *product liability cases*. Conforme o autor, as leis relacionadas às garantias do vendedor tiveram sempre um "pé" nos contratos e outro na responsabilidade civil aquiliana (*Tort*). De início, seguindo sucessivas codificações em matéria contratual, como *Uniform Sales Act* e *Uniform Commercial Code*, a responsabilidade era tratada, invariavelmente, como garantia contratual do vendedor ou prestador dos serviços. Porém, ainda segundo Grant Gilmore, a partir de 1950, as cortes passaram a alocar a responsabilidade em termos de responsabilidade extracontratual (*entirely in tort*).[315]

A legislação posterior a Grant Gilmore confirmou essa tendência, mediante proteção especial aos consumidores (*Unfair Contract Terms, 1977; Unfair Terms in Consumer Contracts, Directive 93/13* da Comunidade Europeia). O mesmo se deu no Brasil, em que o Código de Defesa do Consumidor, de acordo com Sérgio Cavalieri Filho, suprimiu a distinção, tratando a responsabilidade pelo fato do produto sem

---

314 Posição descrita por Louis Josserand, embora não a subscreva: "la théorie de l'unité de responsabilité a été préconisée para différents juristes qui estiment que toute responsabilité est nécessariament d'ordre délictuel [...] D'autre part, l'événement qui met la responsabilité em jeu est toujours du même ordre: c'est un delit, invariablement; car, ne pas exécuter un contrat, manquer à la parole donnée, c'est commettre un acte illicite, c'est *delinquere in contractu*; [...]" (JOSSERAND, Louis. *Cours de droit civil positif français*, p. 256).

315 GILMORE, Grant. *The death of contract*, p. 101.

qualquer consideração de natureza contratual, uma vez que, perante o consumidor, todos os envolvidos na cadeia de produção e distribuição são responsabilizados, independentemente de uma relação contratual com o consumidor.[316] Rui Stocco refere-se à responsabilidade objetiva contratual,[317] porém, de nosso ponto de vista, a observação de Sérgio Cavalieri Filho é mais precisa, pelo fato de que alguns elementos da cadeia produtiva e de distribuição não guardam qualquer relação com o consumidor final que possa ser qualificada como contratual, poder-se-ia recorrer ao conceito de redes contratuais ou empresariais[318] dentro de uma cadeia produtiva, mas isso não afasta a objeção de que alguns integrantes da rede não têm relação contratual diretamente com o consumidor final.

É preciso reconhecer com Cristiano de Sousa Zanetti, que "a necessidade de tutelar a posição das partes conduziu à fragmentação da liberdade contratual"[319] e, nesse sentido, podemos constatar a diversidade de tratamento a um mesmo *tipo* de contrato. As regras

316 "O Código do consumidor, como se verá, superou essa clássica distinção entre responsabilidade contratual e extracontratual no que respeita à responsabilidade do fornecedor de produtos e serviços. Ao equiparar ao consumidor todas as vítimas do acidente de consumo (CDC, art. 17), submeteu a responsabilidade do fornecedor a um tratamento unitário, tendo em vista que o fundamento dessa responsabilidade é a violação do dever de segurança — o defeito do produto ou serviço lançado no mercado e que, numa relação de consumo, contratual ou não, dá causa a um acidente de consumo." (CAVALIERI FILHO, Sérgio. *Programa de responsabilidade civil*, p. 33).

317 STOCCO, Rui. *Tratado de responsabilidade civil*: doutrina e jurisprudência. 7. ed. São Paulo: Revista dos Tribunais, 2007. p. 140.

318 SOUZA, Antonio Pedro Garcia de. *Redes empresariais*. São Paulo: Quartier Latin, 2021.

319 ZANETTI, Cristiano de Sousa. *Direito contratual contemporâneo: A liberdade contratual e sua fragmentação*. São Paulo: Método, 2008. p. 274.

acerca dos vícios do produto não podem ser tratadas da mesma forma em uma relação de consumo, como a compra de um refrigerador, e em sofisticado contrato internacional de venda de equipamentos de alta tecnologia entre grandes empresas. Portanto, embora seja identificada uma tendência, não é possível tomar de maneira generalizada a aplicação do regime de responsabilidade aquiliana para qualquer hipótese de vício do produto.

Louis Josserand afasta a primeira hipótese e declara sua posição pela contratualização da responsabilidade. Caso se trate de mesma relação jurídica, uma parte não pode ser tomada como terceiro a ela estranha.

> "As duas qualidades de partes contratantes e terceiros são inconciliáveis, do momento em que se entra na primeira categoria, retira-se da segunda: um contratante não é terceiro e também contratante, da mesma maneira que um francês não é um estrangeiro e também um francês".[320]

Como consequência, para Louis Josserand, a responsabilidade contratual "caça" (*chasse*) de pleno direito a responsabilidade delitual.[321] Rejeita, ainda, a teoria da opção, bem como a da cumulação, pela qual o lesado poderia colher, dentre os diversos mecanismos de proteção das vítimas, as formas mais adequadas em ambos os regimes, como, por exemplo, a reversão do ônus da prova sob a responsabilidade contratual e o princípio do dano integral da responsabilidade aquiliana,

---

320 Tradução livre do autor para o seguinte original: "Le deux qualités de parties contractantes et de tiers sont inconciliables; du moment qu'on entre dans la premiéres catégorie, on sort de la deuxième: un contractant n'est pas un tiers plus un contractant, de même qu'un Français n'est pas un étranger plus un Français." (JOSSERAND, Louis. *Cours de droit civil positif français*, p. 258).

321 Como se o regime da responsabilidade contratual tivesse *forza assorbente* (SCOGNAMIGLIO, Renato. *Responsabilitá civile e danno*, p. 10).

sem qualquer consideração às restrições ou conformações da responsabilidade previstas no contrato. Para o autor, essas consequências das teorias da opção e da cumulação equivalem à sua própria condenação definitiva.[322] Ademais, a jurisprudência francesa já teria se inclinado pelo princípio da não cumulação uma vez que as regras da responsabilidade aquiliana seriam destinadas a terceiros e não a partes contratantes.

Esse fenômeno da "caça" a que alude Louis Josserand pode ser melhor explicado pelo argumento apontado por C. Massimo Bianca, de que, segundo a tese contrária ao concurso, prevalece a responsabilidade contratual em face de seu caráter específico acerca do regime geral da responsabilidade aquiliana, ou seja, "il diritto del creditore alla prestazione del debitore assorbirebbe la genérica pretesa ad un comportamento non dannoso da parte del debitore medesimo".[323] Nesse sentido, quando as partes, no exercício da autonomia da vontade, decidem regrar contratualmente dada relação de conteúdo patrimonial, essa regulamentação privada deveria prevalecer sobre as normas gerais

---

322 "Le créancier contractuel va pouvoir, à son gré, se placer sur le terrain contractuel ou bien sur le terrain délictuel; il aura le choix entre ces deux attitudes (système de l'option). Mieux que cela, il pourra, s'il y trouve son compte, cumuler le deux positions en prenant à chacune d'elles les avantages qu'elle comporte: ainsi, Grace au contrat, il fera aisément la preuve de son droit, après quoi, Grace au statut délictuel, il exigera une indemnisation complete, englobant tous les dommages qui lui ont été causes, même non prévisibles lors du contrat qu'il mettra de cote a cette fin (système du cumul, Req., 14 déc 1926, D.P, 1927, 1, 105, note critique L. Josserand). Ces conséquence de théorie de l'option e du cumul équivalent à leur condamnation définitive." (JOSSERAND, Louis. *Cours de droit civil positif français*, p. 259.)

323 BIANCA, C. Massimo. *Diritto Civile: La responsabilità*. Milão: Giuffrè, 1994. p. 551. Geneviève Viney, ao explicar o princípio da não cumulação, prevalecente na jurisprudência francesa, aponta para essa mesma direção: "Souvent, lorsque la règle du 'non cumul' é invoquée c'est seulement por faire prévaloir certaines particularités du regime de la responsabilité contractuelle." (VINEY, Geneviève. *Introduction à la responsabilité*, p. 617.)

da responsabilidade extracontratual. O mesmo autor, entretanto, no parágrafo seguinte ao da citação, replica que não há, objetivamente, qualquer incompatibilidade entre a tutela de deveres específicos de reparação pelo inadimplemento de prestação determinada e do ressarcimento de danos causados pela violação de dever geral de não prejudicar o outro.[324]

Henri e Leon Mazeaud seguem pela mesma trilha, porém, observam que a jurisprudência francesa, sem mesmo discutir, parece negar dogmaticamente qualquer possibilidade de coexistência entre responsabilidade contratual e delitual, mas que essa conclusão é *singulièrement superficielle.*[325] Como apontam os autores, as mais recentes decisões de seu tempo, declaravam a cumulação impossível em princípio. A violação de um compromisso contratual engendra, exclusivamente, responsabilidade contratual, de maneira que, para haver cumulação, deve ocorrer uma infração danosa distinta, ou seja, o dano causado por esse ato deveria ter existência independentemente do contrato.

---

324 "A tale argomento può però replicarsi che non vi è obiettiva incompatibilità tra la tutela specifica di un interesse tramite un rapporto obbligatorio e la tutela generica tramite il dovere di salvaguardia altrui nella vita di relazione. Appare quindi giustificata la soluzione — già accolta dalle fonti romane e seguita della nostra giurisprudenza — che ammete la possibilitá del concorso tra responsabilitá contrattuale ed extracontrattuale, lasciando al dannegiato facaltà di agire in via contrattuale o in via extracontrattuale." (BIANCA, C. Massimo. *Diritto Civil: La responsabilità,* p. 552-553.)

325 "Beaucoup d'arrêts pourtant, sans même la discuter, paraissent nier dogmatiquement toute coexistence des responsabilités contractuelle et délictuelle, entre le mêmes personnes, sauf à excepter parfois, dans leurs motifs, les cas de dol de la partie en faute, ou celui d'infraction pénale. Ainsi, l'examen trop rapide de la jurisprudence pourrait faire conclu au rejet, par les tribunaux, de tout cumul des deux reponsabilités. Cette conclusion serait, en realité, singulièrement superficielle." (MAZEAUD, Henri; MAZEAUD, Leon. *Traité théorique et pratique de la responsabilité,* p. 193-194.)

Creem os autores que, de modo geral, o simples dever de não causar prejuízo a outrem — o que na ausência de um contrato daria origem à responsabilidade extracontratual — é absorvido pelo contrato, toda vez que a causa do dano resida exclusivamente da inexecução de prestação contratual.[326]

Ao cuidar da questão do dolo, que, por vezes, poderia desqualificar a responsabilidade contratual, Henri e Leon Mazeaud esclarecem que a simples inexecução dolosa do contrato não cria outra responsabilidade, senão a responsabilidade contratual, o mesmo aplicando-se à culpa grave; mas, se o ato doloso vem acompanhado de violência, por exemplo, evento que representa a violação de um dever geral existente independentemente do contrato, os danos dela decorrente não resultam da mera inexecução do contrato.[327]

Não obstante as observações apresentadas, os autores confirmam o princípio da não cumulação, pois a rejeitam toda vez que o dano tenha decorrido da inexecução do contrato, ao mesmo tempo em que, para que ela ocorra, deverá verificar-se um evento cuja causa possa ser totalmente desconectada do inadimplemento, ainda que ínsita ao contexto contratual. Além disso, a propósito das ideias desses autores, Wilson Melo da Silva salienta que eles admitem a possibilidade de as partes avençarem que, no caso de ocorrência de um dano, a responsabilidade seja regida, exclusivamente, pela responsabilidade contratual. Esclarece, no entanto, não ser vedado às partes estipularem que ficará a critério da vítima optar por um regime ou outro. Na esteira desse raciocínio, Henri

---

326 "Et d'abord, nous croyons que, d'une façon génerale, le simple devoir de ne pas nuire à autrui, bien qu'il puísse, en l'absence de tout contrat, fonder une responsabilité délictuelle, est recouvert et aborsobé par le contrat, toutes les fois que la cause du dommage réside exclusivement dans l'inexecution d'un engagement contractual." (*Ibidem*, p. 201.)

327 *Ibidem*, p. 202.

e Leon Mazeaud teriam admitido a hipótese do *cúmulo*, quando assim tenham as partes pactuado, expressa ou implicitamente.[328]

Geneviève Viney, igualmente, aponta exceções criadas pela jurisprudência, como o comportamento doloso e a eventual responsabilidade criminal resultante da inexecução do contrato — condenação criminal em um acidente no caso de transporte de pessoas, por exemplo —, mas ressalta o apego da doutrina francesa ao princípio da não cumulação, pelas mesmas razões já indicadas há décadas por autores como Louis Josserand.[329] Solução que, reconhece François Chabas, mostra-se desfavorável às vítimas, pois lhes nega a opção pela via que melhor atenda aos seus interesses.[330]

---

328 MELO DA SILVA, Wilson. *Da responsabilidade civil automobilística*. 5. ed. São Paulo: Saraiva, 1988. p. 53.

329 "La doctrine française s'est, en revanche, rapidement orientée, dans sa grande majorité, vers la thèse dite du 'non cumul'. D'après elle, responsabilité contractuelle et responsabilité delictuelle sont des instituitions distinctes quoique complémentaires qui ne sont pas directement em concurrence car elles s'appliquent à des objets différents: l'une sanctionne em effet l'inexecution des obligations contractuelles et l'autre celle des règles de conduite d'origine légale, réglementaire e jurisprudentielle. Le problème ne saurait donc se résoudre par l'affirmation de la supériorité de l'un des deux systèmes sur l'autre, mais par la détermination de leurs domaines d'application respectifs. Entre outre, ces auteurs ont fait valoir que le prétendu caractere 'd'ordre public' de la responsabilité délictuelle n'est nullement établi. Mais, surtout les partisans du 'non-cumul' se sont appuyés sur le fait que l'extension des articles 1382 et suivants dans le domaine soumis à l'emprire des règles contractuelles risque de tenir celles-ci em échec. Or, comme le particulisme du regime de responsabilité destine à sanctionner l'inobservation des obligations contractuelles est en príncipe fondé sur le souci de proteger la convention elle-même, son elimination au profit des règles délictuelles apparaît incompatible non seulement avec le respect dû à la loi, mais aussi avec celui du contrat." (VINEY, Geneviève. *Introduction à la responsabilité*, p. 612-613.)

330 CHABAS, François. *Leçons de droit civil: Obligations, théorie générale*, p. 404.

Enquanto doutrina e jurisprudência francesas firmam-se pela não cumulação, o oposto tem sido a regra na maioria dos ordenamentos jurídicos, seja de tradição da *civil* ou da *common law*.

A hipótese prevista no item (b), qual seja, não cumulação, prevalecendo a responsabilidade contratual, é mencionada por Louis Josserand como a evidência da não cumulação, pois não seria possível a escolha do que melhor aprouvesse à vítima nos dois regimes de responsabilidade e, de fato, o próprio emprego da palavra cumulação tem sido criticado, porque, na verdade, o que se discute é uma *opção* entre os dois regimes.[331] De acordo com Renato Scognamiglio, deve-se propender pela solução de que o autor poderá valer-se de uma ou outra ação e não de uma *inammissibile combinazione* (hipótese "c"), que o autor se confessa tentado a chamar de *contaminazione* de institutos e normas diversas.[332] Opinião compartilhada por Pietro Trimarchi, ao observar que a jurisprudência italiana tem seguido pela admissibilidade da opção da vítima entre a ação fundada na responsabilidade ou contratual ou extracontratual.[333] O autor ressalva, no entanto, a possibilidade de se

331 "La thèse affirmative est généralement nommée thèse du 'cumul' de deux ordres de responsabilités. Le terme est mal choisi. Il ne s'agit sûrement pas de permettre à la victime d'intenter deux actions, ni même, dans une action unique, de cumuler des règles empruntées à l'une et l'autre reponsabilité. Ils s'agit seulement de savoir si elle peut *choisir* entre l'action en responsabilité contractuelle et l'action em responsabilité délictuelle, ou si elle contrainte de se prévaloir de règles contractuelles. Le problème est d'une option, non d'un cumul." (CHABAS, François. *Leçons de droit civil*: obligations, théorie générale, p. 402.) No mesmo sentido, C. Massimo Bianca, ao notar que se admite "la possibilita del concorso tra responsabilità contrattuale ed extracontratualle, lasciando al danneggiato facoltà di agire in via contratuale o in via extracontrattuale" (BIANCA, C. Massimo. *Diritto Civile: La responsabilità*, p. 552-553).

332 SCOGNAMIGLIO, Renato. *Responsabilità civile e danno*, p. 111.

333 "Vi sono situazioni particolari nelle quali il fatto dannoso può essere considerato sai come illecito extracontrattuale, sia come inadempimento contrattuale. Se,

admitir significado extensivo que destaque a concomitância da *fattispecie* de inadimplemento da obrigação e do dano aquiliano.[334] Hipótese, na verdade, equiparada àquela proposta por Henri e Leon Mazeaud ao se referirem à existência do inadimplemento acompanhado de violência, em que seria razoável que, mesmo feita a opção por uma via ou outra na mesma ação, tenhamos investigado o fundamento da responsabilidade contratual e aquiliana, aplicando-se o regime próprio para cada um deles.

Conforme C. Massimo Bianca, no *concorso* entre responsabilidades, o interessado decide entre fazer valer a responsabilidade civil contratual ou extracontratual e o juiz, então, deveria aplicar uma ou outra

per esempio, una persona dà in locazione una cosa difettosa tacendone i difetti, e questa ferisce il condutore, o danneggia altri Beni di questo, il comportamento del locatore costituisce al tempo stesso violazione del dovere generale di non ledere la persona o i beni altrui e inadempimento dell'obbligo contrattuale di consegnare una cosa priva di difetti. In ipotesi come questa la giurisprudenza consente al danneggiato di esercitare a sua scelta l'azione di responsabilità contrattuale oppure quella de responsabilità extracontrattuale. Difatti quella può essere più vantaggiosa per certi aspetti, questa per altri." (TRIMARCHI, Pietro. *Istituzioni di Diritto Privato*, p. 360.)

334 "Ma in senso contrário di deve osservare: se nella specie si prospettano due distinti, seppure connessi titoli di responsabilità, e le relativi azioni, no può condividersi la soluzione del mero concorso di norme, come del resto debbono disattendersi le conseguenze profilate di una inammissibile combinazione, e si sarebbe tentati di dire contaminazione, di istituti e norme diverse, da applicarsi indifferentemente di caso in caso. Si deve dunque propendere per l'altra, e soltanto accettabile, costruzione di un concorso di azioni; nel senso più volte rilevato che compete all'attore di proporre l'una o l'altra azione, o addirittura insieme ed alternativamente entrambe le azioni. Salvo ad ammettere che in pratica, e per non restare impigliati in eccessivi formalism, si può bene attribuire un significato estensivo in tal senso alla domanda di responsabilità e condanna ai danni, ove già dalla prospetazzione di fatti, si rilevi la concomitanza della fattispecie di inadimplemento dell'obligazione e di danno aquiliano." (*Ibidem*, p. 111.)

disciplina atendo-se à demanda feita pela parte.[335] Uma vez tomada a decisão, deve ser mantida a via adotada, porém, segundo o mesmo autor, a perda do direito à propositura de uma ação por prescrição não exclui ao lesado o direito de propor outra ação pela qual não se tenha decorrido o prazo prescricional.[336]

A impossibilidade de opção, ademais, conforme Renato Scognamiglio, resultaria em tratamento injusto do lesado contratante em relação a terceiros, não se compreendendo a razão pela qual a parte contratante teria negada a si a via da responsabilidade extracontratual, se esta lhe for mais benéfica, quando um terceiro prejudicado em razão do contrato teria o benefício da ação aquiliana previsto na lei.[337]

---

335 "La soluzione è coerente com l'idea che il concorso tra responsabilità contrattuale e responsabilità extracontrattuale repprsenta un concorso di norme, la cui applicazione è rimessa allo stesso interessato. Attaverso l'esercizio dell'azione l'interessato decide di far valere la responsabilità contrattuale o quella extracontrattuale. Il giudice applicherà l'una o l'altra disciplina atendosi allo domanda di parte." (BIANCA, C. Massimo. *Diritto Civile: La responsabilità*, v. 5, p. 553.) Francesco Galgano expressa opinião semelhante: "É senza discussione ammesso, com si dirá più oltre, il *concorso* o cumulo delle due azioni: l'azione extracontrattuale può essere esercitata ache da chi abbia, verso il danneggiante, azione contrattuale. Il fatto produtttivo di danno può, infatti, venire in considerazione sia come inadempimento di una obbligazione contrattuale, sia come illecito aquiliano. Il danneggiato exerciterà la prima, anziché la seconda, se quest'ultima si è prescritta, l'azione contrattuale essendo di regola sottoposta ad un termine di prescrizione molto inferiore." (GALGANO, Francesco. *I fatti illeciti*, p. 82.)

336 BIANCA, C. Massimo, *op. cit.*, p. 553.

337 "Neppure persuadono del tutto gli argomenti empirici, seppure significativi, che soltanto com il cumulo delle azioni il leso può realizzare per intero il resarcimento del danno; e di nuovo che il contratante no può essere trattato peggio dell'straneo, con diniego dei benefici (eventuali) dell'azioni aquiliana. La ragione di fondo ci pare piuttosto un'altra, già trapelata forse dalle precedenti considerazioni: che, se nella specie ricorrono ad un tempo i presupposti della responsabilità per inadempiemento e di quella aquiliana, no si comprende perché la vitima no possa scegliere tra la sua pretesa como creditore a realizzare

Nos países de tradição da *common law*, a questão também é controversa. No caso *Hall v. Brooklands Auto-Racing Club*, citado por David Yates, a Corte entendeu que, quando o réu tem a proteção sob o contrato, não será permissível desconsiderá-lo e alegar uma responsabilidade mais ampla fundada na responsabilidade extracontratutal (*tort*).[338] Porém, é clara a possibilidade de incidência de responsabilidade contratual e extracontratual em uma mesma relação obrigacional, pois, no contexto de aplicação da cláusula de limitação de responsabilidade, os tribunais tendem a interpretar que esta somente poderá ser invocada se destinada também a cobrir a hipótese de *tort*. Ou seja, na hipótese de não ser prevista a limitação da responsabilidade também em caso de *tort*, a cláusula poderá ter efeito sobre o inadimplemento (*breach of contract*), porém não alcançará os danos decorrentes de *neglicence*.[339]

Em Portugal, Ana Prata, pondera que a distinção entre responsabilidade contratual e extracontratual "não constitui obstáculo a que o lesado se socorra da tutela da responsabilidade delitual, sempre que a violação de uma obrigação contratual constitua ilícito extracontratual [...] não se preclude o recurso à *liability in tort*".[340]

A doutrina e a jurisprudência brasileiras perfilham-se, sem sombra de dúvida, com a corrente majoritária dos ordenamentos jurídicos, admitindo a cumulação da responsabilidade contratual e extracontratual.

---

l'interesse dedotto in obbligazione, e l'azione di risarcimento, che, anche a prescidere dal vincolo obbligatorio, la legge gli attribuisce per il danno ingiusto supportato." (SCOGNAMIGLIO, Renato. *Responsabilità civile e danno*, p. 110.)

338 YATES, David. *Exclusion clauses in contracts*, p. 141.

339 LAWSON, Richard. *Exclusion clauses and unfair contract terms*, p. 42-43.

340 PRATA, Ana. *Cláusulas de exclusão e limitação de responsabilidade contratual*, p. 247-248.

José de Aguiar Dias admite a cumulação no sentido de opção entre uma via e outra (hipótese "d" apresentada) e, a exemplo dos autores italianos citados, entende que a adoção de uma via não deverá implicar renúncia à outra. O autor, ao criticar a aplicação rigorosa da regra *electa uma via, non datur recursum ad alteram*, assim se manifesta: "é aconselhável que o juiz não prejudique o seu direito, repelindo a ação, levando exclusivamente pelo defeituoso estabelecimento da relação jurídica, isso é claro, quando se possa fazer sem prejuízo da defesa".[341] No mesmo sentido, Wilson Melo da Silva não vê como se opor à tese da opção das responsabilidades, pois, em matéria de reparação de danos, "o que se tem procurado com empenho, até onde o permita a equidade, em questões que envolvam reparações por prejuízos ou danos é, tanto quanto possível e sempre que possível, a melhoria da situação da vítima".[342]

Entendemos que, admitida a cumulação, devem ser feitas algumas distinções:

(a) *cumulação entendida como opção*: hipótese que dá ensejo a que o lesado escolha entre o regime da responsabilidade contratual ou extracontratual;

(b) *renúncia à via não escolhida*: admitida a opção, cabe indagar se a opção por uma via significa renúncia à outra, resposta que, pela doutrina majoritária, pende pela negativa, ou seja, o lesado poderá, dentro do prazo prescricional, pleitear a reparação pela via alternativa, caso uma

341 AGUIAR DIAS, José de. *Da responsabilidade civil*. 9. ed. Rio de Janeiro: Forense, 1994. v. I, p. 130.

342 MELO DA SILVA, Wilson. *Da responsabilidade civil automobilística*, p. 57.

delas se extinga, como pela prescrição[343] — esse é o entendimento de José de Aguiar Dias;[344]

(c) *cumulação de pedidos fundados em responsabilidade aquiliana e contratual sob a mesma ação*: nesse caso, demonstra ter razão Renato Scognamiglio, ou seja, não se pode admitir que o ressarcimento pelo mesmo dano, ou sob o mesmo fundamento, seja pleiteado sob diferentes regimes, porém, em uma mesma ação é possível identificar-se o ressarcimento de um dano decorrente do inadimplemento e outro decorrente de uma responsabilidade extracontratual, verificando-se, nas palavras do autor, "la concomitanza della fattispecie di inadempiemento dell'obligationze e di danno aquiliano".[345]

O Superior Tribunal de Justiça já teve algumas oportunidades de manifestar-se acerca da possibilidade de cumulação de pedidos concernentes a danos ocorridos em uma relação contratual e tendo fundamentos diversos, declarando não haver impossibilidade jurídica do pedido de indenização que cumule inadimplemento contratual e ilícito extracontratual.[346] Nos casos consultados, o que se discute

343 No Brasil, a questão da prescrição deixa de ter maior relevo, tendo em vista que o artigo 206, inciso V, do Código Civil atribui o prazo prescricional de três anos para "reparação civil", sem que se tenha feito a distinção entre a responsabilidade contratual e a extracontratual.

344 AGUIAR DIAS, José de. *Da responsabilidade civil.*

345 SCOGNAMIGLIO, Renato. *Responsabilità civile e danno*, p. 110.

346 No Recurso Especial nº 618.138 - SP, o Min. Carlos Alberto Menezes Direito assim se pronunciou: "Está em precedente desta Corte que a vítima pode acionar diretamente contra a seguradora e contra o causador do acidente, irrelevante que o contrato de seguro envolva apenas este último (REsp nº 228.840/RS, de minha relatoria, DJ de 4/9/2000). No presente feito, o pedido é para a seguradora da autora e para o causador do dano do acidente. Mas não se pode afirmar que a cumulação dos pedidos seja juridicamente impossível, porque não há incompatibilidade ao exame no ordenamento jurídico. Veja-se, ainda, o precedente

é o pedido de danos contra partes diversas e cumulativos, como a cobrança da cobertura securitária (fundamento contratual) e o ressarcimento do causador do dano. Temos, portanto, dois pedidos, um referente ao pagamento da cobertura do seguro e outro aos danos não cobertos. Não se trata de pleitear uma mesma compensação sobre dois regimes diferentes.

O Tribunal de Justiça de São Paulo proferiu acórdão em Agravo de Instrumento no qual asseverou que:

> "O indeferimento da petição inicial quanto a este tópico, portanto, foi correto. Ressalte-se que o ilícito extracontratual, para gerar responsabilidade civil, tem requisitos próprios, como a comprovação do prejuízo, do nexo de causalidade e da culpa ou do dolo da parte contrária. A indenização, por sua vez, deve refletir a extensão do dano, a não ser em casos excepcionais. O inadimplemento contratual, por outro lado, presume-se culposo e gera a responsabilidade pelo que se perdeu e pelo que se deixou de lucrar em razão dele. É analisado em função do contrato e de acordo com os seus termos. Como bem asseverou a MM Juíza *a quo*, 'não pode o descumprimento contratual (salvo em excepcionalíssimas hipóteses) resultar em culpa contratual e também culpa aquiliana', sob pena de se responsabilizar duplamente a parte pelo mesmo fato, configurando-se inaceitável *bis in idem*."[347]

De outro lado, em decisão mais recente, ao analisar caso de abalroamento de aeronave, o Superior Tribunal de Justiça admitiu que "Nessa ordem de ideias, diante da perspectiva conceitual ampla de abalroamento

---

específico da Corte que admite a cumulação do pedido de indenização por inadimplemento de contrato e de ilícito contratual (RSTJ 55/271). No mesmo sentido, REsp. 221336/MG e REsp. 00038922-4/SP.

347 Agravo de Instrumento 1263986-0/6.

aéreo, poderão emergir, inclusive no mesmo evento danoso, diferentes regimes de responsabilidade: a contratual e a extracontratual". A decisão socorre-se de ensinamentos de Marco Fábio Morsello: "no âmbito da relação entre o explorador da aeronave envolvida em abalroamento e seus usuários, bagagens e mercadorias transportados, não há como desnaturar a existência de responsabilidade contratual [...] No entanto, emergem ulteriores situações derivadas de abalroamento aéreo, com especial destaque, e.g., para os danos causados à aeronave abalroada, que se escudarão em responsabilidade extracontratual. O mesmo se diga quanto a passageiros, bagagens e mercadorias transportadas na referida aeronave, em relação àquela causadora do abalroamento".[348]

Pode-se, então, concluir que, no Brasil, admite-se a cumulação da responsabilidade contratual e extracontratual, no sentido de que uma não exclui a outra, tomando-se a cumulação sob o caráter de opção ao lesado. Também, segundo melhor doutrina, a escolha por uma via não importa em renúncia à outra, porém, o que não se admite é apoiar o mesmo pedido sob o duplo fundamento (*bis in idem*), tal como decidido com acerto no acórdão transcrito.

Essa posição demonstra ser adequada e prudente, pois, de um lado, a exemplo de toda a evolução da responsabilidade civil, aponta para o alargamento dos meios de reparação da vítima e, de outro, previne o abuso do *bis in idem* referido.

Percorrido o caminho pelo qual procuramos evidenciar que é possível a estipulação de cláusulas de exclusão e de limitação de responsabilidade em matéria extracontratual, ao mesmo tempo em que é possível a cumulação de responsabilidades, torna-se forçoso reconhecermos que, havendo o concurso de responsabilidade contratual e extracontratual,

---

348 RECURSO ESPECIAL Nº 1.414.803 - SC (2013/0353466-5), relator: Luiz Felipe Salomão, Dje, 04 de junho de 2021.

a cláusula de não indenizar poderá, em uma relação contratual, afastar a responsabilidade, seja qual for o seu fundamento (contratual ou extracontratual)[349].

349 Esta é a conclusão de Carlos Alberto Mota Pinto: "tratando-se de uma situação geradora de um concurso de responsabilidades, a cláusula de exclusão afastará, em princípio, a obrigação de indemnização seja qual o fundamento (contratual ou extracontratual) invocado, desde que se apure, por via hermenêutica, que se trata de um facto ilícito coberto pela mesma cláusula de exclusão" (PINTO, Carlos Alberto da Mota. *Teoria geral do Direito Civil*. 4. ed. Coimbra: Coimbra, 2005. p. 604).

CAPÍTULO 4

CONTRATOS POR ADESÃO

4.1 A racionalidade dos contratos por adesão e o controle das cláusulas abusivas

As cláusulas de não indenizar são comuns nos contratos por adesão, sendo a redução ou eliminação da responsabilidade contratual um dos principais objetivos do empresário ao estipular previamente as condições gerais de seus negócios, motivo pelo qual iniciaremos nossa análise por esse modo de contratação.

É importante notar que mesmo o Código de Defesa do Consumidor não retira do empresário esse instrumento poderoso de racionalização da atividade econômica. O que faz o legislador é definir limites ou controles de natureza formal e substancial: de um lado, procurando proteger a vontade, ao assegurar um nível adequado de informação ao consumidor e, de outro, preservando o equilíbrio das prestações e dos deveres das partes, ao interferir no conteúdo do contrato.

Na literatura jurídica podemos encontrar as expressões contratos de adesão e contratos por adesão, por vezes tomada como sinônimas. O Código Civil brasileiro, no artigo 424 refere-se a contratos *de adesão* ao declarar nulas as cláusulas que representem renúncia antecipada a direito resultante da natureza do negócio. Esta expressão parece enfatizar o conteúdo pré-definido do contrato pela parte que tem o poder de fazê-lo, daí o controle sobre o seu conteúdo. De outro lado, a expressão *por adesão* ressalta o modo de sua formação, pela qual alguém adere a condições estabelecidas por aquele que as estipula previamente. Vamos nos utilizar da expressão contratos de adesão, sendo esta a terminologia do Código.

De maneira geral, o contrato por adesão é definido como aquele pelo qual o fornecedor, exercendo seu poder econômico, predispõe os termos e condições de contratos que pretende celebrar em série com consumidores que, simplesmente, aderem a essas condições, sem possibilidade de negociação.[350]

É preciso, no entanto, avaliar cada um dos termos dessa definição.

Em primeiro lugar, a definição apresentada corresponde ao contrato de adesão nas relações de consumo, pois é evidente que esse modo de contratação pode ser celebrado entre partes que não se qualificam como fornecedores e consumidores. Aliás, o artigo 424 do Código Civil cuida, exatamente, dos contratos de adesão fora desse contexto.

Outro aspecto importante diz respeito ao poder econômico do predisponente. Esse não é elemento que necessariamente deva estar presente em contratos de adesão.[351] Podemos imaginar com facilidade, que uma grande empresa como a Petrobras, por exemplo, poderá submeter-se a

---

350 Cláudia Lima Marques o define como "aquele cujas cláusulas são preestabelecidas unilateralmente pelo parceiro contratual economicamente mais forte (fornecedor), *ne variatur*, isto é, sem que o outro parceiro (consumidor) possa discutir ou modificar substancialmente o conteúdo do contrato escrito" (MARQUES, Cláudia Lima. *Contratos no Código de Defesa do Consumidor*, p. 8).

351 Rodolfo Sacco e Giorgio de Nova observam que: "Non è necessario che l'aderente sia, sul piano econômico, in posizione di inferiorità rispetto al predisponente, è necessario però che la conclusione del contratto non a seguito di trattative, ma per adesione, contituisca um pericolo per l'aderente." (SACCO, Rodolfo; DE NOVA, Giorgio. *Il contratto*, p. 366).

condições gerais pré-estipuladas por empresa de desenvolvimento de *software*, tenha ela poder econômico equivalente ou não.

Nesse sentido, a hipossuficiência não é elemento essencial para a definição do contrato de adesão. Poderíamos pensar em vulnerabilidade técnica, porém, muitas grandes empresas dispõem de departamento de engenharia para orientar suas contratações. Por consequência, esse também não é elemento necessário à definição.

Além disso, o uso da internet expõe consumidores e fornecedores aos riscos relacionados a serviços ou aquisição de bens em qualquer parte do planeta. Um mesmo produto pode ser utilizado por alguém em um país regido pelas tradições muçulmanas ou sob as disposições do Código de Obrigações da Suíça. Portanto, a predisposição de termos e condições em um contrato pode ser resultado da necessidade de proteção do próprio fornecedor.

Também não nos parece que o contrato de adesão deva ser conceituado em função de sua aplicação a uma série indefinida de operações econômicas. Essa é concepção presa ao contexto no qual surgiram as primeiras manifestações do contrato de adesão. A produção em massa, característica do processo de industrialização, tinha como consequência necessária a contratação em série, sendo indispensável ao empresário predispor condições uniformes de contratação que assegurassem uniformidade e racionalização do exercício da atividade econômica.

A nosso ver, as cláusulas contratuais podem ser estabelecidas previamente por apenas uma parte para uma única ou para uma série indefinida de operações econômicas.[352] Talvez neste sentido, caberia

---

352 De maneira geral, os autores referem-se aos contratos por adesão como sinônimos de contratos *standard* (cf. ROPPO, Enzo. *O contrato*, p. 312). Ricardo Luis Lorenzetti assinala que o Projeto de Reforma do Código Civil argentino de 1998 trata separadamente os contratos por adesão e os *contratos predispuestos*. O projeto define o primeiro como "aquel cuyas estipulaciones han sido

melhor a expressão contrato *por adesão*, ressaltando mais o modo de sua formação do que a característica típica dos contratos de adesão que se caracterizam pela estipulação de condições gerais para série indefinida de contratos.

Além disso, temos de notar que a impossibilidade de negociação não é absoluta; aliás, o próprio Código de Defesa do Consumidor determina que a inserção de cláusulas adicionais em formulários não lhe retira a natureza de contrato de adesão.[353] Notemos ainda que, como regra de interpretação, as cláusulas inseridas pelas partes prevalecem sobre cláusulas impressas, reforçando o mesmo argumento.

Feitas essas considerações, inferimos que o contrato por adesão, antes de constituir tipo ou modalidade de contrato, é uma maneira de formação, pelo qual alguém adere a condições prestabelecidas pela outra parte. Esse modo de contratação tem, como já demonstrado por Enzo Roppo,[354] muitas vantagens que servem à racionalização da atividade econômica.

---

determinadas unilateralmente por alguna de las partes" e o segundo como "las cláusulas predispuestas por alguna de las partes, con alcance general y para ser utilizadas en futuros contratos particulares, sea que estén incluídas en el instrumento del contrato o en otro separado". Portanto, o projeto distingue com clareza entre o modo de formação do contrato (mediante adesão) do conteúdo a que se adere. (LORENZETTI, Ricardo Luis. *Tratado de los contratos* — parte general. Buenos Aires: Rubinzal-Culzoni, 2004. p. 63.)

353 Art. 54, § 1º — "A inserção de cláusula no formulário não desfigura a natureza de adesão do contrato".

354 "Por todas estas razões, não há dúvida de que o emprego difundido de contratos standard constitui produto ineliminável da moderna organização da produção e dos mercados, na exacta medida em que funciona como decisivo factor de racionalização e de economicidade da actuação empresarial. Um resultado deste género é certamente desejável em si e por si." (ROPPO, Enzo, *op. cit.*, p. 316.)

Embora o contrato de adesão não seja, necessariamente, a expressão de poder econômico, é evidente que o predisponente se encontra em posição de vantagem ao definir de modo unilateral o conteúdo do contrato. De toda sorte, sendo mecanismo de proteção ou de exercício de poder econômico, essas cláusulas, em rigor, tendem a ser mais favoráveis àquele que as criou, justificando-se, portanto, o controle sobre o seu conteúdo.

Seja qual for a motivação, é frequente o abuso na utilização desse instrumento de contratação, cabendo ao legislador e ao juiz identificar as condições que legitimamente assegurem a racionalização da atividade econômica e extirpar aquelas condições que coloquem o aderente em posição desequilibrada na relação contratual, seja no tocante ao sinalagma das prestações recíprocas, seja no que tange ao equilíbrio das condições acessórias do contrato.

Em se tratando de consumo, diversas legislações passaram a controlar o conteúdo das relações. O legislador alemão estabeleceu listas de condições que poderiam comprometer o equilíbrio contratual em prejuízo do consumidor nos contratos que não tenham sido especificamente negociados. São as chamadas listas negra e cinza. A lista cinza enumera hipóteses em que a disposição contratual não negociada deverá ficar sujeita ao critério de razoabilidade e aos ditames da boa-fé — BGB, § 307 e 308 (1). A lista negra inclui convenções inválidas de pleno direito — § 309, com a cláusula de exclusão ou de limitação de responsabilidade em caso de morte ou lesão e decorrente de dolo e culpa grave (item 7, "a" e "b"). Não terão, portanto, qualquer eficácia perante o consumidor.

Na França, a legislação não definiu um rol de cláusulas nulas ou inválidas. O critério para a invalidade está associado ao abuso de poder econômico e vantagem excessiva para o predisponente. Embora não exista lista definida pela lei, há enumeração elaborada administrativamente que, embora não seja vinculante para o juiz, serve de guia para sua interpretação caso a caso.[355]

No Reino Unido, a legislação também trata dos contratos que não tenham sido especificamente negociados (*where the said term has not been individually negotiated*) e estabelece critério de justiça contratual e razoabilidade (*fair and reasonable*). O Schedule 2 do Unfair Terms of Consumer Contracts Act enumera lista indicativa e ilustrativa de cláusulas que podem ser consideradas *unfair* e, encabeçando

355 Paolisa Nebbia, ao examinar as diversas legislações europeias, faz as seguintes ponderações sobre a França: "According to the pre-directive test of fairness, a term was unfair if it seems to be imposed on the non-professional by an abuse of the economic power (abus de las puissance économique) of the other party, to which it confers an excessive advantage (avantage excessif) [...] The Conseil d'Etat was in charge, upon consultation with a Commission for Unfair Terms of issuing secondary legislation (décrets) containing lists of terms that were prohibited. This turned to be a failure: only one list containing three terms (one of which was then struck down by the Conseil d'Etat) was issued. The Commission for Unfair Terms also issued (and still does so) recommendations containing lists of potentially unfair terms but these are not binding: however, judges often refer to such recommendations in order to decide whether a term is fair or not." (NEBBIA, Paolisa. *Unfair contract terms in European Law.* Oxford, UK: Hart Publishing, 2007. p. 27). Em tradução livre: "Segundo o critério pré-diretivo de equidade, uma cláusula era abusiva se parecesse imposta ao não profissional por um abuso do poder econômico (abus de las puissance économique) da outra parte, à qual confere uma vantagem excessiva (avantage excessif) [...] O Conseil d'Etat encarregou-se, mediante consulta a uma Comissão de Termos Abusivos, de emitir legislação secundária (décrets) contendo listas de termos proibidos. Isso acabou sendo um fracasso: apenas uma lista contendo três termos (um dos quais foi então derrubado pelo Conseil d'Etat) foi emitida. A Comissão para Cláusulas Desleais também emitiu (e ainda o faz) recomendações contendo listas de cláusulas potencialmente abusivas, mas estas não são obrigatórias: no entanto, os juízes frequentemente se referem a essas recomendações para decidir se uma cláusula é justa ou não",

a lista, encontram-se as cláusulas de exoneração ou de limitação de responsabilidade.[356]

O legislador brasileiro também adotou a técnica de enumerar as condições julgadas abusivas *per se*, fulminando-as de nulidade de pleno direito. O artigo 51 reúne dezesseis cláusulas reputadas nulas e o primeiro item da lista diz respeito, sem qualquer surpresa, às cláusulas que

> "[...] impossibilitem, exonerem ou atenuem a responsabilidade do fornecedor pelos vícios de qualquer natureza dos produtos e serviços ou impliquem renúncia ou disposição de direitos. Nas relações de consumo entre o fornecedor e o consumidor pessoa jurídica, a indenização poderá ser limitada, em situações justificáveis".

---

356 "Indicative and non exhaustive listo of terms which may be regarded as unfair. 1 Terms which have the object or effect of — (a) excluding or limiting the legal liability of a seller or supplier in the event of the death of a consumer or personal injury to the latter resulting from an act or omission of that seller or supplier; (b) inappropriately excluding or limiting the legal rights of the consumer vis-as-vis the seller or supplier or another party in the event of total or partial non-performance or inadequate performance by the seller or supplier of any of the contractual obligations, including the optionof offsetting a debt owed to the seller or supplier against any claim which the consumer may have against him." Em tradução livre: "Lista indicativa e não exaustiva de cláusulas que podem ser consideradas abusivas. 1 Termos que tenham o objeto ou efeito de — (a) excluir ou limitar a responsabilidade legal de um vendedor ou fornecedor em caso de morte de um consumidor ou dano pessoal a este último resultante de um ato ou omissão desse vendedor ou fornecedor ; (b) excluindo ou limitando indevidamente os direitos legais do consumidor perante o vendedor ou fornecedor ou outra parte em caso de incumprimento total ou parcial ou cumprimento inadequado pelo vendedor ou fornecedor de qualquer uma das obrigações contratuais, incluindo a opção de compensar uma dívida para com o vendedor ou fornecedor contra qualquer reclamação que o consumidor possa ter contra ele."

Um passo adiante e nos vemos diante do Código Civil brasileiro cuidando de relações fora do âmbito de consumo, cujas condições revelam um nível de paternalismo menor do que aquele verificado no Código de Defesa do Consumidor. O Código Civil não reproduz lista de condições julgadas abusivas, mas contém disposições que repelem o abuso.

O artigo 187 consagra regra geral que veda o comportamento abusivo das partes, seja qual for o tipo ou modalidade de contratação.

Os artigos 423 e 424 cuidam dos contratos de adesão, determinando a interpretação em benefício do aderente (interpretação *contra proferentem*) e declarando nulas as cláusulas que estipulem a renúncia antecipada do aderente a direito resultante da natureza do negócio. Temos, portanto, que fora das relações consumeristas há um nível especial de proteção para as partes sob o regime de contratação por adesão, inclusive nas relações entre empresários.

Por fim, a despeito de algumas disposições protetivas em determinados tipos contratuais, como as regras de proteção do passageiro nos contratos de transporte, chegamos ao ponto extremo do nosso espectro, onde partes negociam livremente os contratos que firmam. Nesse caso, embora não exista controle específico sobre determinadas condições contratuais, como a lista do artigo 51 do Código de Defesa do Consumidor, aplica-se a regra geral que previne o abuso de direito (artigo 187), e as partes contratantes deverão observar os preceitos decorrentes da boa-fé, do equilíbrio econômico-financeiro das prestações, da função social do contrato, dos usos e costumes, bem como manter os contratos nos limites da ordem pública.

Em síntese, podemos percorrer um caminho que descreve uma gradação de paternalismo legislativo, segundo as condições de vulnerabilidade das partes envolvidas:

(a) consumidor pessoa física, merecendo uma proteção mais intensa;

(b) consumidor pessoa jurídica, que merece a proteção legal, porém são admitidas determinadas condições, como a limitação de responsabilidade em casos justificáveis;

(c) contratante fora de uma relação de consumo, porém sujeito à condição de mero aderente a condições preestipuladas pela outra parte;

(d) partes que negociam livremente as condições contratuais e, mesmo assim, merecem a proteção contra o abuso de direito. A cada hipótese corresponde certo nível de tutela legislativa, e isso determina, igualmente, o modo pelo qual as cláusulas de limitação e de exoneração de responsabilidade devam ser interpretadas.

4.2 O inciso I do artigo 51

O artigo 51 do Código de Defesa do Consumidor, assim como outros dispositivos esparsos, à falta de uma regra específica sobre as cláusulas de não indenizar, tem sido utilizado como confirmação da validade da cláusula no Brasil, embora o princípio da autonomia da vontade já tivesse servido a esse propósito, conforme demonstrado por autores mais antigos como Adauto Fernandes e José de Aguiar Dias, já na década de 40 do século XX.

Há, ademais, outro aspecto que merece destaque e que será subsídio para a análise do artigo 424 do Código Civil. Exame mais acurado dos termos do artigo 51 possibilita-nos notar que o texto fulmina de nulidade as cláusulas que "impossibilitem, exonerem ou atenuem a responsabilidade do fornecedor por vícios de qualquer natureza dos produtos e serviços *ou* impliquem renúncia ou disposição de direitos. Nas relações de consumo entre o fornecedor e o consumidor-pessoa jurídica, a indenização poderá ser limitada, em situações justificáveis" (grifo nosso).

Vê-se, com clareza, que a lei consumerista faz distinção entre cláusulas pertinentes à responsabilidade e cláusulas que importem em renúncia de direitos. A partícula *ou* não deixa dúvidas quanto a isso. Rizzatto Nunes apresenta de maneira bastante elucidativa e didática a diferença, ao analisar o inciso I do artigo 51:

> "Trataremos da primeira parte, que por sua vez se divide em duas:
> a.1) é nula a cláusula contratual que impossibilite, exonere ou mesmo atenue a responsabilidade do fornecedor por vícios;
> a.2) é nula a cláusula contratual que implique renúncia ou disposição de direitos."[357]

O autor ressalta que a primeira parte está associada às garantias do fornecedor pelos vícios e defeitos dos produtos, tal como já enunciado no artigo 25 do Código do Consumidor e, ao prosseguir, aduz:

> "No que diz respeito à nulidade da cláusula que pretende significar renúncia ou disposição de direitos por parte do consumidor, ela é também nula. São, por exemplo, as cláusulas que desoneram o fornecedor de responder por sua inadimplência contratual, como o atraso na entrega do produto, a renúncia do consumidor por valor adiantado, a obrigação de o consumidor adimplir sem que o fornecedor o tenha feito, etc."[358]

Cláudia Lima Marques, embora não o faça de maneira tão cristalina quanto Rizzato Nunes, segue pela mesma trilha ao comentar o inciso

---

357 NUNES, Rizzatto. *Comentários ao Código de Defesa do Consumidor.* 5. ed. rev., atual. e ampl. São Paulo: Saraiva, 2010. p. 661.

358 *Ibidem*, p. 661.

primeiro do artigo 51. Trata, separadamente, o tema da exoneração e da limitação do dever de indenizar, também em conexão com o artigo 25, evidenciando a repetição da regra como reforço do caráter de ordem pública das normas consumeristas. Assim se manifesta a autora:

> "O inciso I do art. 51 do CDC considera nulas as cláusulas que afastem ou atenuem o direito à garantia por vício do produto e serviço criado pelos arts. 18 e ss. Somente no caso do consumidor ser pessoa jurídica poderá ser limitado o quantum da indenização."[359]

Adiante, a autora cuida em particular da hipótese de renúncia de direitos e pondera:

> "Discutíveis, porém, são as últimas expressões do inciso I, primeira parte, do art. 51. Em uma interpretação literal, a norma afirma que são nulas de pleno direito as cláusulas [...] que impliquem renúncia ou disposição de direitos. A fórmula parece-nos ampla em demasia, logicamente existem direitos disponíveis e indisponíveis, a *ratio* parece ser, que aqueles destacados no CDC são indisponíveis, logo não podem ser objeto de renúncia".[360]

Do mesmo modo, Waldírio Bulgarelli cuidava de maneira distinta das hipóteses de exoneração ou limitação de responsabilidade, vinculadas aos vícios dos produtos ou serviços, e da renúncia de direitos:

> "Note-se que o dispositivo inicial é incisivo na imperatividade da sua linguagem, dando pela nulidade de qualquer disposição que 'impossibilite, exonere ou atenue' a responsabilidade do fornecedor.

---

359 MARQUES, Cláudia Lima. *Contratos no Código de Defesa do Consumidor*, p. 790.

360 *Ibidem*, p. 791.

> Quanto à renúncia ou disposição de direitos por parte do consumidor, a prática comercial vem assinalando como constante nos vários tipos de negócios [...]".[361]

Como exemplo de renúncia, o autor cita a indenização plena com correção monetária de prejuízos, a devolução de sinal ou de prestações já dadas, a impossibilidade de se opor a certas medidas tomadas pelo fornecedor.[362]

Embora alguns dos exemplos possam influenciar o valor da indenização, como o não pagamento de correção monetária ou não devolução de sinal, fica evidente que o autor distingue a exoneração ou atenuação da responsabilidade e a renúncia de direitos.

Para o propósito deste livro, a distinção é muito importante na análise e interpretação do disposto no artigo 424 do Código Civil, o que será levado a cabo no próximo item deste capítulo.

Por derradeiro, ainda quanto ao inciso I do artigo 51, cabe-nos destacar a expressa admissibilidade da limitação de responsabilidade entre pessoas jurídicas, em situações justificáveis. A expressão *situações justificáveis* traz certa insegurança na interpretação da lei, sendo difícil ao intérprete "atinar com o caso específico que teve em vista o Código ao prescrever essa limitação da indenização em casos justificáveis".[363] Rizzatto Nunes propõe dois testes para a atribuição de validade da cláusula:

> "A nosso ver, essa expressão ('situações justificáveis'), que é, de fato, um limite posto à exceção aberta da possibilidade de estipular cláusula

---

361 BULGARELLI, Waldírio. *Questões contratuais no Código de Defesa do Consumidor.* São Paulo: Atlas, 1993. p. 46-47.

362 *Ibidem*, p. 47.

363 BULGARELLI, Waldírio. *Questões contratuais no Código de Defesa do Consumidor*, p. 48.

que, por sua vez, também limite o dever de indenizar, pressupõe duas hipóteses para o atingimento de sua finalidade:

(a) que o tipo de operação de venda e compra de produto ou serviço seja especial, fora do padrão regular de consumo;

(b) que a qualidade do consumidor pessoa jurídica, por sua vez, também justifique uma negociação prévia de cláusula contratual limitadora".[364]

O primeiro teste mostra-se inteiramente pertinente, ou seja, se a lei utiliza a expressão *em casos justificáveis*, isso significa que a cláusula será adotada em circunstâncias especiais, justificando a exceção. Com relação ao segundo, entendemos que bastaria assegurar que a cláusula tenha sido, com efeito, consentida pelo consumidor. A exigência de que a empresa consumidora tenha porte razoável, esta entendida como aquela que mantém corpo jurídico próprio ou pode pagar consultor jurídico, como descreve o autor, não nos parece que deva ser acolhida. Trata-se de critério que somente pode ser avaliado casuisticamente, pois a prática negocial revela que muitos pequenos, médios ou grandes empresários podem defender seus interesses a contento e, muitas vezes, com muito mais acuidade do que alguns advogados. Aliás, o próprio autor reconhece que a questão somente se define na análise do caso concreto, ao notar "que cada caso terá suas peculiaridades, na medida em que a interpretação da norma leva à utilização de conceitos indeterminados que remetem a situações concretas variáveis".[365]

Em suma, as "situações justificáveis" somente poderão ser verificadas pela experiência e análise dos casos específicos. Podemos, simplesmente, apresentar alguns exemplos que, de longe, representam o universo de justificação da cláusula: concessão de desconto especial,

---

364 NUNES, Rizzatto. *Comentários ao Código de Defesa do Consumidor*, p. 418.

365 NUNES, Rizzatto. *Comentários ao Código de Defesa do Consumidor*, p. 419.

em relação à política normal de descontos do fornecedor; o bem ou serviço é *customizado*,[366] segundo especificações da própria empresa consumidora, sendo razoável que as partes compartilhem o risco, mediante cláusula de limitação de responsabilidade; a admissão da cláusula seja imposição de isonomia para as empresas nacionais em concorrência internacional com empresas estrangeiras que somente contratam mediante a limitação de responsabilidade.

4.3 O artigo 424 do Código Civil

Diverso dos Códigos Civis da Itália, de Portugal, da Alemanha e da Suíça, o Código Civil brasileiro não contém norma geral regulando as cláusulas de exoneração e de limitação do dever de indenizar. O artigo 734 é específico para os contratos de transporte.[367] Essa omissão poderia nos levar ao debate de sua validade. A doutrina e a jurisprudência de países como Portugal e Itália já a admitiam dentro de certos limites, fundados em especial no princípio da liberdade de contratar (autonomia da vontade), mesmo antes que o legislador viesse a positivar a regulação dessas convenções.[368]

---

366 Embora se trate de um neologismo, o termo *customizado*, oriundo das áreas de administração e marketing, tem sido consagrado pela prática comercial como algo feito sob medida e segundo especificações dadas pelo comprador ou tomador de serviços. O termo é, ainda, sinônimo de *personalizado*.

367 "Art. 734. O transportador responde pelos danos causados às pessoas transportadas e suas bagagens, salvo motivo de força maior, sendo nula qualquer cláusula excludente da responsabilidade. Parágrafo único. É lícito ao transportador exigir a declaração do valor da bagagem a fim de fixar o limite da indenização."

368 António Pinto Monteiro observa que, na vigência do Código Civil de 1867, anterior ao Código Civil português hodierno, não havia regra específica cuidando do tema e, portanto, considerando-se disposições esparsas no Código,

Nesse sentido, poderíamos invocar os mesmos argumentos para afirmarmos sua validade no ordenamento jurídico brasileiro. Tarefa

---

o autor conclui que "[e]m face destas disposições legais — de per si insuficientes, quiça mesmo contraditórias, em alguns casos —, entendia-se não existirem normas legais seguras para fundamentar a validade das cláusulas de exclusão. Recorria-se, por isso, aos princípios informadores da ordem jurídica que nos rege, destacando-se, de entre eles, o princípio da *autonomia da vontade*, como o fundamento da validade de princípio da cláusula de exclusão" (MONTEIRO, António Pinto. *Cláusulas limitativas e de exclusão de responsabilidade civil*, p. 160). Também Manuel Garcia Amigo deduz a validade das cláusulas fundado no princípio da liberdade de contratar: "De un punto de vista estrictamente jurídico, las limitaciones convencionales de la responsabilidad contractual son posibles gracias al carácter dispositivo de algunas de las normas que disciplinan aquélla. Utilizando los particulares el poder que les reconoce el ordenamiento jurídico de crear normas privadas que regulen sus propias relaciones intersubjectivas, se verifica el interesante fenómeno de adaptación de las instituciones jurídicas a la realidad social; y esto es tanto más importante en cuanto aquel poder normativo se extiende no solamente a las lagunas legales — es decir, cuando el legislador nada haya dicho sobre una relación jurídica nueva o sobre algunos aspectos nuevos de Ella —, sino también cuando, regulada la matéria por el legislador, este haya conferido a sus normas un carácter meramente dispositivo — esto es, cuando las partes puedan contractualmente dejar sin efecto las normas legales para la relación contractual concreta de que se trate. Y, en efecto, de la base ofrecida por el principio de la autonomia de voluntad — que se manifesta aqui como liberdad contractual, la cual permite a los particulares configurar el contenido normativo de su contrato — han surgido dos instituciones que transforman la perspectiva de la responsabilidad contractual en el Derecho moderno: nos referimos concretamente a las cláusulas de limitación de la responsabilidad, de una parte, y, de otra, al seguro de la responsabilidad civil" (GARCIA AMIGO, Manuel. *Cláusulas limitativas de la responsabilidad contractual*, p. 23). C. Massimo Bianca, igualmente, informa que, mesmo antes da edição do artigo 1.229 do atual Código Civil italiano, a velha doutrina já contemplava o princípio contrário à cláusula de irresponsabilidade por dolo — *pactum de dolo non praestando* (BIANCA, C. Massimo. *Diritto Civile: La responsabilità*, p. 397).

que, de resto, foi cumprida por José de Aguiar Dias.[369] Esse expediente, no entanto, é desnecessário, pois o artigo 51 do Código de Defesa do Consumidor, que trata da nulidade das cláusulas abusivas, já se encarregou de afastar quaisquer dúvidas.

Conforme já salientado, é possível identificarmos na legislação brasileira certa gradação no que diz respeito à admissibilidade dessas cláusulas em função das partes contratantes, como uma espécie de modulação do nível de paternalismo do legislador em face da necessidade de proteção da parte débil na relação contratual. É o que se depreende do artigo 51 do Código de Defesa do Consumidor ao declarar a nulidade da cláusula nas relações envolvendo consumidor pessoa física e admitir as cláusulas de limitação de responsabilidade quando o contrato envolver consumidor pessoa jurídica.

Saímos dos limites da relação consumerista, para salientar a importância de examinarmos as relações reguladas pelo Código Civil. Cristiano de Sousa Zanetti aponta uma verdadeira fragmentação do direito contratual, pois no direito brasileiro não há qualquer dúvida de que o Código de Defesa do Consumidor causou um "importante fissura na liberdade contratual".[370] Além disso, prossegue o autor: "Com a edição do Código Civil de 2002, surgiu nova fissura na liberdade

---

369 Segundo José de Aguiar Dias, "A cláusula de irresponsabilidade é, pois, válida, lícita, e tem amplos efeitos de isenção do encargo de reparar, desde que, isoladamente considerada como contrato, reúna as condições pelos princípios comuns para a validade dos atos jurídicos em geral. A cláusula de irresponsabilidade é, por excelência, consagração do princípio da autonomia da vontade ou, mais especificamente, da liberdade contratual, consagrada entre nós até constitucionalmente." (AGUIAR DIAS, José de. *Cláusula de não-indenizar*, p. 61).

370 ZANETTI, Cristiano de Sousa. *Direito contratual contemporâneo*, p. 271.

contratual. Seu artigo 424 impõe sejam preservados os direitos do aderente relacionados com a natureza do contrato concluído."[371]

Reproduzimos aqui o texto legal, pois nos interessa analisar com cuidado os seus termos: "Art. 424. Nos contratos de adesão, são nulas as cláusulas que estipulem a renúncia antecipada do aderente a direito resultante da natureza do negócio".

Em interpretação apressada do referido artigo, poderíamos concluir pela total rejeição das cláusulas de exoneração ou de limitação de responsabilidade, em especial para os defensores de que elas podem descaracterizar o próprio conceito de obrigação. Embora não faça expressa menção ao artigo 424 do Código Civil brasileiro, Carlos Roberto Gonçalves, ao elencar os requisitos da cláusula de não indenizar, mesmo no campo dos contratos não regidos pela legislação consumerista, aponta a igualdade de posição das partes como condição necessária à sua validade e conclui que "tal requisito impede a sua inserção nos contratos de adesão".[372] Entendemos que referida objeção não deve prevalecer.

Já tivemos a oportunidade de observar que, no mundo informatizado moderno, em que contratos são celebrados pela internet, sem que as partes tenham a oportunidade de negociar as condições ou mesmo tenham o controle sobre *quem é a outra parte* — fenômeno de despersonalização das relações e da desmaterialização dos contratos[373] —, não

---

371 *Ibidem, loc. cit.*

372 GONÇALVES, Carlos Roberto. *Responsabilidade civil*, p. 836.

373 "A doutrina européia atual, analisando o uso de máquinas, da televisão e dos meios telemáticos, denuncia que muitos contratos de massa são feito 'em silêncio' ou 'sem diálogo', por coisas, imagens de coisas, palavras ditadas, pré-escritas e outros símbolos visualizados em meios não-perenes e virtuais; atos existenciais, sem real dialética, pela não presença do outro, pela representação do outro através de máquinas e prepostos sem poder, por atos, imagens, números,

há mais que se falar em contratos por adesão somente em cenários de monopólio e poder econômico.[374]

Nesse sentido, valemo-nos das lições de Rodolfo Sacco e Giorgio De Nova, ao ensinarem, com acerto, que, nos contratos por adesão, não é necessário que o aderente, no plano econômico, esteja em posição de inferioridade em relação ao predisponente.[375] No mesmo sentido, Nelson Rosevald, em comentário ao artigo 424 do Código Civil brasileiro, anota: "É forçoso reconhecer que falar em contrato de adesão não implica reconhecimento de abusividade de cláusula. Apesar do desequilíbrio de forças entre estipulante e aderente, um contrato de adesão pode ser equânime e não consubstanciar disposições iníquas".[376]

---

cartões, senhas, visões, toques e clicks deste homem atual, que denominam, ironicamente, não mais *homo loquens*, dada a perda da importância da palavra e sim *homo videns*, em face da importância das sensações e sentidos, do toque à visão para a realização de um contrato [...] Um contrato desumanizado, que beira a auto-suficiência do declarado e construído de tal forma unilateral e prévia no *site* eletrônico ou na máquina colocada em um corredor de escola, auto-suficiência da predisposição declarativa ou material formulada por um fornecedor que não mais se conhece, também despersonalizado e reconhecido talvez apenas pela marca, também um símbolo. Daí a importância de estudarmos nesta quarta edição, os contratos do comércio eletrônico e a desmaterialização dos contratos." (MARQUES, Cláudia Lima. *Contratos no Código de Defesa do Consumidor*, p. 55.)

374 FERNANDES, Wanderley. Contrato de adesão e a racionalização dos processos de produção e contratação. In: LOPEZ, Teresa Ancona; AGUIAR JUNIOR, Ruy Rosado de (Coord.). *Contratos de consumo e atividade econômica*. São Paulo: Saraiva, 2009, p. 107.

375 "Non è necessario che l'aderente sia, sul piano econômico, in posizione di inferiorità rispetto al prediponente, è necessário perà che la conclusione del contratto non a seguito di trattative, ma per adesione, costituisca un pericolo per l'aderente." (SACCO, Rodolfo; NOVA, Giorgio De. *Il contratto*, t. I, p. 366).

376 ROSENVALD, Nelson. *Código Civil comentado: Doutrina e jurisprudência*. 3. ed. Coordenação de Cezar Peluzo. Barueri: Manole, 2009, p. 461.

Entendemos, portanto, que a nulidade da cláusula de exoneração ou de limitação de responsabilidade não pode ser admitida pela sua simples inclusão em um contrato de adesão, sob o fundamento da desigualdade de poder econômico entre as partes.

Nelson Rosenvald, ainda, a despeito de admitir que um contrato de adesão possa não ser, necessariamente, leonino, identifica as cláusulas de exoneração e de limitação de responsabilidade como renúncia a direitos resultantes da natureza do negócio, pois, embora não o diga dessa maneira, cita a cláusula de limitação de responsabilidade como exemplo de cláusula vedada pelo artigo 424.[377] O autor não apresenta argumentos em defesa da tese, o que é natural, pois se trata de obra dedicada a comentários aos artigos do Código Civil. A questão, no entanto, demonstra não ser tão evidente quanto faz parecer o comentário, uma vez que o exemplo de cláusula de limitação de responsabilidade citado por ele é o afastamento da responsabilidade pela evicção, hipótese associada à natureza do contrato de compra e venda. Seria o mesmo verdadeiro se a cláusula de limitação de responsabilidade tivesse a ver com elemento não relacionado à natureza do negócio?

Mostra-se mais ponderada a opinião de Cristiano de Sousa Zanetti. O autor ressalta a importância das cláusulas de exoneração de responsabilidade, comum nos contratos de adesão, porém salienta que, no Código Civil, sob o artigo 424, não existem cláusulas proibidas de modo absoluto, diverso do que ocorre com o Código de Defesa do Consumidor.[378] Segundo o autor: "Nos contratos sujeitos à incidência

---

377 "Basta cogitar de cláusulas de limitação de responsabilidade. Assim, se em um contrato negociado as partes podem, por cláusulas expressas, reduzir ou excluir a responsabilidade pela evicção (art. 449 do CC), o mesmo não acontecerá em contratos por adesão diante da sanção de invalidade prevista no artigo em comento." (*Ibidem*, p. 462.)

378 ZANETTI, Cristiano de Sousa. *Direito contratual contemporâneo: A liberdade contratual e sua fragmentação*, p. 272.

do art. 424, deve-se respeitar a natureza do negócio, o que torna sempre necessário examinar o contrato concluído em concreto. Isso não impede enunciar, todavia, as cláusulas potencialmente inválidas".[379] No último parágrafo de seu livro, Cristiano de Sousa Zanetti faz correta ponderação, ao escrever que se deve buscar o equilíbrio dos direitos e deveres das partes; no Código de Defesa do Consumidor isso se dá pela vedação das cláusulas abusivas e nos contratos de adesão, sob a égide do Código Civil, busca-se preservar a natureza do negócio.[380]

Há outra interpretação que afasta a aplicação do artigo 424 às cláusulas de exoneração e de limitação de responsabilidade, exatamente a partir da ideia de "direito resultante da natureza do negócio". Gustavo Cerqueira se detém sobre a expressão "direito resultante da natureza do negócio" e conclui que esse termo compreende os elementos essenciais e naturais "que juntos permitem caracterizar o tipo de negócio e individualizá-lo na sua entidade concreta".[381] Embora não tenha citado o autor, segue as lições de Antonio Junqueira de Azevedo, que decompõe o negócio jurídico em seus elementos,[382] para identificar o sentido da expressão natureza do negócio. Para Gustavo Cerqueira, a autonomia da vontade permite às partes definir o conteúdo do contrato, podendo afastar certos efeitos próprios a determinados contratos, porém o mesmo não ocorre nos contratos de adesão, pois "esse afastamento não resultaria da negociação, mas da imposição unilateral do

---

379 *Ibidem, loc. cit.*

380 *Ibidem*, p. 278.

381 CERQUEIRA, Gustavo. As garantias e a exclusão de responsabilidade. In: ______. *Direito contratual entre a liberdade e proteção dos interesses e outros artigos alemães-lusitanos*. Coimbra: Almedina, 2008. p. 138.

382 AZEVEDO, Antonio Junqueira de. *Negócio jurídico: Existência, validade e eficácia*. 2. ed. São Paulo: Saraiva, 1986.

predisponente".[383] Examinados os elementos essenciais, ou da natureza do negócio, o autor conclui que "o dever de indenizar não parece poder ser considerado como um desses elementos, porque se trata de efeito do incumprimento imputável".[384] Essa conclusão, a nosso ver, mostra-se acertada, uma vez que o dever de indenizar decorrente do inadimplemento não pode ser qualificado como direito resultante da natureza do negócio, mas efeito comum a todo negócio jurídico.

É pertinente, pois, a comparação dos textos legais. O Código de Defesa do Consumidor veda, de maneira absoluta, o que é natural em uma relação de consumo, as disposições que importem em renúncia de direitos, sem qualquer qualificação. O Código Civil, de sua parte, nos contratos por adesão, não veda qualquer renúncia de direitos, mas daqueles direitos próprios à *natureza do negócio.*

Além disso, poderíamos fazer outra distinção entre as cláusulas de exoneração e de limitação de responsabilidade e aquelas que importem em renúncia de direitos. Conforme assinalado, o exame cuidadoso dos termos do artigo 51, possibilita-nos notar que o texto fulmina de nulidade as cláusulas que

> "[...] impossibilitem, exonerem ou atenuem a responsabilidade do fornecedor por vícios de qualquer natureza dos produtos e serviços *ou* impliquem renúncia ou disposição de direitos. Nas relações de consumo entre o fornecedor e o consumidor-pessoa jurídica, a indenização poderá ser limitada, em situações justificáveis".

Reiteramos, pois, que é cristalina a distinção feita pela lei consumerista entre cláusulas pertinentes à responsabilidade e cláusulas que importem em renúncia de direitos, tal como explorado anteriormente.

---

383 CERQUEIRA, Gustavo, *ibidem*, p. 138.

384 *Ibidem*, p. 138.

Da interpretação de Gustavo Cerqueira, poderíamos inferir que o artigo 424 em nada diz respeito à cláusula de convenção do regime de responsabilidade, já que a responsabilidade é comum a toda obrigação e não poderia ser caracterizada como direito resultante da natureza do negócio específico. Aliás, diverso do Código de Defesa do Consumidor, o Código Civil não faz referência às cláusulas que exonerem ou atenuem a responsabilidade do fornecedor, menciona apenas a renúncia aos direitos decorrentes da natureza do negócio. O Código Civil, portanto, estaria a restringir a liberdade de definição do conteúdo da obrigação, preservando, nos contratos por adesão, os direitos resultantes da natureza do negócio, quais sejam, aqueles associados aos elementos essenciais de determinada operação econômica.

Nesse sentido, o Código Civil é mais liberal, se comparado ao Código de Defesa do Consumidor, o que é absolutamente coerente com o princípio de que a proteção legal deve ser dispensada de maneira proporcional à necessidade de paternalismo legislativo. Em outras palavras, nas relações de consumo, a renúncia de direitos, sejam eles da natureza do negócio ou não, e as cláusulas de limitação ou de exoneração de responsabilidade serão nulas, tanto em contratos de adesão quanto em contratos negociados livremente. Nas relações fora do universo consumerista, as partes terão a liberdade de pactuação, porém, em se tratando de contratos de adesão, referida liberdade não poderá comprometer os direitos próprios à natureza do negócio.

Essa interpretação é coerente com a distinção entre cláusula de limitação de responsabilidade e cláusula de limitação do objeto da obrigação, examinada em outro capítulo.

Do nosso ponto de vista, há que se avaliar, ainda, outro aspecto. A exoneração da responsabilidade ou a limitação do valor da indenização em montante irrisório poderá ter o mesmo efeito de renúncia a direito resultante da natureza do negócio. Isto é, a exoneração da responsabilidade pelo inadimplemento de obrigação relacionada a direito resultante da natureza de contrato específico poderá ter, exatamente, o mesmo efeito de renúncia a esse direito. Como observam Geneviève Viney e Patrice Jourdain, se, de um lado, se admite conceitualmente a distinção entre *clauses de non responsabilité* e *clauses de non obligation*, de outro, trata-se de uma diferenciação relativa, pois podem ter o mesmo efeito para a parte lesada, do que decorre que as restrições legais ou jurisprudenciais aplicáveis a uma deverão ser, por coerência e eficácia, aplicáveis à outra.[385] Para tornar mais palpável essa ideia, podemo tomar como exemplo a limitação de indenização irrisória para

385 "Etant donné que les restrictions apportées à la validité et à l'efficacité des clauses d'irresponsabilité sont motivées par le souci d'assurer un minimum de protection aux victimes des certain préjudices, las jurisprudence a par conséquent été amenée tout naturelement à étendre ces restrictions à toutes les clauses qui ont le même effet sur lesdites victimes, sans s'arrêter au fait que les parties ont dit vouloir supprimer une obligation ou seulement écarter la responsabilité qui découle de l'inexecution de cette obligation. C'est pourquoi il est très généralement admis aujourd'hui que si la distinction entre 'les clauses de non responsabilité' et 'cláuses de non obligation' est conceptuellement exacte, elle n'a qu'une portée très relative, la plupart des restrictions qui ont été imposées aux une par la loi ou la jurisprudence devant être, para souci de cohérence et efficacité, appliquées egalement aux autres." (VINEY, Geneviève; JOURDAIN, Patrice. *Les effets de la responsabilité*, p. 347-348.). Em tradução livre: "Dado que as restrições à validade e eficácia das cláusulas de não responsabilidade são motivadas pela preocupação de garantir um mínimo de protecção às vítimas de determinados danos, a jurisprudência tem, consequentemente, sido levada a alargar, naturalmente, essas restrições a todas as cláusulas que têm a mesmo efeito sobre as referidas vítimas, sem deixar de constatar que as partes manifestaram querer extinguir uma obrigação ou apenas exonerar a responsabilidade que resulta do incumprimento dessa obrigação. É por isso que é amplamente aceito hoje que, embora a distinção entre 'cláusulas de não responsabilidade' e 'cláusulas de não obrigação' seja conceitualmente correta, ela tem apenas um escopo muito relativo, a maioria das restrições que foram impostas a alguém pela lei ou jurisprudência são, por uma questão de consistência e eficiência, aplicado igualmente a outros".

o inadimplemento da garantia pelos vícios ocultos da coisa (redibição) que é direito resultante da natureza do contrato de compra e venda. No que diz respeito a esse ponto, reportamo-nos aos comentários feitos a essa modalidade de estipulação, ao analisar algumas figuras afins.

Entendemos, assim, que a apreciação da validade da cláusula deverá ser feita *in concreto*, inexistindo cláusulas nulas *a priori*. O intérprete e aplicador do direito deverá avaliar os requisitos de validade da cláusula, sob o disposto no artigo 424 do Código Civil e no contexto concreto para o qual ela foi predisposta no contrato por adesão, considerando-se que as cláusulas de exoneração ou de limitação de responsabilidade, embora não se confundam com cláusulas de limitação do conteúdo da obrigação, possam, da mesma forma que estas, importar em renúncia a direitos resultantes da natureza do negócio.

No que tange às cláusulas de limitação de responsabilidade, entendemos que não ferem o disposto no artigo 424, pelas mesmas razões expostas há pouco e pelo fato de que não representam propriamente a renúncia a direito decorrente da natureza do negócio, até porque não excluem a responsabilidade, mas tão somente definem o limite do valor da indenização. Ressalvamos, no entanto, que deverá ser analisada a razoabilidade do valor máximo da indenização, o que, mais uma vez, somente poderá ser aferido *in concreto*.

Conclusão similar é extraída por Gustavo Cerqueira ao advertir que o legislador foi pouco sensível às proibições relativas e, ao cotejar o disposto no artigo 424 com a dicção do artigo 51 do Código de Defesa do Consumidor, pondera: "o CDC não só autoriza as cláusulas limitativas nos contratos por adesão concluídos entre um fornecedor e um consumidor (CDC 54, Par. 4º), mas também quando as rejeita, fá-lo de maneira expressa (CDC 51, I, primeira parte)".[386] Admitidas no

386 ZANETTI, Cristiano de Sousa. *Direito contratual contemporâneo: A liberdade contratual e sua fragmentação*, p. 139.

Código de Defesa do Consumidor, seria ilógico vedá-las nos contratos por adesão firmados sob a égide do Código Civil.

Como reforço a esse entendimento, na atualização do volume de contratos da obra de Caio Mário da Silva Pereira, Regis Fichtner, de maneira bastante sucinta, interpreta o artigo 424 como indicativo da nulidade de cláusulas abusivas.[387] Pelo fato de o Código Civil não conter uma lista de cláusulas abusivas, a exemplo do que faz Código de Defesa do Consumidor, a abusividade somente poderá ser investigada caso a caso, o que coincide com nosso entendimento.

Em síntese, concluímos que o artigo 424 não veda a convenção de cláusulas de limitação ou de exoneração de responsabilidade, porém sua validade não poderá comprometer direitos decorrentes da natureza do negócio.

387 PEREIRA, Caio Mário da Silva. *Instituições de Direito Civil: Contratos.* 11. ed. Rio de Janeiro: Forense, 2003, v. III, p. 76.

CAPÍTULO 5

RESTRIÇÕES À VALIDADE DAS CLÁUSULAS DE EXCLUSÃO E LIMITAÇÃO DE RESPONSABILIDADE

5.1 Dolo e culpa grave

É verdadeiro truísmo a assertiva de que as cláusulas de exoneração e limitação de responsabilidade não podem ser consideradas válidas quando o inadimplemento ou cumprimento imperfeito da prestação se dá por dolo ou culpa grave. O Código Civil italiano é explícito ao declarar nulos os pactos que excluam ou limitem, preventivamente, a responsabilidade do devedor nesses casos.[388] Regra semelhante pode ser encontrada em outras legislações.

No tocante ao dolo, jurisprudência e doutrina têm fundado a restrição por questões morais[389] e jurídicas. O aspecto moral está relacionado à quebra da palavra dada e a frustração da confiança da outra parte

---

388 *In verbis*: "Art. 1229. È nullo qualsiasi patto che esclude o limita preventivamente la responsabilità del debitore per dolo o per culpa grave".

389 "El fundamento de la inadimissibilidad de los pactos o las cláusulas de exoneración de la responsabilidad por dolo se há basado en múltiples razones, entre ellas en que admitir o contrario sería inmoral [...]" (RODRIGUEZ, Adela Serra. *Cláusulas abusivas en la contratación: En especial, las cláusulas limitativas de responsabilidad*, p. 101).

contratante.[390] C. Massimo Bianca aponta a imoralidade do pacto e a sua incompatibilidade com a natureza jurídica coercível da obrigação, uma vez que, sem dúvida, a cláusula atribuiria ao devedor a faculdade de adimplir ou não adimplir.[391] Francesco Benatti, além da imoralidade ou incompatibilidade com o sentido do vínculo obrigacional, acrescenta, entre os argumentos da doutrina, a contrariedade ao cânone da boa-fé.[392]

Na tradição da *common law*, o contrato é também definido como uma *enforceable promise*,[393] ou seja, como uma promessa que pode ser

---

390 "No terreno do dolo, não seria possível, de certo, admiti-la. O sentimento moral corrente não admite que alguém se exonere das conseqüências de sua malícia — malícia *non est indulgendum* —, mas isso não se refere, em especial à cláusula de irresponsabilidade, e sim a todas as convenções, que nenhuma tolera objeto imoral ou ilícito." (AGUIAR DIAS, José de. *Cláusula de não-indenizar*, p. 48.)

391 "Il fondamento del principio era ricondotto in parte ad una ragione offerta dalla stessa tradizione, cioè l'immoralità del patto. In parte, era ravvisato in una ragione d'incompatibilità del patto con la natura giuridica e quindi coercibile dell'impegno debitorio, poichè, in definitiva, tale patto attribuirebbe al debitore la facoltà di adempiere o no adempiere" (BIANCA, C. Massimo. *Dell'inadempimento delle obbligazioni, art. 1218-1229*: commentario del Codice Civile. SCIALOJA, Antonio; BRANCA, Giuseppe (a cura). Bolonha: Nicola Zanichelli, 1967. p. 397).

392 Ao comentar o teor do artigo 1.229, Benatti pondera: "La regione d'essere della norma è stata individuata, anzitutto, nell'imoralità dell patto oppure nella contrarietà al canone di buona fede o al concetto di obligazione." (BENATTI, Francesco. Clausole di esonero dalla responsabilità. In: ______. *Digesto delle discipline privatistiche: Sezione civile*, p. 398).

393 De acordo com E. Allan Farnsworth: "Books on the law of contracts usually Begin by explaining what lawyers mean by the word *contract*. Sometimes lawyers use the word, as it is used in common speech, simply to refer to a writing containing terms on which the parties have agreed. But they often use the word in a more technical sense to mean a *promise*, or a set of promises, that the law will enforce or at least recognize in some way." (FARNSWORTH, E. Allan; YOUNG, William F. *Contracts, cases and materials*. 5. ed. Nova York:

exigida de seu emissor, nos termos da lei. Isso não decorre apenas do princípio de manutenção da palavra dada, mas também da confiança e expectativa que esta gera no credor. Pensado em termos jurídicos, o princípio da boa-fé (*good faith*) e da confiança (*expectation and reliance*[394]) são determinantes para que o comportamento contraditório não seja tolerado.

Ademais, segundo parte da doutrina, exoneração de responsabilidade total em caso do dolo importaria em destruição da própria relação obrigacional. A obrigação, desde os romanos, se caracteriza pelo vínculo jurídico mediante o qual alguém fica adstrito ao cumprimento de uma prestação,[395] ou, vista do ângulo do credor, trata-se de relação

---

The Foundation Press, 1996. p. 3). Em tradução livre: "Livros sobre direito de contratos geralmente começam explicando o que os advogados querem dizer com a palavra contrato. Às vezes, os advogados usam a palavra, como é usada no discurso comum, simplesmente para se referir a um documento contendo termos com os quais as partes concordaram. Mas eles costumam usar a palavra em um sentido mais técnico para significar uma promessa, ou um conjunto de promessas, que a lei cumprirá ou pelo menos reconhecerá de alguma forma."

394 Entre os fundamentos da responsabilidade pela quebra da promessa feita, Farnsworth indica o ressarcimento por *expection interest* — que poderíamos traduzir livremente como expectativa de ganho —, ou seja, pelo benefício esperado do contrato, ou, nas palavras do autor: "The Court attempts to put the promisee in the position in which the promisee would have been had the promise been performed" (*ibidem*, p. 42). ("A Court busca colocar o credor na condição em que o credor estaria tivesse a promessa sido cumprida") Além dessa maneira de restituição, indica ainda o *reliance interest.* Nesse caso, o credor, fundado na confiança de que a promessa seria cumprida, altera sua posição jurídica, incorrendo em custos e despesas necessárias para o cumprimento da obrigação. O ressarcimento, então, seria medido pelo *reliance interest*, descrito pelo autor como "an attempt to put the promisee back in the position in which the promisee would have been had the promise not been made" (*ibidem*, p. 42).

395 "'*Obligatio est iuris vinculum, quo necessitate adstrigimur alicuius soluendae rei secundum nostrae ciuitatis iura*' (A obrigação é um vínculo jurídico pelo qual estamos obrigados a pagar alguma coisa, segundo o direito de nossa cidade)"

jurídica pela qual este pode exigir da outra parte o adimplemento de uma prestação.

Retirar do devedor a responsabilidade pelo descumprimento intencional da prestação seria reduzir o vínculo a uma simples *obrigação natural*,[396] não podendo ser exigido o seu cumprimento e perdendo o sentido técnico de vínculo jurídico entre credor e devedor. A função de tutela do crédito restaria integralmente comprometida. Um contrato que admitisse a total irresponsabilidade em caso de dolo seria qualquer coisa, menos um contrato.

Ana Prata enuncia duplo fundamento para a invalidade: o vínculo obrigacional e a indisponibilidade privada da sanção do dolo. Com relação ao primeiro, a autora adverte que não faria sentido alguém se comprometer, com seriedade, ao cumprimento de uma prestação, salvaguardando a possibilidade de, deliberadamente, não a cumprir, sem qualquer consequência.[397] Adiante, conclui que referida cláusula

---

— esse texto é um trecho das Institutas de Justiniano, com tradução de José Carlos Moreira Alves (MOREIRA ALVES, José Carlos. *Direito Romano*. 4. ed. Rio de Janeiro: Forense, 1986. v. II, p. 3).

396 Ana Prata enumera as teorias sobre a invalidade da cláusula apresentando o caráter moral e de transformação da obrigação civil em natural: "Assim que, por uns, o acento seja colocado na idéia de que uma convencional e antecipada exclusão de responsabilidade do devedor pelo seu dolo equivale a uma dissolução do vinculum iuris, isto é, se traduz numa transformação da obrigação civil em obrigação natural; enquanto para outros é a invocação da imoralidade, da ofensa aos bons costumes e/ou à ordem pública, que uma cláusula desse tipo consubstancia, que está na base de sua rejeição." (PRATA, Ana. *Cláusulas de exclusão e limitação de responsabilidade contratual*, p. 281). Sobre o conceito de obrigação natural: COVELLO, Sérgio Carlos. *A obrigação natural, elementos para uma possível teoria*. São Paulo: LEUD, 1996; BIANCA, C. Massimo. *Diritto Civile*: l'obbligazione. Milão: Giuffrè, 1993. p. 777-801.

397 PRATA, Ana. *Cláusulas de exclusão e limitação de responsabilidade contratual*, p. 285.

constituiria condição potestativa, retirando do credor o instrumento de satisfação última que é a indenização.[398]

Essa é uma análise que merece reflexão.

António Pinto Monteiro aponta as razões usuais da doutrina para a inadmissibilidade em caso de dolo,[399] porém, adiante, sustenta que "a cláusula de exclusão *não* concede ao devedor, pois, a faculdade de não cumprir, destinando-se apenas a afastar a sua responsabilidade. O devedor mantém, por isso — e apesar da referida cláusula —, registre-se, o direito de exigir o cumprimento do contrato".[400] Sendo a responsabilidade definida como o dever de indenizar, a obrigação não se descaracterizaria com a sua eliminação, pois restariam ao credor algumas exceções e direitos decorrentes da relação obrigacional, como a *exceptio non adimpleti contractus*, o direito à resolução e a busca da execução específica, se viável. Como consequência, não se poderia falar em obrigação natural, pois o credor poderia exigir a execução específica. No mesmo sentido, Carlos Alberto Mota Pinto pondera:

> "[...] a cláusula de exclusão de responsabilidade, se for válida, afasta *apenas* um dos direitos do credor, o *direito à indemnização*, mantêm-se

---

398 *Ibidem*, p. 286.

399 "A preocupação de evitar que fosse afectada a natureza *natureza jurídica do vínculo obrigacional* e a necessidade de ter em conta a *exigibilidade* do direito de crédito (ou das obrigações civis ou perfeitas), que não compadeceria com a possibilidade de o devedor *deixar de cumprir* sem sofrer a *menor* sanção, são as razões apontadas, em regra, pela doutrina (ainda que, por vezes, de forma pouco *nuancée*), para justificar a *inadmissibilidade*, em face do art. 809, da cláusula de exclusão." (MONTEIRO, António Pinto. *Cláusulas limitativas e de exclusão de responsabilidade civil*, p. 182.)

400 *Ibidem*, p. 187. No mesmo sentido: OLIVEIRA, Nuno Manuel Pinto. *Cláusulas acessórias ao contrato: Cláusulas de exclusão e de limitação do dever de indenizar e cláusulas penais*, p. 27-28.

> os demais direitos que a ordem jurídica lhe proporciona para a defesa da sua posição, até porque esta cláusula não deve confundir-se com uma outra, através da qual se afasta *a própria obrigação* do contrato".[401] (grifo do original)

A essas observações, acrescentaríamos outras. Dolo tem sido conceituado, ora como comportamento malicioso que visa causar prejuízos ou inconvenientes à outra parte, ora como mera inexecução intencional do contrato. Ou seja, embora o objetivo não seja causar o dano, o devedor decide, intencionalmente, descumprir o contrato. Seria lícito admitir a exclusão total da responsabilidade pelos danos causados em decorrência do inadimplemento intencional, sem que se tenha por objetivo causar dano ao credor? Isso tornaria a obrigação uma condição potestativa?

São comuns as disposições que atribuem às partes o poder de denunciar unilateralmente o contrato. Mesmo em contratos relacionais, como de distribuição, por exemplo, são admitidas cláusulas desse tipo e os tribunais têm reconhecido sua validade, ficando sua invalidade adstrita ao exercício abusivo da faculdade de denúncia.[402]

Além disso, diversos institutos de natureza contratual admitem o arrependimento.[403]

---

401 PINTO, Carlos Alberto da Mota. *Teoria geral do Direito Civil*, p. 604.

402 A propósito do contrato de distribuição: "Do exame sistemático dos julgados e da doutrina até hoje produzida, concluímos que a quebra do contrato de distribuição é abusiva quando efetuada de forma 'abrupta'. Por sua vez, uma denúncia 'abrupta' é aquela em que não se concede ao distribuidor *aviso prévio* em 'tempo razoável'. Esse 'tempo razoável' é fixado *caso a caso* e dependerá de grande número de variáveis, inclusive as características dos agentes econômicos e do mercado em que atuam. De qualquer forma, o embasamento da maioria das decisões é o dever de *boa-fé* e de *lealdade* que deve presidir as relações comerciais." (FORGIONI, Paula A. *Contrato de Distribuição*, p. 452-453.)

403 Vejamos, por exemplo, o artigo 463, que admite o arrependimento no caso do contrato preliminar, bem como artigos 420, 725 e 1.417, que cuidam do arrependimento no caso de compromisso de compra e venda de imóveis.

Portanto, entendemos que o argumento de que a cláusula permissiva do descumprimento intencional da obrigação assumida extinguiria ou desnaturaria a própria obrigação não é suficiente para explicar a sua nulidade. Poderíamos admitir a irresponsabilidade em caso de descumprimento voluntário — equivalente à denúncia —, ficando, porém, o devedor responsável pelo exercício abusivo dessa faculdade ou contrário aos ditames da boa-fé.

José de Aguiar Dias, ao tratar da questão do dolo, consigna o seguinte: "Mas, enquanto no dolo a vontade abrange também a realização do efeito nocivo resultante do fato, na culpa a vontade não vai além da ação ou omissão, ausentes, portanto, da cogitação do agente as conseqüências da deliberação". E, adiante: "se, querendo a ação e a praticando, quer também o resultado, usando-a, pois, como meio, para chegar a esse fim, age dolosamente". O dolo, então, não pode ser confundido com a mera decisão de não executar a prestação — o que ocorre com o arrependimento ou com a resilição unilateral —, pois ele representa a deliberada intenção de, descumprindo o contrato, gerar um efeito nocivo à outra parte.

A questão do dolo, portanto, deve ser analisada com cuidado, fazendo-se a distinção entre a mera intenção de não cumprir o contrato, como equivalente ao arrependimento, e a intenção maliciosa de causar dano à outra parte, sendo esta última hipótese claramente ilícita. Entendemos que a matéria deva ser analisada, sempre, sob a ótica do princípio da boa-fé e não, simplesmente, a partir de um preconceito, qual seja, o de que a cláusula de exoneração de responsabilidade integral importaria em destruição da obrigação.

Conforme indicado há pouco, os principais fundamentos para a invalidade da cláusula de irresponsabilidade, segundo renomados autores, estão associados a fatores morais e à preocupação em preservar a própria essência da obrigação, como prestação exigível. Fundamentos, que, pelas razões apontadas, julgamos insuficientes.

A nosso ver, existem outros fundamentos que podem justificar a nulidade da exclusão da responsabilidade fundada no dolo.

Uma cláusula de exoneração de responsabilidade em caso de violação intencional poderá ser ineficiente do ponto de vista da operação econômica subjacente ao contrato, e talvez este seja o verdadeiro fundamento relevante para o direito.

A função econômico-social do contrato reside na circulação e criação de riquezas. Em um contrato de empreitada, por exemplo, a riqueza surge não apenas quando a obra é construída, mas, principalmente, quando o empreiteiro promete construir e quando o dono da obra promete pagar o preço como contrapartida. Temos, aqui, a tutela do crédito que permitirá às partes comprometer-se perante terceiros, sob a crença de que a outra parte cumprirá o contrato. O dono da obra poderá negociar financiamento tendo como parâmetro do seu investimento o preço da empreitada. De outro lado, o construtor contratará mão de obra e locará equipamentos para a construção sob a confiança de que, realizada a obra, receberá o preço ajustado.

Imaginemos, por exemplo, que um empreendedor decida participar de leilão de venda de energia nova, ou seja, para o fornecimento de energia futura a partir de uma usina ainda a ser construída, o que é prática recorrente nesse mercado. O empresário avalia os riscos e custos de uma unidade geradora e decide participar da concorrência. Para definir o preço da energia, os empreendedores devem conhecer o valor do investimento a ser realizado. De modo semelhante, mesmo depois de vencedores no leilão, deverão buscar financiamento para a concretização dos projetos.

Para a participação no leilão, os empreendedores deverão confiar que os custos serão os mesmos do momento da cotação. Assim como, depois de vencedores do leilão, deverão demonstrar às entidades financeiras que os custos serão mantidos para assegurar a conclusão do projeto. O mesmo é verdadeiro no que se refere à promessa de pagamento da energia pelos compradores que participaram do certame.

São agentes que integram uma teia de relações complexas, todas pautadas na confiança de que promessas serão cumpridas: o vendedor acredita que os compradores pagarão pela energia produzida, confia que o empreiteiro construirá a usina pelo valor negociado, e o banco confiará que o empreendedor receberá o dinheiro do financiamento para a efetiva implantação do empreendimento que produzirá a receita necessária para o pagamento do empréstimo.

No momento em que tais relações jurídicas são estabelecidas não existe qualquer usina de energia elétrica capaz de gerar a receita necessária a remunerar cada um desses agentes econômicos; no entanto, cada um deles assume compromissos perante terceiros confiando que as promessas feitas pelos demais serão cumpridas.

Imaginemos, por outro lado, que, em cada contrato, exista cláusula eliminando qualquer responsabilidade do devedor pela inexecução dolosa do contrato. A expressão dolosa. O banco não concederá o financiamento porque o mutuário não terá qualquer responsabilidade se decidir não implementar o projeto que deverá gerar a receita necessária para pagar o financiamento. Da mesma forma, o empreendedor não poderá participar do leilão sem o compromisso firme de construção da usina pelo valor prometido pelo empreiteiro. Por fim, o comprador da energia não terá condições de se vincular à venda de energia para consumidores finais se o empreendedor não tiver um incentivo para construir a usina que deverá produzir a energia vendida para terceiros.

A função econômico-social da relação obrigacional fica, assim, comprometida pela admissibilidade da exoneração de responsabilidade pelo descumprimento intencional da prestação. Afinal, o instituto da responsabilidade contratual tem também a função de tutela do crédito.

Nesse sentido, mais do que uma questão moral ou jurídica, a manutenção da promessa dada tem uma função econômica essencial de proteção do crédito.[404] Admitir a exoneração de responsabilidade em caso de dolo seria destruir um dos fundamentos da estrutura capitalista de expansão da atividade econômica. Crédito, de maneira geral, é associado a um valor em risco, mas, do ponto de vista ético — também jurídico e econômico —, representa a confiança de que uma promessa será cumprida. Esse é um aspecto bastante elegante, do ponto de vista econômico, pois aproxima a ética e a eficiência econômica, ambas consagradas e, em certa medida, asseguradas pelo direito.

Em síntese, entendemos que o mero fundamento de que a exoneração de responsabilidade destrói a relação obrigacional não é suficiente para explicar a vedação da cláusula em caso de dolo, seja porque ao credor ainda restarão remédios — como execução específica, se viável —, o que a distingue das obrigações naturais, seja porque a hipótese seria equivalente ao arrependimento ou à resilição unilateral.

---

404 Esta é a tese de Francesco Benatti, descrita por Grazia Ceccherini: "In sintesi, sempre secondo l'opinione riferita, ocorre cambiare il metodo di indagine comunemente seguito dalla impostazione tradizionale che, in mancanza dell'art. 1229 c.c., da un lato aveva cercato una giustificazione razionale della nulità del patto di esonero por dolo, dall'altro aveva esteso le conclusioni reggiunte anche alla colpa grave, in considerazione della sua pericolosità sociale. L'art. 1229 c.c., equiparando il dolo e la colpa grave ai fini dell'invalità dei patti di esonero, vuol significare che il legislatore 'richiede costantemente e imperativamente un minimo di impegno e di diligenza nell'attuazione dell'obligazione. Più precisamente, la norma non esprime un problema di struttura del rapporto, ma risponde ad un'esigenza di tutela del creditto, direttiva che 'costituisce uno dei cardini dell'attuale sistema contrattuale e il motivo ispiratore di molte disposizioni" (CECCHERINI, Grazia. *Responsabilità per fatto degli ausiliari: Clausole di esonero a responsabilità - artt. 1228-1229. Il Codice Civile: Commentario*, p. 158).

Porém, concordamos, integralmente, que a inexecução voluntária do contrato não pode ser fundamento para a exoneração, uma vez que restaria comprometida a função econômico-social do processo obrigacional. Conforme ensina Clóvis do Couto e Silva,[405] a obrigação é um processo finalístico, cujos objetivos são a satisfação do credor e a proteção do crédito, finalidades que restariam comprometidas.

Até agora, tratamos da validade da cláusula de *exoneração* de responsabilidade em caso de dolo. Resta-nos, ainda, uma questão: é admissível a *limitação* de responsabilidade para o descumprimento voluntário do contrato?

Conforme já examinado, a cláusula penal pode ser utilizada como prefixação de uma indenização pela inexecução do contrato, inclusive na hipótese de inadimplemento voluntário.[406] Nesse caso, a perda

---

405 "A obrigação é um processo, vale dizer, dirige-se ao adimplemento, para satisfazer o interesse do credor. A relação jurídica, como um todo, é um sistema de processos." (COUTO E SILVA, Clóvis V. do. *A obrigação como processo*. Reimpr. Rio de Janeiro: FGV, 2007. p. 167.)

406 Nos comentários ao Código Civil, sob coordenação do Ministro César Peluso, Hamid Charaf Bdine Junior observa que o termo culposamente, incluído no artigo 408 — "Incorre de pleno direito o devedor na cláusula penal, desde que, culposamente, deixe de cumprir a obrigação ou se constitua em mora" —. poderia sugerir um novo requisito para aferição da aplicação da cláusula penal, porém a expressão deve ser interpretada como imputação, independendo da culpa do devedor (PELUSO, César. *Código Civil comentado*. 3. ed. Barueri: Manole, 2009. p. 433). Portanto, basta que o inadimplemento ou mora lhe seja imputável. Expressão que abrange qualquer forma de culpa. Manuel Inácio Carvalho de Mendonça deixa evidente que a cláusula penal é aplicada também à hipótese de dolo: "O dolo nenhuma influência tem no inadimplemento da obrigação com cláusula penal. Claro está que esta não implica só por si a renúncia à prestação do dolo, mas inibe de o discutir. Uma vez faltando à obrigação principal, ainda que por dolo, incorre o devedor de pleno direito na pena." (MENDONÇA, Manuel Inácio Carvalho de. *Doutrina e prática das obrigações ou tratado geral dos direitos de crédito*. 4. ed. Rio de Janeiro: Revista Forense, 1956. p. 381).

efetiva do credor poderá ser maior ou menor que o valor prefixado pelas partes. No entanto, salvo hipótese de previsão de ressarcimento dos prejuízos adicionais ao valor da cláusula penal, a penalidade será o único recurso disponível para o credor.

Se considerarmos que o valor limite da indenização poderá ser maior que os danos efetivamente sofridos, não haveria razão alguma para afastar a validade da cláusula de limitação de responsabilidade em comparação com a cláusula penal que tem efeito semelhante. Ou seja, sendo razoável o limite do valor da indenização, não faria sentido afastar a sua validade, ainda que em caso de dolo.

Essa é uma posição controversa.

Em Portugal, o mesmo debate foi travado a propósito da validade da cláusula de limitação de responsabilidade, embora não tenha envolvido diretamente a questão do dolo.

Como vimos, Ana Prata combate o fundamento de validade das convenções de limitação de responsabilidade a partir da comparação com a cláusula penal — argumento que somente se sustentaria se demonstrada a identidade substancial ou funcional entre as duas figuras.

Do ponto de vista estrutural, a autora lusitana nota que a cláusula penal tem como objeto a fixação de *quantum* indenizatório, como prefixação imutável. Diverso da estipulação de limite, pois o valor da indenização nesse caso poderá ser variável. Do ponto de vista funcional, a cláusula penal serviria como garantia do crédito, dispensando o credor da prova dos prejuízos. Embora a cláusula, em princípio, não possa ser alterada, é possível que ela seja reduzida se excessiva, mas, de acordo com Ana Prata, também seria possível o caminho inverso, embora infrequente,

---

Nesse sentido, também na hipótese de inadimplemento voluntário, o credor não poderá pleitear indenização adicional, salvo se expressamente previsto pela partes. Ou seja, nessa hipótese a cláusula penal tem efeito idêntico à da cláusula de limitação do dever de indenizar.

qual seja, fundado no princípio da boa-fé e do equilíbrio contratual, o juiz poderia aumentar o valor da pena quando esta revelar-se irrisória. Por essas razões, acrescido o fato de que a cláusula penal tem como *ratio* a simplificação do processo de compensação do credor, a autora conclui que "é insusceptível de ser invocada qualquer semelhança substancial e funcional com as cláusulas de limitação de responsabilidade".

Nuno Manuel Pinto de Oliveira, por sua vez, sustenta que, nas hipóteses em que o dano é inferior ao valor da cláusula penal, esta funciona como agravamento da responsabilidade e, "quando o dano decorrente do incumprimento seja superior à indemnização fixada por acordo, a cláusula penal funcionará como uma cláusula de *limitação* da responsabilidade".[407] Critica os argumentos de Ana Prata, pela incapacidade da autora em conceber a existência de cláusula penal que tenha como função a limitação de responsabilidade. Para o autor, "a lei não impede os contratantes de concederem à cláusula penal uma função — e uma função primária — de limitação de responsabilidade", não se justificando a "compressão da autonomia e da liberdade individuais".[408]

---

407 Para maior clareza, transcrevemos um trecho mais amplo: "Estipulada uma cláusula penal (indenizatória), os prejuízos provocados pelo incumprimento podem ser inferiores ou superiores à pena: quando o dano decorrente do incumprimento é *inferior* à indenização fixada no acordo, cláusula penal actua como uma cláusula de *agravamento* da responsabilidade; quando o dano decorrente do incumprimento seja *superior* à indenização fixada no acordo, a cláusula penal funcionará como uma cláusula de *limitação* de responsabilidade — 'o estabelecimento da cláusula penal obsta a que o credor exija indemnização pelo dano excedente, salvo se outra for a convenção das partes' (art. 811º, nº 2, do Cod. Civ.). A cláusula de limitação da responsabilidade e a cláusula penal têm, em tais casos, efeitos práticos semelhantes: em cada uma das duas hipóteses, o credor fica impedido de exigir a indemnização integral do dano" (OLIVEIRA, Nuno Manuel Pinto. *Cláusulas acessórias ao contrato: Cláusulas de exclusão e de limitação do dever de indenizar e cláusulas penais*, p. 35).

408 OLIVEIRA, Nuno Manuel Pinto. *Cláusulas acessórias ao contrato: Cláusulas de exclusão e de limitação do dever de indenizar e cláusulas penais*, p. 38.

António Pinto Monteiro, cuja opinião assemelha-se à de Nuno Manuel Pinto Oliveira, observa que a cláusula penal "pode conduzir a uma limitação da responsabilidade desde que a soma estipulada se mostre *inferior* ao dano efetivo. Trata-se, pois de um *risco* inerente à fixação antecipada, de modo invariável — à *forfait* —, da indemnização".[409]

Do nosso ponto de vista, os argumentos apresentados evidenciam que não se pode admitir como truísmo ou dogma a afirmação de que não são válidas as cláusulas de limitação do dever de indenizar em caso de dolo e a comparação com a cláusula penal deixa isso evidente. O teto do valor da indenização poderá ser fixado também com base em uma previsão do dano potencial, não tendo caráter irrisório. Assim, sendo razoável o *plafond* acordado, o efeito será simétrico ao da cláusula penal quando o dano for superior à penalidade, não havendo razão para que seja recusada validade à cláusula de limitação de responsabilidade nessas condições.

Porém, é preciso notar que a doutrina é praticamente unânime em rejeitar a validade também das cláusulas limitativas em caso de dolo. O debate lusitano não cuida dessa hipótese, mas, simplesmente, da admissão da validade da cláusula de limitação de responsabilidade em comparação com a cláusula penal. Mesmo os autores citados concordam com a sua invalidade em caso de dolo.[410]

---

409 MONTEIRO, António Pinto. *Cláusula penal e indemnização*, p. 259.

410 "Ora, se o art. 809.º não impõe a nulidade da cláusula de exclusão por culpa leve — porque, repete-se, esta cláusula não constituirá propriamente uma renúncia à indemnização —, igualmente não prejudica esta norma, *a fortiori*, a validade da cláusula limitativa da indemnização. Mantêm-se, contudo, também relativamente a esta última, os limites de validade enunciados para a primeira: seria contrário à ordem pública se o devedor pudesse se beneficiar de uma atenuação de responsabilidade no caso de ter faltado intencionalmente ao cumprimento (dolo), o mesmo sucedendo se o inadimplemento lhe for imputável a título de grave negligência (*culpa lata dolo aequiparatur*)." (*Ibidem*, p. 258.)

No Brasil não há disposição expressa a respeito, de maneira que, considerados os argumentos apontados há pouco, sendo razoável o teto da indenização, em princípio, seria admissível a validade da cláusula de limitação mesmo em caso de dolo. Entretanto, pelas mesmas razões já apresentadas para a nulidade das cláusulas exoneratórias — a tutela do crédito e da confiança nas relações econômicas —, perfilhamo-nos com a doutrina dominante, ou seja, devem ser nulas as cláusulas de exclusão e também de limitação do dever de indenizar em caso de dolo do devedor.

É farta a literatura que afirma a *equiparação* da culpa grave ao dolo, sendo esse um princípio que remonta ao direito romano,[411] nas interpolações feitas por juristas medievais, resultando da célebre expressão *culpa lata dolo aequiparatur.*[412] Esse princípio tem muita relevância ao nosso tema, pois, uma vez admitido, no caso das cláusulas de limitação

---

411 JOSSERAND, Louis. *Cours de droit positif français*, v. II, p. 347-348; CHIRONI, G. P. *La colpa nel diritto civile odierno*: colpa contrattuale, p. 63; AZEVEDO, Antonio Junqueira de. Cláusula cruzada de não-indenizar (cross waiver of liability), ou cláusula de não-indenizar com eficácia para ambos os contratantes. In: ______. *Estudos e pareceres de Direito Privado*, p. 202; ZIMMERMANN, Reinhard; WHITTAKER, Simon. *Good faith in European contract law*. Cambridge, UK: Cambridge University Press, 2005. p. 350; CHABAS, François. *Leçons de droit civil*: obligations, théorie générale, p. 756; LOPEZ, Teresa Ancona. Principais linhas da responsabilidade civil no direito brasileiro contemporâneo. In: AZEVEDO, Antonio Junqueira; TORRES, Heleno Taveira; CARBONE, Paolo (Coord.). *Princípios do novo Código Civil brasileiro e outros temas: Homenagem a Tullio Ascarelli*. São Paulo: Quartier Latin, 2008. p. 681. Além de muitos outros autores, não havendo controvérsia a respeito desse ponto.

412 "A equiparação em geral, da culpa grave ao dolo tem raízes bem antigas, devendo-se ao que parece, a uma interpolação em textos de direito romano concernentes à responsabilidade contratual (estendendo-se depois à responsabilidade delitual), justificada pelo facto de suscitar uma reprovação ética e social semelhante ao dolo, não merecendo consideração quem age de forma tão censurável, até porque 'un stupide est peut-être plus dangereux qu'um méchant."

e exoneração de responsabilidade, tal equiparação nos levaria a incluir a culpa grave entre as restrições à validade da cláusula. Portanto, seria nula a cláusula que estipulasse a irresponsabilidade ou fixasse o teto ao valor da indenização dos danos causados em decorrência de culpa grave do devedor.

Há certa controvérsia a respeito do tema, em particular em razão da distinção fundamental entre o dolo e a culpa grave e que reside na *intencionalidade* daquele. Em recente trabalho, Fábio Henrique Peres[413] cita farta doutrina afirmando a equiparação; no entanto, discorda da posição dominante. Para tanto, ancora-se em texto de Caio Mário da Silva Pereira pelo qual o autor teria afastado o conceito de gradação da culpa e, além disso, apoiando-se em Agostinho Alvim, afirma que entre dolo e culpa grave não há uma diferença de grau e sim de natureza. Sob tais fundamentos, conclui que o direito não poderia dispensar à culpa grave repúdio similar ao dolo.

Devem ser feitas duas observações pertinentes ao argumento. Primeiro, é controversa a afirmação de que o direito brasileiro teria rejeitado a ideia de gradação da culpa. O parágrafo único do artigo 944 do Código Civil nacional, ao contrário, dá ao juiz o poder de reduzir, equitativamente, a indenização se houver excessiva desproporção entre a *gravidade* da culpa e o dano. Segundo, a doutrina, embora por vezes mencione a *assimilação* da culpa grave ao dolo, de maneira geral, se refere à *equiparação*. Ou seja, não se trata de uma confusão ou identidade conceitual, mas de equiparação no sentido de aplicação de um mesmo regime jurídico a figuras distintas. Agostinho Alvim está

(MONTEIRO, António Pinto. *Cláusulas limitativas e de exclusão de responsabilidade civil*, p. 234.)

413 PERES, Fábio Henrique. *Cláusulas contratuais excludentes e limitativas do dever de indenizar*, p. 168 e ss.

absolutamente correto ao afirmar que há diferença de natureza e não de grau; disso, entretanto, não resulta, necessariamente, que o direito deva atribuir regimes distintos aos fenômenos quando outros fundamentos, que não a mera distinção, são tomados em consideração. Aliás, a própria distinção entre cláusulas de limitação e exoneração que, do nosso ponto de vista, não é uma mera questão de grau (distinção quantitativa), mas de natureza (distinção qualitativa) não impede que determinados ordenamentos jurídicos deem a elas o mesmo tratamento (como é o caso do Código Civil italiano e o Código de Obrigações suíço).[414]

Mesmo reconhecendo a distinção, António Pinto Monteiro pondera o seguinte:

> "E se esta equiparação — *culpa lata dolo aequiparatur* — não pode afirmar-se em absoluto, ela é geralmente bem aceite no domínio das convenções de irresponsabilidade, prescrevendo-se a sua nulidade nestes casos, mesmo quando formalmente se veda apenas a exclusão da responsabilidade por dolo."[415]

Alberto Trabucchi observa que exclusão da responsabilidade por dolo e culpa grave no momento da assunção da obrigação "sarebbe in contrasto com la fondamentale esigenza de buona fede, per cui il soggetto non può sottarsi alle conseguenze del suo agire che sai in grave contraddizione com l'impegno assunto".[416]

---

414 O mesmo ocorre com o caso fortuito e a força maior, conceitos distintos que, no entanto, recebem igual tratamento jurídico, nos termos do artigo 393 do Código Civil brasileiro.

415 MONTEIRO, António Pinto. *Cláusulas limitativas e de exclusão de responsabilidade civil*, p. 234.

416 TRABUCCHI, Alberto. *Istituzioni di Diritto Civile*, p. 694. Em tradução livre: "estaria em contraste com o requisito fundamental da boa-fé, pelo qual o sujeito não pode se esquivar das consequências de suas ações que sabe que estão em grave contradição com o compromisso assumido".

Podemos acrescentar à boa-fé outras razões, como a eficiência e a função econômico-social do contrato. Conforme tivemos a oportunidade de destacar há pouco, seguindo a tese de Francesco Benatti, as cláusulas de irresponsabilidade não podem comprometer a função de tutela do crédito que se atribui ao contrato.[417] Pela mesma corrente, Antonio Junqueira de Azevedo acrescenta a função social do contrato e o abuso de direito como elementos que levam à equiparação da culpa ao dolo. Por consequência, a limitação ou exoneração em caso de culpa grave "representaria forte estímulo à negligência, à desatenção, em situação contrária à ordem pública contratual e ao interesse social; daí, a nulidade dessa inclusão".[418] Assim como o Código do Consumidor estabeleceu o nível de exigência e os padrões que devem ser observados pelos empresários na oferta de produtos ou serviços ao mercado, em contratos fora das relações de consumo, espera-se, igualmente, um mínimo de diligência do empresário, não se tolerando a falta intencional ou aquela resultante de "negligência extrema, grosseira ausência de vigilância, em que até o homem menos cuidadoso não incide nos seus próprios negócios".[419]

Essa equiparação tem se manifestado em textos legislativos, como é o caso do artigo 1.229 do Código Civil italiano e do artigo 100 do Código de Obrigações suíço que declaram nulas as cláusulas em caso de danos decorrentes do dolo e da culpa grave. Há, portanto, um tratamento equivalente a ambas. Em Portugal, a controvérsia já referida anteriormente ficou superada pelo Decreto-Lei nº 446/86 que proibiu

417 BENATTI, Francesco. Clausole di esonero dalla responsabilità. In: ______. *Digesto delle discipline privatistiche: Sezione civile*, p. 398.

418 AZEVEDO, Antonio Junqueira de. *Nulidade da cláusula limitativa de responsabilidade em caso de culpa grave*, p. 432.

419 CAVALIERI FILHO, Sergio. *Programa de responsabilidade civil*, p. 456.

as cláusulas excludentes ou limitativas da responsabilidade em caso de dolo ou de culpa grave.[420] Na Alemanha, o BGB veda a exoneração da responsabilidade em caso de falta intencional, ou seja, somente em caso de dolo (art. 276, 3), porém, como informa Joachim Schmidt-Salzer, a jurisprudência tem recusado atribuir validade às cláusulas também em caso de culpa grave,[421] o mesmo valendo para os contratos *standard*, nos termos do artigo 309, 7 daquele código. Em outros países, como França e Espanha, em que não há regra específica, a doutrina e a jurisprudência têm se encarregado de acompanhar a tendência dominante nos outros países citados aqui.[422] Não podemos deixar de sublinhar a posição isolada do direito belga, cuja jurisprudência afirma a não

420 PINTO, Carlos Alberto da Mota. *Teoria geral do Direito Civil*, p. 603.

421 SCHMIDT-SALZER, Joachim. Droit allemand. In: GHESTIN, Jacques (Dir.). *Les clauses limitatives ou exonératoires de responsabilité en Europe*. Paris: LGDJ, 1990. p. 53-55.

422 "La solución adoptada por la doctrina y jurisprudencia espanõla no es de todo extraña, ni mucho menos, a la del esto de los países europeos. Se pueden diferenciar tres sistemas o posturas en torno a las validez de estas cláusulas limitativas de responsabilidad por culpa: un en el que se sanciona expresamente la equiparación de la culpa lata al dolo, tal es el caso del artículo 1229, 1º del Código Civil italiano, o el artículo 100 del Código Civil suizo; otro como el Código Civil alemán, donde al igual que ele español, se guarda silencio respecto al la culpa grave, mientras que se sostiene la nulidad en caso de dolo (§ 276 BGB), y a pesar de que en un primer momento cabría mantener la validez de tales cláusulas en caso de culpa, la jurisprudencia alemana viene declarando la invalidez de dichas cláusulas cuando forman parte de las condiciones generales del contrato y como reacción ante los abusos cometidos por el predisponente. Por último, encontramos aquellos ordenamientos jurídicos que no dicen nada respecto a la validez o nulidad de estas cláusulas ni en caso de dolo ni de culpa, como el ordenamiento jurídico frances, donde sin embargo, tanto la doctrina como la jurisprudencia se manifestan en favor de declarar la nulidad de estas cláusulas." (RODRIGUEZ, Adela Serra. *Cláusulas abusivas en la contratación: En especial, las cláusulas limitativas de responsabilidad*, p. 114.)

assimilação da culpa grave ao dolo, admitindo-se as cláusulas exoneratórias, desde que expressamente estabelecidas no contrato.[423]

Em suma, a questão não se põe em seu aspecto ontológico, pelo qual a distinção de natureza entre culpa grave e dolo seja determinante para tratamento diverso a essas duas figuras. Outros fatores se sobrepõem à diferenciação, como a prevalência da boa-fé objetiva, da função social do contrato, da tutela do crédito, da maior eficiência e qualidade econômica das relações, além de uma reconhecida dificuldade fática de identificação do limite entre dolo, dolo eventual, culpa consciente e outras possibilidades de manifestação do comportamento humano que não se emolduram na dualidade dolo e culpa.[424] Como observa António Pinto Monteiro:

> "Cremos que neste domínio se justifica amplamente esta equiparação, para efeitos de regime — nulidade — da cláusula de exclusão (e igualmente da cláusula limitativa), não só por razões de ordem prática — dificuldade em se provar a intenção dolosa e o desejo de impedir '*la méchant de jouer l'imbécile*' — como também, e fundamentalmente, por respeito aos valores que o princípio da boa fé encerra [...]".[425]

Não se trata de confundir dolo com culpa grave, mas de estabelecer equiparação de tratamento jurídico. Como aponta Antonio Junqueira de Azevedo:

---

423 OMMESLAGUE, Pierre van. Droit belge. In: GHESTIN, Jacques (Dir.). *Les clauses limitatives ou exonératoires de responsabilité en Europe*, p. 240-242.

424 AZEVEDO, Antonio Junqueira. *Nulidade da cláusula limitativa de responsabilidade em caso de culpa grave*, p. 430-431.

425 MONTEIRO, António Pinto. *Cláusulas limitativas e de exclusão de responsabilidade civil*, p. 235-236.

> "Dada a distinção entre dolo e culpa, entretanto, a afirmação de que a culpa grave sempre recebe o mesmo tratamento do dolo, como parece resultar do citado aforisma, não é verdadeira. Às vezes, por exceção, o dolo é punido com mais gravidade — porque a culpa grave, embora se equipare, não é dolo. Todavia, como passamos a ver, um dos casos de equivalência entre culpa grave e dolo, sem qualquer exceção, ocorre precisamente no âmbito das cláusulas limitativas de responsabilidade negocial."

A dificuldade prática, no entanto, ainda reside na *tipificação* das faltas que possam ser qualificadas como culpa grave. Além disso, a culpa grave adquire especial coloração quando aplicada à responsabilidade profissional.

Ana Prata sugere um critério associado à natureza da obrigação inadimplida, de tal forma que seria sempre culpa grave quando o credor deixasse de cumprir ou cumprisse imperfeitamente a obrigação principal e leve quando o inadimplemento estivesse associado a obrigações naturais ou acessórias.[426] Esse não demonstra ser um critério convincente. Em primeiro lugar, porque a culpa, desde os romanos, esteve sempre associada a um padrão de diligência exigido do devedor, ou seja, independentemente do bem afetado pela conduta, sua culpa estará associada ao cuidado e diligência no cumprimento da obrigação, seja ela relacionada ou não à obrigação principal. Um exemplo levado ao paroxismo pode ilustrar a fragilidade do argumento. Em uma cirurgia, em que o bem afetado é a integridade física da pessoa humana, é possível identificar gradação de culpa, embora, seja qual for o seu nível, o bem envolvido será sempre relacionado à obrigação principal. Além disso, determinados deveres acessórios também podem adquirir relevância

426 PRATA, Ana. *Cláusulas de exclusão e limitação de responsabilidade contratual*, p. 300.

de acordo com circunstâncias negociais. O retardo na entrega de um bem pode comprometer todo o propósito do contrato, como o vestido de noiva entregue depois do casamento, embora, em princípio, o prazo não seja um elemento essencial de um contrato de compra e venda. Por essas razões, o critério proposto pela autora não se sustenta.

Outro critério, por vezes, mencionado na doutrina, aplicado, principalmente, à responsabilidade profissional, diz respeito aos eventos a que qualquer agente estaria exposto e que, de maneira diligente, pudesse evitar a ocorrência de danos, em oposição à culpa grave, pela qual é tomada em consideração a posição específica do sujeito que detém um conhecimento que deveria dar a ele condições privilegiadas para evitar o dano. Por exemplo, qualquer sujeito pode, eventualmente, tropeçar em um fio e desligá-lo da tomada. Tal risco não se caracteriza pelo exercício específico de determinada atividade. Porém, cometer um erro grosseiro em um projeto de engenharia ou esquecer instrumento cirúrgico no corpo de um paciente são condutas inaceitáveis para determinadas categorias profissionais. Ou seja, os *standards* de condutas esperadas são distintos para a aferição da culpa grave ou leve, em matéria de responsabilidade profissional.

A maior severidade na aferição da culpa em matéria de responsabilidade profissional, entretanto, não pode levar-nos à conclusão de que a falta profissional será sempre grave. Como assinala José de Aguiar Dias,

> "[...] não merece apoio irrestrito a doutrina que tacha de grave uma falta apenas pelo fato de ser profissional. É verdade que, além de CASSVAN, tem a defendê-la nomes do porte de Demogue e Lalou, mas, embora a circunstância faça presumir a gravidade, o certo é que,

ainda no erro caracterizadamente profissional, o grau da culpa pode ser leve."[427]

Antonio Junqueira de Azevedo descreve caso de conflito em contrato de empreitada e apresenta diversos itens que teriam sido infringidos pelo empreiteiro. No caso, houve atrasos, má qualidade dos trabalhos, problemas com os instrumentos empregados para a execução, má preservação de equipamentos, falta de pessoal adequado, problemas de controle de qualidade, além de outros. Notemos que, muitos desses problemas são naturais e frequentes em obras. Aliás, os procedimentos de fiscalização de obras servem, exatamente, para identificar problemas frequentes e antecipar soluções. Isso significa que a constatação da culpa grave somente poderá ser feita a partir do caso, tomando-se em consideração a complexidade da prestação, a qualificação das partes, além de outras circunstâncias negociais que somente a realidade poderá desvelar ao intérprete.[428]

---

427 AGUIAR DIAS, José de. *Cláusula de não-indenizar*, p. 104.

428 Na análise do caso específico, Antonio Junqueira de Azevedo observa o seguinte: "Nessa análise, entendemos que é fundamental examinar as **circunstâncias** do negócio jurídico, notadamente a **qualificação** do agente, o consórcio internacional contratado, e o próprio **tipo** contratual. A determinação do grau de culpa há de ser feita, pois, levando em consideração as particularidades do agente e as do negócio, como resulta dos arts. 112 e 113 do Código Civil, ao trazer à consideração do intérprete a intenção do agente (a 'vontade comum', no caso dos contratos) e a boa-fé (a 'boa-fé contextual'), com os usos — e ainda, indiretamente, como resulta dos art. 114 e 423, ambos pondo do foco de luz no tipo negocial. Aliás, sobre esses pontos, dispõe com clareza a primeira parte do art. 1104 do Código Civil espanhol: 'A culpa ou negligência do devedor consiste na omissão da diligência exigida pela **natureza da obrigação** e **correspondente às circunstâncias das pessoas, do tempo e do lugar**'" (AZEVEDO, Antonio Junqueira. *Nulidade da cláusula limitativa de responsabilidade em caso de culpa grave*, p. 436, grifo do autor).

Nesse parecer, Antonio Junqueira de Azevedo avalia a evolução teórica em torno da culpa grave, desde autores medievais que cunharam a classificação da culpa entre grave (culpa lata), leve (culpa levis) e levíssima (culpa levíssima), passando por importantes autores nacionais como Agostinho Alvim, Yussef Cahali e Sergio Cavalieri Filho, sempre a partir da ideia de negligência extrema, erro grosseiro, não prevendo o queria previsível ao mais comum dos homens. Analisa a doutrina estrangeira, como o conceito francês de *faut lourde* e *gross negligence* na *common law.* Analisa o conceito de dolo eventual, quando o agente assume o risco de causar o dano, e a culpa consciente em que o resultado é previsto pelo agente, mas este sinceramente espera que ele não aconteça. Conceitos de difícil aferição e distinção em casos concretos, de tal sorte que o autor acaba rendendo-se à conclusão de que se trata de uma questão de intensidade: "Feita essa digressão, vale dizer que a culpa grave é muitas vezes associada à culpa consciente, mas o critério de classificação da culpa em grave, leve e levíssima **não** deve ser confundido com o da culpa consciente e inconsciente. A culpa é tida como grave por conta de sua particular **intensidade**" (negritos do autor citado).[429]

Da mesma maneira, em parecer publicado na *Revista de Direito Civil Contemporâneo*, Judith Martins-Costa explora a equiparação da culpa grave e do dolo e distinção com o dolo eventual: "O dolo, consabidamente, é uma ação intencionada a causar o mal: o agente quer a situação objetiva em que o bem jurídico alheio é posto em perigo ou consente em assumir o risco. No dolo eventual, por sua vez, há a representação da possibilidade do evento danoso e a assunção do respectivo risco. Diferentemente, na culpa, ainda que grave, não há essa intencionalidade. O agente ainda que possa prever o resultado, atua na certeza

---

429 *Idem*, p. 430.

errônea de que o mesmo não ocorrerá; e, ainda que diferentemente, na mera culpa não se dá, *in concreto*, a previsão do resultado.[430]

Em dissertação de mestrado profissional da FGV Direito SP, recentemente publicada, Luis Felipe Silveira propõe critérios de qualificação da culpa grave que nos parecem bastante pertinentes. A obra trata do dano indireto e da culpa grave em contratos de construção e o autor propõe uma conexão entre a gradação da culpa e o nível de risco identificado pelas partes. Dessa forma, a diligência esperada estará associada ao nível de risco baixo, médio ou alto (embora possamos intercalar outros níveis entre eles). Trata-se de uma busca de critérios objetivos pelos quais, em caso de risco alto, o nível de diligência esperado será maior quando comparado a um risco baixo ou médio. Ou seja, no caso concreto, o juiz ou árbitro deverá avaliar se, dado o nível de risco, o agente tomou as medidas mitigadoras adequadas. Modernamente, a gestão de projetos e riscos corporativos tem adotado metodologias objetivas de identificação, mensuração, mitigação e gerenciamento de riscos, como tivemos a oportunidade de avaliar no primeiro capítulo deste trabalho, de maneira que a proposta do autor nos parece extremamente atrativa pela busca de objetividade na qualificação da culpa grave.[431]

Seguindo essa premissa de adequação da conduta ao nível do risco, Luis Felipe Siqueira propõe que "culpa grave se define como o descumprimento do padrão de conduta esperado, em que o agente causador do dano (1) tenha tomado medidas de precaução desproporcionais à criticidade do risco percebido; e/ou (2) tenha agido culposamente com acentuado desvio quantitativo ou qualitativo de execução da

---

430 *Contrato de construção.* Contratos-Aliança. Interpretação contratual. Cláusulas de exclusão e de limitação do dever de indenizar. Parecer. *Revista de Direito Civil Contemporâneo*, Ano 1, outubro-dezembro 2014, p. 343.

431 SILVEIRA, Luiz Felipe. *Dano indireto e culpa grave nos contratos de construção.* São Paulo: Almedina, 2022, p. 71 a 75.

obrigação assumida."[432] Embora tenhamos especial simpatia pela ideia, entendemos que a definição carece de precisão. Quando ao item (1) a desproporção poderia se referir a um excesso de cautela para uma culpa leve, do que não nos parece que o excesso de zelo possa conduzir à culpa grave. Melhor seria dizer que o agente tenha tomado medidas insuficientes para fazer frente ao risco percebido, como, por exemplo, deixar de tomar medidas mitigadoras para um risco classificado como alto. Quanto ao item (2) a definição é imprecisa, pois não fica claro o que significa "acentuado desvio quantitativo ou qualitativo de execução da obrigação assumida".

De qualquer maneira, a crítica à definição não retira o mérito do insight em relacionar o padrão de conduta ao nível de risco percebido, o que traz maior objetividade à qualificação da culpa grave no caso concreto. Não deixa de ser uma questão de intensidade, como menciona Antonio Junqueira de Azevedo, mas com fundamentos objetivos e com a utilização de métodos de aferição de riscos.

5.2 Morte e lesão à integridade física da pessoa humana

Ao tratar das restrições à validade das cláusulas de exoneração e limitação de responsabilidade, Alberto Trabucchi, ao lado do dolo e da culpa grave, acrescenta a violação das normas de ordem pública e exemplifica a hipótese com a nulidade da cláusula que comprometa a salvaguarda da integridade física do outro, pois é inválida a exoneração de responsabilidade por danos à pessoa.[433]

---

432 *Idem*, p. 77.

433 "È parimenti nullo il patto che esonera o limita la responsabilità per fatti del debitore (o dei suoi ausiliari) che costituiscono violazione di obbligui derivanti da norme di ordine pubblico (ad es. quelli attinenti all salvaguarda dell'altrui

O exemplo revela que a restrição é desdobramento da regra geral de que nenhuma cláusula contratual poderá conter disposições contrárias às normas de ordem pública. Uma cláusula que estipule a venda de órgãos humanos é igualmente contrária à ordem pública, pois compromete a integridade física da pessoa humana.

No Código Civil brasileiro, há disposição específica em matéria de contrato de transporte que torna nula a cláusula excludente de responsabilidade para os danos causados à pessoa (art. 734). A estipulação de norma específica para os contratos de transporte não pode ser interpretada como exclusiva e não aplicável aos demais tipos de contrato.

A dignidade da pessoa humana é fundamento da República Federativa do Brasil nos termos do artigo 1º da Constituição Federal. Além disso, o artigo 11 do Código Civil estabelece que, salvo disposições legais em contrário, os direitos da personalidade, entre os quais, sem dúvida, encontra-se a integridade física, são intransmissíveis e irrenunciáveis, *não podendo seu exercício sofrer limitação voluntária.*

Trata-se, claramente, de norma de ordem pública, de maneira que a nulidade das cláusulas que limitem ou exonerem o dever de indenizar em razão de danos à integridade física da pessoa humana é redundante com a restrição feita às disposições que violem normas de ordem pública.

Aliás, quando os autores mencionam a ordem pública como limitante à autonomia das partes no que diz respeito a esse tipo de convenção, pode parecer ao leitor que essa é uma especificidade do tema. Porém, o princípio da ordem pública é imperativo que deve ser observado no tocante a qualquer disposição contratual, seja ela de limitação de responsabilidade, matéria consumerista ou ambiental.

---

integrità física, per cui è invalida la clausola di esonero de responsabilità per danni alla persona)." (TRABUCCHI, Alberto. *Instituzioni di Diritto Civile*, p. 694.)

De qualquer maneira, é unânime na doutrina, nacional e estrangeira, que a incolumidade física da pessoa humana é bem insuscetível de negociação entre as partes.

Logo na Introdução, citamos texto de Antonio Junqueira de Azevedo, no qual o autor enumera, entre as hipóteses de nulidade, as cláusulas de não indenizar que "interessem diretamente à vida e à integridade física das pessoas naturais"[434] — conceito já preconizado por José de Aguiar Dias.[435] Gustavo Cerqueira observa que as cláusulas de limitação e de exclusão de indenizar são, em geral, válidas no Brasil, desde que "não sejam contrárias à vida e à integridade física das pessoas naturais".[436]

Em países de tradição da *common law*, podemos encontrar semelhante princípio. David Yates lembra que existem muitas leis declarando nulas algumas modalidades de cláusulas de exclusão da responsabilidade e as exemplifica com a morte ou lesão da pessoa em caso de acidente de transportes de passageiro (*Road Traffic Act* de 1960 e o *Transport Act* de 1962). Além disso, menciona a lei inglesa *Unfair Contract Terms Act* de 1977, que declara nulas as disposições contratuais tendo por objeto excluir ou restringir a responsabilidade por morte ou lesão decorrente de negligência.[437] Richard Lawson chega à mesma conclusão e declara

---

434 AZEVEDO, Antonio Junqueira de. Cláusula cruzada de não-indenizar (*cross waiver of liability*), ou cláusula de não-indenizar com eficácia para ambos os contratantes. Renúncia ao direito de indenização. Promessa de fato de terceiro. Estipulação em favor de terceiros. In: ______. *Estudos e pareceres de Direito Privado*, p. 201.

435 AGUIAR DIAS, José de. *Da responsabilidade civil*, v. II, p. 672.

436 CERQUEIRA, Gustavo. *As garantias e a exclusão de responsabilidade.*

437 YATES, David. *Exclusion clauses in contracts*, p. 75.

inválidas não apenas cláusulas contratuais, mas também avisos ou comunicações (*notices*) que tenham o mesmo efeito.[438]

Entre os autores portugueses, as obras principais sobre o tema são unânimes em referendar a mesma conclusão. António Pinto Monteiro é bastante enfático, ao referir-se à incolumidade pessoal entre os direitos *les plus sacrés*, afirmando não poder ser afetada por "considerações econômicas de mercado".[439] Em igual sentido, manifestam-se Ana Prata[440] e Nuno Manoel Pinto Oliveira.[441]

---

438 "The result of these provisions is therefore this: where death or personal injury, as above defined, results from negligence, also as above defined, then no clause, whether a contractual term or notice, will have any effect to exclude or restrict liability." (LAWSON, Richard. *Exclusion clauses and unfair contract terms*, p. 115.)

439 O texto integral diz o seguinte: "Estando em causa o bem incolumidade pessoal, não será admitida qualquer cláusulas de irresponsabilidade, por evidentes razões de ordem pública, exigindo o respeito da pessoa humana que seja sancionada qualquer imprudência do lesante que cause danos pessoais, prevenindo-se assim atitudes negligentes em face de direitos *les plus sacrés*, e cuja protecção não poderá ser afectada, aliás, por considerações económicas de mercado (*mit maktwirtschftlicher Argumentation*)." (MONTEIRO, António Pinto. *Cláusulas limitativas e de exclusão de responsabilidade civil*, p. 308.)

440 "Um conjunto exemplificativo de bens jurídicos que logo ocorre ao falar da ordem pública é representado pela pessoal humana. Poder-se-á dizer que, verificando-se, em conseqüência da actividade executiva da obrigação por um representante legal ou auxiliar do devedor, a lesão da integridade física ou moral do credor, não pode prevalecer-se o devedor de cláusula exoneratória eventualmente constante do contrato para se furtar ao dever de indemnizar que o nº 1 do art. 800º lhe impõe." (PRATA, Ana. *Cláusulas de exclusão e limitação da responsabilidade contratual*, p. 764.)

441 "O critério da natureza dos bens jurídicos em jogo permitirá por-ventura fundamentar e/ou justificar um princípio geral de invalidade (de nulidade) das cláusulas de exclusão ou limitação da responsabilidade decorrente da lesão de bens jurídicos pessoais ("da responsabilidade por danos causados à vida, à integridade moral ou física ou à saúde das pessoas": cf. art. 18, al, a), da Lei das

Manuel Garcia Amigo, na mesma linha de David Yates, cita os contratos de transporte de pessoas para reafirmar a nulidade das cláusulas que excluam a responsabilidade pela indenização dos danos pessoais.[442] Na atualidade, na Espanha, Adela Serra Rodriguez reafirma o princípio, fundada, igualmente, na ordem pública[443] e Natalia Álvarez Lata invoca direitos fundamentais previstos na Constituição espanhola, entre eles o da dignidade da pessoa humana, como limites à autonomia das partes para convencionar modificações no regime geral da responsabilidade civil.[444]

Na Itália, já mencionamos Trabucchi, mas podemos juntar a ele outro jurista que dispensa citações adicionais: Francesco Galgano. O autor, ao enumerar os limites à validade da cláusula, refere-se, além do dolo e da culpa grave, à violação às normas de ordem pública, tomando como exemplo a proteção à integridade física, segurança e saúde da pessoa.[445]

Cláusulas Contratuais Gerais)." (OLIVEIRA, Nuno Manuel Pinto. *Cláusulas acessórias ao contrato*: cláusulas de exclusão e de limitação do dever de indenizar e cláusulas penais, p. 61.)

442 "En el transporte de personas las convenciones de irresponsabilidad se declaran unanimente nulas. La razón está en que la moral no permite que se elimine o limite contractualmente la responsabilidad legal debida a la más mínima negligencia que pueda poner en peligro la vida de la persona humana, como tampoco lo permite el orden publico." (GARCIA AMIGO, Manuel. *Cláusulas limitativas de la responsabilidad contractual*, p. 201.)

443 "De este modo, el orden publico se configura como fundamento de la ilicitud de las cláusulas de exoneración de responsabilidad cuando se produzcan daños a la salud e integridad física de las personas." (RODRIGUEZ, Adela Serra. *Cláusulas abusivas en la contratación: En especial, las cláusulas limitativas de responsabilidad*, p. 116.)

444 LATA, Natalia Álvarez. *Cláusulas restrictivas de responsabilidad civil*, p. 133 e ss.

445 "[...] b) le clausole di esonero o di limitazione non esonerano da ponsabilità, neppure in caso de colpa lieve, se il fatto del debitore o dei suoi ausiliari costituisca violazione di 'obblighi derivanti da norme di ordine pubblico' (art. 1229,

Já tivemos a oportunidade de qualificar a doutrina francesa como hesitante em tratar a questão da validade das cláusulas de exoneração e de limitação de responsabilidade. No que diz respeito aos danos à integridade física e moral da pessoa, em que, por unanimidade, os ordenamentos jurídicos declaram a ilicitude da cláusula, mais uma vez, autores fazem referência à *incertitude* da jurisprudência francesa. Essa é a opinião de François Chabas, que, no entanto, e apesar da jurisprudência incerta, conclui pela nulidade da cláusula, sendo a pessoa humana intangível e indisponível, fora do *commerce juridique*.[446]

No âmbito da União Europeia, Paolisa Nebbia analisa os termos da Diretiva 93/13/EEC, de 5 de abril de 1993, que trata das condições abusivas nos contratos de consumo (*Unfair Contract Terms in Consumer Contracts*). O item 3.3 faz referência a uma lista indicativa e não exaustiva de condições que *podem* ser consideradas abusivas (*which may be regarded as unfair*). O primeiro item da lista é, exatamente, a hipótese de morte ou lesão resultante de ato ou omissão do fornecedor.[447]

---

comma 2°). Tali sono le norme che impongono obblighi al debitore non nel solo interesse del creditore, bensì anche nell'interesse generale; tali sono, ancora, le norme poste a presídio della integrità física, della sicurezza, della salute della persona e, in genere, dei diritti della personalità." (GALGANO, Francesco. *Il contratto*, p. 102-103.)

446 "L'incertitude de la jurisprudence est la même quant à la validité des clauses d'exoneration pour dommage à la personne. La nullité paraît pourtant s'imposer. Parce que la personne humaine est intangible et indisponible, hors du commerce juridique, aucune convention n'est possible sur le dommage qui peut l'atteindre." (CHABAS, François. *Leçons de droit civil: Obligations, théorie générale*, p. 767).

447 Vejamos os termos da diretiva: "3.3. The annex shall contain an indicative and non-exhaustive list of the terms which may be regarded as unfair." Anexo: "(a) excluding or limiting the legal liability of a seller or supplier in the event of the death of a consumer or personal injury to the latter resulting from an act or omission of the seller or supplier".

É interessante observar que o item 3.3 não diz que os itens da lista são nulos *per se*, mas que *podem* ser considerados abusivos. Estarão sujeitos à análise do intérprete, seja juiz, árbitro ou autoridade administrativa. Paolisa Nebbia, no entanto, ao referir-se à lista, sublinha que, salvo a primeira hipótese (morte ou lesão), cuja validade parece estar *a priori* excluída, os demais itens ficariam sujeitos à análise do caso específico.[448] Embora os textos apontados digam respeito a relações de consumo, o aparte feito pela autora deixa evidente que a proteção à pessoa e sua integridade física são matérias que, por si só, tornam inválida qualquer cláusula que impeça ou restrinja a indenização para a vítima ou seus sucessores.

Vimos que há coincidência de entendimento nos diversos ordenamentos jurídicos. Cabe-nos, assim, examinar se há alguma exceção a essa unanimidade.

Embora não se trate, propriamente, de exceção, cumpre-nos avaliar se é possível transferir o dever de indenizar a terceiros, na forma de alocação de risco contratual.

Antonio Junqueira de Azevedo descreve um caso bastante interessante a propósito de uma cláusula cruzada de não indenizar (*cross waiver liability*). Para sermos fiéis à descrição, reproduzimos o texto do autor:

> "Consulta-nos a AGÊNCIA ESPACIAL BRASILEIRA sobre a validade de um tipo de cláusula contratual, habitualmente existente nos instrumentos de cooperação bilateral, em que a NASA é parte, denominada no direito americano de, *cross waiver liability*. Fundamentalmente, cada contratante, segundo essa cláusula, dispensa o outro de indenização resultante de atividade comum. A consulente informa que tem interesse científico e tecnológico em assinar acordos de cooperação com a NASA,

448 NEBBIA, Paolisa. *Unfair contract terms in European Law*, p. 152.

nos quais a citada cláusula seria inserida, mas gostaria de ter certeza sobre sua legalidade, perante o ordenamento positivo brasileiro".[449]

Ao analisar a cláusula, o autor orienta-se pelo seguinte roteiro para admitir sua validade:

(a) há reciprocidade e, consequentemente, está preservado o princípio do equilíbrio contratual e da boa-fé objetiva;
(b) enumera as hipóteses sob as quais a cláusula não poderia ser admitida (i. dolo e culpa grave; ii. contra norma de ordem pública; iii. isentem a indenização por descumprimento da obrigação principal; e iv. interessem diretamente à vida e à integridade física da pessoa humana);
(c) passados em todos os quatro testes indicado no item b, o autor conclui pela validade da cláusula.

Compartilhamos, na íntegra, das conclusões; porém, há um aspecto não explorado no parecer, uma vez que a cláusula continha ressalva expressa ao caso de morte e ferimento. Suponhamos que não houvesse a ressalva. Seria lícita a regra cruzada de não indenizar?

O convênio objeto do parecer envolvia o desenvolvimento de atividades científicas e as partes decidiram estabelecer um "*sistema próprio de assunção de responsabilidade por suas respectivas perdas e danos*".[450]

---

449 AZEVEDO, Antonio Junqueira de. Cláusula cruzada de não-indenizar (*cross waiver of liability*), ou cláusula de não-indenizar com eficácia para ambos os contratantes. Renúncia ao direito de indenização. Promessa de fato de terceiro. Estipulação em favor de terceiros. In: ______. *Estudos e pareceres de Direito Privado*, p. 198.

450 AZEVEDO, Antonio Junqueira de. Cláusula cruzada de não-indenizar (*cross waiver of liability*), ou cláusula de não-indenizar com eficácia para ambos os contratantes. Renúncia ao direito de indenização. Promessa de fato de terceiro. Estipulação em favor de terceiros. In: ______. *Estudos e pareceres de Direito Privado*, p. 198.

Tomando-se os prejuízos materiais, em caso de acidente causado por profissionais de uma das partes e que dele decorresse prejuízos para a outra, esta assumiria os próprios danos, renunciando a qualquer demanda para o recebimento de indenização, seja do profissional causador do dano ou de seu empregador. Cláusula absolutamente lícita, por tratar-se de simples convenção sobre alocação dos riscos relativos a danos patrimoniais.

A questão torna-se mais complexa quanto aos danos pessoais. A hipótese seria a de que determinado profissional, por negligência, imprudência ou imperícia viesse a causar ferimentos ou morte de empregado ou representante da outra parte. Aplicada a cláusula, teríamos o seguinte: a vítima seria indenizada pelo seu próprio empregador, mesmo que o dano tenha sido causado por profissionais do outro contratante. A matéria envolve, evidentemente, aspectos relacionados a acidentes do trabalho, mas nos manteremos no campo puramente contratual. Seria válida a cláusula nesta circunstância?

Entendemos que sim. Primeiro, porque ela não elimina ou limita o direito à indenização daquele que efetivamente sofreu o dano, isto é, o empregado ou seus herdeiros; segundo, porque a regra funcionaria, exclusivamente, entre as partes contratantes. O dano sofrido pela empresa seria sempre material, ou seja, o pagamento de indenização para aquele que foi ferido ou para seus herdeiros, em caso de morte. Cuida-se, então, de alocação do dever de indenizar que entendemos não contrariar qualquer norma de ordem pública. Basta considerarmos que, decerto, cada uma das partes já terá contratado seguros pessoais para seus respectivos empregados. O efeito, portanto, seria meramente a exclusão do direito de regresso da seguradora contra aquele que causou o dano ou seu empregador, como uma espécie de cosseguro entre as partes.

Ficaria afastada a incidência da cláusula se o dano fosse causado por dolo ou culpa grave — embora, nesse caso, a questão da responsabilidade por dolo do auxiliar também apresente aspectos controversos, como veremos adiante.

Não encontramos jurisprudência nacional para a hipótese em análise, porém Richard Lawson descreve um caso — *Thompson v. T. Lohan (Plant Hire) Ltd.*[451] —, no qual a esposa da vítima de acidente causado pelo operador de uma escavadeira ingressou com ação contra aquele que alugou o equipamento e contra o dono da obra. No contrato entre as empresas rés, constava acordo pelo qual os riscos eram alocados a apenas uma delas. A Corte de Apelação inglesa entendeu que, quando o texto contratual deixa claro a intenção das partes de, entre si, transferir a responsabilidade em caso de negligência de uma parte para a outra, essa cláusula seria válida sob a *common law*. A decisão, aliás, conclui exatamente que todo o efeito é tão somente definir quem suportaria as consequências de um ato negligente e, perante a vítima, não teria ocorrido qualquer limitação ou exoneração de responsabilidade.[452]

---

451 *Thompson v. T. Lohan (Plant Hire) Ltd. and Hurdis (JW)* [1987] 1 WLR 649; [1987] 2 All ER 631; 131 SJ 358; [1988] TLR 65; [1987] IELR 148; (1987) ls Gaz 979, CA.

452 Este é o texto original: "In the latter case, the first defendants hired out to the third party na excavator and driver. The terms of hire included the above condition 8 and a further condition providing that the hirer was to 'fully and completely indemnify the owner in respect of all claims by any person whatsoever for injury to person or property caused by or in connection with an accident involving the excavator while it was driven by the driver supplied by the first defendants. The Court of Appeal held that, where the wording of a clause indicated a clear intention for the parties, as between themselves, to transfer liability in the event of negligence from one to the other, that would be effective at common law. Section 2(1) of the 1977 Act, it was said, was intended to prevent restriction or exclusion of liability; it was not concerned with arrangements made by a tortfeasor with others for sharing or transferring the burden

Ainda sobre a limitação ou exclusão de responsabilidade no que diz respeito aos danos à pessoa, podemos vislumbrar situações em que seriam admissíveis convenções dessa natureza.

Exemplo sempre citado sobre a matéria referia-se ao transporte gratuito ou de mera cortesia. A questão era saber se poderia ser excluída a responsabilidade do condutor pelos danos causados ao passageiro. José de Aguiar Dias afirmava tratar-se de contrato gratuito de transporte e admitia a exclusão, salvo dolo ou culpa grave do motorista. Matéria que, na verdade, está superada. Primeiro, porque o Código Civil, ao tipificar o contrato de transporte, inclui entre seus elementos essenciais a remuneração, sendo afastada a polêmica atinente à natureza contratual ou não da relação de cortesia. Segundo, porque a Súmula 145[453] do Superior Tribunal de Justiça já consolidou essa regra, ao

---

of compensating the victim. Section 2(1) could not therefore apply to strike down condition 8 since the only relevant liability under the subsection was that the owed to the plaintiff which could be enforced against the first defendant and which was not affected by the operation of that condition. That condition therefore transferred liability for the driver's negligence to the third party who was required to indemnify the first defendants under the further clause. [...] All that happened was that the first defendants and the third party had agreed as to who was to bear the consequences of a negligent act. It was observed that the liability to the plaintiff 'is the only relevant liability in the case [...] and that liability is still in existence and will continue until discharge by payment to the plaintiff. Nothing is excluded in relation to the liability, and the liability is not restricted in any way whatever. The liability of Lohan to the plaintiff remains intact." (LAWSON, Richard. *Exclusion clauses and unfair contract terms*, p. 116-117.)

453 STJ, Súmula n. 145 – 08/11/1995 – DJ 17.11.1995: Transporte Cortesia – Responsabilidade Civil – Danos Causados ao Transportado. No transporte desinteressado, de simples cortesia, o transportador só será civilmente responsável por danos causados ao transportado quando incorrer em dolo ou culpa grave.

atribuir responsabilidade ao transportador de simples cortesia somente na hipótese de dolo ou culpa grave.

Também as atividades esportivas e de diversão têm suscitado dúvidas acerca da validade desse tipo de convenção ou aviso de irresponsabilidade de seus organizadores ou patrocinadores.

Nesse ponto, entendemos que José de Aguiar Dias está correto ao distinguir a circunstância em que "a pessoa se converte, ela própria, em criador do risco ou do perigo, isto é, ela se associa aos demais, no estabelecimento da situação de que advém o dano"[454] em comparação com os "exploradores de praça de diversão" que têm uma obrigação de incolumidade, "uma vez que não se compreende que a Administração conceda licença para a atividade em que põe em risco a vida ou a saúde dos cidadãos". Essa associação entre os agentes equivale ao que Giulio Ponzanelli indica como sempre necessário que os sujeitos estejam *collegati* (ligados, associados) na prática do ato danoso.[455]

No primeiro caso, são citados com recorrência os exemplos do boxe e das corridas de automóvel, em que, conscientemente, os atletas criam para si, e entre si, o próprio risco, devendo prevalecer a cláusula de irresponsabilidade nos contratos firmados entre patrocinadores, agentes ou organizadores desses eventos. No segundo, temos os parques de diversões ou de estabelecimentos, públicos ou privados, que promovam atividades físicas ou de diversão mediante utilização de instrumentos ou brinquedos, em que é inadmissível a limitação ou exclusão de responsabilidade para risco criado e do qual tira o proveito o agente.

---

454 AGUIAR DIAS, José de. *Cláusula de não-indenizar*, p. 235-236.

455 "[...] per l'esistenza di una clausola di esonero dalla responsabilità civile è sempre necessário che i due suggeti (daneggiante e danneggiato) siano collegati prima della comissione del fatto illecito e non in tutte le situazione disciplinate dalla responsabilità civile è possibile verificar ela presenza di tale condizione." (PONZANELLI, Guilio. *Le clausole di esonero dalla responsabilità civile: Studio di diritto comparato*, p. 214.)

Em julgamento de apelação (15.03.2010), o Tribunal de Justiça de São Paulo reconheceu a existência de riscos inerentes à prática esportiva para não conceder o direito à indenização para atleta que sofreu lesões corporais em partida de vôlei. O acórdão não desenvolve a matéria com profundidade, mas restou evidenciado "não se poder atribuir responsabilidade do Poder Público por riscos atinentes à prática esportiva [...] Sofreu a autora os riscos inerentes à prática de qualquer atividade física, aos quais estão sujeitos os atletas".[456] Embora diversos os fundamentos, o mesmo Tribunal de Justiça de São Paulo, em decisão de 15 de abril de 2010, negou a indenização para acidente com jovem que, assumindo os riscos, decide fazer flexão em uma trave da quadra de esportes da escola e teve sua aliança enroscada em um dos ganchos, o que dilacerou o quarto dedo da mão esquerda. A Corte considerou que o jovem "tinha idade e condições suficientes para avaliar o que estava fazendo", ficando evidente que teria havido uma assunção do risco criado por si próprio.[457]

---

456 Assim se pronunciou a Corte: "É dos autos que a autora, durante evento desportivo representando a Municipalidade-ré, nos 'Joguinhos Abertos do Interior', em partida de vôlei, chocou-se com o muro, sofrendo lesões de natureza grave na boca, inclusive com avulsão dentária. Assevera a autora que, arcando com as despesas que lhe foram apresentadas, a ré assumiu a responsabilidade pelo evento danoso e deve responder pela indenização pleiteada. Tem-se, porém, não se poder atribuir responsansabilidade ao Poder Público por riscos atinentes a prática esportiva. Não relata a apelante que o piso da quadra estivesse anormal ou qualquer outro problema, no local, tenha contribuído para o acidente. E ainda que assim fosse, poder-se-ia suscitar culpa dos organizadores da competição, o que isentaria a apelada. Sofreu a autora os riscos inerentes a prática de qualquer atividade física, aos quais estão sujeitos os atletas." (Ap. 995.02.053937-7, 4ª Câmara — Seção de Direito Público, Rel. Ana Liarte, jul. 15.03.2010).

457 "No caso em apreço, os danos causados ao autor, decorreram exclusivamente de sua própria conduta, sem que possa ser atribuído a qualquer agente estatal. Tinha idade e condições de avaliar o que estava fazendo. Como sustentado pelo representante do Ministério Público e pela Fazenda do Estado, o autor agiu de

A corroborar o argumento apresentado aqui, todavia, os tribunais brasileiros têm atribuído a responsabilidade aos organizadores ou proprietários de estabelecimento para a prática de esportes quando o risco decorre dos equipamentos postos à disposição dos atletas, hipótese em que o risco não é criado pelo usuário, mas pela infraestrutura que lhe é proporcionada. A esse propósito, são inúmeros os casos de colapso de arquibancadas, defeitos de brinquedos em parques públicos ou defeitos em aparelhos para a prática de esportes, respondendo os agentes públicos ou privados pelos riscos que provocam ao explorar a prática esportiva ou de diversão.[458]

Além disso, como apontado por Cláudio Bueno de Godoy, em algumas atividades esportivas:

> "[...] em que o perigo é tão extenso quanto inerente ao respectivo desempenho, pelo que o consentimento da vítima, se não atinente a um risco anormal, não encerra excludente, tanto mais não fosse porque, a não ser assim, ter-se-ia a nenhuma responsabilidade justamente de quem explora atividade de maior perigo".[459]

As atividades esportivas, ademais, têm sido citadas como hipóteses de aplicação de cláusulas de exoneração e de limitação de responsabilidade

---

maneira desobediente aos comandos dos funcionários da escola. Não é crível que o professor tivesse orientado os alunos a realizarem flexões nas traves da quadra de esporte. Agiu assim, por mera liberalidade e desrespeito às normas do colégio, conforme se apreende do histórico de advertências recebidas durante o período escolar." (Ap. 994.09.372133-4, 10ª Câmara — Seção de Direito Público, Rel. Urbano Ruiz, jul. 19.04.2010.)

458 Nesse sentido: TJSC Ap. Civ. Ac 16506 SC 2006.001650-6; TJRN Ac 25752 RN 2008.002575-2; TJSP Apl. 994071894654; TJRN Ac 10810 RN 2009.010810-7.

459 GODOY, Cláudio Bueno de. *Responsabilidade civil pelo risco da atividade*, p. 108.

em matéria extracontratual, conforme examinado em capítulo sobre o tema.

Na esteira de recente trabalho de Teresa Ancona Lopez e que lhe atribuiu a titularidade em direito civil na Universidade de São Paulo, não podemos deixar de observar que, "quanto mais inovações, mais riscos".[460] Portanto, o progresso pode nos trazer danos hoje desconhecidos, como tratamentos experimentais de saúde, exposição à radiação de aparelhos eletrônicos — como o telefone celular — e tantas outras hipóteses de danos potenciais a que o progresso tecnológico nos expõe. Nesses casos, como salienta a autora, a *informação* e a *liberdade* do ser humano são aspectos relevantes para análise do caso. A pandemia da covid-19 nos trouxe inúmeras questões quanto à tratamentos experimentais para uma doença inédita, para a qual a medicina não tinha respostas em sua fase inicial.

Seria válida a convenção ou termo de responsabilidade firmado pelo paciente terminal de câncer ou de covid-19, em sua fase inicial, pelo qual aceita a cláusula de irresponsabilidade do médico ou do hospital para submeter-se a tratamento experimental conscientemente aceito? Propugnamos que sim, pois as circunstâncias evidenciam que o próprio tratamento, cujos efeitos podem não ser totalmente conhecidos, visa preservar exatamente o bem que se pretende proteger quando não se admite a validade da cláusula, ou seja, a vida e a integridade física do paciente.

Por derradeiro, resta-nos uma questão relacionada aos danos morais às pessoas físicas. Conforme mencionado, Antonio Junqueira de Azevedo e José de Aguiar Dias fazem alusão aos danos relacionados à

---

460 LOPEZ, Teresa Ancona. *Princípio da precaução e evolução da responsabilidade civil*, p. 21.

vida e à integridade física das pessoas humanas, sem qualquer referência aos danos morais. Fernando Noronha assinala, no entanto, que:

> "Os danos à pessoa, dentro dos quais cabem duas subcategorias, os danos corporais (à saúde, ou biológicos) e os danos anímicos (morais em sentido estrito), são tutelados por princípios superiores, de ordem pública, que impedem que a obrigação de indenização possa ser preventivamente excluída ou limitada, através de cláusulas de não indenizar".[461]

O autor propõe uma classificação pela qual alguns danos estão associados à pessoa na sua integridade física e psíquica, ressaltando que determinados sentimentos ou dores estão associados a fatores biológicos — como lesões neurológicas — e outros, aos sentimentos, à vida afetiva, cultural e social. Assim, teríamos danos à pessoa relativos à sua *integridade físico-psíquica* e *danos anímicos ou morais em sentido estrito*.[462]

Guido Alpa, a esse respeito, faz alusão à integridade *fisiopsíquica* da pessoa, acolhendo uma noção ampla de pessoa, inclusiva dos seus direitos da personalidade, sendo a responsabilidade pela sua violação

---

461 NORONHA, Fernando. *Direito das obrigações*, p. 527.

462 "Nesta classificação, os danos corporais, à saúde ou biológicos são aqueles que atingem o suporte vivo, a integridade físico-psíquica da pessoa, abrangendo desde as lesões corporais até a privação da vida, passando pelas situações em que as pessoas ficam incapazes de experimentar sensações, ou de entender e querer, devido a lesões no sistema nervoso central (patologias nourológicas e psiquiátricas). Os danos anímicos, ou morais em sentido estrito, por seu turno, serão todas as ofensas que atinjam as pessoas nos aspectos relacionados com os sentimentos, a vida afetiva, cultural e de relações sociais; eles traduzem-se na violação de valores ou interesses puramente espirituais ou afetivos, ocasionando perturbações na alma do ofendido." (*Ibidem*, p. 560.)

insusceptível de exoneração ou de limitação, uma vez que estão no campo da ordem pública.[463]

Embora o tema não seja relacionado às convenções de restrição do regime geral de responsabilidade, Teresa Ancona Lopez inclui o dano estético entre os danos morais associados à integridade física e psíquica da pessoa humana,[464] ficando, portanto, sob a guarda do artigo 11 do Código Civil brasileiro, e, por consequência, são intransmissíveis, irrenunciáveis e não são passíveis de limitação voluntária no seu exercício.

O mesmo se pode inferir da leitura da obra de Maria Celina Bodin de Moraes, que propõe alguns critérios valorativos para indenização integral dos danos morais, ressalvando, no entanto, que a dignidade humana não se sujeita a ponderações e, por consequência, "tampouco subordina-se a circunstâncias atenuantes ou excludentes, a relativizações de qualquer tipo, cabendo-lhe a predominância onde quer se

---

463 "La nullità mi sembra inenvitabile quando la clausola riguardi il danno alla persona, anche al di là del dolo e della colpa grave di cui all'art. 1229 cod.civ., perché la lesione della integrità fisiopsichica certamente impinge nell'ordine pubblico. Se si accoglie una nozione ampia di persona, inclusiva dei diritti della personalità, ricadono nel divieto e quindi nella nullità anche le clausole che limitassero o esonerassero il danneggiante dal risarcimento del danno conseguence alla lesione di diritti della personalità." (ALPA, Guido. *La responsabilità civile*. Torino: UTET, 2010. p. 155.)

464 "Em resumo, diríamos que o dano estético é a lesão a um direito da personalidade — o direito à integridade física, especialmente na sua aparência externa, na imagem que se apresenta. Como todo direito da personalidade, qualquer dano que o seu titular possa sofrer via ter conseqüências materiais e, principalmente, morais. Portanto, não podemos conceber prejuízo estético que não seja também prejuízo moral, pois a pessoa, a partir do momento da lesão, está menos feliz do que era antes ou, como quer Minozzi, o dano vem perturbar '*il nostro stato di felicita*'." (LOPEZ, Teresa Ancona. *O dano estético*: responsabilidade civil. 3. ed. rev. ampl. e atual. com o Código Civil de 2002. São Paulo: Revista dos Tribunais, 2004. p. 64.)

que se manifeste.[465] Sua obra, como indicado no subtítulo, é uma leitura *civil-constitucional dos danos morais*, cuja posição similar é esposada por Natália Álvarez Lata, ancorada nos direitos fundamentais consagrados na Constituição espanhola.

Do nosso ponto de vista, têm razão os autores citados, tanto sob o fundamento constitucional de proteção da dignidade da pessoa humana quanto sob a consideração de que os direitos da personalidade são irrenunciáveis e não passíveis de limitação voluntária, nos termos do artigo 11 do Código Civil.

Não obstante a opinião expressa, fazemos uma ressalva: a regra mencionada no parágrafo anterior não pode ser aplicada da mesma forma em se tratando de pessoa jurídica. O teor da Súmula nº 227, de 8 de setembro de 1999, do Superior Tribunal de Justiça, estabelece que "A pessoa jurídica pode sofrer dano moral", e o artigo 52 do Código Civil dispõe que se aplica à pessoa jurídica, no que couber, a proteção dos direitos da personalidade. Porém, como observa, com acerto, Maria Celina Bodin de Moraes: "Quanto às pessoas jurídicas, o dano extrapatrimonial que lhes seja causado não poderá ter o mesmo fundamento nem a mesma medida que o dano sofrido pelas pessoas humanas, já que a tutela da dignidade constitucional somente protege estas últimas".[466]

Além disso, a autora sustenta que, no tocante às pessoas jurídicas, devem ser tomadas em consideração as condições econômicas da vítima como critério de fixação da reparação. A esse propósito, entendemos que as partes poderão ponderar os interesses envolvidos na operação econômica específica e alterar o regime geral de reparação integral do

465 MORAES, Maria Celina Bodin de. *Danos à pessoa humana*. 4. tir. Rio de Janeiro: Renovar, 2009. p. 304.

466 *Ibidem*, p. 328.

dano, seja para excluir ou limitar o valor da indenização em caso de danos morais ou reputacionais da pessoa jurídica.

5.3 Ordem pública e violação de normas de ordem pública

Alguns autores apontam, dentre as restrições à validade das cláusulas de não indenizar, a violação de normas cogentes,[467] normas de ordem pública,[468] ao passo que alguns se referem, simplesmente, à ordem pública.[469] Não temos a intenção de definir os conceitos enumerados, tema que não cabe e nem se esgotaria em capítulo deste livro. Nosso propósito, no entanto, é avaliar sua pertinência ao tema tratado aqui.

Desde o início dos estudos acerca das restrições à validade das cláusulas de não indenizar, causou-nos certa desconfiança de que a repetição dessa restrição fosse desnecessária. Primeiro, se a regra é cogente, não há como negociar os seus termos; porém, isso é verdadeiro para qualquer cláusula contratual. O artigo 192 do Código Civil, por exemplo, veda a negociação do prazo de prescrição; o Código de Defesa do Consumidor veda a estipulação obrigatória de arbitragem, a eleição de foro e a boa-fé objetiva é um princípio positivado contido em norma cogente — quando o texto legal diz que "os contratantes são obrigados a guardar, assim na conclusão, como em sua execução, os princípios

---

467 AZEVEDO, Antonio Junqueira de. Cláusula cruzada de não-indenizar (*cross waiver of liability)*, ou cláusula de não-indenizar com eficácia para ambos os contratantes. Renúncia ao direito de indenização. Promessa de fato de terceiro. Estipulação em favor de terceiros. In: ______. *Estudos e pareceres de Direito Privado*, p. 201.

468 Esta é a expressão da segunda parte do artigo 1.229 do Código Civil italiano ("violazione di obblighi derivanti da norme di ordine pubblico") e que é repetida pelos autores daquele país.

469 DIAS, José de Aguiar. *Cláusula de não-indenizar*, p. 43.

da probidade e da boa-fé" — e não pode ser afastado. Em suma, toda e qualquer cláusula contratual deixará de ser válida se contrária a uma norma imperativa.

Quando se fala em normas de ordem pública ou em ordem pública, simplesmente, a questão se torna um pouco mais complexa, como complexo é o conceito do princípio da ordem pública.

Uma primeira observação que podemos fazer a respeito da literatura sobre o princípio da ordem pública aplicado à matéria é que, invariavelmente, entre os exemplos citados, se encontra a vedação às normas que exonerem ou limitem os danos à integridade física da pessoa humana.[470] Hipótese que, entendemos, confirma a desnecessidade de enumeração da violação às normas de ordem pública entre as restrições à validade da cláusula, pois nenhuma outra disposição contratual poderá comprometer a integridade física do ser humano.

Como salientado há pouco, por vezes a legislação, como é o caso da Itália, refere-se às normas de ordem pública. Ana Prata critica a expressão, ao observar que há uma "descoincidência" entre normas de ordem pública e a ordem pública. "Descoincidência que se manifesta no duplo sentido de que nem todas as normas imperativas são de ordem pública, nem esta se esgota no conteúdo das normas imperativas."[471]

---

470 TRABUCCHI, Alberto. *Istituzioni di Diritto Civile*. 43. ed. p. 694; CHABAS, François. *Leçons de droit civil: Obligations, théorie générale*, p. 767; MONTEIRO, António Pinto. *Cláusulas limitativas e de exclusão de responsabilidade civil*, p. 764, além de outros autores já citados no capítulo que trata, especificamente, do tema.

471 Vale reproduzir as palavras da autora: "Uma primeira e óbvia conseqüência dessa genérica noção é a de que a ordem pública, exprimindo-se embora em disposições legais imperativas, consagradoras de preceitos que, nos domínios específicos em que se situam, materializam os princípios fundamentais que a compõem, não se confunde inteiramente com o conjunto dessas disposições. As dificuldades e incertezas da sua identificação resultam precisamente da

Por essa razão, a autora considera criticável a referência feita pelo Art. 800º, nº 2 do Código Civil português, que, seguindo o modelo italiano, veda "actos que representem a violação de deveres impostos por normas de ordem pública", pois essa seria uma restrição empobrecedora do sentido da ordem pública, uma vez que os deveres impostos por normas de ordem pública "são, não apenas os que encontrem expressa formulação em preceitos do direito positivo vigente, mas ainda todos os que, não se encontrando vertidos em concretas disposições legais, sejam necessária consequência das exigências que a ordem pública contém".[472] Ana Prata tem certa razão, pois a formulação legal pode dar azo à confusão, porém, entendemos que ela própria incide em uma, ao deixar de observar que um princípio também é uma norma jurídica, ainda que não positivado.

Conforme Eros Roberto Grau, as normas se desdobram em regras e princípios, ainda que estes não estejam positivados, pois, como diz o autor, "existem, em estado de latência, sob o ordenamento positivo, no direito *pressuposto.*"[473] (grifo do original)

Nesse ponto, sendo a ordem pública um princípio que permeia o ordenamento jurídico, ela se sujeita ao seu modo próprio de aplicação,

---

descoincidência entre a ordem pública e as normas imperativas, descoincidência que se manifesta no duplo sentido de que nem todas as normas imperativas são de ordem pública, nem esta se esgota no conteúdo das normas imperativas. As normas imperativas e os princípios da ordem pública constituem, pois, dois conjuntos que, tendo embora uma vasta zona de interpenetração e sobreposição, possuem, cada um deles, zonas próprias em que a coincidência não se verifica" (PRATA, Ana. *Cláusula de exclusão e limitação de responsabilidade contratual*, p. 758).

472 *Ibidem*, p. 759.

473 GRAU, Eros Roberto. *Ensaio e discurso sobre a interpretação/aplicação do direito.* 2. ed. São Paulo: Malheiros, 2003. p. 150 e ss.

conforme já desenvolvido por Ronald Dworkin,[474] em que prevalece o critério de ponderação, sem que um princípio afaste o outro do ordenamento. Isso significa dizer que, em dadas circunstâncias, um princípio poderá prevalecer sobre o outro. Ao seguirmos por essa trilha, de fato, mencionando a norma de ordem pública como restrição, estaríamos a dizer que esse princípio poderá ou não ser aplicado ao caso concreto, do que, e nisso Ana Prata tem razão, resulta uma descoincidência e empobrecimento do caráter restritivo.

José Reinaldo Lima Lopes critica algumas das formulações de Ronald Dworkin ao observar que não há efetiva distinção no modo de aplicação das regras e dos princípios jurídicos, uma vez que nenhuma dessas modalidades de normas jurídicas "garantem que se produzam decisões em um sentido ou outro". Adiante, o autor observa:

> "Ora, na maioria das vezes a dificuldade não está em saber a regra, mas saber se o fato sujeita-se a uma regra e não a outra. Isso acontece da mesma forma quer se trate de aplicar uma regra ou um princípio. Dizer que um fato se submete a um princípio significa dizer que se submete a uma espécie de norma e para submeter-se a uma espécie de norma é preciso tipificá-lo."[475]

De qualquer modo, sem tomar partido das teses ora apresentadas, para o nosso tema, podemos destacar que, sendo o princípio uma norma jurídica, a crítica feita por Ana Prata é impertinente. Porém, as observações de Ronald Dworkin e José Reinaldo de Lima Lopes, ainda que por caminhos diversos, deixam claro que a solução dar-se-á tão

---

474 DWORKIN, Ronald. *Taking rights seriously*. 5. impr. London: Duckworth, 1987.

475 LOPES, José Reinaldo Lima. Juízo jurídico e a falsa solução dos princípios e das regras. *Revista de Informação Legislativa*, ano 40, n. 160. Brasília: Senado Federal, Secretaria Especial de Editoração e Publicações, 2003. p. 51.

somente *no caso concreto*. Na tipificação do fato para sujeitá-lo ou não a uma regra ou a um princípio.

A esse propósito, é desnecessária e, de certa maneira, inconveniente, a referência à ordem pública, expressa ou não em normas jurídicas positivadas. Desnecessária, pois, analisado o caso concreto, o princípio, se aplicável, será irrecusável e sua aplicação não poderá ser afastada pela convenção. Inconveniente, porque ao enunciá-lo seria como impor sua aplicação em qualquer hipótese, mesmo quando, da análise do caso concreto, resultar a prevalência de outro princípio, como a boa-fé, a função social, o equilíbrio das prestações ou outros princípios igualmente relevantes.

Dessa maneira, entendemos que a ordem pública é, sim, uma restrição, porém aplicável a qualquer outra cláusula contratual; aplicação que dependerá do caso concreto específico, sendo desnecessária uma formulação legislativa ou doutrinária específica para as cláusulas de não indenizar.

Por derradeiro, não obstante a controvérsia levantada, apresentamos, a título de exemplo, algumas hipóteses em que a convenção não poderá prevalecer em razão de norma cogente em contrário e que já estão ou ainda serão referidas neste livro, como é o caso da vedação contida no artigo 51 do Código de Defesa do Consumidor, das normas relativas a danos ambientais,[476] do artigo 754, que veda a exoneração em caso de

---

476 A questão ambiental será retomada adiante, mas antecipamos que a impossibilidade de limitação da responsabilidade ambiental, tal como na hipótese referida de *cross waiver liability* citada por Antonio Junqueira de Azevedo, não afasta, a nosso ver, a alocação de risco entre as partes. Em um contrato de empreitada, por exemplo, as partes poderão compartilhar o risco ambiental de tal maneira que a cláusula de limitação de responsabilidade poderá determinar os limites da indenização de uma parte, assumindo a outra o complemento da indenização integral devida em razão do acidente ambiental.

contrato de transporte, das restrições relacionadas à integridade física da pessoa humana, além de outras hipóteses previstas em lei.

5.4 Admissibilidade das cláusulas de limitação e de exoneração de responsabilidade em relação à obrigação principal

Ao analisar os requisitos de validade das cláusulas convencionais sobre a responsabilidade no Brasil, tem sido frequente a inclusão, sem muita análise crítica, da obrigação principal como elemento intocável, inacessível a qualquer restrição pertinente aos efeitos do seu descumprimento. No tocante às relações de consumo, não há o que se discutir, em face dos termos do artigo 51 do Código de Defesa do Consumidor — disposição que entendemos louvável e que, a nosso ver, dá ao direito brasileiro uma posição de destaque ao deixar mais claros os limites entre as restrições próprias às relações de consumo e aos contratos propriamente empresariais, estes entendidos como relações comerciais entre empresários. Exemplo disso está contido no mesmo artigo com a admissão da limitação de responsabilidade, quando a relação tenha como consumidor uma pessoa jurídica.

José de Aguiar Dias enumerou os requisitos de validade dessas cláusulas no Brasil, curiosamente em outra obra que não a celebrada, merecidamente, *Cláusula de não-indenizar*. É no livro *Da responsabilidade civil* que encontramos o seguinte texto: "São cláusulas ilícitas: a de transferência de obrigações essenciais do contratante, as que exonerem de responsabilidade pelo dolo ou culpa grave e, em geral, todas as que interessem à proteção da vida, da integridade física e da saúde do contratante."[477] Referidas hipóteses são apresentadas depois de

477 AGUIAR DIAS, José de. *Da responsabilidade civil*, v. II, p. 672.

enunciado o princípio básico de que nenhuma cláusula convencional de responsabilidade poderá ser contrária à ordem pública.

Décadas mais tarde, Antonio Junqueira de Azevedo sistematizou os critérios de validade nos seguintes termos: "São nulas as cláusulas de não-indenizar que: a) exonerem o agente em caso de dolo; b) vão diretamente contra norma cogente — às vezes, dita de ordem pública; c) isentem de indenização o contratante, em caso de inadimplemento da obrigação principal; e d) interessem diretamente à vida e à integridade física das pessoas naturais".[478] São esses os quatro pilares que restringem a aplicação das cláusulas de não-indenizar.

Em obra mais recente, Fábio Henrique Peres repete a lição dos mestres, ao observar que, segundo doutrina majoritária, "tais cláusulas seriam admissíveis apenas nas hipóteses em que visassem a limitar ou exonerar o dever de reparar derivado do inadimplemento de obrigações acessórias, não centrais, do vínculo contratual".[479] No mesmo sentido, Gustavo Cerqueira, ao enumerar os requisitos para a validade das cláusulas, inclui aquelas que "digam respeito à tutela do interesse individual sobre ao quais as partes podem livremente dispor e a deveres decorrentes de obrigações naturais ou acessórias à obrigação principal".[480]

---

478 AZEVEDO, Antonio Junqueira de. Cláusula cruzada de não-indenizar (*cross waiver of liability*), ou cláusula de não-indenizar com eficácia para ambos os contratantes. Renúncia ao direito de indenização. Promessa de fato de terceiro. Estipulação em favor de terceiros. In: ______. *Estudos e pareceres de Direito Privado*, p. 201.

479 PERES, Fábio Henrique. *Cláusulas contratuais excludentes e limitativas do dever de indenizar*, p. 180.

480 CERQUEIRA, Gustavo. *As garantias e a exclusão de responsabilidade*, p. 132.

Alguns autores mencionam a intangibilidade dos elementos essenciais do negócio, sob pena de sua descaracterização.[481]

Ousamos discordar.

As cláusulas de limitação ou de exoneração de responsabilidade têm o propósito de dar previsibilidade no que diz respeito à indenização dos danos, *exatamente*, em razão do inadimplemento da obrigação principal, desde que, como vimos, não se trate de danos causados por dolo ou culpa grave. Como, aliás, é o propósito das cláusulas penais compensatórias, sem recurso ao ressarcimento dos danos excedentes ao valor da penalidade. No Brasil, entretanto, tem sido comum acrescentar mais um requisito de admissibilidade das cláusulas: não restringir direitos relacionados à obrigação principal.

No exame do texto de José de Aguiar Dias não encontramos evidências de que, necessariamente, o autor tenha procurado se referir à responsabilidade pelo descumprimento da obrigação principal. Notemos que ele menciona a transferência de obrigações essenciais. A palavra transferência não pode ser traduzida por exclusão ou limitação da indenização pelo descumprimento da obrigação principal. Entendemos que, na verdade, o autor se refere aos limites da definição do conteúdo da obrigação principal. Figura que já procuramos distinguir das

---

481 "Não poderão excluir-se do contrato obrigações que constituam *elementos essenciais* do negócio *típico* ou *nominado* escolhido pelas partes, sob pena de total descaracterização do mesmo. Isto é, não poderão afastar obrigações que constituam precisamente o *elemento de identificação* do contrato celebrado com sua *causa*, ou seja, a função *económico-social* própria do contrato. Seria um verdadeiro 'monstro jurídico', nas palavras de Mazeaud, o contrato de compra e venda em que vendedor excluísse a obrigação de transferir a obrigação de transferir a propriedade da coisa vendida; o mesmo se diga, por exemplo, da hipótese de supressão, pelo locador, do dever de proporcionar à outra parte, num contrato de locação, o gozo de uma coisa." (MONTEIRO, António Pinto. *Cláusulas limitativas e de exclusão de responsabilidade civil*, p. 125.)

cláusulas de limitação e de exoneração de responsabilidade, embora também tenhamos admitido que, em dadas circunstâncias, seus efeitos poderão ser os mesmos. A intersecção de efeitos, porém, não importa em confusão de figuras.

Outra observação deve ser feita no tocante à citação de Antonio Junqueira de Azevedo. O autor foi preciso em sua afirmação. Embora a expressão cláusula de não indenizar deixe de fazer a distinção entre exoneração e limitação, Antonio Junqueira de Azevedo refere-se, especificamente, às cláusulas de exoneração e não às de limitação, quando fulmina de nulidade as cláusulas que "isentem de indenização o contratante, em caso de inadimplemento da obrigação principal".[482] Se considerarmos que a expressão "cláusula de não indenizar" pode englobar tanto a exoneração quanto a limitação, examinando com cuidado o texto, podemos notar que o autor se refere, especificamente, à exoneração somente quanto ao dolo e ao cumprimento da obrigação principal, enquanto a ordem pública e a integridade física da pessoa humana são mencionadas indistintamente, do que se conclui que serão nulas tanto as cláusulas de exoneração quanto as cláusulas de limitação, quando estas forem contrárias à ordem pública ou coloquem em risco a integridade da pessoa humana.

Do que foi dito aqui, podemos concluir que a limitação da responsabilidade não foi enunciada como nula pelos autores quanto ao inadimplemento da obrigação principal. De um lado, porque entendemos que José de Aguiar Dias tratava de fenômeno distinto, a limitação do conteúdo da obrigação; de outro, porque Antonio

---

482 AZEVEDO, Antonio Junqueira de. Cláusula cruzada de não-indenizar (*cross waiver of liability)*, ou cláusula de não-indenizar com eficácia para ambos os contratantes. Renúncia ao direito de indenização. Promessa de fato de terceiro. Estipulação em favor de terceiros. In: ______. *Estudos e pareceres de Direito Privado*, p. 201.

Junqueira de Azevedo fulminava de nulidade somente a exoneração da responsabilidade pelo descumprimento da obrigação principal, não a confundindo com a limitação de responsabilidade.

Sob o pálio dessa interpretação, ousamos afirmar que referidos autores não afastam a aplicação das cláusulas de limitação de responsabilidade, mesmo quando relacionadas ao descumprimento da obrigação principal. Isso não significa dizer que toda cláusula relacionada ao descumprimento da obrigação principal será válida, pois deverão ser avaliados todos os demais requisitos de validade, sejam eles construídos pela doutrina ou pela jurisprudência. Significa, antes, reconhecer que, em se tratando de obrigação principal, não deverá ocorrer imediata nulidade, mas, aplicando os critérios de sua validade, o intérprete deverá considerar todos os aspectos relevantes do caso concreto.

Nossa posição é a de que não há, no direito brasileiro, fundamento legal que torne nula, *per se*, a cláusula de limitação ou de exoneração de responsabilidade quando ligada ao descumprimento da obrigação principal. Entendemos que, tal como demonstra a evolução do conceito de *fundamental breach* ou *breach of a fundamental term*, desenvolvido pelos países de tradição da *common law*, a violação da obrigação principal não pode ser tomada como um elemento de validade ou não da cláusula, mas poderá ser fundamento para a sua interpretação, ou mesmo, segundo alguns autores, como veremos adiante, servir como um guia para a caracterização da culpa grave.

5.4.1 "Fundamental breach" e "breach of a fundamental term"

A jurisprudência inglesa e a americana desenvolveram por décadas um critério de apreciação da validade das *exclusion* ou *exculpation clauses*, para afastar a validade de cláusulas que comprometessem "the very core and essence of the contract", pois tais condições poderiam levar a um *commercial nonsense* entre as partes.[483] Essa é construção jurisprudencial, de maneira que se mostra adequado apresentar alguns casos que ilustram a referida teoria. Em caso de 1834, *Chanter v. Hopkins*,[484] a Corte observa que se alguém se obriga a entregar ervilhas, porém entrega feijão, não há cumprimento do contrato; posteriormente, para definir *fundamental term*, a Corte inglesa assim se expressa: "Something which underlies the whole contract so that, if it is not complied with, the performance becomes something totally different from that which the contract contemplates".[485]

Outro caso mais recente ilustra de maneira pitoresca a ideia. Em *George Mitchell (Chesterhall) Ltd. v. Finney Lock Seeds Ltd.*,[486] uma empresa vende sementes de determinado tipo de repolho (*winter white cabbage seeds*), fazendo constar no contrato que estava excluída a responsabilidade por danos consequentes, em especial, lucros cessantes. Tempos depois, ficou evidente que as sementes fornecidas eram de planta que não servia a qualquer propósito econômico, sendo imprópria para o consumo humano ou animal. A Corte, então, entendeu que, em se tratando de fornecimento de produto completamente diferente, não seria possível aplicar-se a cláusula de exclusão de responsabilidade. O fundamento da decisão é de fácil compreensão, pois a cláusula de exclusão da responsabilidade fora estipulada para danos decorrentes do fornecimento de sementes de repolho e não de qualquer outra planta. Houvesse perda de produção por entrega de sementes de repolho, a cláusula poderia ter sido considerada, porém, entregue produto

483 YATES, Robert. *Exclusion clauses in contracts*, p. 189.

484 *Chanter v. Hopkins* (1834) 4 M. & W. 399.

485 *Smeaton Hanscomb v. Sasson I. Setty* (1953) 1 W.L.R. 1468.

486 *George Mitchell (Chesterhall) Ltd. v. Finney Lock Seeds Ltd.* (1981) 1, Lloyds'Rep. 476.

completamente diverso, teria de ser afastada, uma vez que esta não tivesse sido a hipótese contemplada pelas partes quando a condição foi negociada.

Esse conceito, no entanto, não nos leva à conclusão de que havia impedimento categórico de estipulação de exoneração de responsabilidade pelo descumprimento da obrigação principal. Ao contrário, a cláusula foi rejeitada quando a prestação se revelou completamente diversa daquela que as partes tinham em mente no momento da contratação. O caso das sementes de repolho deixa isso claro, pois a cláusula de exoneração foi afastada, exatamente, porque a prestação não correspondia ao objeto do contrato.

O conceito de *Fundamental breach*, todavia, em alguns casos, mais se caracterizava como culpa grave do que regra de intangibilidade da prestação principal. Em *Yeoman Credit Ltd. v. Apps*,[487] um carro foi adquirido e apresentou tantos defeitos que o tornaram inadequado ao uso. O contrato continha cláusula de exclusão de responsabilidade. A Corte entendeu que um defeito, tomado isoladamente, poderia incluir-se na cláusula de exclusão, porém a sucessão de problemas comprometia "*the root of the contract*", de maneira que uma cláusula de exclusão poderá ser válida desde que não seja inconsistente ou destrutiva da própria *essência* do contrato.[488] Condição que pode ser

487 *Yeoman Credit Ltd. v. Apps* [1962] 2 QB 508; [1961] 3 WLR 94; 105 SJ 567; [1961] 2 All ER 281, Ca.

488 "Whether there has been a breach of a fundamental condition of the agreement is a questiono of degree depending on the facts. Such a breach is different in weight and gravity form breaches of conditions which would come within the exemption. It may be [...] an accumulation of defects which, taken singly, might well have been within the exemption clause, but taken en masse constitute such a non-performance or repudiation or breach going to the root of the contract as disentitles the owners to take refuge behind an exception clause intended only to give protection to those breaches which are not inconsistent with and not

aplicada também aos contratos fora das relações de consumo.[489] O exemplo, no entanto, não está, propriamente, relacionado à obrigação principal, pois seria admissível a aplicação da cláusula para um simples defeito do objeto principal da obrigação. O caso parece exemplificar hipótese de culpa grave, que já seria fundamento para a não aplicação das *exemption clauses* em países de tradição do direito civil. Além disso, na hipótese de uma parte ter pago integralmente o preço e recebido prestação diversa daquela contratada, a questão desloca-se de matéria relacionada à indenização pelos danos causados para concentrar-se na devolução do preço, já que não foi entregue o objeto adquirido.[490]

O conceito de *fundamental breach* ou *breach of a fundamental term*, como requisito de validade, foi, no entanto, perdendo força, no sentido de que uma cláusula não poderia ser tomada imediatamente como inválida pela simples razão de envolver o descumprimento de *fundamental term*. De sorte que uma cláusula redigida de maneira adequada poderia ter aplicação ainda que relacionada à obrigação principal. Vale a pena reproduzir o texto de Richard Lawson, comentando o caso *Karsales (Harrow) v Wallis*[491]:

> "A Corte, entretanto, buscou interpretar a doutrina do inadimplemento fundamental com uma doutrina de interpretação, de maneira que o

---

destructive of the whole essence of the contract." (YATES, Robert. *Exclusion clauses in contracts*, p. 197.)

489 YATES, Robert. *Exclusion clauses in contracts*, p. 199.

490 "If we return to our example based on a contract for the sale of goods, a buyer faced with a breach of a fundamental term but who has already paid for the goods, can repudiate the contract by rejecting such purported performance as the seller offers. To recover the purchase price he does not need to rely on the contract for an action in damages, and hence he need not be concerned with the exclusion clause." (YATES, Robert. *Exclusion clauses in contracts*, p. 201.)

491 *Karsales (Harrow) v Wallis* [1956] 1 WLR 936; 100 SJ 548; [1956] 2 All ER 866, CA.

inadimplemento tenderia a destruir a finalidade principal do contrato. Foi aceito, porém, que, em materia de redação, não havia qualquer razão pela qual uma cláusula de exclusão adequadamente redigida não poderia aplicar-se em certos aspectos a uma violação fundamental."[492]

Ou seja, de requisito de validade, a regra do *breach of fundamental term* foi adquirindo contornos de princípio de interpretação restritiva, sem que a exclusão ou limitação de responsabilidade pela violação da obrigação principal pudesse ser tomada, *per se*, como regra de direito e fundamento de invalidade da cláusula.[493]

Como observam Geneviève Viney e Patrice Jourdain, curiosamente, quando a teoria inglesa do *fundamental breach of contract* cai em desuso na jurisprudência no Reino Unido, os tribunais franceses passaram a

492 "The house of Lords, however, attempted to reinterpret the doctrine of fundamental breach as one of the construction, so that it should be breaches tending to defeat the main purpose of the contract. It was accepted, though, that, as a matter of drafting, there was no reason why a properly drafted exclusion clause should not apply to some instances of a fundamental breach." (YATES, Robert, *op. cit.*, p. 69.)

493 "Cette doctrine comportait des difficultés théoriques et pratiques. La théorie était faible parce qu'elle dépendait de l'argument que la partie lésée avait la possibilité de résilier le contrat, et que la résiliation empêchait l'application de la clause. Ceci n'est pas le droit anglais. La difficulté pratique était que, bien que la doctrine fût utilisée principalement dans des affaires qui concernaient la location-vente ou la vente à crédit de voitures par des établissements de credit aux consommateurs, ou l'intervention était indiquée, la doctrine s'appliquait aussi aux clauses perfaitement équitables dans les contrats commerciaux. La House of Lords, a désapprouvé la doctrine de '*fundamental breach*' *obiter* en 1967 e l'a enfin annulée en 1980. On a souligné le fait qu'en droit commun les parties restent libres de préciser ells-mêmes pas seulement leurs obligations primaries, mais aussi les remèdes (obligation secondaires) qui doivent s'ensuivre s'il y a une rupture du contrat, et que ces obligations secondaires devraient s'appliquer que le contrat soit résilié ou non, s'il en a été convenu ainsi par les parties. Pourtant, ce ne voulait pas dire que les tribunaux abandonnaient l'idée que les clauses étaient essentiellment des mécanismes de défense et qu'on les interprétait restrictivement." (BEALE, Hugh. *Droit anglais*, p. 160-161.)

interessar-se por ela.[494] Porém, por outra via, pois não se tratava de criar novo requisito de validade, mas de situar a violação de uma obrigação fundamental no contexto da figura da culpa grave.[495] No mesmo sentido, Ana Prata afirma que, se o descumprimento disser respeito à obrigação acessória, a culpa será leve, porém, "se estiver em causa um obrigação principal — por ter natureza em função da economia do contrato ou por o credor lhe atribuir especial importância — sempre a culpa será grave".[496] Esta última opinião, no entanto, nos levaria a concluir que, sendo sempre grave a culpa em caso de descumprimento da obrigação principal, a sua violação alçaria à condição de requisito de validade da cláusula.[497]

---

494 "Ces auteurs ont notamment invoque, à l'appui de cette idée, la theorie anglaise du '*fundamental breach of contract*' qui a eu, à une certe epoque, un impact important sur la jurisprudence em Grande-Bretagne. Mais, curieusement, c'est justement au moment ou cette théorie était abandonee par les juges anglais que la doctrine et, à sa suíte, la jurisprudence françaises on commencé a s'y intéresser et à lui faire une certaine place." (VINEY, Geneviève; JOURDAIN, Patrice. *Les effet de la responsabilité*, p. 360-361.)

495 "Cette prise en compte de '*obligation essentielle ou fondamentale*' dans la lutte contre certaines clauses d'irresponsabilité ou d'allégement des obligation par trop défavorables au créancier a d'ailleurs été d'abord indirecte car c'est par l'intermédiaire de la notion de *faute lourde* qu'elle apparue, le manquement à une obligation essentielle ayant été juge constituif em soi d'une faute lourde même s'il ne procédait pas d'une grave negligence e cette jurisprudence s'est maintenue par la suíte. Remarquons que, lorque cette motivation est utilisée, ce n'est pas alors las validité de la clause qui est mise em doute, mas son efficacité puisque toutes les clauses restrictives de responsabilité ou de réparation sont tênues en échec par la constatation d'une faute dolosive ou d'une faute lourde." (*Ibidem*, p. 361.)

496 PRATA, Ana. *Cláusulas de exclusão e limitação da responsabilidade contratual*, p. 300.

497 "Em conseqüência desta tomada de posição, frequente na jurisprudência francesa, ao apreciar cláusulas exoneratórias no domínio contratual, P.

Na Alemanha, em se tratando de condições gerais de contrato, os tribunais têm aplicado o princípio de que são interditas as cláusulas de exoneração das obrigações ditas *cardinais*,[498] o mesmo sendo válido para o direito suíço, que as qualifica como condições abusivas.[499] Compete-nos salientar, no entanto, que a aplicação desse conceito está relacionada à verificação de desequilíbrio notável do contrato e, além disso, a doutrina é pertinente às cláusulas de limitação ou de exclusão do conteúdo da obrigação, sendo relevante para as cláusulas de exoneração de responsabilidade somente na medida em que estas tenham o mesmo efeito da restrição ao conteúdo da prestação.

Esse aspecto, aliás, é ressaltado por Natalia Álvarez Lata, ao apontar a importância da distinção entre as cláusulas exoneratórias de responsabilidade e as cláusulas de delimitação do objeto do contrato, sendo vetada a estas últimas as disposições que possam restringir

---

Delebecque (*Les clauses...*, *op. cit.* pp. 184 a 186) observa que existe uma aproximação a teoria inglesa do *fundamental breach*. O raciocínio é o seguinte: se os tribunais declaram inválidas as cláusulas sempre que há culpa grave do devedor e se qualificam como grave a culpa desde quando está em causa a violação de uma obrigação principal do contrato, a consequência é necessariamente a da recusa de validade da cláusula exoneratória sempre que se verifica a inexecução de uma obrigação essencial." (*Ibidem*, p. 301.)

498 "La pratique a enfin tire de l'article 9, alinéa 2, disposition d'exception à l'origine destinée exclusivement aux cas ou des règles dispositives écrites n'existeraient pas, un autre principe general fréquemment mis en oeuvre par les tribunaux, à savoir l'interdition de l'exonération des obligations dites 'cardinales'" (SCHMIDT-SALZER, Joachim. Droit allemand. In: GHESTIN, Jacques (Dir.). *Les clauses limitatives ou exonératoires de responsabilité en Europe*, p. 64).

499 "Deuxièmement, une clause serait abusive si elle dénaturait un contrat en rompant, de manière notable, son équilibre. On reconnaît ici la doctrine de l'oblifation fondamentale ou de 'Kardinalpflichten' du droit allemande que l'utilisateur ne saurait mettre en cause san autre." (STAUDER, Bernd. Droit suisse. In: GHESTIN, Jacques (Dir.). *Les clauses limitatives ou exonératoires de responsabilité en Europe*. Paris: LGDJ, 1990. p. 124.)

obrigações consideradas essenciais ou principais do tipo contratual. Cita ainda alguns autores que tendem a identificar ou dar tratamento semelhante às duas modalidades de cláusulas, porém observa que, na Espanha, essa tendência é mais comum no terreno dos contratos com os consumidores.[500]

A observação de Natália Alvarez Lata, apontada no final do parágrafo anterior, explica bastante a atitude da doutrina diante do tema. Há uma estrutura fechada de pensamento que nos remete o tempo todo a uma visão de proteção do credor, como se ele fosse sempre um consumidor. Fábio Henrique Peres, a nosso ver, chega próximo a uma formulação clara de que é admissível a estipulação de cláusulas de limitação da responsabilidade pelo inadimplemento da obrigação principal ao apontar a confusão da doutrina quanto às obrigações principais e essenciais, mas adota critério que entendemos insuficiente. Sugere

500 "La distinción es importante porque ambas figuras no poseen identicos regimenes jurídicos; en la delimitación del objeto del contrato las partes gozan de un mayor poder de actuación. Sin embargo, esto no significa que se trate de un poder absoluto. Lógicamente habrá de someterse a los limites enunciados por el artículo 1255; pero se debe vetar cualquer intento de los contratantes que obvie las obligaciones estimadas como esenciales o principales de ese tipo contractual, ya que en otro caso, como recuerda Malaurie, el contrato corre ele riesgo de carecer de causa, a tenor del artículo 1261 y concordantes del C.c. (aunque la tarea de determinar cuándo una obligación es esencial resulta, en algunos casos, complicada). Sentada la diferente naturaleza de ambas cláusulas y, como consecuencia de ello, su diverso regimen jurídico, debemos advertir de la virtualidad de los pactos delimitadores del contenido contractual para producir, en última instancia, efectos similares a los provocados por las cláusulas de exoneración, lo que ha llevado a determinados autores a unificar las exigencias para las dos figuras, sujetando las que tienen por objeto la exclusión de la obligación a los requisitos preceptuados para las restrictivas de responsabilidad, tendencia más común en el terreno de los contratos de consumidores, por razones de seguridad jurídica." (LATA, Natalia Álvarez. *Cláusulas restrictivas de responsabilidad civil*, p. 51.)

que o intérprete deveria, como critério objetivo, proceder à "aferição casuística da suficiência, ou não, dos demais instrumentos oferecidos pelo ordenamento para tutelar a posição do credor".[501] Ou seja, a cláusula será válida se existentes outros meios de tutela do credor. Cita, por exemplo, a execução específica. Ora, se houver possibilidade de execução específica, a prestação poderá ser cumprida, ainda que de maneira forçada, sem que haja prejuízo ao credor. Ou seja, a cláusula de limitação do valor da indenização deixaria de ter qualquer relevância prática ou jurídica.

Em um aspecto concordamos, qual seja, que a questão somente se resolve casuisticamente, mas não vemos a disponibilidade de outros remédios jurídicos como critério objetivo para o deslinde da questão. Basta-nos um exemplo. Nos contratos de empreitada, tem sido comum a estipulação de limites para o valor da indenização em caso de inadimplemento. Imaginemos que um empreiteiro, tendo concluído 80% da obra, deixe de terminá-la, e as partes tenham negociado um limite para a indenização devida ao dono da obra. Trata-se, aqui, não há dúvidas, de descumprimento da obrigação principal (inadimplemento absoluto parcial), diríamos, mesmo, essencial, pois é da essência do contrato de empreitada o recebimento da obra. O principal prejuízo do dono da obra, neste caso, será a diferença dos custos por ele incorridos ou do preço por ele pago a terceiros para a conclusão da obra. Nem sempre será possível a execução específica como remédio contra o devedor e, no entanto, entendemos razoável a estipulação de um limite para a diferença paga ao terceiro. A nosso ver, não há qualquer violação às normas de ordem pública, e seria perfeitamente admissível a convenção de que a indenização devida pelo empreiteiro em caso de

---

501 PERES, Fábio Henrique. *Cláusulas contratuais excludentes e limitativas do dever de indenizar*, p. 185-186.

inadimplemento ficaria restrita a, por exemplo, 50% do que a ele seria devido para a conclusão dos trabalhos. Ou seja, o dono da obra poderia pagar ao terceiro um preço 50% maior do que aquele que seria devido ao empreiteiro, o que é absolutamente factível.

É evidente que um terceiro cobraria um valor maior pelos mesmos trabalhos de conclusão da obra — maior risco para conclusão de obras iniciadas por outra empresa, custos adicionais com mão de obra e equipamentos para manutenção de prazos ou correções de imperfeições etc. Consideramos, assim, perfeitamente válida a cláusula que limite o valor da diferença paga ao terceiro, o que corresponde, aliás, ao incentivo do dever de mitigar os efeitos do inadimplemento, não deixando ao dono da obra o poder de terminá-la a qualquer preço, impondo, eventualmente, um ônus excessivo ao devedor inadimplente.

Ou seja, trata-se de limitação do dever de indenizar os efeitos do inadimplemento de obrigação principal e essencial do contrato, porém, a nosso ver, passível de estipulação livre entre as partes. Evidente, que as circunstâncias do caso poderão alterar esta conclusão, como, por exemplo, a hipótese de não conclusão da obra diante de culpa grave na elaboração do projeto. Nesse caso, no entanto, a questão desloca-se da obrigação principal como critério de invalidade para o exame da culpa grave.

> Importante notar que o conceito de *fundamental breach* foi recepcionado pelo direito brasileiro pela via da Convenção das Nações Unidas para a Compra e Venda Internacional de Mercadorias (CISG). O Artigo 25 define que "[a] violação do contrato por uma das partes é considerada essencial se causar à outra parte prejuízo de tal monta que substancialmente a prive do resultado que poderia esperar do contrato, salvo se a parte infratora não tiver previsto e uma pessoal razoável da mesma condição e nas mesmas circunstâncias não pudesse prever tal

resultado". Note-se que o critério para a definição do "*fundamental breach*" (expressão constante da versão em inglês) está na privação substancial da utilidade da prestação (resultado) esperada pelo credor. Critério semelhante ao adotado por Agostinho Alvim para a caracterização do inadimplemento absoluto que poderá resultar em resolução do contrato. Portanto, caso o inadimplemento não retire substancialmente a utilidade da prestação, não terá lugar a fundamental *breach* e, consequentemente, não será afastada a eficácia da cláusula de limitação de responsabilidade. Outro aspecto relevante do artigo 25 diz respeito à previsibilidade do resultado, o que, de alguma forma, nos remete ao artigo 403 do Código Civil brasileiro que limita a responsabilidade aos danos que resultem direta e imediatamente da inexecução.

Um caso interessante pode ser encontrado no repositório de jurisprudência da Pace University[502] sobre a interpretação dos tribunais a respeito de "*fundamental breach*" no contexto de um contrato com cláusula de limitação de responsabilidade:

"Este caso aborda principalmente a violação fundamental do contrato e a limitação de responsabilidade nos termos da CISG.

As partes celebraram um contrato para a venda de moedas souvenir em várias parcelas. O vendedor entregou uma amostra. O contrato continha uma cláusula que limitava a responsabilidade do vendedor a uma determinada quantia e exigia que o comprador apresentasse qualquer reclamação por escrito dentro de quarenta dias após a chegada dos bens. O vendedor entregou as moedas. Mais tarde, os clientes do comprador reclamaram que as moedas não eram descritas nos certificados e duvidavam de sua autenticidade. O comprador solicitou ao tribunal arbitral que ordenasse ao vendedor retirar os bens não

---

502 Sítio eletrônico: http://iicl.law.pace.edu/cisg/cisg.

> vendidos, ou seja, cerca de um quarto do volume total, para reembolsar o preço já pago e compensar as outras perdas do comprador.
> [...]
> O tribunal considerou que as moedas estavam de acordo com as amostras. O tribunal considerou que as mercadorias também deveriam estar em conformidade com a descrição e os certificados, embora o contrato não incluísse uma disposição específica. Por conseguinte, o vendedor violou o contrato, mas a violação não foi fundamental porque o comprador conseguiu vender três quartos das mercadorias, pelo que o vendedor não privou substancialmente o comprador do que tinha o direito de esperar no âmbito do contrato. Na falta de uma violação fundamental, o comprador não tinha o direito de devolver a mercadoria nos termos do artigo 46.º da CISG.
> O tribunal considerou que a cláusula de limitação de responsabilidade era uma estipulação voluntária das partes que não violava a lei aplicável e era razoável e válida.
> [...]
> Na falta de uma violação fundamental pelo vendedor, o tribunal rejeitou o pedido do comprador por reembolsar o preço e devolver a mercadoria ao vendedor. Em vez disso, de acordo com a cláusula de limitação da responsabilidade no contrato, o tribunal ordenou ao vendedor que pagasse indenização." (O texto é tradução livre o original em inglês e reproduz parcialmente o *abstract* do caso, elaborado por Boris Pupko: http://cisgw3.law.pace.edu/cisg/wais/db/cases2/000000c1.html#ctoc. O caso foi decidido pela China International Economic and Trade Arbitration Commission [CIETAC] (PRC).

O caso é bastante ilustrativo, pois, embora o inadimplemento diga respeito à obrigação principal (conformidade das moedas objeto do contrato de compra e venda), a quebra não privou substancialmente o credor da utilidade da prestação, pois vendeu três quartos da mercadoria, e não se caracterizou uma quebra essencial ou fundamental, nos termos do artigo 25 da CISG.

Judith Martins-Costa, no mesmo parecer acima citado a respeito da culpa grave, analisa o inadimplemento de "obrigação fundamental" como obstáculo à eficácia da cláusula de limitação de responsabilidade. No caso específico, a questão gira sobre a exclusão da responsabilidade de garantia do empreiteiro pela solidez e segurança das obras pelo prazo de cinco anos, nos termos do artigo 618. Este é um caso bastante particular, pois o artigo 618 tem sido considerado como de ordem pública, não se admitindo a redução do prazo de garantia ou sua exclusão. A questão, portanto, está mais associada à vedação da validade da cláusula em relação a normas cogentes ou de ordem pública. De qualquer forma, a autora acaba por extrair uma conclusão de ordem genérica: "A exclusão não tem eficácia quando o seu objeto disser respeito às obrigações fundamentais do contrato, sob pena de desfiguramento do tipo."[503]

Em análogo sentido, Arnoldo Wald reconhece a validade da cláusula no ordenamento jurídico brasileiro em matéria de responsabilidade contratual e apresenta as tradicionais exceções quanto à sua aplicabilidade no ordenamento jurídico brasileiro. Interessa a este trabalho sua opinião a respeito do inadimplemento da obrigação principal. Assim se expressa o autor:

> "27. Além da já citada inexistência de violação a preceito de ordem pública, a cláusula de limitação de responsabilidade tem os seguintes fundamentos:

---

503 *Op. cit.*, p. 347.

> (I) *bilateralidade do consentimento* – a declaração unilateral é considerada inteiramente inválida;
>
> (II) *igualdade de posição das partes* – vedada está, como dito, sua inclusão em relações de consumo;
>
> (III) *inexistência de exoneração do agente em caso de dolo ou culpa grave* – não se admite cláusula de exoneração de responsabilidade em matéria delitual;
>
> (IV) *ausência de isenção do contratante pelo pagamento de indenização relativa ao inadimplemento de obrigação principal* – a cláusula de não indenizar não pode ser estipulada para afastar ou transferir obrigações essenciais do contratante."[504]

Enquanto Judith Martins-Costa refere-se à obrigação fundamental, Arnoldo Wald faz referência a obrigações essenciais do contratante. Nesse sentido, há uma certa ambiguidade em ambos os textos, especialmente na citação de Arnoldo Wald, pois menciona "inadimplemento da obrigação principal" para, seguida referir-se a obrigações essenciais do contratante. Poderíamos conciliar os argumentos para relacionar obrigações essenciais ou fundamentais ao inadimplemento fundamental ou essencial (conforme conceito do fundamental *breach*), entretanto, ambos os textos se referem à obrigação e não ao inadimplemento.

Em que pese a ambiguidade dos autores acima, nos parece que não há razão para afastar a eficácia da cláusula de limitação de responsabilidade quando o inadimplemento não retira substancialmente a utilidade daquilo que foi prestado.

Autores mais recentes, como Vinicius Pereira, seguem o mesmo caminho ao admitir a eficácia da cláusula de não indenizar:

---

504 *A Cláusula de limitação de responsabilidade no direito brasileiro*. RDCC N2, V4, julho-setembro de 2015, p. 137.

> "Em nosso sentir, salvo nas hipóteses acima, a cláusula de não indenizar serve para atuar especialmente sobre as obrigações principais que, na prática, são aquelas cujo inadimplemento gera danos mais relevantes aos contratantes. Relegar o ajuste que exonera ou limita o dever de reparar o dano às obrigações acessórias, parece-nos, é retirar sua importância e restringir demasiadamente o direito de as partes regularem suas relações."[505]

Em trabalho ainda mais recente, de 2016, Luiz Octávio Villela de Viana Bandeira afirma, no mesmo sentido:

> "Do ponto de vista normativo, não é possível vislumbrar que há uma vedação previamente estabelecida que proíba que cláusula de não indenizar verse sobre as obrigações principais do contrato. As perspectivas acima abordadas têm o grande mérito de ressaltar tal argumento. A circunstância de haver, no caso concreto, outros mecanismos jurídicos dispostos ao credor para garantir a eficácia do vínculo representa, afinal, um critério mais objetivo para se saber, interpretativamente, se a limitação que diz respeito às obrigações principais terá como consequência ou não o aniquilamento do vínculo, caso em que não poderá ser considerada eficaz."[506]

Finalmente, vale citar jurisprudência do Tribunal de Justiça de São Paulo em que se admitiu a limitação do valor da indenização, mesmo se tratando de resolução do contrato por inadimplemento da obrigação principal. As partes firmaram contratos de licença de uso, fornecimento

---

505 PEREIRA, Vinicius. *Cláusula de não indenizar. Entre riscos e equilíbrio.* Rio de Janeiro: Lumen Juris, 2015, p. 59.

506 *As cláusulas de não indenizar no direito brasileiro.* São Paulo: Almedina Brasil, 2016, p. 169.

de hardware, instalação, consultoria, desenvolvimento, customização, atualização e assistência técnica de softwares destinados à gestão administrativa, comercial e financeira da autora, mas, em razão de sucessivas falhas o contrato foi resolvido. O Tribunal considerou não se tratar de relação de consumo, pois o sistema pretendia se incorporar ao exercício da atividade da autora, e também não se tratar de contrato de adesão, pois as partes teriam negociado livremente as condições contratuais, afastando-se, consequentemente, o disposto no artigo 424 do Código Civil. O texto é bastante eloquente, valendo reproduzir parte relevante da decisão:

> "3. É verdade que nosso ordenamento jurídico consagra o princípio da reparação integral das perdas e danos (artigos 389, 395 e 404 do Código Civil) e prevê a nulidade de cláusulas inseridas em contratos de adesão que "estipulem a renúncia antecipada do aderente a direito resultante da natureza do negócio" (artigo 424 do Código Civil), como o de requerer indenização por perdas e danos.
>
> O artigo 421-A do Código Civil dispõe, por outro lado, que "os contratos civis e empresariais presumem-se paritários e simétricos até a presença de elementos concretos que justifiquem o afastamento dessa presunção", que "as partes negociantes poderão fixar parâmetros objetivos para a interpretação das cláusulas negociais e seus pressupostos de revisão ou de resolução", que "a alocação de riscos definida pelas partes deve ser respeitada e observada", e que "a revisão contratual somente ocorrerá de maneira excepcional e limitada".
>
> Constou dos contratos firmados com a Oracle, que, em nenhuma hipótese, a responsabilidade de qualquer das partes em relação à outra excederia "o total de valores pagos ou devidos" em decorrência dos mesmos contratos, que nenhuma das partes poderia ser responsabilizada por "danos eventuais, específicos, punitivos, emergentes ou

indiretos, incluindo lucros cessantes, ainda que tenha sido informada da possibilidade de referidos danos", nem por "perdas e danos referentes a ganhos, lucros ou prestígio, ou por danos eventuais, específicos, punitivos ou emergentes de qualquer pessoa física ou jurídica, sejam resultantes de atos contratuais, extracontratuais ou de outros atos", e que "as limitações de responsabilidade contidas neste capítulo foram determinantes na fixação da remuneração" devida pela autora (fls. 676/690). No caso em exame, as partes não celebraram contratos de adesão, e sim contratos paritários e simétricos, o que a impede a aplicação do artigo 424 do Código Civil.

É inegável que as partes (empresas de grande porte, habituadas a grandes negócios) tiveram oportunidade de negociar e alterar as cláusulas e condições materializadas nos instrumentos de fls. 676/690, adaptando-as a seus interesses, em vista da importância do projeto e o valor nele envolvido e em razão do seu objeto (customização de software), que pressupõe colaboração ativa do contratante desde a fase pré-contratual, na definição de formatos, prazos e metas específicas.

Depois, não se identifica, pelas características do negócio nulidade ou abusividade nas cláusulas questionadas pela autora, com as quais ela inicialmente anuiu e que influíram decisivamente na fixação do valor da sua contraprestação.

Referidas cláusulas, vale dizer, não são capazes de "nulificar ou descaracterizar obrigação essencial do contrato", como a autora afirmou, e "não excluem totalmente a responsabilidade da parte infratora, mas apenas limitam os valores da sua indenização, prevendo inclusive a aplicabilidade da limitação em desfavor da ora requerida e, portanto, em benefício da requerente" (fls. 5302/5303)."[507]

---

507 Apelação Cível nº 0024950- 94.2005.8.26.0100, relatora: Sílvia Rocha, 05 de fevereiro de 2020.

5.5 Conclusões parciais

O exame de cada um dos quatro itens mencionados nos mostra que os requisitos de validade, efetivamente, próprios à cláusula de exoneração e limitação de responsabilidade dizem respeito às faltas decorrentes de dolo e de culpa grave. Como apontado, a violação às normas cogentes ou — e este *ou* não tem sentido de sinonímia — de ordem pública, a nosso ver, são aplicáveis a qualquer disposição contratual, sendo irrelevante incluí-las como requisitos categoriais da cláusula.

Quanto à preservação da integridade física da pessoa humana, procuramos estender, como fazem alguns autores citados, o conceito para integridade "psicofísica" do ser humano, mas também entendemos que se trata de item que não poderia ser qualificado como específico para as cláusulas de não indenizar. Além disso, conforme doutrina assente, tais violações já se incluiriam sob a restrição imposta pelo princípio da ordem pública, além de outros, como probidade e da boa-fé.

No tocante à obrigação principal, nosso propósito foi demonstrar que, no Brasil, não é possível inferir da lei tal restrição. Reconhecemos, no entanto, como se deu com a evolução da matéria nos países de tradição da *common law*, que a violação de obrigação essencial, que retire do negócio sua função econômico-social, deve manter-se como critério relevante de *interpretação*. O caso concreto poderá ou não determinar a invalidade ou ineficácia das cláusulas de limitação ou de exoneração de responsabilidade. Nos referimos à invalidade quando a cláusula, em sua formação, parece de nulidade, como aquela que expressamente inclui em seu texto a limitação da responsabilidade para o caso de lesão à integridade da pessoa humana ou danos decorrentes de dolo. A cláusula será nula em sua origem. De outro lado, uma cláusula de limitação de responsabilidade poderá ser perfeitamente válida, mas será ineficaz quanto à limitação da responsabilidade pelos danos decorrentes de culpa grave, por exemplo.

Aliás, o Projeto do Código de Obrigações de 1965, de autoria de Caio Mário da Silva Pereira, previa, entre as excludentes de responsabilidade, o seguinte:

> "Art. 924. A cláusula de não indenizar somente prevalecerá se for bilateralmente ajustada, e não contrariar lei expressa, a ordem pública e os bons costumes, e nem tiver por objeto eximir o agente dos efeitos do seu dolo."

Podemos notar que há omissão eloquente. Não é feita qualquer restrição à limitação ou exoneração de responsabilidade relativa à obrigação principal. A proposta mantinha a redundância pertinente à lei expressa e à ordem pública, o que não prejudicaria a efetividade da norma, e não há referência à culpa grave, omissão que pode ser suprida pela tradição civilista de sua equiparação ao dolo.

Por derradeiro, sobre esse dispositivo, assim se manifesta Silvio Rodrigues:

> "O exame desse inciso projetado, em face das considerações aduzidas neste parágrafo, justifica o aplauso a ele dedicado. É também de lamentar-se que tanto o Anteprojeto de Código Civil de 1972 quanto o Projeto de Código Civil de 1975 bem como o novo Código Civil se hajam escusado de disciplinar a matéria, mantendo aberto o campo para a controvérsia".[508]

508 RODRIGUES, Silvio. *Direito Civil: Responsabilidade civil*. 19. ed. atual. de acordo com o novo Código Civil (Lei 10.406, de 10-1-2002). São Paulo: Saraiva, 2002. v. 4, p. 182.

De maneira que concluímos este capítulo nos juntando a Silvio Rodrigues ao homenagear o autor do texto proposto e lamentando a omissão do legislador em tratar da matéria no atual Código Civil.

CAPÍTULO 6

EFEITOS DA CLÁUSULA PERANTE TERCEIROS

6.1 Responsabilidade por atos de auxiliares e representantes

O artigo 932 do Código Civil brasileiro enumera hipóteses em que o sujeito responde por atos de terceiros: a responsabilidade dos pais por atos dos filhos; a dos curadores e tutores por atos de curatelados e pupilos; e a dos donos de hotéis e escolas por hóspedes e alunos. A hipótese de nosso interesse é aquela do inciso III, que impõe ao empregador ou comitente a responsabilidade pelos atos de seus "empregados, serviçais e prepostos, no exercício do trabalho que lhes competir".

Sendo responsável pelos atos de seus empregados e prepostos, duas questões se afiguram: (a) viabilidade de limitação ou de exoneração da responsabilidade também pelos atos praticados por auxiliares; e (b) extensão dos efeitos da cláusula de exoneração ou de limitação do devedor aos seus auxiliares.

Antecipamos aqui a resposta positiva para ambas as questões, não apenas firmados sobre farta doutrina, conforme veremos adiante, como pela própria lógica decorrente do artigo 932 do referido diploma legal. A *ratio legis* do inciso II não se funda em eventual *culpa in eligendo, vigilando* ou, exclusivamente, na responsabilidade objetiva, mas no fato de que o agente, nesse caso, em uma relação contratual, se vale de seus auxiliares para a realização de ato que faria por si próprio. Nesse caso, há, portanto, nas palavras de Natalia Álvarez Lata, *paralelismo* de circunstâncias, uma vez que "los argumentos para sustentar tal posibilidad son identicos a los que nos llevaron a concluir la admisibilidad de las cláusulas restrictivas de la responsabilidad personal del deudor".[509]

Em primeiro lugar, vejamos a possibilidade de limitação ou de exoneração do devedor por atos de auxiliares.

6.2 Responsabilidade do devedor por atos de auxiliares

Na Itália, a hipótese é alçada à condição de direito posto, tal como consta da segunda parte do artigo 1.229 do Código Civil italiano, ao fulminar de nulidade as cláusulas de exoneração de responsabilidade pelos atos do devedor e de seus auxiliares em violação de normas de ordem pública.[510]

Em Portugal, António Pinto Monteiro, tomadas as peculiaridades das disposições do Código Civil português, admite a limitação e exoneração de responsabilidade pelos atos de auxiliares, inclusive em caso de dolo ou culpa grave em determinadas circunstâncias,[511] o que veremos adiante. Nuno Manuel Pinto Oliveira também admite a validade das cláusulas de exoneração e de limitação de responsabilidade, embora divirja de António Pinto Monteiro quanto à extensão dos efeitos para

---

509 LATA, Natalia Álvarez. *Cláusulas restrictivas de responsabilidad civil*, p. 90.

510 TRABUCHI, Alberto. *Istituzioni di Diritto Civile*, p. 694; BIANCA, C. Massimo. *Diritto Civile: La responsabilità*, p. 69; SCOGNAMIGLIO, Renato. *Contratti in generale*. Bolonha: Nicola Zanichelli, 1970, p. 282; BENATTI, Francesco. Clausole di esonero dalla responsabilità. In: ______. *Digesto delle discipline privatistiche: Sezione civile*, p. 400; CECCHERINI, Grazia. *Responsabilità per fatto degli ausiliari: Clausole di esonero a responsabilità – artt. 1228-1229. Il Codice Civile: Commentario*, p. 197 e ss.

511 MONTEIRO, António Pinto. *Cláusulas limitativas e de exclusão de responsabilidade civil*, p. 258 e ss.

dolo e culpa grave.[512] Ana Prata, embora tenha posição desfavorável à aplicação das cláusulas de exoneração de responsabilidade, igualmente, admite a limitação para atos praticados por auxiliares.[513]

A mesma regra pode ser observada, com algumas peculiaridades, na França, na Espanha e nas diretivas da União Europeia. Na Alemanha, embora o Código Civil, em interpretação literal, pudesse admitir a exoneração ou limitação da responsabilidade do devedor por culpa grave de seus auxiliares, a jurisprudência tem atenuado essa interpretação.

Além disso, em tempos atuais, a atividade econômica é, quase na totalidade das vezes, exercida por empresas, por pessoas jurídicas, que devem, necessariamente, se utilizar de auxiliares, confundindo-se a responsabilidade da empresa com a responsabilidade de seus prepostos, de maneira que se torna difícil considerar um empregado como terceiro. Quando o empregado executa um serviço, é a empresa que o executa, de tal sorte que, nesse contexto, não há que se falar em ato próprio da empresa, em oposição ao de seus empregados e agentes.

Este, aliás, é o fundamento da responsabilidade objetiva da empresa por atos de prepostos,[514] pois, como observa Alvino Lima, a culpa

---

512 OLIVEIRA, Nuno Manuel Pinto. *Cláusulas acessórias ao contrato: Cláusulas de exclusão e de limitação do dever de indenizar e cláusulas penais*, p. 53.

513 PRATA, Ana. *Cláusulas de exclusão e limitação da responsabilidade contratual*, p. 753 e ss.

514 Alvino Lima, depois de analisar as diversas doutrinas que buscam dar fundamento à responsabilidade do patrão pelos atos de seus empregados e prepostos, aduz: "Na realidade, porém, desde que a responsabilidade do comitente decorra, de pleno direito, do fato ilícito do seu preposto, no exercício de suas funções, qualquer que seja o fundamento que se pretenda dar àquela responsabilidade, segundo as doutrinas, não há o exame da conduta do comitente, tal como decorre do conceito clássico da culpa." (LIMA, Alvino. *Dano e risco*, p. 153). Mesmo sob o Código Civil de 1916, que, segundo a doutrina, ainda consagrava o já antiquado paradigma da culpa, Alvino Lima e José de Aguiar Dias criticavam o disposto no artigo 1.523. Alvino Lima sustenta: "Sem dúvida alguma o legislador pátrio não seguiu a melhor doutrina, impossibilitando, na maioria dos casos, a reparação dos danos causados por atos de prepostos e outros, pois deveria ter

presumida — *in vigilando* ou *eligendo* — somente "poderia ser aplicável na época de pequenas empresas, quando a vigilância do patrão poderia estar em toda parte".[515]

---

consagrado a presunção *juris et de jure* da culpa adotada pela jurisprudência francesa, ou a presunção *juris tantum*, nos termos do artigo 831 do Código Civil Alemão, do art. 55 do Código Suíço das Obrigações, do art. 1903 do Código Civil Espanhol, do art. 142 do Código Polonês das Obrigações, do art. 188 do Código Civil chinês e dos arts. 116 e 118 do Código Civil Argentino." (*Ibidem*, p. 309). José de Aguiar Dias é mais incisivo ao analisar o assunto e até mesmo recorre a Pontes de Miranda, que se utiliza do conceito *funcionamento da organização* para dele deduzir que o critério é puramente objetivo. José de Aguiar Dias diz: "A verdade é que não se pode fugir ao dilema: ou se dá à responsabilidade do art. 1521, nº III, combinado com o art. 1523 do Código Civil, a interpretação "progressista", de que essa concepção é um exemplo, ou se aceita a dura realidade de um texto atrasado cem anos da época a que pretende servir." (AGUIAR DIAS, José de. *Da responsabilidade civil*, v. II, p. 525). Referidas construções de interpretação, no entanto, são desnecessárias em face do disposto nos artigos 932 e 933 do atual Código Civil que declaram, expressamente, o caráter objetivo da responsabilidade dos patrões por atos de empregados e prepostos. A esse propósito, Fernando Noronha, comparando a responsabilidade dos pais por atos dos filhos e da empresa por seus prepostos, observa que a "responsabilidade do patrão ou comitente é tipicamente objetiva" (NORONHA, Fernando. *Direito das obrigações*, p. 493). Cláudio Bueno de Godoy, em comentário ao artigo 933 do Código Civil, faz breve relato da evolução jurisprudencial em direção à responsabilidade objetiva, apesar do texto imperfeito do Código Civil de 1916, e conclui: "Pois agora, com a edição do novo CC, e conforme o artigo ora em comento, finalmente estabeleceu-se uma responsabilidade sem culpa por ato de terceiro, o que afasta a possibilidade de qualquer dos responsáveis, uma vez, demandado, procurar se eximir de seu dever ressarcitório alegando que escolheu bem, ou que vigiou bem. Cuida-se sempre, conforme a tendência já referida no comentário ao art. 927, de a lei elencar um responsável pela reparação, no caso alguém que, de alguma forma, possui autoridade ou direção sobre a conduta alheia, diretamente causadora do dano. Por isso, vislumbram alguns, no caso, verdadeiro dever de garantia afeto ao responsável por terceiro com quem mantém relação especial, muito embora prefiram outros ver na hipótese um risco pela atividade ou pela conduta de terceiro. De toda sorte, sempre uma responsabilidade independentemente de culpa." (GODOY, Cláudio Bueno de. *Comentários ao artigo 933 do Código Civil*, p. 897).

515 LIMA, Alvino, *op. cit.*, p. 145.

Não obstante seja objetiva a responsabilidade do empregador ou comitente, esta somente será caracterizada quando for evidenciada a culpa do empregado ou preposto,[516] salvo se o ato ou omissão destes resultar em responsabilidade objetiva, nos termos da lei, ou quando a atividade normalmente desenvolvida implicar, por sua natureza, risco para terceiros, conforme dicção do artigo 927. Nesse sentido, sendo determinada hipótese de dano fundada na culpa, os mesmos argumentos que admitem a exclusão e limitação em caso de culpa leve por atos próprios do devedor nos levam, por *paralelismo*, a admitir a exoneração ou limitação da responsabilidade do empregador. Ademais, conforme examinado em outro momento deste livro, é possível admitir-se a limitação da responsabilidade mesmo nas hipóteses de responsabilidade objetiva; portanto, em qualquer caso, seria sempre possível a limitação da responsabilidade do empregador por atos de seus empregados e prepostos.

Assim, entendemos que, no Brasil, a limitação ou exoneração de responsabilidade por atos de auxiliares é também possível e nos apoiamos tanto na doutrina internacional como em autores brasileiros. Em obra anterior a José de Aguiar Dias, Adauto Fernandes trata da cláusula em relação a terceiros sob dois aspectos. O autor, ao examinar o efeito da cláusula de não responsabilidade para as pessoas jurídicas, discorre:

> "Nos contratos, como qualquer pessoa natural, esses *organismos jurídicos*, ou *morais* assumem a responsabilidade plena das obrigações em que são partes como *credor* ou *devedor*, ou dela se exoneram com

516 Assim se manifesta Rui Stocco: "Dessarte, só haverá nexo de causalidade entre o comportamento do empregado e o dever objetivo do empregador de reparar se comprovado que o subordinado agiu culposamente." (STOCCO, Rui. *Tratado de responsabilidade civil: Doutrina e jurisprudência*, p. 960).

> a CLÁUSULA DE NÃO RESPONSABILIDADE, em tudo que não tenha caráter fraudulento, ou não atente contra a economia popular, o interesse coletivo ou a ética social."[517] (grifo do original)

José de Aguiar Dias segue pelo mesmo caminho e apresenta exatamente o fundamento mencionado há pouco, acerca da responsabilidade objetiva, bem como adiciona a ideia de representação, válida para o caso de preposição, na hipótese de pessoa jurídica. Conforme aduz o autor, as pessoas jurídicas "não respondem por atos de outrem, mas pelos seus próprios atos, uma vez que o procedimento do órgão se identifica com o da pessoa jurídica". Em outras palavras, a cláusula de limitação e de exoneração de responsabilidade teria exatamente o mesmo efeito daquela derivada de fato do próprio devedor, havendo nas palavras do autor uma assimilação da responsabilidade:

> "Já dissemos que, em matéria tão controvertida, existe quase unanimidade no tocante à assimilação da responsabilidade contratual indireta à responsabilidade contratual direta, para efeito da cláusula de irresponsabilidade, isto é, o devedor pode exonerar-se da obrigação decorrente do prejuízo causado por outrem sempre que lhe seja lícito exonerar-se da responsabilidade derivada de fato pessoal."[518]

No mesmo sentido, Gustavo Cerqueira afirma que "A obrigação de indenizar com base na responsabilidade objetiva do devedor por ato de seus empregados, serviçais e prepostos (CC 933 c/c CC 932, III), pode ser convencionalmente ilidida ou limitada" e Fábio Henrique Peres, por sua vez, admite a validade da cláusula por atos de terceiros, observados

---

517 FERNANDES, Adauto. *Cláusula de não responsabilidade*. Rio de Janeiro: A. Coelho Branco Filho, 1943. p. 194.

518 AGUIAR DIAS, José de. *Cláusula de não-indenizar*, p. 148-149.

os requisitos de validade que o autor enumera, em particular a sua aplicabilidade restrita aos contratos paritários.[519]

Em síntese, é possível afirmar que, no Brasil, assim como em outros ordenamentos, em que pese a omissão do legislador pátrio a propósito da exoneração ou limitação de responsabilidade por atos de terceiros, é válida, observados certos requisitos, a convenção que exonera o devedor pelos atos de seus auxiliares, bem como se estendem a estes os efeitos de tais cláusulas convencionadas pelo devedor.

6.3 Extensão dos efeitos da cláusula de não indenizar aos auxiliares

Outra questão refere-se à extensão da validade da cláusula para benefício dos auxiliares ou prepostos. Mais uma vez, Adauto Fernandes trata da matéria, e o faz discorrendo como se segue: "a convenção estipulada faz completa abstração da pessoa do *preposto* como alguém meramente incumbido de realizar em nome do preponente, o único responsável — certos e determinados atos, que este executará na medida, modo e forma que lhe foram cometidos".[520]

Ou seja, abstrai-se o preposto no sentido de que a obrigação é do devedor, sendo seus auxiliares um dos elementos empregados para o adimplemento. Além disso, nos termos da moderna teoria da empresa, as pessoas envolvidas no exercício da atividade se integram ao seu perfil institucional ou corporativo, nas palavras de Alberto Asquini,[521] fazendo, portanto, parte dela ou de uma das expressões da própria empresa.

---

519 PERES, Fábio Henrique. *Cláusulas contratuais excludentes e limitativas do dever de indenizar*, p. 117.

520 FERNANDES, Adauto. *Cláusula de não responsabilidade*, p. 184.

521 ASQUINI, Alberto. Perfis da empresa. Trad. Fábio Konder Comparato. *Revista de Direito Mercantil, Industrial, Econômico e Financeiro*, São Paulo, v. 35, n. 104,

Ademais, não estender aos auxiliares, em particular aos dependentes, os efeitos da cláusula, seria verdadeira injustiça e transferência aos empregados e auxiliares, remunerados pelo seu trabalho, dos riscos de uma atividade (ônus), sem o correspondente benefício (lucro), este mantido exclusivamente para a empresa. Mais uma vez, António Pinto Monteiro expressa de maneira cristalina tais ideias: "Seria injusto, e inadequado, parece-nos, exigir responsabilidade dum empregado, em casos em que o patrão (devedor) está isento dessa mesma responsabilidade, por força de uma cláusula de exclusão aceite pelo credor".[522]

Nos países de tradição da *common law*, Richard Lawson noticia alguns casos nos quais os tribunais, aplicando o princípio da relatividade dos contratos (*privity of contract*), afastaram a incidência de aplicação da cláusula para terceiros não participantes da convenção.[523] Todos os casos citados envolvem contratos de transporte de bens ou de pessoas, alguns deles implicando danos à integridade física, bem como danos decorrentes de *negligence* e não apenas *breach of contract* — ou seja, são hipóteses de cumulação de responsabilidade contratual e extracontratual —, do que resultaria para a vítima outro fundamento que lhe possibilita obter a indenização. Em *Cosgrove v. Midland Silicones*, caso envolvendo duas empresas, o autor observa certa hesitação da Corte quando um dos integrantes submeteu-se à regra da relatividade dos contratos, mesmo estando claro que a cláusula tinha por objetivo beneficiar também o terceiro.[524]

---

p. 109-126, out./dez. 1996. p. 109 e ss.

522 MONTEIRO, António Pinto. *Cláusulas limitativas e de exclusão de responsabilidade civil*, p. 293.

523 *Adler v. Dickson* [1955] 1 QB 158; [1954]3 WLR 696; 98 SJ 787; [1954] 3 ALL ER 397; [1954] 2 Lloyd's Rep 267, CA.; *Cosgrove v. Horsfall* [1945] 175 LT 334; 62 TLR 140; *Scruttons Ltd. v. Midland Silicones Ltd.* [1962] AC 446; [1962] 2WLR 186; 106 SJ 34; [1962] 1 All ER 1. (LAWSON, Richard. *Exclusion clauses*, p. 41-42.)

524 *Ibidem*, p. 42.

Richard Lawson, no entanto, aponta tendência das cortes em considerar a realidade entre empresários, uma vez que a não extensão das cláusulas aos terceiros envolvidos na execução do contrato traria inconvenientes e incertezas. Para ilustrar, indica casos posteriores àqueles citados em que os tribunais,[525] para superar o princípio da relatividade dos contratos, valeram-se de alguns conceitos como *implied contracts*, ou seja, como se existisse um contrato implícito, envolvendo também o terceiro subcontratado ou dependente.[526]

6.4 Requisitos de validade das cláusulas de não indenizar por atos de terceiros

Tomados os pressupostos apontados no item anterior — ou seja, que é válida a cláusula de exoneração ou de limitação de responsabilidade por atos de terceiros —, cabe-nos, agora, avaliar se os requisitos para a validade da cláusula de não indenizar são os mesmos para a responsabilidade do devedor por atos próprios ou de terceiros. Como anota Natalia Álvarez Lata:

> "Es unanime la postura, en la literatura científica, que consagra la admisibilidad de tales pactos. Sin embargo, lo que no parece tan nítido es el alcance de esta validez; la fijación de los límites dentro de los cuales las cláusulas son válidas es, como veremos, cuestión controvertida."[527]

---

525 *Pyrene Co. v. Scindia Navigation Co.* [1954]@QB 402; 2 WLR 1005; 98 SJ354; [1954] 2 All ER 158; [1954] 1 Lloyd's Rep 321; *Elder, Dempster & Co v Patterson, Zochonis & Co.* [1924] AC 522; [1924] All ER Rep 135; 93 LJKB 625; 131 LT 449; *Eisen and Metal AG v. Ceres Stevedoring Co. Ltd.* [1977] 1 Lloyd's Rep. 665, Quebec, CA.

526 "The circumstances of the case may indicate that a contract is made with the third parties on the terms of that between the actual parties to the agreement." (LAWSON, Richard. *Exclusion clauses*, p. 43.)

527 LATA, Natalia Álvarez. *Cláusulas restrictivas de responsabilidad civil*, p. 91.

Para aclarar mais a questão, podemos formular as seguintes perguntas: são aplicáveis à limitação ou exoneração de responsabilidade do devedor por atos de terceiros os mesmos requisitos de validade no que diz respeito à responsabilidade por ato próprio? Pode uma convenção de não indenizar afastar a responsabilidade do devedor por atos dolosos ou praticados em culpa grave por seus colaboradores?

A doutrina majoritária propugna que são pertinentes à exoneração ou limitação da responsabilidade por atos de terceiros os mesmos preceitos aplicáveis à responsabilidade por ato próprio, como, por exemplo, a inviabilidade de exoneração ou limitação em caso de dolo ou culpa grave, bem como atos contrários às normas de ordem pública.[528]

528 Assim se pronuncia Natalia Álvarez Lata: "En definitiva, cualquier estipulación que libere al deudor, indiferente es si cumple personalmente ou mediante auxiliar, de las consecuencias de la ejecución dolosa de la obligación chocaria frontalmente con las mínimas exigencias que presiden la tutela del crédito que están fuera de la disposición de los particulares, esto es, fuera de la esfera del orden privado". (LATA, Natalia Álvarez. *Cláusulas restrictivas de responsabilidad civil*, p. 165). Em Portugal, Nuno Manuel Pinto Oliveira enumera três possíveis teses: "[...] a primeira — de Antunes Varella e Ribeiro de Faria — considera que as cláusulas de exclusão ou de limitação da responsabilidade do devedor por actos de auxiliares ou de representantes legais em caso de não cumprimento imputável a título de dolo ou de culpa grave são em princípio válidas; a segunda — de Ana Prata e Galvão Telles — considera que as cláusulas de exclusão ou de limitação de responsabilidade do devedor por actos de auxiliares ou de representantes legais em caso de não cumprimento imputável a título de dolo ou de culpa grave são sempre inválidas, por representarem 'a violação de deveres impostos por normas de ordem pública' (cf. art. 800.º, nº 2, in fine); a terceira — de Nuno Manuel Pinto Oliveira — distingue as cláusulas de exclusão ou de limitação da responsabilidade do devedor por actos de auxiliares dependentes e as cláusulas de exclusão ou de limitação da responsabilidade do devedor por actos de auxiliares independentes." (OLIVEIRA, Nuno Manuel Pinto. *Cláusulas acessórias ao contrato*: cláusulas de exclusão e de limitação do dever de indenizar e cláusulas penais, p. 40). Nuno Manuel Pinto Oliveira filia-se à segunda alternativa em razão da equiparação entre atos de auxiliares e do próprio devedor: "Em consonância com a equiparação entre actos de auxiliares ou de representantes e actos do devedor estabelecida no nº 1 do art.

Manuel García Amigo funda a nulidade da cláusula de exoneração ou limitação de responsabilidade por dolo do dependente em disposição do Código Civil espanhol, mas, igualmente, por razões práticas, pergunta o autor: "quién protege al acreedor de la posible connivencia entre principal y dependientes para defraudarlo?"[529] Na França, não obstante, *la jurisprudence demeure incertaine* no que tange à culpa grave de terceiros, François Chabas noticia que prevalece o mesmo entendimento majoritário da doutrina.[530]

José de Aguiar Dias, embora faça referência à assimilação ou identificação entre a responsabilidade do preposto e do comitente, conforme texto já transcrito, ao tratar, especificamente, da exoneração de responsabilidade do comitente por atos dolosos do preposto, admite total validade à cláusula. Vale destacar sua opinião:

> "A culpa e o próprio dolo do preposto ou dependente constituem risco para o comitente e agravam as condições em que exercem a

---

800.º, as condições de validade das cláusulas de exclusão ou de limitação de responsabilidade do devedor por actos próprios ou por actos de auxiliares (ou representantes legais) têm de coincidir: caso abranjam o dolo e a culpa grave, as cláusulas serão inválidas; caso abranjam, exclusivamente, a culpa leve, essas cláusulas serão, em princípio, válidas." (*Ibidem*, p. 53.)

529 GARCIA AMIGO, Manuel. *Cláusulas limitativas de la responsabilidad contractual*, p. 156.

530 "La nullité des clauses d'exonération de responsabilité en cas de faute intentionelle ou lourde s'étend à la faute du prépose. C'est que, le commettant étant assimile au préposé, la faute du préposé est considérée comme étant la faute même du commettant; la faute volontaire ou lourde du prépose est donc une faute volontaire ou lourde du commettant. Sur ce point, la jurisprudence demeure cependand incertaine; la Cour de Cassation s'est, à la fois, prononcée pour la nullité de la clause d'exonération em cas de faute lourde du préposé e pour sa validité." (CHABAS, François. *Leçons de droit civil*: obligations, théorie générale, p. 765-766.)

sua atividade. Se a alguém apraz aceitá-lo e já se vê o fará graciosamente, não está no poder dos juízes impedi-lo. Os efeitos salutares da *negligence-clause* no direito marítimo estão a atestar que são imaginários os perigos que se atribuem à cláusula de irresponsabilidade. Sua aceitação, salvo as limitações indispensáveis, deve ser total, como estímulo à atividade industrial e como corretivo à progressiva exasperação da responsabilidade."[531]

Na Alemanha, o artigo 276, alínea 2, do BGB, veda a exoneração de responsabilidade por falta intencional do devedor, porém, o artigo 278 a admite em se tratando de responsabilidade por atos de prepostos.[532] O mesmo vale na Suíça, cujo Código de Obrigações, no artigo 101, prevê a hipótese de exclusão total ou parcial da responsabilidade por atos de auxiliares, embora, segundo Bernd Stauder, o devedor permaneça responsável pelos atos próprios, como falha na escolha, na instrução ou vigilância de seus dependentes.[533]

---

531 AGUIAR DIAS, José de. *Cláusula de não-indenizar*, p. 153.

532 É o que informa Joachim Schmidt-Salzer: "L'article 278, quant à lui, reconnait le príncipe d'une responsabilité contractuelle du commenttant du fait de ses preposés (respondeat superior); cependant, la resoponsabilité pour faute intentionnelle d'un préposé peut faire l'objet d'une exonération." (SCHMIDT-SALZER, Joachim. Droit allemand. In: GHESTIN, Jacques (Dir.). *Les clauses limitatives ou exonératoires de responsabilité en Europe*, p. 47.)

533 "L'art. 101 al. 2 C.O. permet au debiteur d'exclure en tout ou en partie la responsabilité du fait des auxiliaires', donc également en cas de faute grave ou d'acte intentionnel. Cette norme dispositive permet ainsi des clauses exoneratoires ou limitatives de responsabilité, en pricipe sans restriction, du moins en ce qui concerne la condition de la faute éventuelle d'un auxiliaire. Noton toutefois qu'en cas de d'exoneration valable, le debiteur peut, le échéant, être tenu pour responsible de son proper fait. Il en serait ainsi s'il recourt à un auxiliaire san en avoir le droit ou s'il a lui-même commis une negligence dans le choix, l'instruction ou la surveillance de son personnel". (SCHMIDT-SALZER, Joachim, *op. cit.*, p. 118).

De certa maneira, essas condições são anacrônicas com o desenvolvimento da atividade empresarial, pois muitos dos bens e serviços são prestados por empresas que se valem de seus empregados, prepostos e dirigentes. António Pinto Monteiro toma a interpretação do artigo 278 do BGB como exemplo *paradigmático* da evolução pela qual a responsabilidade por atos de terceiros é restringida no mesmo âmbito de validade das cláusulas relativas a atos próprios do devedor. Como anota o autor,

> "[...] a jurisprudência alemã que, tomando consciência da atitude liberal que o § 278, 2, do BGB reflecte — permitindo a exclusão da responsabilidade do devedor pelos actos dos seus auxiliares mesmo em caso de dolo destes —, não hesitou, recorrendo a cláusulas gerais, em proceder a uma restrição (*Einengung*) de um quadro legal reconhecidamente demasiado amplo".[534] Assim, a jurisprudência, no que diz respeito às pessoas jurídicas, passou a aplicar o conceito de culpa de organização (*Organisationsverschulden*), não se podendo impor aos clientes e consumidores, as falhas na estrutura e na organização empresarial para o exercício de sua atividade.[535]

O debate é bastante intenso na Itália, pois o *Codice*, na primeira parte do artigo 1.229, veda a convenção exclusiva ou limitativa da

534 MONTEIRO, António Pinto. *Cláusulas limitativas e de exclusão de responsabilidade civil*, p. 267.

535 "A excessiva generosidade ('*Großzügigkeit*') do legislador alemão de 1896, expressa no § 278, 2, foi sendo corrigida sobretudo ao nível da responsabilidade das pessoas colectivas, furtando-se do alcance permissivo desta norma a cláusula de exclusão de responsabilidade por actos dos seus órgãos, *qua tale*, e igualmente dos seus membros ou de pessoas com função de direção (*leitende Angestellte*), sendo o devedor *pessoalmente* responsável, da mesma forma, por qualquer *culpa de organização* (*Organisationsverschulden*)." (MONTEIRO, António Pinto. *Cláusulas limitativas e de exclusão de responsabilidade civil*, p. 267.)

responsabilidade do devedor por dolo ou culpa grave e, na segunda parte, dispõe que é nulo qualquer pacto preventivo de exoneração ou de limitação de responsabilidade para os casos em que o fato do devedor ou de seus auxiliares constitua violação de obrigação derivada de norma de ordem pública.[536] Portanto, da interpretação literal do texto legal, poder-se-ia deduzir que, em se tratando de responsabilidade por fato de auxiliares, o único limite à validade da cláusula seria a violação às normas de ordem pública, admitindo-se a exoneração ou limitação em caso de dolo ou de culpa grave. Esse, entretanto, não tem sido o entendimento da doutrina italiana. Grazia Ceccherini sustenta que, admitida a interpretação em comento, ficaria prejudicada a regra universalmente acolhida de responsabilidade do empresário pelos danos causados por seus prepostos, perdendo o credor qualquer direito contra o devedor que se utilize de auxiliares, conquanto estes não façam parte da relação jurídica.[537]

Francesco Benatti observa que, assim como o empresário é responsável pelos meios materiais pelos quais exerce sua atividade econômica, deve ser responsável pelas pessoas que emprega na execução de suas operações econômicas. Os auxiliares são um dos elementos da

---

536 O inteiro teor do artigo é o seguinte: "È nullo qualsiasi patto che esclude o limita preventivamente la responsabilità del debitore per dolo o per colpa grave. È nullo altresì qualsiasi patto preventivo di esonero o di limitazione di responsabilità per is casi in cui il fatto del debitore o dei suoi ausiliari costituisca violazione di obblighi derivanti da norme di ordine pubblico."

537 "Come è stato rilevato, infatti, la irreponsabilità del debitore per il fatto degli ausiliari condurrebe al risultato che il creditore non potrebbe invocare alcuna sanzione contro l'inadempimento del rapporto obbligatorio affidato dal debitore all'esecuzione di terzi. Non sarebbe in condizione di far valere la responsabilità del debitore, dato che quel'ultimo si è, in via preventiva, estraniato al fatto degli ausiliari; né quella degli ausiliari in quanto non sono parti del rapporto obbligatorio." (CECCHERINI, Grazia. *Responsabilità per fatto degli ausiliari: Clausole di esonero a responsabilità – artt. 1228-1229. Il Codice Civile: Commentario*, p. 199.)

organização empresarial, posta em movimento para o adimplemento dos contratos, de maneira que um pacto de irresponsabilidade por dolo ou culpa grave dos colaboradores significaria "totale insoddisfacimento del creditore e pertanto contrasterebbe con l'art. 1229, 1º co., che vuole assicurare un mínimo di protezione dell'avente diritto alla prestazione".[538] C. Massimo Bianca também afasta a interpretação literal e o faz com excepcional clareza e simplicidade: o inadimplemento do auxiliar é o inadimplemento do devedor; logo, a primeira parte, ao vetar a cláusula de exoneração ou de limitação de responsabilidade para o devedor, resultante de fato doloso ou de culpa grave, o faz, indistintamente, em relação a atos próprios ou dos auxiliares. Do contrário, ter-se-ia admitido ao devedor subtrair-se à própria responsabilidade por dolo ou culpa grave.[539]

Em síntese, segundo melhor doutrina italiana, os requisitos de validade da cláusula de não indenizar são os mesmos para os atos praticados pelo próprio devedor ou seus auxiliares.

A questão, em rigor, está associada ao grau maior ou menor de dependência entre os colaboradores e o empregador. G. P. Chironi, em 1897, ao cuidar da responsabilidade por atos de auxiliares, insistia na responsabilidade do comitente pelos atos de seu representante; pois, ao dar ordens ilícitas ou contrárias à boa-fé ao seu representante ou dependente, o representado estaria furtando-se aos efeitos da

---

538 BENATTI, Francesco. Clausole di esonero dalla responsabilità. In: ______. *Digesto delle discipline privatistiche: Sezione civile*, p. 401.

539 "Quest'argomento letterale è insufficiente a fronte del rilievo che il fatto degli ausiliari è giuridicamente imputato al debitore: l'inadempimento derivante da fatto degli ausiliari è inadepimento *del debitore*. É dunque la possibilità del debitore di sottrarsi alla própria responsabilità per il fatto degli ausiliari che richiederebbe un'apposita previsione normativa trattandosi di una deroga al divieto generale del codice." (BIANCA, C. Massimo. *Diritto Civile: La responsabilità*, p. 69.)

responsabilidade por dolo próprio, transferindo a responsabilidade para o representante, eventualmente insolvente.[540] O efeito, portanto, seria a superação da regra de não exoneração de responsabilidade por dolo. G. P. Chironi, entretanto, abre uma só exceção: quando o representante, no exercício da incumbência que lhe foi dada, não se submetesse de maneira alguma à vigilância ou à dependência perante o comitente. Por consequência, embora a cláusula de irresponsabilidade não pudesse isentar o devedor por atos dolosos próprios, os argumentos de G. P. Chironi nos levam a inferir que, segundo o autor, seria possível isentar o devedor da responsabilidade dos atos de terceiros, mesmo dolosos, quando houvesse autonomia do representante no desempenho de sua incumbência.[541]

---

540 "A parte la ragion della scelta fatta dall'obligato, che pure intende col patto di liberarsi da responsabilità pei fatti colposi de suo representante, a la ragion della dipendenza ch'è tra essi: chiaro è che l'entità della reppresentanza vieta di dare alla locuzione 'fatto atrui", un valore esagerato, dovendose giuricamente considerare il fatto del rappresentante come próprio del rappresetato. Le due ragioni anzidette della scelta e della dipendenza, che il patto non toglie, costituiscono poi una minaccia continua alla buone fede: il committente potrà difatti con prava volontà ordinare al commesso atti dannosi, e il creditore, in virtà del patto, non avrà azione contre di lui; cosicchè, se l'insolvabilità del commesso non riesce a garantirlo sufficientemente subirà il dano: ecco le conseguenze possibile del patto, che considerato in questo aspetto si confonde con l'altro ricordato diazi dell'immunità del dolo. Il committente che con prava volontà desse ai suoi commessi ordini ingiuriosi per chi ha contrattato con lui avrebbe la responsabilità posta al sicuro dalla convenzione, se questa per i fatti colposi de dipendenti non gl'imponesse obbligo alcuno." (CHIRONI, G. P. *La colpa nel diritto civile odierno: Colpa extra-contrattuale*, p. 670.)

541 "Una sola eccezione sarebbe qui possibile, se il rappresentato avesse la scelta, la nomina del commesso, ma questi nell'esercizio delle proprie incombenze non fosse sottoposto in modo assoluto alla sorveglianza, alla dipendenza sua; s'hanno difatti funzioni che determinano il rapporto di rappresentanza tra la persona che le commette e chi ha l'incarico di eseguirle, ma il cui esercizio non à nè concepibile, nè possibile, senza asserire al commesso la maggiore

António Pinto Monteiro segue a mesma trilha ao propor a distinção entre os diversos tipos de colaboradores, admitindo a convenção de irresponsabilidade, mesmo por dolo ou culpa grave, quando o devedor contar com a contribuição de auxiliares autônomos no cumprimento da obrigação.[542]

A tese é muito interessante, por reconhecer a inviabilidade da exoneração ou limitação no caso de auxiliares dependentes, "não devendo distinguir-se entre actos do devedor e actos de terceiro, pois 'o trabalho integra-se na organização patronal, é um elemento ao serviço dos seus fins, um factor de produção quando se trate de uma empresa económica",[543] mas, ao mesmo tempo, assegurado o consentimento do credor. E o autor prossegue:

---

indipendenza nell'esecuzione delle incombenze avute. In questi casi è giusto che la ragione strettamente giuridica della rappresentanza sai moderata dalla realtà delle cose, e si tenga perciò conto della libertà di operare che la funzione, per necessita di cose, consente al rappresentante, e che i contraenti col rappresentato ben sanno; la legge stessa insegna che in tali occorrenze può essere moderata la responsabilità del rappresentato, e però puo tenersi ben rispondente ai concetti da essa accolti la possibilita che il rappresentato si liberi con patto dalla colpa del suo rappresentante. S'intende che la clausola non assolve il rappresentato dalla colpa a lui imputabile." (CHIRONI, G. P. *La colpa nel diritto civile odierno: Colpa extra-contrattuale*, p. 670.)

542 "Mantém-se, porém, a necessidade de *distinguir* entre os auxiliares *dependentes* do devedor e os auxiliares *autónomos*, nos termos a que procedemos, visto que, tendo em conta, em certas hipóteses, a sua qualidade de *terceiros*, compreende-se, existindo acordo com o credor nesse sentido, a liberdade do devedor em excluir a sua responsabilidade pelos actos destes, ainda que dolosamente praticados, diferentemente do que sucede, porém, quando se trata de meros agentes, integrados na organização do devedor. Seria contrário à *ordem pública*, nos termos da parte final do nº 2 do art. 800.º, neste caso — já não no primeiro, atenta a relação de independência em face da empresa —, que o devedor pudesse excluir a responsabilidade em termos mais favoráveis do que se fosse ele próprio a cumprir." (MONTEIRO, António Pinto. *Cláusulas limitativas e de exclusão de responsabilidade civil*, p. 301.)

543 *Ibidem*, p. 289.

> "[...] compreende-se, no entanto, que, sendo o auxiliar um terceiro de que o devedor vai ter de se servir, a sua autonomia e independência em face da organização deste justificam que o devedor possa limitar ou excluir a responsabilidade que, doutra forma, lhe caberia (art. 800º, nº 1)".[544]

No Brasil, em monografia de mestrado, Fábio Henrique Peres acolhe a tese de António Pinto Monteiro, fazendo a ressalva de que somente poderiam ser admitidas as cláusulas de exoneração ou limitação de responsabilidade para atos de terceiros independentes em relações paritárias.[545] O autor qualifica como paritária a relação em que há "a existência de uma real negociação e ponderação acerca dos termos e condições que regularão a relação das partes, e não sua imposição pelo pólo contratual mais forte".[546] Exclui, portanto, os contratos de adesão.

Gustavo Cerqueira, ao examinar o mesmo tema em comento, parece concordar com a tese de António Pinto Monteiro, porém não deixa muito clara sua posição. Compara a lei portuguesa, que trata da responsabilidade do devedor por atos de auxiliares e representantes, com a lei brasileira, que se refere a empregados, serviçais e prepostos, cuja relação com o devedor é marcada por um grau maior de dependência. Feita essa distinção, limita-se a observar que "a aplicação do critério da dependência associado ao do grau de culpa revelam-se demasiado complicados".[547] O autor manifesta certa ambiguidade, pois, em princípio, parece concordar com António Pinto Monteiro, mas, em

---

544 MONTEIRO, António Pinto. *Cláusulas limitativas e de exclusão de responsabilidade civil*, p. 290.

545 PERES, Fábio Henrique. *Cláusulas contratuais excludentes e limitativas do dever de indenizar*, p. 117.

546 *Ibidem*, p. 134.

547 CERQUEIRA, Gustavo. *As garantias e a exclusão de responsabilidade*, p. 140.

seguida, entende "demasiado complicados" os argumentos em face da lei brasileira. Na verdade, entendemos o contrário. Se a lei brasileira afirma, segundo o autor, uma responsabilidade objetiva do devedor por atos de auxiliares "marcados por um elevado grau de dependência", a *contrario sensu*, seria de admitir-se a irresponsabilidade pelos atos de terceiros independentes, tal como proposto por António Pinto Monteiro, ou seja, sua tese teria melhor acolhida no Brasil, onde, reiteramos, *segundo o autor*, o Código Civil afirmaria a responsabilidade por atos de auxiliares com elevado grau de dependência.

Em se tratando de cláusula de exoneração ou de limitação de responsabilidade em matéria contratual, entendemos adequada a distinção entre auxiliares dependentes e independentes. Nesse sentido, não parece haver dúvidas de que a exoneração ou limitação de responsabilidade por atos dolosos ou culposos de auxiliares empregados somente faria sentido em uma sociedade de pequenas empresas, como o dono da padaria, empresário atuando como firma individual, que pudesse ter controle sobre os atos de todos os seus empregados. Nesse caso, evidenciada sua diligência na escolha e vigilância do trabalho desenvolvido, poder-se-ia admitir a sua não responsabilidade pelos atos dos seus auxiliares. Não é esse o contexto em que a questão se põe. Como já afirmado por Alberto Asquini, a empresa apresenta diversos perfis, incluindo-se o perfil corporativo ou institucional, representado pela comunidade de profissionais que dela faz parte.[548] Portanto, é irrepreensível a observação de C. Massimo Bianca quando afirma que o inadimplemento do auxiliar é o inadimplemento do próprio devedor. A obrigação é sempre do devedor, que se utiliza de terceiros para sua consecução.

548 ASQUINI, Alberto. *Perfis da empresa. Revista de Direito Mercantil, Industrial, Econômico e Financeiro*, v. 35, n. 104, p. 109 e ss.

Entendemos que, quando se fala da independência e autonomia como critérios para a admissibilidade da exoneração ou limitação por dolo ou culpa grave, é preciso fazer ainda outra distinção, que não se restringe a uma dependência formal de emprego ou subordinação, mas está relacionada ao próprio adimplemento. Uma empresa não se vale, apenas, de empregados para o adimplemento de seus contratos, mas conta, igualmente, com outras entidades autônomas, outras empresas, subcontratadas para a execução dos serviços ou fornecimentos. Embora não exista uma dependência formal, como uma relação de emprego, há dependência decorrente do próprio objeto do contrato, visto que o subcontratado está adstrito às obrigações assumidas pelo devedor perante o credor, isto é, perante o credor, as obrigações foram assumidas pelo devedor e não por seus colaboradores. Como assevera António Pinto Monteiro, "será indiferente para o credor, em princípio, que seja uma ou outra pessoa individualmente a cumprir, pois ele *confia* é no devedor, na sua reputação, e não na dos auxiliares, que muitas vezes até desconhecerá pessoalmente".[549]

Cláudio Bueno de Godoy, ao comentar o artigo 932, consigna que o conceito de preposição vem sendo alargado pela jurisprudência, sem a exigência de vínculo empregatício, "mas sempre à consideração de que exista uma relação de subordinação, de direção".[550] O conceito de preposto, tal como apontado pelo autor, deve ser ampliado, portanto, para além das relações formais de subordinação. Nesse sentido, a simples distinção entre colaboradores dependentes ou independentes

549 MONTEIRO, António Pinto. *Cláusulas limitativas e de exclusão de responsabilidade civil*, p. 276.

550 GODOY, Cláudio Bueno de. *Comentários ao artigo 932 e 933 do Código Civil*, p. 895.

(autônomos) não serve de parâmetro de delimitação de validade das cláusulas de exoneração ou limitação de responsabilidade.

O critério, a nosso ver, está na aceitação do risco assumido pelo credor. É comum que o credor participe na escolha do subcontratado, seja em razão de critérios de solvabilidade ou de capacidade técnica de adimplemento adequado da prestação. Algumas empresas mantêm o chamado *vendor list* de fornecedores previamente qualificados pelo credor como hábeis e aptos a lhe fornecer bens ou serviços e que devem ser contratados pelo devedor. Por vezes, o devedor não tem o arbítrio de escolher seus colaboradores em razão de tal qualificação prévia pelo credor. Exemplo claro dessa hipótese envolve a escolha de determinada tecnologia para a execução de uma obra. O empreiteiro pode ter o conhecimento das técnicas construtivas, porém não deter a tecnologia para os processos de produção, de tal sorte que poderá assumir os riscos da execução da obra, mas não do resultado. Nesses casos, seria muito razoável a estipulação entre credor e devedor no tocante à irresponsabilidade do empreiteiro pelos danos decorrentes de imperfeições ou defeitos relacionados à tecnologia empregada e fornecida por outro agente definido pelo dono da obra, ainda que subcontratado pelo devedor.

Ou seja, além da autonomia formal — inexistência de relação de subordinação —, há uma autonomia técnica ou tecnológica, que justifica, plenamente, a transferência dos riscos do devedor para o credor.

Portanto, para que a validade da cláusula de exoneração ou de limitação da responsabilidade por atos de terceiros, por dolo e culpa grave, seja efetiva, é preciso analisar a condição de participação do terceiro e do próprio credor no modo do adimplemento.

Essa condição tem fundamento econômico, pois a atuação direta, ou mediante terceirização, acompanha o critério de eficiência. Uma empresa realiza diretamente determinada atividade quando os custos de transação no mercado são maiores do que o custo de monitoramento da atividade de seus agentes. A empresa decide contratar no mercado determinadas funções, quando o custo de monitoramento de seus empregados e prepostos for maior do que os custos de transação para a negociação direta no mercado. Esses fatores determinam a decisão entre a terceirização ou a internalização de determinadas atividades.[551]

Esse é um critério de eficiência relacionado aos riscos próprios da atividade do devedor. A iniciativa de simplesmente transferi-los para o credor seria permitir ao empresário subtrair-se aos riscos pertinentes ao exercício de sua empresa. Entendemos, no entanto, que, quando o credor interfere no modo do adimplemento ou quando as condições técnicas determinam a participação de terceiro sobre o qual o devedor não possa exercer sua supervisão, é viável a exoneração ou limitação de responsabilidade pelos atos do terceiro independente.

Por derradeiro, as cláusulas de limitação e de exoneração de responsabilidade podem ter efeito sobre terceiros, em princípio, estranhos à relação. Em grandes obras, é comum a participação de diversas empresas, contratadas separadamente ou em consórcio. Nesse caso, embora cada uma desenvolva seu escopo próprio, a execução de serviços ou fornecimento de equipamentos de uma empresa poderá afetar as condições ou prazos de execução das demais. Aqui, podemos

---

551 Oliver E. Williamson desenvolve com profundidade essa análise a partir do conceito de *transaction costs* (WILLIAMSON, Oliver E. *The economic institutions of capitalism*. Nova York: Free Press, 1985. cap. 1, p. 15-42). A mesma análise é levada a cabo por EASTERBROOK, Frank H.; FISCHEL, Daniel R. *The corporate structure of corporate law*, p. 8-15.

vislumbrar a existência de uma rede de contratos, ou mesmo de contratos coligados e conexos.[552]

Embora os efeitos de um contrato sobre o outro possam decorrer de aspectos funcionais,[553] nada impede que os agentes envolvidos convencionem cláusulas de exclusão ou de limitação da responsabilidade assumida em decorrência de atos de terceiros. Nesse caso, os agentes

---

552 Francisco Paulo de Crescenzo Marino propõe conceito bastante claro e objeto da coligação: "Sugere-se definir contratos coligados como aqueles que, por força de disposição legal, da natureza acessória de um deles ou do conteúdo contratual (expresso ou implícito), encontram-se em relação de dependência unilateral ou recíproca." (MARINO, Francisco Paulo de Crescenzo. *Contratos coligados no direito brasileiro*, p. 223). Carlos Nelson Konder apresenta as definições de contratos conexos, coligados e grupos de contratos da seguinte forma: "Os contratos conexos se caracterizam por perseguirem juntos uma função ulterior além da função específica de cada um. O reconhecimento da conexão contratual é fruto de um processo de qualificação funcionalizado e é facilitado pela consideração de índices de conexão contratual no caso concreto. [...] São contratos coligados aqueles contratos conexos cujas vicissitudes de um, como a invalidade ou ineficácia por causa superveniente, afetam o outro. Há certa controvérsia sobre o título jurídico que autoriza a contaminação, mas no nosso ordenamento a extinção de um dos negócios pode privar o outro de proteção por conta do esvaziamento de sua função social. A diversidade de partes dificulta a prova da coligação mas não impede a sua configuração. São grupos de contratos aqueles contratos conexos com partes diversas que impõem o regime da responsabilidade contratual para as ações entre os co-contratantes. Trata-se de espécie mais restrita que normalmente exige certa homologia entre os contratos, como a identidade de natureza das obrigações e do bem objeto dos contratos." (KONDER, Carlos Nelson. *Contratos conexos*: grupos de contratos, redes contratuais e contratos coligados. Rio de Janeiro: Renovar, 2006. p. 277-278).

553 Como esclarece Paulo de Crescenzo Marino, "é válido afirmar que o vínculo entre os contratos coligados possui índole funcional (normalmente) e finalística. Na coligação unilateral, este fim tem como principal ponto de referência o contrato principal, ao qual o acessório está ligado. Na coligação com dependência recíproca, o fim tende a ser equidistante em relação aos contratos coligados". (MARINO, Francisco Paulo de Crescenzo, *op. cit.*, p. 133).

poderão, mesmo, assumir parte da responsabilidade pelos atos praticados pelos demais,[554] como uma estipulação em favor de terceiros com a possibilidade de que os efeitos do inadimplemento de um agente se *espalhem* sobre os demais. Isso poderá ocorrer quando, para viabilizar a realização de uma obra de vulto, determinado grupo de agentes econômicos, não assumindo integralmente os efeitos de seu inadimplemento próprio, decide compartilhar entre si os riscos do empreendimento.

A título de exemplo, podemos imaginar uma grande obra no valor de *dez bilhões de reais*, executada em regime de consórcio com solidariedade entre seus integrantes e em que uma das empresas provê parte dos serviços ou fornecimentos, com um contrato no valor total de *cem milhões de reais*. Nesse caso, por seu porte e capacidade financeira, não poderia, isoladamente, assumir os riscos de pagamento de indenizações que poderiam atingir valores muito superiores ao do seu contrato ou mesmo do seu patrimônio líquido. A solução pode se dar mediante a convenção de que cada uma das empresas seria responsabilizada pelo pagamento de indenização ou penalidades até certa quantia proporcional ao valor de seu contrato, e o valor do dano excedente a esse limite seria suportado pelos demais agentes que, no entanto, somente responderiam até o limite fixado para sua própria responsabilidade,

554 Embora lamentemos por não nos ter sido possível obter literatura a respeito do assunto, podemos asseverar que esse tipo de cláusula tem sido praticado no Brasil em grandes projetos de infraestrutura. É curioso que, na linguagem informal, típica dos brasileiros, a cláusula tem sido nominada como da "canequinha", "baldinho" ou "batente", no sentido de que cada empresa tem uma "canequinha" ou "baldinho" proporcional ao volume de seu contrato, que, uma vez cheia — pelo valor da indenização —, deixa vazar a responsabilidade para as demais "canequinhas" ou "baldinhos", até que seja atingido o limite ("batente") de cada uma. Trata-se de uma cláusula complexa e sofisticada, mas que se torna plenamente compreensível pela criatividade e bom humor do advogado brasileiro.

considerando-se a proporcionalidade do valor de seu respectivo contrato dentro do empreendimento.

Para aclarar ainda mais, suponhamos que todos os contratos contivessem cláusula de limitação de responsabilidade fixando-se o teto para a indenização em 30% do valor de cada um dos contratos. Suponhamos, ainda, que, do cumprimento imperfeito do contrato por um dos agentes, resultasse prejuízo de 300 milhões de reais e o dano tenha sido causado, exatamente, pelo contratado, cujo contrato tem o valor total de 100 milhões de reais. Aplicada a cláusula de limitação de seu próprio contrato, teríamos um valor teto de 30 milhões (30% de 100 milhões), o que é muito inferior ao valor do dano causado. Adotado esse mecanismo, os demais contratados seriam chamados a completar o valor da indenização de maneira proporcional ao valor de seus respectivos contratos em função do valor total da obra. Notemos que, se todos os agentes tiverem contratado uma limitação da indenização a 30% do valor de seus respectivos contratos, teremos um valor teto global de 3 bilhões de reais (30% do valor total do empreendimento), muito superior ao valor do dano efetivo. Neste exemplo, o autor do dano responderia até o teto do seu limite, e os demais contribuiriam com o pagamento da indenização em montante bem inferior aos seus respectivos limites de responsabilidade.

O dano, por outro lado, poderia ser, hipoteticamente, de 3 bilhões e 500 milhões, por exemplo, maior do que o limite global de responsabilidade para o empreendimento. Nesse caso, todos os agentes responderiam até o limite contratado individualmente, e o dono da obra assumiria o prejuízo excedente.

O mecanismo revela-se eficiente nesse caso, pois permite a solidarização do risco entre todos os agentes envolvidos, mormente porque em obras de vulto a atuação dos diversos agentes tende a interferir sobremaneira sobre a dos demais. Outro efeito, extremamente relevante, é a possibilidade de composição dos contratos de seguro, que são distribuídos de maneira mais adequada entre os agentes. Em suma, a figura da limitação de responsabilidade, combinada com o mecanismo de compartilhamento do risco, contribui, em última instância, com a própria viabilização dos negócios.

Essas convenções podem ser definidas em cada contrato ou mediante a celebração de acordos gerais ou acordos mestres (*Master Agreements*), que têm o papel não apenas de reger a responsabilidade das partes, mas também de definir procedimentos de coordenação entre os diversos agentes. A forma mais frequente se dá pela constituição de consórcios de empresas ou *joint ventures*,[555] em que não é incomum a estipulação de solidariedade entre os consorciados, o que torna tal arranjo contratual ainda mais relevante.

Como esse tipo de solução tende a ser muito específica para cada tipo de negócio, não há figura jurídica que permita uma formulação teórica consolidada. O artigo de Antonio Junqueira de Azevedo, todavia, nos fornece elementos interessantes para a compreensão do problema. Ao analisar a cláusula de *cross waiver liability*, o autor identifica na convenção quatro elementos, todos eles admissíveis pelo direito privado: (a) cláusula de não indenizar; (b) renúncia à indenização; (c) promessa de fato de terceiro; e, por fim, (d) estipulação em favor de terceiros.[556] Naquele caso, as partes renunciavam ao direito de pleitear a compensação pelos danos causados pela outra parte, assumindo o ônus a parte que se submetesse ao dano. Notemos que a hipótese cuidava de

555 Para a caracterização de consórcios ou *joint ventures*, no direito brasileiro, a obra de referência permanece a de PENTEADO, Mauro Rodrigues. *Consórcio de empresas*. São Paulo: Livraria Pioneira, 1979.

556 AZEVEDO, Antonio Junqueira. Cláusula cruzada de não-indenizar (*cross waiver of liability)*, ou cláusula de não-indenizar com eficácia para ambos os contratantes. Renúncia ao direito de indenização. Promessa de fato de terceiro. Estipulação em favor de terceiros. In: ______. *Estudos e pareceres de Direito Privado*, p. 198 e ss.

pesquisa desenvolvida pelas partes, em convênio de absoluta cooperação e atuação conjunta. De tal forma que, além de envolver as figuras jurídicas elencadas pelo parecerista, a cláusula tinha efeito apaziguador de conflitos, uma vez que, em atividades de colaboração, muitas vezes, é difícil identificar o verdadeiro causador do dano.

No caso do compartilhamento de riscos e assunção de responsabilidade pelos danos causados por terceiros, como descrito aqui, consideramos válidos os argumentos do autor. Temos os mesmos elementos:

(a) cláusula de não indenizar, caracterizada pela limitação de responsabilidade de cada integrante do empreendimento perante o dono da obra, ainda que solidários os integrantes do consórcio ou da *joint venture*;
(b) renúncia à indenização, na medida em que cada participante previamente declina de pleitear do culpado o valor despendido para o ressarcimento ao dono da obra;
(c) promessa de fato de terceiro, como consta do artigo 929 do Código Civil brasileiro, em que uma parte assume a responsabilidade pela assunção da obrigação de outrem — fato, aliás, corriqueiro em contratos de fiança;
(d) estipulação em favor de terceiros, em que uma parte renuncia ao direito de demandar contra os demais o valor despendido por conta do dano causado pelos demais envolvidos nesse grupo de contratos.[557]

Em suma, a hipótese descrita em tudo se assemelha à figura da *cross waiver liability* legitimada por Antonio Junqueira de Azevedo.

Portanto, relativamente aos efeitos das cláusulas de não indenizar sobre terceiros, podemos concluir que:

---

557 Sobre o conceito de grupo de contratos: LAGARDE, Paul. Droit Intenational Privé. In: GHESTIN, Jacques (Dir.). *Les clauses limitatives ou exonératoires de responsabilité en Europe*, p. 26; MARINO, Francisco Paulo de Crescenzo. *Contratos coligados no direito brasileiro*, p. 76 e ss.

(a) é possível a exoneração ou limitação da responsabilidade por atos de dependentes e colaboradores;

(b) valem para a limitação ou exoneração da responsabilidade por atos de colaboradores os mesmos requisitos aplicáveis à validade das cláusulas por ato próprio do devedor;

(c) estendem-se aos auxiliares os efeitos da cláusula de exoneração e limitação de responsabilidade convencionada entre devedor e credor;

(d) em determinadas circunstâncias, a serem examinadas no caso concreto, é possível a exoneração ou limitação de responsabilidade de terceiros independentes, ainda que por dolo ou culpa grave;

(e) em redes ou grupos de contrato (conexão, coligação ou grupos de contratos), os agentes envolvidos podem compartilhar os riscos pelos atos de terceiros.

CAPÍTULO 7

FORMA E CONTEÚDO DAS CLÁUSULAS DE EXONERAÇÃO E LIMITAÇÃO DO DEVER DE INDENIZAR

7.1 Controle formal

Embora pareça óbvio, o primeiro requisito formal para a admissibilidade da cláusula é o de sua integração a um instrumento contratual, ou seja, o credor deverá ter consciência de que a cláusula se insere em relação obrigacional e que estará vinculado aos seus termos. Isso significa dizer que a impressão de ressalvas em simples recibos, faturas ou tickets de estacionamento, por exemplo, poderá não constituir expediente válido para a vinculação aos termos da cláusula.[558] A razão é simples: como a

558 PRATA, Ana. *Cláusulas de exclusão e limitação da responsabilidade contratual*, p. 330; e LAWSON, Richard. *Exclusion clauses*, p. 3. Citamos dois autores de tradição do Direito Civil e da *common law*, com o propósito de demonstrar que essa regra se aplica de maneira geral. Richard Lawson, seguindo a forma casuística dos autores ingleses, menciona diversos julgados na obra referenciada. No Brasil, a título de exemplo, podemos citar o Resp. Nº 503.208 - SP (2002/0170116-0), rel. Min. Aldir Passarinho Junior, em que se discutia a validade de cláusula de insenção de responsabilidade inserida em *ticket* de estacionamento em estabelecimento bancário, sendo farta a jurisprudência nesse sentido, em especial nos casos de estacionamento, transporte público, contratos de depósito e de cofres em bancos (TRF4 - AC 7100 RS 0034775-30.2003.404.7100; Recurso

cláusula constitui exceção ao princípio da responsabilidade civil, faz-se necessário assegurar-se de que o credor aceitou os seus termos.

Pela mesma razão, há a necessidade de que se dê destaque às cláusulas de maneira a deixar evidente que o credor dela tomou conhecimento e assentiu quanto aos seus termos. Essa condição se aplica, em particular, às relações formadas sob condições gerais de contrato. O artigo 1.341 do Código Civil italiano, por exemplo, exige que, no momento da formação, a parte aderente tenha conhecimento ou deva ter tido conhecimento dos termos contratuais usando de *ordinaria diligenza*. Com relação a algumas cláusulas, incluindo as de limitação de responsabilidade, determina que não terão efeito, "se non sono specificamente approvate per iscritto".[559] Essa solução tem sido, por vezes, criticada pelo seu aspecto meramente formal em que o aderente fica desprotegido no que se refere ao conteúdo da cláusula uma vez demonstrado seu conhecimento. A crítica é, em parte, procedente, uma vez que, em se tratando de relações de consumo, o direito italiano, com esteio na Diretiva 13/93 do direito comunitário, aprovou lei específica interferindo também sobre o conteúdo das cláusulas de limitação de responsabilidade.[560] Nas

---

Extraordinário em AC Nº 0034775-30.2003.404.7100/RS; TJPR – Apelação Cível: AC 2873049 PR Apelação Cível – 0287304-9).

559 "Art. 1341. (Condizioni generali di contratto). – Le condizioni generali di contratto predisposte da uno dei contraenti sono efficaci nei confronti dell'altro, se al momento della conclusione del contratto questi le há conosciute ou avrebbe dovuto conoscerle usando l'ordinaria diligenza. In ogni caso nos hanno effeto, se non sono specificamente approvate per iscritto, le condizioni che stabiliscono, a favore di colui che le ha predisposte, limitazione di responsabilità, facoltà di recedere dal contratto o di sospenderne l'esecuzione, ovvero sanciscono a carico dell'altro contraente decadenze, limitazione alla facoltà di opporre eccezione, restrizioni alla liberta contrattuale nei rapporti coi terzi, tacita proroga o rinnovazione del contratto, clausole compromissorie o deroghe alla competenza dell'autorità giudiziaria."

560 O artigo 33 do *Codice del Consumo*, dlgs de 6 de setembro de 2005, nº 206, define uma série de cláusulas abusivas, aparecendo em primeiro lugar as cláusulas que

situações de relações paritárias, deve-se considerar que o artigo 1.229 terá plena aplicação, ficando afastadas as cláusulas de não indenizar em caso de dolo, culpa grave ou contrárias às normas de ordem pública.

Como a lei italiana usa a expressão *especificamente* aprovada por escrito, entende-se que não basta a assinatura geral ao final do contrato. A doutrina interpreta que o termo *especificamente* exige a assinatura em separado de maneira que fique evidente o conhecimento *daquela* cláusula que importe em limitação de responsabilidade. Documentos em apartado ou assinaturas ao lado da cláusula podem ser expedientes adotados, porém Renato Scognamiglio observa que as condições gerais de contrato são adotadas em razão de uma exigência de agilidade e rapidez, e a criação de outro documento poderia comprometer esse propósito. Além disso, a lei não exige solução única e a doutrina e a jurisprudência dominantes admitem a simples transcrição do título e de um sumário do conteúdo da cláusula, ou mesmo o seu número de ordem.[561]

Os demais ordenamentos jurídicos exigem, de uma maneira ou outra, algum destaque à forma de impressão da cláusula, mormente nas relações de consumo. Na Alemanha, o mesmo princípio se dá pela vedação das chamadas *cláusulas surpresa*, cujo consentimento

---

tenham por efeito excluir ou limitar a responsabilidade em caso de morte ou lesão ao consumidor. Veda, ainda, as cláusulas que possam excluir ou limitar ações ou direitos do consumidor em caso de inadimplemento total ou parcial, bem como cumprimento imperfeito da obrigação.

561 "In tale ordine di idee ci sembra di poter convenire poi sull'orientamento di già adombrato e che risulta ormai dominante in dottrina e giurisprudenza; secondo cui si ritiene, e può bastare, che le clausole vessatorie, ancorchè costituiscono l'oggetto di un'única approvazione, risultino sufficientemente individuate mediante la trascrizione del titoletto o del sunto del contenuto o anche del solo numero di ordine (pure se le condizioni generali siano tutte onerose)." (SCOGNAMIGLIO, Renato. *Contratti in generale*, p. 295.)

não tenha sido obtido da outra parte.[562] Nos países de tradição da *common law*, há precedentes que atribuem efeito decisivo à assinatura do documento. Assim, inexistente fraude ou dolo,

> "[...] it is wholly immaterial that he has not read the contract and does not know its contents or even that he cannot speak or read English. He will not therefore be unable to argue that he has no notice of an exclusion clause contained in a contractual document to which he has put his signature".[563]

Porém, precedentes mais recentes indicam a necessidade de evidência do conhecimento e aceitação da cláusula, mesmo em relações fora do âmbito consumerista, ainda que assinado o documento.[564]

No Brasil, considerando-se que a cláusula de limitação de responsabilidade é admitida nas relações de consumo em que o consumidor seja pessoa jurídica, a exigência de destaque é proveniente do disposto no § 4º do artigo 54 do Código de Defesa do Consumidor. Isso porque esse Código determina que cláusulas implicando limitação de direito do consumidor deverão ser redigidas com destaque, a fim de permitir

---

562 SCHMIDT-SALZER, Joachim. Droit allemand. In: GHESTIN, Jacques (Dir.). *Les clauses limitatives ou exonératoires de responsabilité en Europe*, p. 57.

563 YATES, David. *Exclusion clauses in contracts*, p. 54.

564 Em *Weaver v. American Oil Co.*, a Corte, além de retirar eficácia da cláusula pelo seu conteúdo, entendeu não haver evidência de consentimento da parte que, decerto, não teria concordado com a cláusula pela qual o locatário deveria indenizar os danos sofridos pela locadora, mesmo na hipótese de negligência da própria locadora. Este caso será analisado com mais profundidade no Capítulo 8, que trata da interpretação das cláusulas de exoneração e de limitação da responsabilidade.

sua imediata e fácil compreensão. O mesmo decorre para qualquer condição contratual nos termos do artigo 46 do Código em referência.[565]

Não há exigência semelhante no Código Civil, porém, em se tratando de contratos de adesão e tomando-se o caráter excepcional da cláusula de limitação ou de exoneração de responsabilidade, deve ser assegurado ao aderente o conhecimento dos termos da cláusula. Ao se perquirir a vontade hipotética da parte no momento da formação do contrato, o juiz poderá avaliar se o aderente teria ou não firmado o contrato, tivesse ele conhecimento do conteúdo da cláusula de exoneração ou de limitação de responsabilidade. Entendemos que não deva haver necessária transposição de regras do Código de Defesa do Consumidor, como o detalhamento do tamanho da fonte,[566] mas o que se deve assegurar é o conhecimento da condição, sendo, do ponto de vista prático, o destaque do texto a maneira mais simples de fazê-lo.

Nas relações paritárias, aqui entendidas como entre empresários que negociam os termos do contrato, não há que se falar em destaque à cláusula uma vez que fora negociada pelas partes.

Outro aspecto importante refere-se ao momento em que é dado conhecimento à outra parte da existência da cláusula. Exemplo clássico é o do contrato de hospedagem, em que se forma o contrato na recepção do hotel e, ao entrar no quarto, o hóspede é surpreendido com a ressalva de irresponsabilidade pela perda de objetos nele deixados. O mesmo

565 "A norma do art. 46, já o dissemos, decorre do princípio da transparência, estampado no *caput* do art. 4º. Decorre também do elemento formador do contrato, que típico de adesão. Não tem sentido lógico ou jurídico obrigar o consumidor a cumprir cláusulas contratuais criadas unilateralmente pela vontade e decisão do fornecedor, sem antes permitir que o consumidor tome conhecimento de seu inteiro teor, bem como sem que ele (consumidor) compreenda o sentido e o alcance do texto imposto." (NUNES, Rizzatto. *Comentários ao Código de Defesa do Consumidor*, p. 634.)

566 Vide artigo 54, § 3º, do Código de Defesa do Consumidor.

ocorre em estacionamentos e transporte de passageiros. Há inúmeros precedentes no Brasil e no exterior,[567] mas, embora o exemplo esteja ultrapassado em face do Código de Defesa do Consumidor, a regra de que o conhecimento da existência da cláusula deva ser anterior ou simultâneo à formação do contrato permanece válida.

Especial atenção merece a prática empresarial de contratação mediante ordens de compra, cartas de intenções ou documentos equivalentes, com o envio posterior das demais condições contratuais para mera adesão ou negociação entre as partes. Em muitos casos, as partes chegam, mesmo, a dar início à execução do contrato. Nesse caso,

567 No caso a seguir, houve roubo de bens deixados no quarto de um hotel e o tribunal inglês assim decidiu: "The classic illustration of this principle is to be found in Olley v. Marlborough Court Ltd [1949] 1 K.B. 532, where the plaintiff and her husband booked and paid for in advance a week's board and residence in the defendant's hotel. They then went up to their room, where a notice was exhibited which contained the following clause: 'The proprietors will not hold themselves responsible for articles lost or stolen unless handed to the manageress for safe custody [...] The Court of Appeal held that the contract was made at the reception desk when the defendants agreed to accept the week's booking from the plaintiff. The notice could not, therefore, form part of the contract since the plaintiff could not have seen it until after the contract was made and the defendants were thus liable for the loss". Igual princípio foi adotado no caso *Daly v. General Steam Navigation Co. Ltd.* [1979] 1 Lloyds Rep. 257, no qual foram feitas reservas e o pagamento de passagens de navio, sem que a atenção dos compradores fosse dirigida às condições do negócio. Posteriormente, quando as passagens foram enviadas pelo correio, delas constavam cláusulas de exoneração de responsabilidade. A Corte, então, decidiu que "The defendants could not subsequently, by issuing a ticket containing the condition concerned, however clearly referred to it, introduce such condition into the contract when it was not subject to them originally". Em *Thornton v. Shoe Lane Parking Ltd.* [1971] 2 Q.B. 163, em um caso de danos causados a veículo em estacionamento particular, o tribunal entendeu que o contrato tinha se concluído quando o carro entrou na garagem provocando a emissão do *ticket*, não podendo o consumidor ser obrigado a vincular-se a condições que lhe foram apresentadas depois. Alguns casos brasileiros são citados na primeira nota de rodapé deste capítulo.

se os documentos inicialmente trocados contiverem os elementos que permitam a formação do contrato, ou seja, consentimento quanto aos seus elementos essenciais, sem dúvida o contrato já terá se formado nesse processo de troca, valendo a ordem de compra como oferta e a confirmação, expressa ou tácita, como aceitação. Assim, a parte que receber, posteriormente, a minuta com a cláusula de exoneração ou de limitação de responsabilidade não estará obrigada a ela vincular-se e, por consequência, a responsabilidade do devedor ficará ilimitada. Essa condição, entretanto, poderá ser ilidida mediante a evidência de prática reiterada anterior entre as partes, em operações realizadas com a inclusão da cláusula, ou, como mencionam os ingleses, demonstrada a existência do *course of dealing*.

Outra dificuldade surge quando há troca de condições gerais, cada parte tentando impor os seus termos de contratação. Ingleses e americanos designam esse procedimento como *battle of forms*.[568] Nesse caso, mais uma vez a prática reiterada poderá ser critério de definição das condições a serem aplicadas ou, ainda, aplicando-se as regras gerais de oferta e aceitação, ou seja, se, ao receber determinadas condições para um negócio, o oblato retorna ao ofertante a aceitação acompanhada de condições diferentes daquelas propostas, tal aceitação, na verdade, será uma contraproposta.[569] Se o ofertante, recebidas as aludidas condições, der início à execução do contrato, entende-se que terá aceitado a contraproposta. Critérios cuja aplicação, evidente, dependerá das circunstâncias de cada caso.

---

568 YATES, David. *Exclusion clauses in contracts*, p. 65.

569 Sobre o processo de formação do contrato: PEREIRA, Caio Mário da Silva. *Instituições de Direito Civil*. Atualização de Regis Fichtner. Rio de Janeiro: Forense, 2010, p. 31 e ss.; RODRIGUES, Sílvio. *Direito Civil: Dos contratos e das declarações unilaterais de vontade*. 29. ed. atual. São Paulo: Saraiva, 2003. v. 3, p. 65 e ss.; BESSONE, Darcy. *Do contrato* – teoria geral. Rio de Janeiro: Forense, 1987. p. 147 e ss.

Darcy Bessone, ao mencionar hipóteses de "cruzamento de declarações", observa que, no caso da existência de duas propostas com conteúdo semelhante e que se cruzem, a solução em geral admitida é a de que o contrato já teria se formado, sem a necessidade de aceitação de qualquer das partes. Quando os termos não forem coincidentes, evidente que o contrato não se formará. Porém, o autor cita a hipótese em que o possível vendedor apresente condição mais favorável do que a da oferta de compra apresentada pelo possível comprador. Algumas soluções são possíveis: (a) prevalece a proposta daquele que aceitar primeiro; (b) prevalece a condição menos onerosa para o devedor; ou (c) será dada solução equitativa, como no caso do preço, a aplicação de uma média. Darcy Bessone não é muito claro em apontar a solução adequada ao problema, inclinando-se, a nosso ver, para a solução intermediária da equidade.[570]

Em caso de ofertas coincidentes, Ricardo Luis Lorenzetti menciona a solução do Código Civil peruano pelo qual o contrato será aperfeiçoado com a aceitação de qualquer delas, o que o autor entende razoável[571]. O tema é mais afeito à questão da própria formação ou não do contrato. Como no Brasil a formação está relacionada à aceitação, nos termos do artigo 427 e seguintes do referido diploma civilista, e não existe regra específica para a hipótese de propostas cruzadas coincidentes, consideramos que, de fato, a solução peruana se apresenta como razoável.

No que tange à validade da cláusula de exoneração ou de limitação de responsabilidade, sendo as propostas equivalentes e tendo se formado o contrato, terá plena validade, uma vez que foi aceita reciprocamente. Na hipótese de haver divergência, entendemos que deverão ser observadas as circunstâncias do caso. Formado o contrato com a aceitação de

570 BESSONE, Darcy. *Do contrato: Teoria geral*, p. 200-201.

571 LORENZETTI, Ricardo Luis. *Tratado de los contratos: Parte general*, p. 261.

uma das partes, presume-se que esta também teria aceitado os termos da cláusula. Porém, como as cláusulas poderão estar inseridas em condições gerais, é comum evidenciar-se que o aceitante não tomou conhecimento de seu conteúdo e, nesse caso, havendo condições parcialmente conflitantes, seria razoável a solução equitativa proposta por Darcy Bessone. Ou seja, seria mantida a validade da cláusula naquilo que fossem coincidentes nas duas propostas, uma vez que tais condições representem a vontade comum das partes no tocante ao sentido e extensão de aplicabilidade da cláusula.

A redação da cláusula deverá observar, ainda, um princípio de transparência, ou seja, deve ser redigida em linguagem direta e inteligível, a fim de deixar claras as circunstâncias a que se aplica. Nas relações de consumo, esse requisito deflui do artigo 46 e dos §§ 3º e 4º do artigo 54 do Código de Defesa do Consumidor. O mesmo vale para os contratos de adesão sob o regime do Código Civil, em que a extensão dos efeitos da cláusula deverá ser plenamente reconhecida pela parte aderente, regra que resulta da interpretação *contra proferentem*, nos termos do artigo 423 do Código Civil e do princípio da interpretação estrita que analisaremos em capítulo próprio.[572] No tocante aos contratos paritários, a nosso ver, o intérprete deverá levar em consideração as circunstâncias negociais e as partes envolvidas, uma vez que o nível de sofisticação da linguagem será diretamente proporcional ao nível técnico das partes. De qualquer maneira, ainda que técnica a linguagem, entendemos que ela deverá ser compreensível não apenas aos advogados envolvidos na sua redação, mas, em especial, aos agentes que deverão participar da execução da obrigação.

Em suma, podemos concluir que os requisitos formais têm a nítida função de assegurar o consentimento da parte afetada pela cláusula,

572 Vide Capítulo 8.

pois, do contrário, incidiríamos na presunção de que ninguém, sem o consentimento, aceitaria a imposição de uma cláusula que lhe retira o direito à indenização dos danos causados pela outra parte.

7.2 Conteúdo das cláusulas de não indenizar

Ao analisarmos os requisitos de validade das cláusulas de exoneração e de limitação de responsabilidade, restringimos seu conteúdo aos eventos que representem culpa leve ou levíssima do devedor e que não atentem contra a ordem pública. Do nosso ponto de vista, ainda, a cláusula poderá versar sobre obrigações acessórias ou principais, desde que o inadimplemento não retire a função econômico-social do contrato específico e se mantenha nos termos compatíveis com a boa-fé objetiva.

Ao proceder ao exame do conteúdo das cláusulas, podemos, primeiro, nomear a pura e simples exoneração ou limitação da responsabilidade decorrente do inadimplemento da prestação, seja pela inexecução absoluta total ou parcial, seja pela mora (*responsabilidade contratual*). Além disso, conforme verificamos há pouco, a cláusula poderá incidir também sobre a responsabilidade aquiliana decorrente dos atos culposos (*culpa leve*) cometidos na execução do contrato.

Poderá excluir a indenização ou limitá-la a determinado montante que poderá ser fixo ou, como é recorrente, associado a determinado percentual do valor do contrato. Por vezes, as partes vinculam o limite não apenas ao valor total do contrato, mas aos valores pagos, de fato, pela outra parte, buscando, assim, associar o risco ao benefício efetivamente auferido do negócio.

Um aspecto importante, em se tratando de limitação de responsabilidade, diz respeito ao valor meramente derrisório do *plafond* acordado, o que poderia transformar a cláusula de limitação em total irresponsabilidade.[573] Não há como avaliar a adequação do limite, salvo em referência a operações concretas — 100% do valor total do contrato pode ser irrisório em razão dos possíveis prejuízos. Por exemplo, um erro de projeto de engenharia poderá determinar que uma obra seja substancialmente refeita, com prejuízos muito superiores ao valor do projeto; todavia, não seria razoável impor ao projetista o risco de todo o empreendimento, inteiramente desproporcional ao valor de seu contrato. Em outras circunstâncias, 10% de um contrato de centenas de milhões de reais poderá ser medida adequada para os riscos envolvidos, valendo-se as partes de seguros adicionais que tornem mais equilibrado o compartilhamento dos riscos pelas partes.

Nesse sentido, o percentual de 10% já foi considerado pela jurisprudência paulista como inadequado, trazendo desvantagem excessiva ao credor da indenização cujo dano ultrapassa em muito o valor do

573 Inocêncio Galvão Telles alerta que as cláusulas de limitação de responsabilidade "não devem conduzir a indemnização irrisória ou simbólica, ou assaz insuficiente, pois traduzir-se-iam em verdadeiras cláusulas de irresponsabilidade, proibidas pelo artigo 809º." (GALVÃO TELLES, Inocêncio. *Direito das obrigações*. 7. ed. rev. e atual. Coimbra: Coimbra, 1997. p. 429). A matéria tem especial relevância em Portugal dada a controvérsia acerca da validade ou não das cláusulas de exoneração, de maneira que uma cláusula de limitação com teto irrisório poderia dar tratamento completamente diverso à validade da estipulação. No Brasil, a questão também é relevante em dois aspectos: (a) segundo o Código de Defesa do Consumidor, é vedada a cláusula de exoneração de responsabilidade, portanto, se a cláusula de limitação, em decorrência do valor irrisório, corresponder a uma exoneração, não poderá ser admitida a sua validade; (b) nos contratos empresariais, em especial naqueles firmados por adesão, se a limitação se equiparar a uma exoneração e isso importar em renúncia de direitos próprios à natureza do negócio, a cláusula de limitação poderá, igualmente, sujeitar-se a um controle maior, inclusive com a perda de sua validade.

plafond.[574] Em sentido diametralmente oposto, o Tribunal de Justiça do Rio de Janeiro, entendeu adequado o mesmo percentual de 10% em contrato celebrado entre a Vibra Energia S.A. (antiga Petrobrás Distribuidora) e empresa Álcool Química Canabrava S.A. Neste caso, discutia-se a natureza da cláusula, pretendendo-se a aplicação e multa contratual de 10% sobre o valor do contrato. O Tribunal, entretanto, revendo o texto da cláusula contratual, entendeu que se tratava de cláusula de limitação de responsabilidade, mantendo o limite de 10% tal como acordado pelas partes. Assim se pronunciou de maneira clara o acórdão: "A cláusula 11.2, portanto, se presta apenas para limitar a condenação da ré, limitação esta que incide sobre todas as perdas e danos apurados, tanto danos materiais diretos quanto danos morais. Assim, como o valor do contrato previsto no item 17.12 foi de R$ 111.164.400,00, a condenação total da ré não poderá ultrapassar 10% deste valor. Se o montante apurado for inferior, prevalecerá. Se for superior, incidirá a limitação prevista na supracitada cláusula".[575] Em outro caso, em contrato de prestação de serviços contábeis, o Tribunal entendeu que o valor correspondente a três parcelas mensais trazia desvantagem desproporcional ao consumidor, aplicando o artigo 51 do CDC. Embora seja discutível a aplicação do CDC a um contrato de prestação de serviços contábeis entre empresas, vale a nota de que o Tribunal entendeu que o valor era irrisório trazendo desvantagem exagerada ao credor.[576]

---

574 Apelação Cível nº 1009162-33.2021.8.26.0562 (TJSP), relator: Antonio Nascimento, julgado em 11 de abril de 2022.

575 APELAÇÃO CÍVEL Nº 0100291-10.2017.8.19.0001 (TJRJ), relatora: Maria Celeste P. C. Jatahy, 26 de outubro de 2022.

576 Apelação nº 1034262-57.2017.8.26.0100 (TJSP), relator: Kioitsi Chicuta, 08 de outubro de 2018.

Em suma, a definição do limite do valor da indenização poderá ser feita a partir dos efetivos riscos a que se sujeitam as partes, seja mediante estipulação de valor fixo, percentual sobre o valor do contrato, do valor recebido pela parte até o momento da ocorrência do dano, do valor correspondente a determinado número de prestações, no caso de contratos de trato sucessivo, ou, ainda, mediante aplicação de fórmulas desenvolvidas pelas partes, considerando-se de maneira ponderada a probabilidade de ocorrência de um evento nefasto e a possível extensão dos danos previsíveis.

Maneira indireta de limitação pode ser estabelecida mediante a vinculação da responsabilidade à execução sobre um único bem destacado do patrimônio do devedor, de tal forma que a responsabilidade se fixa sobre coisa determinada[577]. Nesse caso, tendo o bem valor inferior ao débito, alcançaríamos exatamente o mesmo efeito da cláusula de limitação de responsabilidade.

As partes poderão, ainda, determinar a isenção do pagamento de indenização por certos tipos de danos. Poder-se-ia considerá-la cláusula de exclusão de responsabilidade para esse tipo de dano, mas, na verdade, mantida a responsabilidade pelo ressarcimento dos demais tipos de danos, o efeito da cláusula seria o de limitação de responsabilidade, já que o lesado não ficará privado de toda e qualquer indenização, como é o caso da cláusula de exoneração. O conteúdo mais comum desse tipo de cláusula é a exclusão da compensação por lucros cessantes, danos consequentes, indiretos e punitivos.

Os lucros cessantes podem se constituir nos benefícios que a parte inocente, razoavelmente, esperava ganhar, como é o caso do artigo 623 do Código Civil, que defere ao empreiteiro o direito à indenização

577 COMPARATO, Fábio Konder. *Essai d'analyse dualiste de l'obligation em droit privé*. Paris: Librairie Dalloz, 1964. p. 187.

razoável, calculada em função do que ele teria ganho, se concluída a obra, ou lucros que poderiam ser auferidos não fosse o efeito do inadimplemento ou mora do devedor. Outro exemplo típico é o do atraso na entrega do bem ou serviço e consequente perda de negócios. No caso específico do atraso, é muito comum a fixação de multa moratória, limitada a determinado percentual. Esse tipo de arranjo contratual, na prática negocial dos países da tradição da *commom law*, caracteriza-se como *liquidated damages*,[578] ou seja, como prefixação e limitação do valor dos danos sofridos em decorrência do atraso. Tem, portanto, o efeito de uma cláusula penal moratória, não sendo necessário à parte inocente provar a ocorrência dos danos. Importante notar que é pacífica a jurisprudência do STJ que rejeita a indenização de lucros cessantes meramente hipotéticos, presumidos ou ilusórios, baseados em simples projeções ou estudos de viabilidade, como é comum em negócios que nem chegaram a ter início em razão do inadimplemento de uma das partes. Lucros cessantes são aqueles existentes e que cessaram, sendo razoável projetar o lucro passado para apurar o lucro futuro.[579]

---

578 YATES, David. *Exclusion clauses in contracts*, p. 38-39.

579 AgInt no AGRAVO EM RECURSO ESPECIAL Nº 964.233 – SP (2016/0207896-3), Relator: MINISTRO LUIS FELIPE SALOMÃO, DJe: 23/05/2017; AgInt no AGRAVO EM RECURSO ESPECIAL Nº 1738129 – AM (2020/0192528-2) Relator: MINISTRO RAUL ARAÚJO, acórdão de 30 de maio de 2022; EDcl no AgRg nos EDcl no RECURSO ESPECIAL Nº 790.903 – RJ (2005/0176776-9) Relatora: MINISTRA MARIA ISABEL GALLOTTI, Dje 10.02.2014; RECURSO ESPECIAL Nº 846.455 – MS (2006/0124674-4) Relatora: MINISTRO CASTRO FILHO, acórdão de 10 de março de 2009; AgInt no AGRAVO EM RECURSO ESPECIAL Nº 1.367.519 – SP (2018/0244724-6) Relator: MINISTRO LUIS FELIPE SALOMÃO, Dje 01.04.2019; RECURSO ESPECIAL Nº 1.496.018 – MA (2014/0258719-5) Relator: MINISTRO RICARDO VILLAS BÔAS CUEVA, DJe: 06/06/2016; RECURSO ESPECIAL Nº 885.119 - RJ (2006/0206549-0) Relatora: MINISTRA NANCY ANDRIGHI, Dje 05.11.2010.

No que se refere aos danos indiretos, a questão pode suscitar dúvida sobre seu conceito. O artigo 403 do Código Civil brasileiro determina que as perdas e danos, ainda que no caso de dolo, incluem danos emergentes e lucros cessantes por efeito "direto e imediato" do inadimplemento. Esse é um assunto espinhoso, pois entramos no campo do chamado nexo de causalidade, cujo tema, por si só, é suficiente para o desenvolvimento de uma tese.[580] Encontramos com frequência, na prática negocial, redação de cláusulas contratuais afirmando que somente serão indenizados os danos diretos, excluídos os indiretos, na forma do Código Civil. Podemos perceber que a classificação estaria associada à interpretação do artigo 403, pelo qual danos diretos seriam aqueles resultantes diretamente do ato lesivo e indiretos aqueles que não pudessem ser qualificados como efeito "direto e imediato", associando ao caráter indireto certa imprevisibilidade. Adotado esse critério de classificação, seria, mesmo, despiciendo acordar sua exclusão, uma vez que já afastado, a teor do referido artigo.

Porém, classificações não são axiomas, mas representam tão somente artifícios que auxiliam o raciocínio e podem ser formuladas a partir de diferentes critérios. Fernando Noronha, por exemplo, trata a questão do artigo 403 como tema de causalidade, nos passos de Agostinho Alvim, e define dano direto e indireto da seguinte forma: "dano direto é o que é efeito imediato do fato lesivo, indireto é aquele em que o fato, não tendo provocado ele mesmo o dano, 'desencadeia outra condição que diretamente o suscite [...]'." Cita, como exemplos, o sujeito que sofre lesões quando o carro se incendeia ao auxiliar a vítima de acidente de trânsito; a criança que é atingida acidentalmente por arma de fogo deixada sem vigilância; a responsabilidade daquele que causa acidente

580 CRUZ, Gisela Sampaio da. *O problema do nexo causal na responsabilidade civil*. Rio de Janeiro: Renovar, 2005.

e omite socorro, não somente pelos danos corporais, mas também pela perda de bens eventualmente furtados da vítima.[581] Em matéria contratual, poderíamos incluir o pagamento de multas ou indenizações a terceiros pela parte lesada que, em decorrência do inadimplemento do devedor, deixa de cumprir obrigações em outras relações contratuais.

Entre os danos indiretos, Fernando Noronha inclui os chamados *danos por ricochete*, ou danos reflexos. Segundo o autor, "é dano por ricochete aquele que atinge outras pessoas, por estarem ligadas àquela que é a vítima imediata de determinado fato lesivo: essas outras pessoas serão vítimas mediatas". Em matéria contratual, referidos danos podem ser considerados danos a terceiros na execução do contrato.

A expressão *danos consequentes* é tradução dos chamados *consequencial damages*, na linguagem dos autores americanos e ingleses. Joseph M. Perillo, ao citar o caso *Hadley v. Baxendale*,[582] distingue danos que, natural e obviamente, poderiam decorrer da quebra de contrato que qualquer um seria capaz de contemplá-los ao contratar. Existem, também, danos não tão óbvios e que somente seriam tomados em consideração se o devedor tivesse conhecimento, ou razões para ter conhecimento, das circunstâncias especiais que pudessem lhes dar origem.[583] O dicionário Black's Law segue a mesma linha ao definir

---

581 NORONHA, Fernando. *Direito das obrigações*, p. 577.

582 Este caso é descrito no Capítulo 8, que trata da interpretação das cláusulas, no item sobre o princípio da transparência.

583 Nas palavras do autor: "Under the first rule of Hadley v. Baxendale, certain damages will so naturally and obviously flow from the breach that every one is deemed to contemplate them. Frequently such damages are known as 'general' damages. Under the second rule, less obvious kinds of damages are deemed to be contemplated if the promissory knows or has reasons to know the special circumstances which will give rise to such damages. Such damages are frequently knows as 'special' or 'consequential' damages." (PERILLO, Joseph M. *Calamari and Perillo on contracts*, p. 570.)

consequential damages como "losses that do not flow directly and immediately from an injurious act but that result indirectly from the act. Also termed *indirect damages*". Richard Lawson cita alguns casos, todos eles utilizando-se de linguagem semelhante, como danos não direta ou naturalmente (*not directly and naturally*) resultantes do inadimplemento.[584]

Esse conceito se aproxima daquele de Pothier.[585] Notemos a similitude da linguagem com o artigo 1.151 do Código Civil francês, do qual o artigo 403 é tradução quase literal, e que se referem a danos "direta e imediatamente" resultantes da inexecução do contrato. Ressaltamos, ainda, que os danos consequentes são também designados danos indiretos, o que coincidiria com aquela classificação referida há pouco, entre os danos diretos e indiretos, conforme o critério da causalidade, diverso da classificação entre dano direto e indireto adotada por Fernando Noronha.

A ideia do dano como consequência direta e imediata do inadimplemento do devedor não é nova. Daniel Dias, ao analisar o direito italiano, observa que alguns autores identificavam no Digesto de Justiano um fragmento de Paulus (D. 19.1.21.3) no qual se relata a hipótese de alguém que adquire trigo que, não entregue, resulta na morte de seus escravos famintos. Embora, de fato, seja possível estabelecer uma ligação entre

---

584 Ao comentar o caso *British Sugar plc v. NEI Power Projects Ltd.*, o autor discorre: "The court referred to the earlier cases and accecpted them as holding that consequential loss must be taken to mean such loss as the plaintiffs may prove over and above that which arose as a direct result of such breaches as may be proved. This decision was upheld by the Court of Appeal which added that, on its true construction, the clause simply limited NEI's liability for loss and damage not directly and naturally arising from the breach to an amount equal to the value of the contract." (LAWSON, Richard. *Exclusion clauses and unfair contract terms*, p. 51.)

585 As ideias do autor sobre a matéria serão analisadas adiante, no Capítulo 8.

não entrega do trigo e a morte dos escravos, esta não era resultado direto e imediato do inadimplemento do devedor, pois o comprador poderia ter buscado a alternativa de outro fornecedor. O dano poderia ter sido evitado pelo comprador e sua omissão representaria uma quebra do nexo causal entre a não entrega do trigo e a morte dos escravos.[586]

Indenizações punitivas (*punitive damages*) são aquelas não compensatórias, ou seja, que não estão associadas ao ressarcimento de danos efetivos do lesado, mas constituem punição a atos intencionais do devedor, de maneira a servir como incentivo para que o agente não repita o mesmo ato no futuro ou para que terceiros não se engajem em conduta semelhante. Por essa razão, são também chamados de *exemplary damages*.

É importante assinalar que os danos morais também já foram tomados como instrumentos educativos no sentido de servirem à função de prevenir a ocorrência de certos danos, além da compensação dos efetivos danos morais (*pretium doloris*) da vítima.[587] Do nosso ponto de vista, a indenização fixada por danos morais como compensação pelo sofrimento da vítima não pode sujeitar-se à exoneração ou limitação,

---

586 "Alguns autores que defendiam esse critério faziam referência ao fragmento de Paulus D.19.1,21,3, que trata da situação do contrato de compra e venda de trigo para alimentação dos escravos do comprador. O vendedor, porém, não entrega do trigo e os escravos morrem de fome. Nesse fragmento, Paulus exclui a responsabilidade do vendedor pela morte dos escravos, alegando que na estimação do ressarcimento leva-se em conta a utilidade para o comprador, que consiste na coisa em si objeto do contrato. Para Giorgi, a previsão do Código italiano, de limitação à consequência imediata e direta, é uma fórmula mais precisa dessa mesma limitação já presente no Direito Romano. Já Polacco entendia que o fundamento da irressarcibilidade pelos danos decorrentes da morte dos escravos residia na conduta anormal do credor de não adquirir, por outras vias, comida para seus escravos." (DIAS, Daniel. *Mitigação de danos na responsabilidade civil*. São Paulo: Revista dos Tribunais, 2020, p. 97)

587 LOPEZ, Teresa Ancona. *O dano estético: Responsabilidade civil*, p. 37-40.

por integrar-se ao conceito de integridade físicopsíquica da vítima, de tal sorte que o juiz deverá ponderar a indenização adequada a cada caso. Porém, entendemos que as cláusulas poderão, sim, excluir a incidência dos chamados *punitive damages*, uma vez que não se incorporam ao conceito de preservação da integridade moral da pessoa humana. Ou seja, enquanto o dano moral tiver caráter de compensação à vítima pessoa física, não poderá sofrer restrições, porém o dano moral, se concedido como penalidade, poderá sujeitar-se aos termos das cláusulas de não indenizar. Reiteramos que, no entanto, por essa mesma razão, a restrição à exclusão ou limitação de responsabilidade não deve ser aplicada em se tratando de dano moral à pessoa jurídica.

Neste ponto, devemos mencionar, ainda, os chamados danos existenciais e os danos sociais, referidos pela moderna doutrina. O dano existencial, segundo Pietro Trimarchi, designa o reflexo negativo que o ato ilícito provoca sobre as relações afetivas, familiares e sociais, bem como sobre as atividades culturais, os passatempos e os divertimentos, sem, entretanto, incidir sobre a saúde do sujeito.[588] O conceito apresenta-se, no entanto, um tanto vago, pois, ou o dano efetivamente tem impacto sobre a saúde físicopsíquica do sujeito, como uma depressão que o restringe de desfrutar de seu lazer, convívio social ou familiar, ou representa simples entristecimento pelos eventos nem sempre agradáveis a que estamos todos submetidos. Evidente que a quebra de um contrato por uma das partes causa à parte inocente alguma insatisfação. Porém, isso é da natureza das relações comerciais e é inerente aos riscos assumidos em um contrato. Para isso, são demandadas garantias, negociadas cláusulas penais e outros instrumentos de incentivo ao adimplemento.

---

588 TRIMARCHI, Pietro. *Istituzione di Diritto Privato*, p. 149. Ainda sobre o tema: PONZANELLI, Giulio (a cura di). *Il resarcimento integrale senza il danno esistenziale.* Pádua: CEDAM, 2007. p. 11-19.

Dessa maneira, assim como os tribunais têm se utilizado do bom senso na análise do dano moral em situações concretas, o mesmo critério mostra-se aplicável ao chamado dano existencial, cuja definição não está de todo delineada no atual estágio da doutrina. Nos efeitos da cláusula de exoneração ou de limitação de responsabilidade, entendemos que, enquanto esses danos não se referirem efetivamente à integridade físico psíquica do lesado, são plenamente passíveis de limitação ou de exclusão.

Os danos sociais foram trazidos à discussão, no Brasil, por Antonio Junqueira de Azevedo em artigo publicado em 2009. Segundo o autor, "um ato, se doloso ou gravemente culposo, ou se negativamente exemplar, não é lesivo somente ao patrimônio material ou moral da vítima, mas sim, atinge a toda a sociedade, num rebaixamento imediato do nível de vida da população. Causa dano social."[589] Sem propriamente contestar a existência desse tipo de dano, verificamos que, na verdade, o autor advoga a existência de mais uma modalidade de pena privada, ou seja, de *punitive damages.* E o faz às claras, pois, ao enumerar os danos possíveis, como o dano patrimonial e moral individual, acrescenta "o dano social, ou como punição, por ter o agente agido com dolo ou culpa grave".[590] Assim caracterizado o dano social, entendemos que se submete, igualmente, à exoneração e à limitação de responsabilidade. A exoneração ou limitação poderá ser arguida contra a parte inocente na relação contratual e, como se trata de um dano que possa afetar terceiros

---

589 AZEVEDO, Antonio Junqueira. Por uma nova categoria de dano na responsabilidade social: o dano social. In: ______. *Novos estudos e pareceres de Direito Privado*, p. 380.

590 *Idem.* Cláusula cruzada de não-indenizar (*cross waiver of liability*), ou cláusula de não-indenizar com eficácia para ambos os contratantes. Renúncia ao direito de indenização. Promessa de fato de terceiro. Estipulação em favor de terceiros. In: ______. *Estudos e pareceres de Direito Privado*, p. 380.

(qualquer um da sociedade), a exoneração ou limitação servirá como alocação, entre as partes, quanto a quem deverá indenizá-los, tal como a hipótese de *cross waiver liability* referida pelo autor em comento.[591]

São também incluídos com recorrência em cláusulas contratuais de limitação ou exoneração de responsabilidade os chamados danos incidentais (*incidental damages*), ou seja, danos razoavelmente associados ou relacionados com os danos efetivos. O *Black's Law Dictionary* cita, a título de exemplo, as despesas com transporte ou guarda da coisa em razão do inadimplemento do comprador. A nosso ver, esses danos poderão ser considerado como resultado direto e imediato do inadimplemento na medida em que sejam razoavelmente associáveis aos danos efetivos e possam ser considerados *a priori* pelo devedor. O comprador que se obriga a receber a mercadoria no estabelecimento do vendedor pode, claramente, prever os custos de armazenagem da coisa enquanto perdurar a mora do credor. Seriam, portanto, danos emergentes que resultam direta e imediatamente do inadimplemento do devedor.

A referência aos termos das práticas negociais americanas e inglesas não é casual. Procuramos apresentar os conceitos ora mencionados em face de que, no Brasil, tem sido bastante recorrente a tradução de cláusulas alienígenas, mantendo-se aplicável a lei brasileira, sem qualquer preocupação de compatibilização dos conceitos com o ordenamento jurídico nacional. Isso é muito grave, pois, como indicado, há exigência de transparência da cláusula, que deverá ter redação clara e inteligível para as partes. Além disso, o juiz deverá adotar a interpretação estrita, de maneira que o sentido a ser dado será aquele que mais restritamente dê extensão à eficácia da cláusula.[592] O conceito de

591 *Ibidem*, p. 198 e ss.

592 O conceito de interpretação estrita é apresentado em capítulo próprio, a seguir.

dano indireto, por exemplo, não é de fácil compreensão e poderá gerar disputas quanto a seu sentido. É frequente o argumento em negociações de que o dano causado a terceiros seria dando indireto, o que nem sempre é verdade, pois a explosão poderá causar danos à propriedade do vizinho, sendo resultados diretos e imediatos da ação do causador da explosão.

Em síntese, obedecidos aos requisitos de validade das cláusulas, as partes poderão excluir diversas modalidades de danos, porém a redação da cláusula é de crucial importância, de maneira que o sentido das expressões coincida com os eventos que as partes, de fato, buscaram contemplar no momento da formação do contrato e elaboração da cláusula. Como vimos há pouco, expressões como danos indiretos podem ter diferentes sentidos, de acordo com a classificação e os critérios adotados pelo intérprete. Por essas razões, manter ambiguidades ou estipular cláusulas por demais genéricas com o objetivo de deixar a discussão relativa ao seu conteúdo para o juiz ou árbitro não se mostra uma boa estratégia em matéria de cláusulas de limitação e de exoneração de responsabilidade.

Outro aspecto, cada dia mais relevante, diz respeito aos danos ambientais. Resultam de responsabilidade objetiva e são normas de ordem pública que não podem ser afastadas pela vontade das partes.[593]

---

593 Conforme Paulo Affonso Leme Machado: "A responsabilidade objetiva ambiental significa que quem danificar o ambiente tem o dever jurídico de repará-lo. Presente, pois, o binômio dano/reparação. Não se pergunta a razão da degradação para que haja o dever de indenizar e/ou reparar. A responsabilidade sem culpa tem incidência na indenização ou na reparação dos 'danos causados ao meio ambiente e aos terceiros afetados por sua atividade' (art. 14, §1º, da Lei 6.938/91). Não interessa que tipo de obra ou atividade seja exercida pelo que degrada, pois não há necessidade de que ela apresente risco ou seja perigosa. Procura-se quem foi atingido e, se for o meio ambiente e o homem, inicia-se o processo lógico-jurídico da imputação civil objetiva ambiental. Só depois é

Além disso, conforme apontado com acerto por Édis Milaré, em direito ambiental, a responsabilidade foi estabelecida na modalidade do risco integral, de tal sorte que o causador do dano deverá responder completamente pelo dano causado, não sendo passível de limitação ou exoneração.[594]

Em outras palavras, o autor faz distinção clara entre, de um lado, o interesse público caracterizado pelo ressarcimento — compensação pelo dano ambiental perante a sociedade —, insuscetível à limitação ou exoneração, e, de outro, o interesse patrimonial individual, este sujeito à convenção de responsabilidade.

Entendemos, no entanto, tal como no caso de *cross waiver liability* descrito por Antonio Junqueira de Azevedo,[595] que a responsabilidade ambiental poderá ser objeto de alocação do dever de indenizar, seja para excluir a responsabilidade de uma das partes, seja para distribuí-la entre as partes envolvidas. Nesse caso, o dano não deixará de ser indenizado, havendo convenção, apenas, quanto aos sujeitos que

---

que se entrará na fase do estabelecimento do nexo de causalidade entre a ação ou omissão e o dano. É contra o Direito enriquecer-se ou ter lucro à custa da degradação do meio ambiente." (MACHADO, Paulo Affonso Leme. *Direito ambiental brasileiro*. 15. ed. São Paulo: Malheiros, 2007. p. 347).

594 "[...] a cláusula de não indenizar, através da qual o devedor procura se liberar da reparação do dano, ou seja, da indenização propriamente dita, só é admitida quando relacionada a obrigações passíveis de modificação convencional. Não é o que ocorre com as regras informadoras do Direito Ambiental, de natureza pública, mas apenas com aquelas destinadas à tutela do mero interesse individual, estritamente privado." (MILARÉ, Édis. *Direito do ambiente, a gestão ambiental em foco*. 6. ed. São Paulo: Revista dos Tribunais, 2009. p. 963).

595 AZEVEDO, Antonio Junqueira de. Cláusula cruzada de não-indenizar (*cross waiver of liability*), ou cláusula de não-indenizar com eficácia para ambos os contratantes. Renúncia ao direito de indenização. Promessa de fato de terceiro. Estipulação em favor de terceiros. In: ______. *Estudos e pareceres de Direito Privado*, p. 198 e ss.

ficarão responsáveis pelo pagamento da indenização ou compensação ambiental e ao *quantum* indenizatário a ser distribuído entre eles. Ou seja, o dano deverá ser integralmente ressarcido, sob as diversas modalidades previstas como compensação pelo impacto ambiental, entretanto, os envolvidos em determinada obra ou atividade poderão distribuir entre si os riscos ambientais próprios de tal empreendimento.

O exemplo apresentado ilustra a pertinência desse arranjo contratual: uma empresa de construção poderá assumir integralmente os riscos ambientais próprios de determinada região na qual atua com habitualidade, porém quando participando de empreendimentos em locais distantes de sua área de atuação, como na região amazônica ou mesmo em locais próximos, mas particularmente suscetíveis a danos ambientais (como polos ou complexos industriais, onde a contaminação do solo ou do lençol freático pode ser mais sensível), entendemos ser bastante razoável que as partes compartilhem os riscos ambientais, pois, afinal, parte desses riscos decorre da própria atividade do empreendedor e não exclusivamente da execução da obra. Nesse caso, aliás, a vulnerabilidade do empreiteiro poderá ser muito maior do que a do empreendedor, que melhor conhece os riscos ambientais da atividade e da região onde se realiza a obra.

Aplicado o critério ora indicado, de alocação eficiente de riscos, a limitação de responsabilidade poderá ser completamente justificável. Algumas decisões das Cortes brasileiras, embora não façam referência expressa à cláusula de não indenizar, deixam implícita sua admissão entre os responsáveis pelo dano ambiental, uma vez que se referem sempre a uma relação interna entre os responsáveis solidários, na qual se admite o direito de regresso,[596] que pode estar associado ao causador do dano ou à distribuição convencional da responsabilidade entre eles.[597]

---

596 No Recurso Especial 467.212 – RJ (2002/0106671-6), o STJ assim se pronunciou: "Sob esta ótica, o fretador de embarcação que causa dano objetivo ao meio ambiente é responsável pelo mesmo, sem prejuízo de preservar o seu direito regressivo e em demanda infensa à administração, *inter partes*, discutir a culpa e o regresso pelo evento" (grifo do autor). Ou seja, embora a responsabilidade seja objetiva perante a sociedade, entre os envolvidos a atribuição da responsabilidade poderá se dar pelo critério da culpa. Portanto, nos parece, perfeitamente, possível a alocação convencional do dever de indenizar. No mesmo sentido, o acórdão proferido no Recurso Especial 442.586 – SP (2002/0075602-3): "3. O poluidor, por seu turno, com base na mesma legislação, art. 14 – 'sem obstar a aplicação das penalidades administrativas' é obrigado, 'independentemente da existência de culpa', a indenizar ou reparar os danos causados ao meio ambiente e a terceiros, 'afetados por sua atividade'. 4. Depreende-se do texto legal a sua responsabilidade pelo risco integral, por isso que em demanda infensa à administração, poderá, *inter partes*, discutir a culpa e o regresso pelo evento." (grifo do autor). Ou seja, a decisão reafirma que *inter partes*, os envolvidos poderão discutir a culpa e, consequentemente, a participação de cada um na indenização ou compensação ambiental. Seguem mesma orientação os acórdãos proferidos no Recurso Especial 67.285 – SP (1995/0027385-3) e Recurso Especial 28222/SP (1992/0026117-5) onde se reconhece o regresso *inter partes* e em caso de solidariedade.

597 Nesse mesmo sentido: "Os dissabores da responsabilidade ambiental poderão ser solucionados pelo seguro obrigatório e pela atividade preventiva e fiscalizatória do Estado, pois que do princípio da responsabilização do causador do dano, o chamado poluidor-pagador (*polluter pays principle*). Todavia, tal responsabilidade ilimitada nada parece afetar a limitação de responsabilidade contratual, a qual, aliás, se sustentada por documentos próprios, elaborados segundo parâmetros internacionais de auditoria ambiental e que identifiquem com precisão o dano e seu causador, haverá de ser respeitada entre as partes. Não parecem, portanto, ser as regras de Direito ambiental incompatíveis com a permissão da limitação da responsabilidade no âmbito ambiental." (LAUTENSHLEGER JUNIOR, Nilson. Limitação de responsabilidade na prática contratual brasileira: permite-se no Brasil a racionalização dos riscos do negócio empresarial?. *Revista de Direito Mercantil Industrial, Econômico e Financeiro*, São Paulo, Malheiros, 2002, n. 125, p. 18).

Em trabalho conjunto com o advogado e professor João Emmanuel Cordeiro Lima,[598] tivemos a oportunidade de aprofundar este tema. Embora, de partida, já tivéssemos a convicção de que seria possível a limitação, entre as partes, da responsabilidade ambiental, formulamos a seguinte indagação: que argumento ou argumentos poderiam ser contrários a essa tese? Sendo a proteção ao meio ambiente um bem coletivo, partimos do conceito de "*moral hazard*", ou seja, se limitada a responsabilidade do agente, este poderia não envidar o mesmo grau de diligência se tivesse o dever de indenizar integralmente o dano. Ou seja, menor o risco pela limitação da indenização, em princípio, seria menor o grau de cuidado, favorecendo a ocorrência de danos ambientais, o que não seria do interesse da sociedade. Nesse sentido, faria sentido fulminar de nulidade a cláusula em razão de contrariedade a normas de ordem pública. Entretanto, pensando no contrato como instrumento de incentivo à colaboração, chegamos à conclusão contrária. Tomemos o exemplo de uma empresa que tem unidade industrial em um polo petroquímico com solo com alta probabilidade de contaminação e que contrata montadora industrial para fazer expansão de sua unidade fabril. Se a responsabilidade pelo eventual dano ambiental em razão de movimentação de terra de área contaminada para área não contaminada for alocada exclusivamente para a montadora, a empresa não terá qualquer incentivo em cooperar com a montadora para evitar o dano ambiental, pois sua interferência poderá lhe atrair a responsabilidade. Por outro lado, certamente a dona da obra, possivelmente a contaminadora do solo, tem o melhor conhecimento da área para

598 FERNANDES, Wanderley e LIMA, João Emmanuel Cordeiro de. *A cláusula de limitação/ampliação de responsabilidade como mecanismo de regulação de riscos ambientais*. In: MATIAS, João Luis Nogueria (coord). *Os impactos da proteção ao meio ambiente no direito*. Rio de Janeiro: Lumen Juris, 2017.

mitigar ou evitar a contaminação de áreas limpas. Se, por outro lado, ambas as partes compartilharem o risco, a dona da obra terá o incentivo de colaborar e prover todas as informações necessárias para a montadora mitigar a propagação da contaminação o que, consequentemente é do interesse coletivo. Logo, nesse cenário, o compartilhamento da responsabilidade por meio da limitação da responsabilidade poderá ter um efeito mais eficaz de preservação do meio ambiente do que a alocação exclusiva do risco ambiental a apenas uma das partes.

Uma maneira indireta de exoneração ou limitação de responsabilidade diz respeito à exclusão ou limitação de garantias atribuídas pela lei a determinados negócios. Os exemplos mais óbvios são alusivos à evicção e redibição no contrato de compra e venda regulado pelo Código Civil. No caso da evicção, o artigo 448 é expresso em admitir todas as modalidades de alteração do regime geral de responsabilidade, prevendo tanto o agravamento (*reforçar*) quanto a limitação (*diminuir*) e a exclusão (*excluir*) da responsabilidade.[599] Não obstante a hipótese, o artigo 449 assegura ao evicto o direito ao recebimento do preço pago, salvo se tivesse conhecimento da evicção ou assumido expressamente o risco. Tal convenção é abusiva e, por consequência, nula nas relações de consumo. Em se tratando de contratos por adesão sob o regime do Código Civil, entendemos que se aplica o disposto no artigo 424, pois a perda da propriedade pela evicção compromete direito resultante da

---

599 O artigo 448 do Código Civil de 2002 guarda conexão com o artigo 1.107 do Código Civil de 1916, tendo o mérito de afastar qualquer dúvida relativa à possibilidade de exoneração e limitação. O artigo 1.107 afirmava a responsabilidade pela evicção — o que se dá no artigo 447 do Código de 202 — e, na parte final, esclarecia: "toda vez que não se tenha excluído expressamente esta responsabilidade". O atual artigo 448 afirma textualmente que as partes podem "reforçar, diminuir ou excluir a responsabilidade pela evicção".

natureza do negócio de compra e venda.[600] Porém, o contrato por adesão não perde essa característica quando as partes negociam algumas de suas cláusulas, de tal sorte que, sendo expressamente consentida a disposição de maneira clara e específica, a nosso ver, sua eficácia deverá prevalecer, nos termos do artigo 448.

Silvio Rodrigues faz algumas ponderações acerca dessa regra, para concluir que: (a) "a lei não permite o reforço ilimitado da garantia, não podendo, em princípio, a responsabilidade do alienante superar o prejuízo do adquirente"; (b) a redução "encontra justificativa nos mesmos princípios que permitem sua exclusão"; (c) a exclusão deve ser expressa, "pois contraria a natureza do negócio", assim, no silêncio, a garantia é integral[601]. A última observação nos remete à interpretação estrita, que será referida no próximo capítulo e, nesse sentido, se houver regra genérica de exclusão de responsabilidade, dependendo das circunstâncias do negócio, ela poderá não ser aplicada. Segundo o autor, essa é a decorrência do artigo 449 ao manter a responsabilidade do alienante quando o evicto não souber do risco específico da evicção ou, se informado, não o assumir. "Com efeito, se a cláusula excludente da responsabilidade for genérica, sem que o adquirente saiba da ameaça específica recainte sobre a coisa, ou se dela informado não lhe assumiu o risco, não se furta o alienante ao dever de restituir o preço recebido."[602]

---

600 Esta é a opinião de Nelson Rosenvald em seus comentários ao artigo 448: "Nos contratos de adesão envolvendo relações privadas, o ordenamento sanciona com invalidade as cláusulas que contenham referência à exclusão de responsabilidade pela evicção. Dispõe o artigo 424 do Código Civil sobre a nulidade dos ordenamentos que estipulem renúncia antecipada do aderente a direito resultante da própria natureza do negócio". (ROSENVALD, Nelson. *Código Civil comentado*: doutrina e jurisprudência, p. 485).

601 RODRIGUES, Silvio. *Direito Civil*: dos contratos e das declarações unilaterais de vontade, p. 117-119.

602 *IbIdem*, p. 118.

Na França e em outros países que reproduzem a solução do artigo 1.628 do Código de Napoleão,[603] a doutrina entende que não é possível a exoneração convencional da responsabilidade por atos do vendedor, admitindo-se, no entanto, a exclusão ou limitação da responsabilidade decorrente de atos de terceiros.[604] Além disso, segundo Geneviève Viney e Patrice Jourdain,

> "[...] la Cour de cassation a admis qu'elle ne s'oppose pas non plus à la valité d'une clause para laquelle l'acheteur, que aurait été pleinement renseigné sur une circonstance particulière antérieure à la vente et susceptible de provoquer éventuellement son éviction, aurait accepté d'en supporter le risque san pouvoir former de recours contre le vendeur."[605]

---

603 O texto original do artigo 1.628: "Quoiqu'il soit dit que le vendeur ne sera soumis à aucune garantie, il demeure cependant tenu de celle qui résulte d'un fait qui lui est personnel: toute convention contraire est nulle." ("Embora se diga que o vendedor não ficará sujeito a qualquer garantia, fica, contudo, vinculado ao que resulta de um facto que lhe é pessoal: qualquer convenção em contrário é nula.")

604 "La doctrine enseigne très généralement que cette disposition interdit au vendeur de s'exonérer conventionnellement de la responsabilité qu'il encourt vis-à-vis de l'acheteur pour une éviction qui serait due à sa faute personnelle, mais qu'elle ne fait pas obstacle à une clause écartant ou diminuant la responsabilité du vendeur pour une éviction imputable au fait d'un tiers dont il répond." (VINEY, Geneviève; JOURDAIN, Patrice. *Les effet de la responsabilité*, p. 385). Em tradução livre: "A doutrina, de forma muito geral, ensina que este dispositivo veda ao vendedor exonerar-se contratualmente da responsabilidade que incorrer perante o comprador por despejo que se der por culpa pessoal dele, mas que não obsta a cláusula que rejeite ou reduza a responsabilidade do vendedor por despejo imputável a facto de terceiro de que seja responsável."

605 Em tradução livre: "[...] o Tribunal de Cassação admitiu que também não se opõe à validade de uma cláusula pela qual o comprador, que teria sido plenamente informado sobre uma determinada circunstância antes da venda e provavelmente causaria sua evicção, concordaram em assumir o risco sem poder

Referidas considerações nos remetem ao que foi analisado nos capítulos iniciais, quando procuramos evidenciar que a cláusula de não indenizar pode ser instrumento de alocação de riscos entre as partes que têm ciência de tais riscos e, ainda assim, dec*Idem* assumi-los em prol de seus próprios interesses.

No que concerne à redibição, Gustavo Cerqueira assinala:

> "[...] assim como a garantia contra a evicção é garantia que não decorre de disposição de ordem pública, sendo reconhecida às partes a liberdade de, por cláusula expressa ou por aditamento ao contrato, excluir tanto a garantia pelos vícios redibitórios quanto a garantia contratual eventualmente existente".[606]

Como já tivemos a oportunidade de verificar, a França tem a peculiaridade de não admitir cláusulas de limitação entre empresas com especialidade distinta, como foi decidido em *Alsthom v. Sulzer*[607], repetindo-se o mesmo princípio em matéria de vícios ocultos envolvendo vendedor profissional. Há uma presunção que, segundo Geneviève Viney e Patrice Jourdain, tem se transformado em verdadeira *règle de fond*, ou seja, como norma jurídica aplicável, e não mera presunção, de que o vendedor profissional tem, ou deveria ter, conhecimento do vício,

---

apelar contra o vendedor" (VINEY, Geneviève; JOURDAIN, Patrice. *Les effet de la responsabilité*, p. 385).

606 CERQUEIRA, Gustavo. As garantias e a exclusão de responsabilidade, p. 147. No mesmo sentido: VENOSA, Sílvio de Salvo. *Direito Civil III*: contratos em espécie. 6. ed. São Paulo: Atlas, 2006. p. 40; PEREIRA, Caio Mário da Silva. *Instituições de Direito Civil*: contratos. 14. ed. atual. por Regis Fichtner. Rio de Janeiro: Forense, 2010. v. III, p. 108. DINIZ, Maria Helena. *Curso de Direito Civil brasileiro*: teoria das obrigações contratuais e extracontratuais. São Paulo: Saraiva, 2003. v. 3, p. 126.

607 Vide Capítulo 9.

não cabendo transferir esse risco à sua clientela. O vendedor detém mais conhecimento acerca da coisa e não poderia transferir risco próprio de sua atividade. A preocupação é maior em relação aos consumidores, porém mantém-se o entendimento jurisprudencial de que, mesmo em contratos empresariais, a limitação somente seria admissível entre profissionais da mesma especialidade,[608] posição que, reiteramos, é controversa e isolada mesmo entre os demais países da Europa.

Em contratos internacionais, é comum também a redução do prazo para pleitear o ressarcimento de determinados danos. Não se trata, propriamente, de exoneração ou limitação de responsabilidade, uma vez que a indenização poderá ser, eventualmente, integral, mas representa, decerto, um dispositivo de atenuação da responsabilidade do devedor. A questão perde muito da relevância no Brasil, seja para contratos entre nacionais, ou contratos internacionais que têm a lei brasileira aplicável, pois o artigo 192 do Código Civil veda a alteração dos prazos prescricionais por mero acordo das partes. Admite a renúncia à prescrição, porém somente depois de consumada e, de qualquer maneira, isso representaria agravamento da responsabilidade e não uma via indireta

608 "La Cour de cassation a longtemps hesite avant de trancher la question. Tandis qu'a partir de 1972, certains arrêts avaient exprime une tendance favorable à la validité des clauses limitatives de garantie clonclues entre professionnels de même spécialité, d'autres décisions, rendue Durant la même période, continuaient à appliquer, sans aucune reserve, la jurisprudence traditionnelle au bénéfice d'acheteurs professionnels. Toutefois, deux arrêts rendu, l'un par la troisième Chambre civile le 30 octobre 1978, l'autre para la Chambre commerciale, le 6 novembre 1978, ont mis fin à ces hésitations. Ils ont en effets franchement pose en príncipe que les clauses conclues entre professionnels de même spécilité. Cependant, ils ont precise que la spécialisation de l'acheteur doit être de nature à lui permettre normalement de déceler le vice contre lequel il accepte de n'être pas garanti ou de ne l'être qu'incomplètement." (VINEY, Geneviève; JOURDAIN, Patrice. *Les effets de la responsabilité*, p. 387.)

de exoneração ou limitação de responsabilidade.[609] No que tange à decadência, a lei admite a sua forma convencional, nos termos do artigo 211 do Código Civil,[610] porém isso em nada afeta a responsabilidade

---

609 "Da mesma forma que não se pode renunciar previamente, também não se admite, de modo válido, convencionar prazos prescricionais diversos daqueles fixados em lei, salvo pelos modos suspensivos e interruptivos normativos. A renúncia à prescrição consumada, de outro lado, é admitida pelo direito e reconhecida até como escrúpulo de consciência que se admite em favor daquele que, de fato, goza do direito agora acobertado pelo manto da prescrição". (CIANCI, Mirna. Renúncia da exceção de prescrição: Abrangência do tema. In: ______. *Prescrição no novo Código Civil: Uma análise interdisciplinar.* São Paulo: Saraiva, 2005. p. 288).

610 Como discorre Nestor Duarte, a decadência convencional atende exclusivamente ao interesse privado, não podendo atentar contra a ordem pública (DUARTE, Nestor. Comentários ao artigo 211 do Código Civil. In: PELUSO, Cezar (Coord.). *Código Civil comentado*: doutrina e jurisprudência. 3. ed. Barueri: Manole, 2009. p. 169). Nelson Nery Junior e Rosa Maria de Andrade Nery, por outro lado, vislumbram natureza híbrida à decadência convencional: "Embora insusceptível de preclusão (a parte a quem aproveita pode alegá-la a qualquer tempo e grau ordinário de jurisdição), o juiz não pode dela tomar conhecimento de ofício. O juiz só pode conhecer da decadência convencional se for alegada pela parte a quem aproveita. É híbrida a natureza jurídica da decadência convencional, pois é um misto de matéria de ordem pública (não preclui) e de matéria de direito dispositivo (o juiz só pode dela conhecer se for alegada pela outra parte)." (NERY JUNIOR, Nelson; NERY, Rosa Maria de Andrade. *Código Civil anotado e legislação extravagante.* 2. ed. rev. e ampl. São Paulo: Revista dos Tribunais, 2003. p. 269). Não nos parece, entretanto, que as afirmações acima sejam contraditórias. Nestor Duarte afirma que a decadência interessa exclusivamente ao interesse privado, no sentido que o direito a ser conferido mediante a fixação de prazo convencional não poderá contrariar norma de ordem pública, enquanto que Nelson Nery Junior e Rosa Maria de Andrade Nery apontam para questões procedimentais que, de fato, contém elementos próprios da ordem pública e também de direitos dispositivos. Tanto, assim, que Nestor Duarte, ao explicar a matéria, coincide com os demais autores ao observar que "a decadência convencional pode ser alegada em qualquer grau de jurisdição, nos mesmos moldes do que é possível em se tratando de prescrição (art. 193), ou seja, excluídas as sedes de recurso extraordinário e

contratual pela indenização dos danos causados em decorrência do inadimplemento. Isso porque o referido dever de indenizar já vem regulado entre as diversas hipóteses de prescrição definidas no artigo 206 do Código Civil. Ao exemplificar decadência convencional, Alan Martins e Antonio Borges de Figueiredo citam o prazo para "conferir ou experimentar coisas, recomprar algum bem, exercer direito de preferência, entre outros",[611] nada equivalente ao ressarcimento de danos decorrentes do inadimplemento.

Outra forma, citada com recorrência na doutrina, diz respeito ao afastamento de certos remédios contratuais ou de ações que possam ser atribuídas ao credor na defesa de seus interesses. Por exemplo, cláusula que retire do credor o direito à execução específica, à resolução judicial do contrato ou outras formas de tutela do crédito. A nosso ver, entretanto, essas cláusulas não podem ser qualificadas propriamente de cláusulas de limitação ou de exoneração de responsabilidade, esta entendida como o dever de indenizar, que permanece intacto.[612]

---

recurso especial, se não houver pré-questionamento." E, adiante, assevera que "o Juiz não pode conhecer de ofício da decadência convencional". (DUARTE, Nestor, *op. cit.*, p. 169).

611 FIGUEIREDO, Antonio Borges de; MARTINS, Alan. *Prescrição e decadência no Direito Civil.* 3. ed. São Paulo: Thomson-IOB, 2005. p. 46.

612 É o que afirma David Yates: "Some clauses may go further and purport to exclude the right to damages or the right to reject altogether. It could be argued that excluding the right to damages altogether is rather different in effect from simply limiting damages. By denying the remedy of damages the promisor is depriving his promise of any contractual content. This is not the case with a clause denying the promisee the right to repudiate, since it leaves the remedy of damages intact." (YATES, David. *Exclusion clauses in contracts*, p. 35). Em tradução livre: "Algumas cláusulas podem ir além e pretendem excluir o direito de indenização ou o direito de rejeição total. Pode-se argumentar que a exclusão total do direito a danos é bastante diferente de simplesmente limitar os danos. Ao negar a reparação dos danos, o promitente está a privar a sua promessa de

Seriam tão somente modalidades de atenuação da responsabilidade. Em matéria consumerista, esse tipo de cláusulas é reputado abusivo e nulo, nos termos do artigo 51 e, em matéria de contratos paritários, a questão também poderá ser analisada sob o conceito de abuso de direito, além, evidentemente, de sujeitar-se aos ditames da boa-fé contratual. Como o novo Código de Processo Civil o ordenamento jurídico brasileiro admitiu o negócio jurídico processual, regulado pelo artigo 190, que assim dispõe: "Versando o processo sobre direitos que admitam autocomposição, é lícito às partes plenamente capazes estipular mudanças no procedimento para ajustá-lo às especificidades da causa e convencionar sobre os seus ônus, poderes, faculdades e deveres processuais, antes ou durante o processo". Entretanto, embora o procedimento possa limitar determinadas provas ou recursos, isso em nada representa limitação do valor da indenização que poderá decorrer de tais procedimentos.

Nos Estados Unidos, o Código Comercial Uniforme (*Uniform Comercial Code – UCC*) admite validade a tais cláusulas desde que elas não importem em retirar o propósito essencial do contrato (*essential purpose*) ou representem condição extremamente desequilibrada para uma das partes (*unconscionable condition*).[613]

---

qualquer conteúdo contratual. Não é o caso da cláusula que nega ao promitente o direito de repudiar, pois deixa intacta a reparação dos danos."

613 O *UCC* prevê hipótese mais ampla do que a exoneração ou limitação de responsabilidade, embora possa ter, em algumas circunstâncias, efeitos semelhantes aos das cláusulas de não indenizar. Assim dispõe o UCC: "§ 2-719. Contractual Modification or Limitation of Remedy. (1) Subject to the provisions of subsections (2) and (3) of this section and of the preceding section on liquidation and limitation of damages, (a) the agreement may provide for remedies in addition to or in substitution for those provided in this Article and may limit or alter the measure of damages recoverable under this Article, as by limiting the buyer's remedies to return of the goods and repayment of the price or to repair and

Conforme vimos em capítulo próprio sobre a distinção entre cláusulas de limitação de responsabilidade e de delimitação do conteúdo da obrigação, a doutrina é assente em distinguir as duas figuras jurídicas, porém, como anotam Geneviève Viney e Patrice Jourdain, em algumas circunstâncias, essas cláusulas se equiparam em seus efeitos, de tal forma que, ao excluir a responsabilidade pelo descumprimento contratual, as partes estarão, efetivamente, excluindo determinado elemento constitutivo da prestação.[614] Portanto, o conteúdo da cláusula de exoneração ou de limitação de responsabilidade poderá apresentar-se

replacement of non-conforming goods or parts; and (b) resort to a remedy as provided is optional unless the remedy is expressly agreed to be exclusive, in which case it is the sole remedy. (2) Where circumstances cause an exclusive or limited remedy to fail of its ***essential purpose***, remedy may be had as provided in this Act. (3) Consequential damages may be limited or excluded unless the limitation or exclusion is ***unconscionable***. Limitation of consequential damages for injury to the person in the case of consumer goods is prima facie unconscionable but limitation of damages where the loss is commercial is not". O dicionário Black's Law define *unconscionability* como um extremo desequilíbrio contratual, com exagerada vantagem para uma parte sem que outra tenha razoável alternativa na conclusão do contrato. Trata-se de situação opressiva que, em termos de direito civil brasileiro, poderíamos identificar como figura próxima à lesão, embora tenha um sentido mais amplo, não limitado ao valor das prestações, mas tomando-se em consideração as demais condições contratuais. Esta é a definição do dicionário: "1. Extreme unfairness. Unconscionability is normally assessed by an objective standard: (1) one party's lack of meaningful choice, and (2) contractual terms that unreasonably favor the other party. 2. The principle that a court may refuse to enforce a contract that is unfair or oppressive because of procedural abuses during contract formation or because of overreaching contractual terms, esp. terms that are unreasonably favorable to one party while precluding meaningful choice for the other party." (BLACK, Henry Campbell. *Black's Law Dictionary*. 6. ed. St. Paul, Minn.: West Publishing Co., 1990.)

614 VINEY, Geneviève; JOURDAIN, Patrice. *Les effets de la responsabilité*, p. 346-348.

sob a vestimenta de delimitação do objeto do contrato quando os efeitos dessas cláusulas forem coincidentes.

Por fim, dois outros aspectos relacionados ao conteúdo das cláusulas merecem análise: a reciprocidade e a existência de contrapartida em benefício ao credor.

No que tange à reciprocidade, a nosso ver, novamente, a questão não pode ser tomada de maneira equívoca com a aplicação de regras de direito do consumidor. Em matéria consumerista, o Código de Defesa do Consumidor já proíbe as cláusulas que envolvam consumidor pessoa física; portanto, a questão fica restrita à hipótese de cláusulas de limitação de responsabilidade em contratos com consumidor pessoa jurídica em situações justificáveis. O artigo 51, inciso IV, veda cláusulas que estabeleçam "condições iníquas, abusivas, que coloquem o consumidor em desvantagem exagerada, ou sejam incompatíveis com a boa-fé ou a equidade".

De acordo com nosso entendimento, no entanto, isso não pode ser traduzido em exigência de reciprocidade na aplicação da cláusula de limitação de responsabilidade. Em um contrato de compra e venda, por exemplo, o consumidor poderá ter a única obrigação de pagar o preço. Nesse caso, não poderia ser aplicada qualquer cláusula de limitação pelo inadimplemento do pagamento. Não faria sentido dar eficácia a uma cláusula pela qual, não pago o preço e entregue o bem, o consumidor ficasse adstrito à compensação de apenas determinado percentual do preço devido. Seria enriquecimento ilícito do consumidor. Se, porém, tivesse o fornecedor uma série de obrigações relacionadas à prestação de serviços ou entrega da mercadoria, algumas hipóteses de inadimplemento seriam aplicáveis exclusivamente a ele, justificando-se que a cláusula fosse aplicada tão somente em seu benefício.

Portanto, o inciso IV do artigo 51 mantém-se aplicável, de maneira a assegurar a inexistência de condições que coloquem o consumidor pessoa jurídica em desvantagem exagerada ou que sejam incompatíveis com a boa-fé e a equidade, porém isso não significa, necessariamente, que a cláusula de limitação de responsabilidade tenha aplicação recíproca.

O mesmo se nos afigura válido para as relações empresariais. Sob o Código Civil, as partes contratantes podem proteger-se contra o abuso de direito ou de condições iníquas, porém não há nenhuma exigência de que a cláusula tenha reciprocidade pelas mesmas razões já apontadas, ou seja, em dados contratos, a diversidade de prestações entre as partes poderá justificar a disposição de caráter unilateral. Tomemos, novamente, a empreitada. Ao dono da obra poderá competir, exclusivamente, o pagamento do preço, não se justificando a limitação ou exoneração de responsabilidade em face de inadimplemento de obrigações apenas pecuniárias, enquanto ao empreiteiro caberão inúmeras atividades, cujos riscos poderão ser mensurados e compartilhados entre as partes por intermédio da cláusula de limitação de responsabilidade.

Ao apresentar o caso de *cross waiver liability*, Antonio Junqueira de Azevedo ressalta a reciprocidade da cláusula como evidência de equilíbrio contratual e de boa-fé objetiva; porém, naquele caso, a reciprocidade se impunha, pois as partes eram parceiras na realização de pesquisas em cooperação bilateral. Como discorre o autor:

> "[...] *in casu*, antes mesmo de se tratar de aspectos de direito público e antes mesmo de se passar ao exame dos direitos e obrigações do ponto de vista de direito privado, é importante frisar, numa visão formal mas no âmbito dos princípios, que a *reciprocidade* faz com que, aqui, cada direito, de cada uma das partes, encontre sua causa de atribuição no direito inverso da parte contrária".[615]

---

615 AZEVEDO, Antonio Junqueira de. Cláusula cruzada de não-indenizar (*cross waiver of liability*), ou cláusula de não-indenizar com eficácia para ambos os

Antonio Junqueira de Azevedo deixa evidente, e o faz em dois trechos da citação, que a análise da reciprocidade é pertinente ao caso (*in casu*) e que, nesse acordo específico (*aqui*), cada direito encontra sua causa de atribuição no direito inverso da parte contrária. Como vimos, nem todo contrato, mesmo bilateral, apresenta essa simetria de obrigações e direitos, de maneira que a reciprocidade não poderia ser tomada como critério em todo e qualquer contrato. Tanto assim que o autor não a inclui entre os requisitos de validade da cláusula, mas como critério de interpretação.[616]

Por fim, no tocante à contrapartida, entendemos que, igualmente, não é requisito necessário para integrar o conteúdo da cláusula. Na verdade, a própria contratação ou não já representa um aspecto de contrapartida. Uma empresa, diante de contrato que apresente riscos julgados insuportáveis, poderá, legitimamente, recusar-se a contratar sem uma cláusula de limitação ou de exoneração de responsabilidade que a proteja. Não estamos no campo do exercício indevido do poder econômico ou imposição de condições gerais de contrato; assim, é absolutamente legítimo que uma empresa somente aceite contratar e assumir determinados riscos mediante a estipulação de limites à sua responsabilidade, de tal sorte que a própria contratação e assunção dos riscos até referidos limites poderá representar a contrapartida para a aceitação da cláusula pelo credor.

---

contratantes. Renúncia ao direito de indenização. Promessa de fato de terceiro. Estipulação em favor de terceiros. In: ______. *Estudos e pareceres de Direito Privado*, p. 200.

616 *IbIdem* p. 201.

Esse é o entendimento esposado por Sílvio Rodrigues, para quem a contrapartida não deve ser entendida, necessariamente, como requisito de validade da cláusula.[617]

Ou seja, tanto a reciprocidade quanto a existência de contrapartida podem ser elementos interpretativos aplicados ao caso específico, no sentido de verificação de razoabilidade da cláusula e sua conformidade com princípios de equidade e boa-fé, porém, em especial nas relações empresariais, não podem ser tomadas como requisito necessário de validade das convenções de modificação do regime geral da responsabilidade.

Finalmente, vale mencionar trabalho recente sobre violação da Lei Geral de Proteção de Danos. Em sua dissertação de mestrado, Heitor Carmassio Miranda explorou tema bastante atual relacionado à Lei Geral de Proteção de Dados (LGPD) e que diz respeito à violação de dados pessoais em suas diversas modalidades (como tratamento inadequado, vazamento, compartilhamento indevido, envio para o exterior etc), especialmente pelo tratamento de dados em nuvem. O autor explora as diversas modalidades de prestação de serviços em nuvem e os agentes envolvidos. De maneira geral, temos o titular dos dados, ou seja, a pessoa física, controladores, ou seja, aqueles que tomam e operadores. Segundo o autor, "controlador é a pessoa natural ou jurídica que toma as principais decisões em relação ao tratamento dos dados pessoais;

---

617 "Ao se considerar a necessidade de uma concordância de ambos os contratantes, a fim de se dar validade à cláusula de não indenizar, encontra-se uma opinião bem difundida, segundo a qual ela só teria eficácia se correspondesse a uma vantagem paralela, em benefício do outro contratante. Assim, por exemplo, a cláusula teria eficácia no contrato de transporte de mercadorias somente se correspondesse a uma redução da tarifa em favor de quem a despachou. Todavia, como isso é o que habitualmente ocorre, não se deve, necessariamente, enquadrar entre os requisitos indispensáveis à sua validade." (RODRIGUES, Sílvio. *Direito Civil: Responsabilidade civil*, v. 4, p. 181-182.)

que determina as finalidades e os meios do tratamento; que exerce controle sobre a operação de tratamento"[618], enquanto o operador "é a pessoa física ou jurídica que realiza o tratamento em nome do controlador, atuando praticamente como mandatário deste. É sempre pessoa distinta e separada do controlador, sendo que uma mesma entidade não poderá delegar internamente a função de operador a um funcionário ou área específicos. No exercício de suas atividades, atua segundo as instruções do controlador, em decorrência das decisões tomadas por ele, e opera no limiar das finalidades determinadas pelo controlador."[619]

Dessa forma, o controlador poderá contratar empresa para exercer a função de operador em nuvem, cabendo a este último o tratamento dos dados e, consequentemente, poderá vir a causar danos ao controlador ou ao titular dos dados. A violação dos dados pessoais sensíveis de seus titulares poderá trazer inúmeros danos, inclusive de ordem moral, violando direitos da personalidade que, nos termos do artigo 11 do Código Civil são irrenunciáveis e não passíveis de limitação convencional. Ocorre que, assim como na hipótese do dano ambiental, não nos parece haver óbice à limitação convencional entre controladores e operadores, mantendo-se o titular totalmente indene. Note-se, portanto, que estamos diante de uma alocação de riscos entre controladores e operadores sem que haja prejuízo ao titular.

É esse o entendimento do autor, sujeitando-se a cláusula às mesmas exceções a sua validade, como dolo, culpa grave, lesão à integridade física da pessoa humana, tal como já explorado neste trabalho.

---

618 Exoneração e Limitação de Responsabilidade por Violações de Dados Pessoais nos Contratos de Computação em Nuvem. Dissertação de mestrado profissional perante o programa de pós-graduação da FGV Direito SP, p. 76, disponível em https://bibliotecadigital.fgv.br/dspace/handle/10438/31312, acesso em 19.04.2023.

619 *Idem*, p. 77.

7.3 Cláusulas de não indenizar e responsabilidade objetiva

Tema pouco explorado é a validade das cláusulas de exoneração e de limitação de responsabilidade em matéria de responsabilidade objetiva. Essa omissão poderia decorrer de entendimento natural de que o fundamento da culpa seria irrelevante, admitindo, indistintamente, sua aplicação ou, então, considerando que somente poderão ser admitidas em caso de culpa leve, a doutrina teria como pressuposto necessário de que somente teriam guarida em um sistema fundado na teoria da culpa.

O tema é de todo pertinente, pois a objetivação é um dos aspectos marcantes da responsabilidade civil moderna, conforme já tivemos a oportunidade de acentuar nos capítulos iniciais deste livro.

José de Aguiar Dias pauta-se pela admissibilidade. O autor toma o caso da exoneração ou limitação da responsabilidade por fato de auxiliares e dependentes, esta qualificada como objetiva, e que, sem dúvida, admite a exoneração ou limitação de responsabilidade. Discorre, ainda, como se segue:

> "[...] o risco como fundamento da responsabilidade, agravando as obrigações do devedor, tem sido precisamente o fato mais influente na aceitação da limitação da indenização, como corretivo aos excessos que da sua aplicação resultariam, onerando de modo impolítico e antieconômico, a atividade industrial".[620]

Referido autor menciona também a existência de limitação e de tarifas de indenização legalmente fixadas, do que "parece certo que não repelem a noção de risco e a de exclusão da obrigação de indenizar, nele fundada".[621]

620 AGUIAR DIAS, José de. *Cláusula de não-indenizar*, p. 150-151.

621 AGUIAR DIAS, José de. *Cláusula de não-indenizar*, p. 151.

Na mesma linha, Atílio Aníbal Alterini:

> "La atribución objetiva — en los alcances del denominado riesgo de empresa — es la corriente para los daños que resultan de las actividades productivas y de servicios. La limitación cuantitativa de la responsabilidad alienta esas actividades — o, cuando menos, no las desalienta —, porque hace predecibles los costos derivados de los accidentes, y posibilita que sean cubiertos mediante seguros de responsabilidad civil".[622]

Cristina Menichino enumera, na doutrina italiana, defensores em ambos os lados.[623] Segundo a autora, Francesco Benatti a admite, desde que convencionadas em contratos paritários e não afrontem normas de ordem pública. C. Castronovo segue por via oposta e se apoia na dicção do artigo 1.229, que somente a admite no caso de culpa leve. Assim se pronuncia o autor:

> "Questo de resto dovrebbe risultare in negativo dall'art. 1229, il quale essendo norma eccezionale, como abbiamo già detto, e non consentendo al debitore di liberasi se non per colpa lieve, non ammette possibilità di esonero da responsabilità fondate su un diverso criterio di collegamento tra il fatto di inadempimento e il soggeto dichiarato responsabile".[624]

---

622 ALTERINI, Atílio Aníbal. *La limitación cuantitativa de la responsabilidad civil*, p. 79.

623 MENICHINO, Cristina. *Responsabilità oggetiva e clausole di esonero e di limitazione della responsabilità contrattuale*. Milão: CUEM, 2006. p. 34 e ss.

624 CASTRONOVO, C. Problema e sistema nel danno da prodotti. In: MENICHINO, Cristina, *op. cit.*, p. 37. Renato Scognamiglio não trata diretamente do tema, mas, de maneira muito incidental, demonstra admitir a hipótese: "Qui il suo tenore si riferisce evidentemente a tutte le altre clausole di tale oggetto per

A autora recorre a alguns critérios para verificação da aplicabilidade ou não das cláusulas à responsabilidade objetiva, como, por exemplo, a natureza do interesse tutelado; porém, acaba por concluir que esse não é um critério seguro. Por exemplo, a distinção entre bens patrimoniais disponíveis e bens não patrimoniais são inadequadas ao propósito, pois, em certos casos, a responsabilidade objetiva se impõe mesmo para interesses patrimoniais. Para ilustrar, cita o caso da responsabilidade dos hotéis pela guarda de objetos. Ao final de seu trabalho, acaba por concluir que a derrogação da responsabilidade pode ser examinada a partir de uma tipologia de cláusulas de irresponsabilidade,[625] ou seja, a sua verificação somente poderá ser aferida *in casu*.

Nos colóquios sobre as cláusulas de não indenizar na Europa, realizado em 1990, Pierre van Ommeslague descreve a situação no direito belga e apresenta os diversos casos de responsabilidade objetiva impostos pela lei. De acordo com o autor, a questão está associada ao conceito de ordem pública. Menciona como regimes inderrogáveis da responsabilidade objetiva as matérias de acidentes de trabalho, responsabilidade pelo fato do produto, vedação de redução de indenizações tarifadas em caso de transporte, além de outros. Menciona, no entanto, casos em que a responsabilidade é objetiva, porém a jurisprudência admite a convenção de limitação de responsabilidade, como decisão da Corte de Cassação sobre distribuição de energia elétrica e direitos de

---

imporre il requisito peculiare dell'approvazione specifica per scritto (qualora non costituiscano il frutto della elaborazione di ambo le parti) Ne risultano contemplate, sai le clausole che escludono la responsabilità per colpa o *in base ad altri pressuposti ipotizzati dalla legge (c.d. responsabilità oggettiva, indireta)*, sai quelle che fissano un certo limite alla entità del risarcimento del danno" (SCOGNAMIGLIO, Renato. *Contratti in generale*, p. 282, grifo nosso).

625 MENICHINO, Cristina. *Responsabilità oggetiva e clausole di esonero e di limitazione della responsabilità contrattuale*, p. 160.

vizinhança, em que, não obstante a responsabilidade objetiva, o Tribunal entendeu não se tratar de matéria de ordem pública, admitindo, então, as cláusulas em consonância com os limites do direito comum.[626]

Pietro Trimarchi apresenta algumas limitações à responsabilidade objetiva[627] ao apontar os casos de fixação de tetos máximos de indenização. Ao examinar o artigo 2.050, que fixa a responsabilidade para atividades perigosas, aponta interpretação pela qual a responsabilidade objetiva poderia ser mais restrita aos fatos danosos passíveis de serem evitados com a adoção de todas as medidas possíveis de segurança oferecida pela técnica. Dessa maneira, haveria uma inversão do ônus da prova, no sentido de que ficaria a cargo do causador do dano a demonstração de que foram adotadas todas essas medidas. Ou seja, demonstrada a diligência, os danos provenientes de determinada atividade perigosa poderiam ficar sujeitos à limitação convencional.

O autor, aliás, vislumbra hipóteses de concorrência de atividades perigosas (*concorso di più attività rischiose*), sem que intervenha qualquer culpa, caso em que os agentes responderiam proporcionalmente ao risco criado, mas também prevê a possibilidade de concorrência entre a responsabilidade objetiva e a responsabilidade por culpa:

> "Colpe e rischi, combinandosi diversamente, possono dar luogo a figure non semplici, in ciascuna delle quali la responsabilità dovrà essere ripartita, nei rapporti interni fra i responsabili, in modo adequato sia alla gravitá delle colpe, sia all'entità dei rischi creati."

A última hipótese apontada é de extrema importância, pois, como diz o autor, pode dar lugar a figuras *non semplici*, como o

626 OMMESLAGUE, Pierre van. Droit belge. In: GHESTIN, Jacques (Dir.). *Les clauses limitatives ou exonératoires de responsabilité en Europe*, p. 248-249.

627 TRIMARCHI, Pietro. *Rischio e responsabilità oggetiva*, p. 46-49.

compartilhamento de riscos. O caso descrito por Antonio Junqueira de Azevedo de *cross waiver liability* é um exemplo dessa complexidade. Em se tratando de atividades de pesquisa aeroespacial, a responsabilidade poderia ser qualificada como objetiva em face dos riscos da atividade e pela responsabilidade de cada agente pelos atos de seus empregados, e também subjetiva, ou seja, por culpa nos atos praticados pelos empregados diretamente. Pela cláusula, no entanto, cada uma das partes isentava a outra pelos danos que pudessem sofrer em razão de responsabilidade objetiva.

Em suma, a matéria é complexa e controversa.

De nossa parte, entendemos que a admissibilidade das cláusulas somente em caso de culpa leve, afastando os casos de dolo ou culpa grave, não pode ser tomada como condição que necessariamente circunscreva a matéria à responsabilidade fundada na culpa. Isso fica evidente nos casos de indenização tarifada, em que o dolo ou culpa grave do agente exclui a aplicação da limitação tarifária, respondendo o autor, integralmente, pelo dano.[628] Na verdade, a inadmissibilidade da validade da cláusula em caso de dolo ou culpa grave corresponde à mesma regra que afasta o limite da tarifa em caso de responsabilidade objetiva.

Outro argumento relevante diz respeito, exatamente, à existência de limites ou tarifas legais à responsabilidade, como apontado por José de Aguiar Dias, Pietro Trimarchi e Atílio Aníbal Alterini. Concordamos, na íntegra, com as ponderações de Trimarchi no sentido de que qualquer tarifação legal não pode ser imposição à vítima de um risco que deveria ser suportado pelo agente econômico, de maneira que tal *sovvenzione* seja distribuída por toda a sociedade, mantendo-se valores compatíveis com os riscos envolvidos.

---

628 ALTERINI, Atilio Aníbal. *La limitación cuantitativa de la responsabilidad civil*, p. 85.

Entendemos, ademais, que a questão não se coloca em termos de regras gerais para a admissibilidade das cláusulas de limitação ou de exoneração em matéria de responsabilidade objetiva. Cristina Menichino buscou sistematizar a matéria, mas, ao final, seguiu um critério de tipologia das cláusulas para verificação de sua admissibilidade caso a caso. Pierre van Ommeslague apresenta a questão também de maneira casuística, embora identifique o critério de ordem pública como determinante para a admissibilidade ou não.

A esse propósito, deve ser notado que, embora a jurisprudência possa contribuir com a interpretação das normas em matéria de responsabilidade civil, os contornos da responsabilidade objetiva têm sido definidos com base em disposições expressamente previstas em lei, tomando-se a relevância da matéria.[629] É evidente que não é possível a exoneração e limitação de responsabilidade em matéria consumerista ou em caso de danos ambientais, pois isso está expresso na lei. No entanto, mesmo sendo objetiva, é possível a limitação da responsabilidade do devedor por atos de seus auxiliares, não havendo disposição legal que a invalide.

---

629 "Atentando na necessária evolução do pensamento, entendemos que a ordem jurídica deverá fixar dois tipos de responsabilidade civil: a) a primeira fundada na culpam, caracterizada esta como um erro de conduta ou transgressão de uma regra predeterminada, seja de natureza contratual ou extracontratual; b) a segunda, com a abstração da idéia de culpa, estabelecendo *ex lege* a obrigação de reparar o dano, desde que fique positivada a autoria de um comportamento, sem necessidade de se indagar se foi ou não foi contrário à predeterminação de uma norma. Uma vez apurada a existência do fato danoso, caberá indenização por parte do ofensor ou de seu preponente; mas, como se não cuida aqui da imputabilidade da conduta, somente há de ter cabida naqueles casos *expressamente previstos* na lei, pois é claro, se for deixado sem frenação conveniente, a consequência será o inevitável desaparecimento da primeira, com os inconvenientes acima apontados, da equiparação da conduta jurídica à antijurídica." (PEREIRA, Caio Mário da Silva. *Instituições de Direito Civil: Contratos.* v. III, p. 511, grifos do autor.)

Há, ainda, o caso de sobreposição de responsabilidade objetiva com responsabilidade fundada na culpa, em que "*colpe e rischi, combinandosi diversamente, possono dar luogo a figure non semplici*", nas palavras de Pietro Trimarchi, evidenciando que a realidade, combinada com novas formas de repartição e alocação de riscos, não permite resposta apriorística à indagação. Como bem salienta António Pinto Monteiro:

> "A cláusulas limitativas e de exclusão exigem, numa palavra, que se encontre um ponto de equilíbrio entre a liberdade individual e as necessidades sociais de proteção ao lesado, entre a autonomia privada e a ordem pública, pendendo o prato da balança (isto é, um regime de favor ou, ao invés, de desconfiança) para um ou outro lado, consoante o momento histórico que se considere".[630]

Por derradeiro, ressalvados os casos em que a lei expressamente o consigna, não podemos deixar de observar que inexiste, no direito positivo brasileiro, norma de caráter geral vedando cláusulas de exoneração ou de limitação de responsabilidade objetiva. Se tomarmos o critério da ordem pública, como apontado pelos autores há pouco, estaremos, na verdade, retomando o mesmo tema das normas de ordem pública como restrição à validade das cláusulas de não indenizar, tanto para responsabilidade fundada na culpa como no risco.

630 MONTEIRO, António Pinto. *Cláusulas limitativas e de exclusão da responsabilidade civil*, p. 69.

CAPÍTULO 8

INTERPRETAÇÃO DAS CLÁUSULAS DE EXONERAÇÃO E DELIMITAÇÃO DE RESPONSABILIDADE

8.1 Interpretação dos contratos empresariais

Diversos autores tratam da interpretação das cláusulas de limitação e de exoneração da responsabilidade sob a rubrica de controle judicial de cláusulas abusivas ou vexatórias, juntamente com o controle legislativo e administrativo sobre o conteúdo do contrato,[631] regras a propósito do dever de informar e das formalidades que assegurem à outra parte o conhecimento e a concordância dos seus termos. Isso se dá, em grande medida, pelo fato de que, em rigor, essas cláusulas são apostas a contratos por adesão, em particular nas relações de consumo. Porém,

---

631 LAWSON, Richard. *Exclusion clauses*, p. 31 e ss.; MONTEIRO, António Pinto. *Cláusulas limitativas e de exclusão de responsabilidade civil*, p. 355; NEBBIA, Paolisa. *Unfair contract terms in European Law*, p. 28-29; PRATA, Ana. *Cláusulas de exclusão e limitação de responsabilidade contratual*, p. 354; RODRIGUEZ, Adela Serra. *Cláusulas abusivas en la contratación: En especial, las cláusulas limitativas de responsabilidad*, p. 28; STAUDER, Bernd. *Droit suisse*. In: GHESTIN, Jacques (Dir.). *Les clauses limitatives ou exonératoires de responsabilité en Europe*, p. 111; YATES, David. *Exclusion clauses in contracts*, p. 123; além de outros autores que, embora não declarem expressamente, deixam evidente que a interpretação tem sido elemento de controle judicial sobre o conteúdo e modo de formação dos contratos contendo cláusulas de limitação e exoneração de responsabilidade.

elas podem ser livremente pactuadas no ambiente empresarial, o que tem ocorrido cada vez mais.

Essa observação nos induz a concluir que a interpretação das cláusulas não pode ser feita de modo uniforme a toda modalidade ou contexto em que se insere o contrato. Dessa maneira, a primeira nota a ser feita sobre o tema interpretação é o de que o "*ponto de relevância hermenêutica*"[632] se deslocará entre a proteção mais efetiva de uma das partes, como no caso dos contratos por adesão nas relações de consumo, até a busca de equilíbrio nos contratos mercantis livremente negociados entre empresas de poder econômico equivalente. No mesmo sentido, Robert Scott e Alan Schwartz defendem que o direito contratual deveria tomar em consideração as partes envolvidas,[633] ou seja, as regras e os

---

632 "O segundo elemento que se mostra imprescindível no trabalho de reconstrução da vontade contratual é o chamado *ponto de relevância hermenêutica*. Este nada mais é que o ponto de vista, a ótica mediante a qual deva ser compreendido o ato ou o contrato, ou, nas palavras de Betti, o ponto de relevância para o tratamento interpretativo que o jurista intérprete deve buscar em uma *sede*, que é diversa conforme a estrutura requerida para a eficácia do negócio." (ARAUJO, Paulo Doron Rehder; ZANCHIM, Kleber Luiz. Interpretação contratual: o problema e o processo. In: FERNANDES, Wanderley (Coord.). *Fundamentos e princípios dos contratos empresariais*. São Paulo: Saraiva, 2007. p. 189.)

633 Os autores citam uma hipótese de venda mediante distribuição periódica de mercadorias, cujos pagamentos respectivos eram feitos algum tempo depois da entrega. O vendedor, em certo momento, toma conhecimento de que o comprador se encontra em dificuldades financeiras e inadimplente perante outros fornecedores. O vendedor, então, pretende somente fazer entregas contra pagamento imediato em dinheiro. O acordo é omisso a respeito. Nesse caso, os autores expressam a relevância da qualificação das partes envolvidas: "Before answering this question, we should say something more about the parties. Suppose that when the contract was made each of them (1) was commercially competent, in the sense of being able to understand contracts and to make commercial choices that were likely to advance his own interest; (2) was informed, in the sense of being aware of the choices the market offered and their consequences; and (3) was not necessitous, in the sense of not being so poor as to have been compelled

princípios contratuais não poderiam ser aplicados da mesma forma nas relações entre empresas, entre empresas e consumidores, entre empregados ou prestadores de serviços e empresas e entre pessoas físicas fora das relações de consumo. Com apoio nessa classificação, Peter Cserne identifica tipologias contratuais em que o nível de paternalismo legislativo teria atuação diversa em cada circunstância[634].

Nessa mesma esteira, para o propósito deste livro, podemos identificar uma tipologia - aqui não confundida com tipicidade — contratual fundada no Código de Defesa do Consumidor e no Código Civil:

(a) relação de consumo que envolve consumidor pessoa física;
(b) relação de consumo em que o consumidor é pessoa jurídica;
(c) contratos por adesão, sob o regime do Código Civil;
(d) contratos paritários livremente negociados.

Poderíamos acrescentar, nos itens (a) e (b), a relação de consumo mediante contratos por adesão ou por contratos negociados; porém, a proteção deferida ao consumidor no Brasil não faz distinção entre a livre negociação ou não, em especial sobre as práticas e cláusulas

---

to contract under terms that one would ordinarily regard as humiliating or degradating. In addition, suppose that seller and buyer belong to a class - the commercial class — whose members commonly possess these three traits. Under these circumstances, we suggest that the case being decided according to what typical parties in this situation would have agreed to if they had thought about the problem when they made the contract. If 'typical' parties would have allowed the seller to convert a credit to a cash sale on observing credible evidence that the buyer may not pay, the seller should prevail." (SCHWARTZ, Alan; SCOTT, Robert E. *Sales law and the contracting process*, p. 21).

634 CSERNE, Peter. Freedom of choice and paternalism in contract law: a law and economics perspective. *German working papers in law and economics*, v. 2006, Paper 6, p. 31. Disponível em: <www.bepress.com/gwp/default/vol2006/iss1/art6>. Acesso em: 8 set. 2010.

abusivas, diversamente de alguns ordenamentos europeus, cujas regras de proteção se referem a "cláusulas não especificamente negociadas" ou em contratos *standard*.[635]

Cada uma das hipóteses apontadas representa segmento de uma linha pela qual se desloca o ponto de relevância hermenêutica, determinando, assim, maneira diversa de interpretar o contrato. Não é possível aplicarmos ao contrato livremente pactuado entre dois empresários os mesmos critérios e conceitos do direito do consumidor. Ao discorrer sobre o princípio da boa-fé, Paula Forgioni, com acerto, alerta que, "No processo de interpretação dos contratos mercantis, a boa-fé não pode ser confundida com equidade ou com 'consumerismo', erro em que inc*Idem* vários autores não habituados à dinâmica do mercado".[636] Ideia que pode ser inferida de Carlos Maximiliano quando adverte que o critério de exegese das leis comerciais não pode ser inteiramente igual ao adotado para as leis civis.[637]

---

635 União Europeia: Directive 93/13/EEC de 05/04/1993, Appendix I, article 3; Inglaterra: The Unfair Contract Terms Act - UCTA (1977), Appendix II, Section 3; The Unfair Terms in Consumer Contracts Regulations - UTCCR (1999), Appendix II, Section 5-(1); Alemanha: Bürgerliches Gesetzbuch (BGB), § 305. Na Itália, assim como no Brasil, não se a faz distinção, sendo qualificadas como abusivas as cláusulas que, apesar da boa-fé, causem significativo desequilíbrio em direitos e obrigações contratuais em detrimento do consumidor, sem qualquer consideração quanto a tratar-se de contrato por adesão ou não, conforme Art. 33 do *Codice del Consumo*, de 6 de setembro de 2005.

636 FORGIONI, Paula. Interpretação dos negócios empresariais. In: FERNANDES, Wanderley (Coord.). *Fundamentos e princípios dos contratos empresariais*, p. 134.

637 "Não preside à exegese das leis comerciais critério inteiramente igual ao adotado para as leis civis. A própria índole das relações mercantis, a prevalência dos objetivos econômicos, a maior variabilidade de operações e ampla despreocupação de fórmulas; enfim a liberdade de contratar e a rapidez de assumir compromissos e realizar transações imprimem peculiar ductilidade ao ramo do Direito Privado mais intimamente ligado à atividade dos homens de negócios, e

Exemplo interessante de "contaminação" da atividade empresarial por conceitos próprios do direito do consumidor refere-se à controversa decisão proferida pela Corte de Cassação Francesa em disputa travada entre Alsthom Atlantique e Compagnie de Construction Mécanique Sulzer, duas grandes empresas europeias produtoras de equipamentos industriais.[638] A Corte francesa consolidou a regra pela qual a cláusula de limitação de responsabilidade por vícios do produto não seria válida, salvo se estipulada entre empresas engajadas em atividades da mesma área de especialidade, o que não era o caso do processo em pauta.[639] Embora a decisão não se utilize da expressão, o fundamento

---

forçam-no a um constante apelo aos usos e costumes, o que o intérprete precisa levar em conta, a fim de atingir à verdade, à regra objetiva, eu exterioriza o pensamento gerador da lei, ou à *vontade subjetiva declarada* num ato jurídico." (MAXIMILIANO, Carlos. *Hermenêutica e aplicação do direito*. Rio de Janeiro: Forense, 2005, p. 257.)

638 O caso é relatado no Rapport D'Audience - Affaire C-339/89, Juiz Relator G. F. Mancini, perante a Corte de Justiça da Comunidade Europeia.

639 Paolisa Nebbia faz uma boa descrição do caso: "*Alsthom Atlantique* is a case that involved expemption clauses. Sulzer, involved in a claim for latent defects in two vessel engines provided to Alsthom, was according to French law, unable to rely on a clause that exempted its liability. This was because a peculiar but consolidated case-law of the Cour de Cassation interpreted the relevant provisions of the Frence Code civil so as to allow clauses limiting liability only where the parties to the contract were engaged in the same specialized field (which was not the case). Sulzer therefore claimed that such caselaw distorted competition and hindered, contrary to article 29 (formerly 34) EC, the free movement of goods by putting French undertakings at a disadvantage compared to the foreign competitors who where not subject to such stringent liability. The ECJ held that article 29 EC applied to restrictions on intra-Community trade which placed the export trade at a disadvantage for the benefit of domestic trade. Accordingly, the fact that all traders subject to French law were at a disadvantage, without there being any advantage for domestic production, did not trigger the application of article 29EC. In addition, parties to an international contract of sale are generally free to determine the law applicable to their contractual relations and

se encontra em suposto desequilíbrio proveniente de "hipossuficiência técnica", argumento próprio da proteção do consumidor que não detém o conhecimento técnico para avaliar os riscos envolvidos no contrato. Essa é uma posição peculiar à jurisprudência francesa, que, entretanto, na França, é vista como um avanço no sentido de atribuição de validade às cláusulas. Isso porque a doutrina tradicional entendia inviável a limitação ou exoneração de responsabilidade sob o fundamento de que se presume que o fornecedor tem sempre conhecimento dos defeitos do produto vendido, sendo irrelevante a especialidade das partes envolvidas. Entendimento alterado para admitir-se que, entre profissionais, não seria razoável uma inferência *a priori* de abuso de poder econômico, tendo, as partes, a liberdade de repartição dos riscos do contrato. Como observam Geneviève Viney e Patrice Jourdain, a Corte de Cassação manteve-se hesitante em definir a questão, até que, na década de 70 do século XX, passou a admitir a cláusula desde que entre profissionais de mesma especialidade.[640]

A nosso ver, essa restrição, como uma regra geral, aplicável a qualquer caso, não deveria prevalecer, seja na França ou no Brasil. A identificação de uma mesma especialidade pode ser bastante problemática. Em muitos casos, o comprador poderá ser empresa sofisticada e que, embora não atue na mesma especialidade do fornecedor do equipamento, detenha conhecimento técnico suficiente ou mesmo superior para avaliar os riscos. Aliás, é muito comum que empresas mantenham departamento de engenharia que especifica tecnicamente o produto a ser adquirido, cabendo ao vendedor tão somente fabricá-lo conforme determinações do comprador.

---

can thus avoid being subject to French law" (NEBBIA, Paolisa. *Unfair contract terms in European Law*, p. 17).

640 VINEY, Geneviève; JOURDAIN, Patrice. *Les effets de la responsabilité*, p. 384.

Ademais, o intérprete poderá valer-se de outros instrumentos disponíveis na teoria geral das obrigações que assegurem o equilíbrio entre as partes, como aplicação das cláusulas gerais de boa-fé objetiva, função social do contrato e equilíbrio entre as prestações. Não nos se afigura que a eventual hipossuficiência técnica, conceito próprio à proteção do consumidor, possa ser transposta para as relações empresariais sem que o intérprete a adapte ou a condicione para o novo contexto. Caso contrário, recairíamos no *consumerismo* referido por Paula Forgioni, com o perigo de dar proteção a quem não necessita e de interferir no equilíbrio efetivo de uma operação comercial cujos riscos tenham sido devidamente avaliados pelas partes e refletido no preço. A interferência judicial, nesse caso, poderia ser elemento perturbador do equilíbrio refletido nas condições pactuadas entre os empresários com liberdade.

De qualquer maneira, como exemplo inverso, já que a doutrina francesa não é seguida por outros países europeus, o caso da *Alston v. Sulzer* evidencia o que afirmamos há pouco, ou seja, que a interpretação do contrato precisa atentar para o contexto e as partes envolvidas na relação. Ademais, havendo livre consentimento e inexistente qualquer causa de nulidade ou de onerosidade superveniente, o Poder Judiciário não deve adotar atitude paternalista para a correção de erros cometidos pelos empresários, pois estratégias equivocadas fazem parte do jogo do mercado, que premia a eficiência daqueles que erram menos e mantém o sistema concorrencial.[641]

---

641 "Um terceiro aspecto inerente ao funcionamento do sistema de direito comercial está relacionado ao erro do empresário. Os agentes econômicos algumas vezes adotam estratégias equivocadas, e esses enganos são previstos e desejados pelo sistema jurídico, na medida em que, diferenciando os agentes, permitem o estabelecimento do jogo concorrencial (que desembocará na 'regulação natural do egoísmo', para utilizar a lição de Jhering). Ou seja, é a diferença entre as estratégias adotadas pelos agentes econômicos e entre os resultados obtidos (uns melhores, outros piores) que dá vida a um ambiente de competição (porque

Feitas essas considerações, cabe-nos identificar algumas regras ou princípios de interpretação usualmente reconhecidos como de especial relevância para a aplicação das cláusulas de exoneração e de limitação de responsabilidade.

8.2 Interpretação estrita

A interpretação estrita é uma regra citada com recorrência pelos autores que cuidam da interpretação das cláusulas abordadas neste livro;[642] porém, a nosso ver, há confusão entre essa modalidade de interpretação e a *interpretatio contra stipulatorem* ou *contra proferentem*. Ana Prata faz da interpretação restritiva decorrência da regra *contra proferentem*, no pressuposto de que, não tendo participado da negociação do contrato, o aderente não poderia ter a exata medida da privação de direitos a que foi submetido no momento da formação do contrato, motivo pelo qual sua interpretação deveria ser sempre restrita, no sentido de "circunscrita pelos seus exactos termos, nunca se estendendo a outros aspectos da responsabilidade debitória que não sejam

---

todos buscam o prémio do maior sucesso, da adoção da estratégia mais eficiente) [...] Essa verificação tem efeitos práticos relevantes para o direito. Se não considerarmos que uma empresa pode ter adotado uma estratégia equivocada, jamais entenderemos um prejuízo suportado por uma das partes na execução do negócio decorrente de sua 'alea normal' (e que, portanto, não seja derivado de alterações contextuais imprevisíveis)." (FORGIONI, Paula A. *Interpretação dos negócios empresariais*, p. 91-93.)

642 A referência à interpretação estrita pode ser encontrada já em Louis Josserand: "Les clauses de non-responsabilité sont interprétées strictement, à la lettre; on ne peut pas présumer arbitrairement que le créancier ait renoncé à l'execution indirecte du contrat pour s'en tenir à l'exécution en nature [...]" (JOSSERAND, Louis. *Cours de droit civil positif français*. Paris: Librairie du Recueil Sirey, 1933. v. II, p. 343).

os exactamente por ela referidos".[643] No Brasil semelhante ilação é feita por Joaquim Marcelo Barbosa da Silva, ao afirmar: "Na interpretação das cláusulas em exame impera a regra *contra proferentem* ou *contra stipulatorem*, que nos traz como consequência que se deve interpretar restritivamente as cláusulas exoneratórias".[644]

Essa decorrência afigura-se inexata pela simples razão de que uma cláusula de exoneração ou de limitação de responsabilidade poderá ser livre e exaustivamente negociada entre duas empresas e, ainda assim, a interpretação será estrita. Mais uma vez, o tratamento da questão é feito no pressuposto de que há uma parte mais fraca ou que essas cláusulas devam ser sempre interpretadas com um viés de protecionismo consumerista.

Não obstante as ponderações apresentadas aqui, a interpretação estrita deve ser tomada como guia para o intérprete e aplicador do direito por duas razões: as cláusulas *excepcionam o regime geral da responsabilidade civil* e representam *renúncia ao direito à indenização integral.*

Sendo uma exceção, a cláusula não poderá ser interpretada de maneira a estender seus efeitos para hipóteses ou circunstâncias que não tenham sido nela consignadas de modo expresso. Da mesma forma, tratando-se de renúncia, esta deve ser interpretada de maneira estrita, tal como estabelecido no artigo 114 do Código Civil brasileiro. Esse é o entendimento de José de Aguiar Dias, dado que referidas cláusulas representam "derrogação do direito comum".[645] Geneviève Viney e

643 PRATA, Ana. *Cláusulas de exclusão e limitação da responsabilidade contratual*, p. 355.

644 SILVA, Joaquim Marcelo Barbosa da. As cláusulas excludentes e limitadoras da responsabilidade contratual. Caso fortuito e força maior. *Revista de Direito Privado*, São Paulo, ano 2, abr.-jun. 2001, p. 102.

645 AGUIAR DIAS, José de. *Cláusula de não-indenizar*, p. 156.

Patrice Jourdain noticiam igual entendimento da doutrina francesa, uma vez que as cláusulas tenham por objeto afastar a aplicação das regras ordinárias da responsabilidade contratual.[646] Henri Lalou, em doutrina mais antiga, dá a mesma justificativa, ponderando que "*etant dèrogatoire au droit commun une clause d'irresponsabilité doit être interprétée restrictivament*".[647] Segundo Paul Durant, o rigor da interpretação deve observar as pessoas contra as quais possa ser invocada a cláusula, os fatos que ela visa cobrir e o objeto do contrato.[648] Os autores, entretanto, ressaltam que essa não é posição unânime, podendo-se encontrar decisões que admitem interpretação mais ampla em função de usos comerciais aplicáveis aos contratos firmados entre profissionais,[649] o que somente reforça nossa preocupação externada em contextualizar a aplicação das cláusulas em face de sua finalidade.

Esse princípio também tem aplicação na Alemanha, como informa Joachim Schmidt-Salzer: "*Une interprétation restrictive validante (geltungserhaltende Auslegung) de clauses trop vaguement formulées est donc inadmissible*". Cláusulas muito genéricas ou amplas poderão ser consideradas nulas, como expressões do tipo "toda responsabilidade é excluída" ou "toda responsabilidade por negligência é excluída". A cláusula deverá, ainda, indicar o grau de culpa que se exclui. Referidas

---

646 "Etant donné que les clauses restrictives de responsabilité ont pour objet d'ecarter les règles ordinaires de la responsabilité contractuelle — e par conséquent le régime de droit commun du contrat –, il semble tout à fait naturel de les interpréter de façon étroite." (VINEY, Geneviève; JOURDAIN, Patrice. *Les effets de la responsabilité*, p. 429.)

647 LALOU, Henri. *Traité pratique de la responsabilité civile*, 50. ed. Paris: Librairie Dalloz, 1955. p. 428.

648 DURANT, Paul. *Des conventions d'irresponsabilité*. Paris: Librairie des Juris-Classeurs, 1932. p. 47-48.

649 VINEY, Geneviève; JOURDAIN, Patrice, *op. cit.*, p. 429.

regras foram desenvolvidas, segundo o autor, para que o conteúdo da cláusula possa ser apreendido do próprio texto, ficando o intérprete adstrito a uma interpretação restritiva que não pode alcançar o que não decorra imediatamente do texto.[650]

A interpretação estrita tem sido, igualmente, adotada pelos países de tradição da *common law*. David Yates cita inúmeros casos, nos quais fica evidente que as cláusulas de limitação e de exoneração de responsabilidade deverão cobrir exatamente a responsabilidade que pretendem excluir. Fundado em precedentes, cita alguns exemplos, como o de uma cláusula excluindo responsabilidade por vícios ocultos que não poderá ser interpretada para excluir, igualmente, a responsabilidade por *fitness por purpose* (adequação do bem à finalidade esperada pelo comprador)[651]. Exemplo ainda mais claro de *strict intepretation* pode ser observado na questão de cumulação de responsabilidade contratual e extracontratual. Em *White v. John Warwick & Co.*, o autor comprou uma bicicleta e, tendo em vista um acidente resultante de defeito no selim, acionou o fornecedor pleiteando danos alternativamente por quebra do contrato e por *negligence*. Diante da cláusula de exclusão de

---

650 Vale reproduzir o texto integral apresentado em colóquio europeu sobre o tema, sob a direção de Jacques Ghestin: "Une autre règle d'interpretation dit que les clauses trop largement formulées sont nulles et non pás seulement réductibles. Une interprétation restrictive validante (*geltungserhaltende Auslegung*) de clauses trop vaguement formulées est donc inadmissible. Est nulle par example une clause d'exoneración 'toute responsabilité est exclue'. Est nulle de meme une clause 'toute resonsabilité pour negligence est exclue'. Les degres de négligence et le préposés concernés doivent être expressément mentionnés. Les tribunaux ont développé cette règle d'interpretation pour assurer que celui qui essaie de s'informer de portée des clauses puísse s'en rendre compte par le texte même. Cette règle d'interpretation a une portée pratique de tout premier ordre" (SCHMIDT-SALZER, Joachim. Droit allemand. In: GHESTIN, Jacques (Dir.). *Les clauses limitatives ou exonératoires de responsabilité en Europe*, p. 63).

651 YATES, David. *Exclusion clauses in contracts*, p. 133.

responsabilidade, a Corte entendeu que, não havendo menção expressa, a cláusula somente protegeria o réu para o caso de responsabilidade contratual — entendida como quebra da promessa feita —, podendo a vítima pleitear o ressarcimento dos danos com fundamento na responsabilidade extracontratual.[652] As Cortes inglesas têm admitido, no entanto, a extensão para a responsabilidade por *negligence*, quando das circunstâncias negociais decorre que a responsabilidade por *tort* seria a única razão para a existência da cláusula, tal como noticiado também por Ana Prata.[653]

Como destaca David Yates, algumas expressões, embora genéricas, deixam evidente a clara intenção das partes em excluir também a responsabilidade extracontratual, como, por exemplo, "will not be liable for any damage howsoever caused" ("não será responsável por danos seja por que razões causados"), "will not in any circumstances be responsible" ("não será em qualquer circunstância responsável"), ou "shall not be indemnified against all claims and demands whatsoever" ("não será indenizado contra todos e quaisquer pleitos e demandas seja quais forem"). Porém, como assinala o autor, essas expressões são ilustrativas e, em especial em contratos por adesão, prevalece a interpretação estrita[654].

No Brasil, José de Aguiar Dias, a nosso ver com maestria, entende que expressões genéricas não conduzem, necessariamente, à nulidade integral da cláusula e que cabe "ao juiz distinguir, nela, a estipulação lícita da ilícita, validando a primeira parte e considerando inoperante a segunda".[655]

652 *Ibidem*, p. 144.

653 PRATA, Ana. *Cláusulas de exclusão e limitação da responsabilidade contractual*, p. 248.

654 YATES, David, *op. cit.*, p. 145.

655 AGUIAR DIAS, José de. *Cláusula de não-indenizar*, p. 158.

Outro aspecto interessante nas relações entre profissionais — seguindo a mesma direção apontada por Geneviève Viney e Patrice Jourdain — é o de que há certa flexibilidade na aplicação restrita da cláusula quando caracterizado o que se costuma designar como *course of dealing*. Embora não tenha o mesmo sentido de usos e costumes comerciais, a aceitação das cláusulas de exoneração e de limitação de responsabilidade poderá ser definida por prática comercial reiterada. Nesse caso, a exemplo do adotado na França, poder-se-á admitir a aplicação das cláusulas, mesmo quando não previstas expressamente ou além do seu sentido literal.[656] O UCC define *course of dealing* como "uma sequência de condutas prévias entre as partes em um tipo particular de transação que é justo considerar como estabelecendo uma base comum de entendimento para interpretar suas expressões e condutas".[657]

Richard Lawson cita caso interessante — o *British Crane Hire Corp v. Ipswich Plant Hire* — ocorrido entre empresas atuantes na área de terraplenagem. Dada a urgência, as partes, pelo telefone, firmaram contrato para locação de equipamentos; posteriormente, uma das partes imprimiu as condições gerais e enviou à outra parte, sem que tal documento viesse a ser assinado. A Corte, então, diante do argumento do *course of dealing*, examinou operações prévias entre ambas as litigantes, verificando-se a existência de duas outras operações anteriores, nas quais haviam adotado as condições gerais que incluíam as cláusulas de limitação de responsabilidade. A Corte manifestou dúvidas quanto à caracterização de *course of dealing* com apenas duas operações, porém,

---

656 VINEY, Geneviève; JOURDAIN, Patrice. *Les effet de la responsabilité*, p. 429.

657 O texto original tem a seguinte redação: "a sequence of previous conduct between the parties to a particular transaction which is fairly to be regarded as establishing a common basis of understanding for interpreting their expression and conduct" (UCC-1-205).

as provas evidenciaram que as partes tinham em mente as condições já praticadas antes, quando, ao confirmar o pedido, verificou-se o seguinte diálogo: "*we will supply it on our usual conditions*" e a outra parte respondeu: "*of course, that is quite understood*".[658,659] Isso demonstra dois aspectos importantes: relevância da prática reiterada (*course of dealing*) e do comportamento das partes, do qual poderá decorrer a aceitação tácita da cláusula.

Essa posição pode ser, igualmente, aplicada sob o ordenamento brasileiro, pois o artigo 113 do Código Civil brasileiro estipula que os negócios jurídicos devem ser interpretados conforme a boa-fé e os usos do lugar de sua celebração, reconhecendo-se que as práticas usuais podem ser fonte de direitos e obrigações. Vê-se, portanto, que a interpretação estrita poderá ser moderada, quando, na relação entre profissionais, têm lugar as práticas de mercado ou as práticas havidas, anteriormente, entre as partes.

Antes de passarmos à análise de outras regras de interpretação, cabe-nos analisar um aspecto apontado por José de Aguiar Dias: tratando-se de renúncia, esta poderá ser onerosa ou gratuita. No que se refere às cláusulas em exame, é razoável supor que sua inclusão poderá corresponder a um desconto sobre o preço — embora a contraprestação, como já mencionado, não seja requisito de validade da cláusula. Haveria, portanto, contrapartida evidentemente associada à aceitação da cláusula. Nesse caso, José de Aguiar Dias tem razão ao alertar que a interpretação deverá ser consistente com a economia do negócio. De acordo com o autor, "[a] renúncia gratuita interpreta-se a favor do renunciante, entendendo-se que atinge a menor soma de direitos. Na

658 LAWSON, Richard. *Exclusion clauses*, p. 23.

659 Vale a pena traduzir o diálogo: Fornecedor — "vamos fornecer de acordo com nossas condições usuais"; Comprador — "Claro, isso está bem entendido".

renúncia onerosa, prevalecem as regras de interpretação próprias dos contratos sinalagmáticos".[660]

Aqui, novamente, aplica-se o conceito do "*ponto de relevância hermenêutica*", pois, entre a renúncia gratuita e a onerosa, temos dois centros de gravidade da interpretação. De um lado, na renúncia gratuita, deve ser protegido o interesse do renunciante, para que a renúncia não tenha efeito maior do que aquele pretendido pelas partes; de outro, na renúncia onerosa, o intérprete, mesmo aplicando interpretação estrita pelas razões aqui apontadas, deverá buscar o equilíbrio entre as condições contratuais, pois as partes, nesse caso, teriam avaliado os efeitos e os riscos da aplicação da cláusula no momento da fixação do preço e demais condições.

O intérprete, portanto, deverá buscar a aplicação que melhor reflita o equilíbrio entre prestações e demais condições contratuais, tal como proposto por José de Aguiar Dias. No mesmo sentido, Manuel García Amigo anota que, segundo o direito espanhol, permite-se fundamentar uma interpretação restritiva das convenções de irresponsabilidade a favor do prejudicado, sem prejuízo de maior reciprocidade de interesses.[661] Aliás, em face das condições de favorecimento da cláusula ao devedor, a interpretação restritiva servirá, exatamente, de ponto de equilíbrio, como pondera com precisão o autor:

> "[...] la mayoría de los contratos en que se estipulan cláusulas de irresponsabilidad son contratos onerosos, y en ellos la mayor reciprocidad de intereses se traduce en una intepretación restrictiva de tales

---

660 AGUIAR DIAS, José de. *Cláusula de não-indenizar*, p. 156.

661 "Resumiendo, podemos concluir que, al menos en principio, el artículo 1.289, 1º, permite fundamentar una interpretación restrictiva de las convenciones de irresponsabilidad a favor del perjudicado y en pro de la mayor reciprocidad de intereses." (GARCIA AMIGO, Manuel. *Cláusulas limitativas de la responsabilidad contractual*, p. 251.)

> cláusulas, ya que estas normalmente tienen la finalidad de inclinar la balanza contractual del lado del favorecido con ellas".[662]

Em síntese, considerando-se o aspecto excepcional das cláusulas em relação ao regime geral da responsabilidade civil e sua configuração em renúncia de direitos, deve ser adotada a interpretação restritiva, podendo sua incidência ser alargada em razão de usos e costumes, de práticas anteriores entre as partes, ou do caráter oneroso da cláusula, hipótese em que a interpretação restritiva deverá ser temperada com a busca do equilíbrio próprio de convenções livremente pactuadas.

8.3 Interpretação *contra proferentem*

Essa é uma regra de interpretação apontada por unanimidade pelos autores, muitas vezes confundida com a interpretação estrita, como salientado há pouco. Justifica-se sua aplicação uma vez que, em rigor, as cláusulas de irresponsabilidade são redigidas pelo fornecedor, ainda que em contratos pactuados com liberdade. Isso porque, sendo cláusula em benefício do devedor, é por ele, em geral, elaborada. Nos contratos por adesão, essa regra de interpretação tem sido plenamente admitida pela doutrina e pela jurisprudência. No Brasil, a regra da *interpretatio contra proferentem* alçou condição de regra legal de interpretação, nos termos do artigo 423 do Código Civil brasileiro.

Temos, mais uma vez, a incidência de regra que toma como pressuposto que tais cláusulas estarão sempre dispostas em contratos por adesão. Entendemos, no entanto, que a regra *contra proferentem*, quanto às cláusulas de limitação e de exoneração de responsabilidade,

---

662 GARCIA AMIGO, Manuel. *Cláusulas limitativas de la responsabilidad contractual*, p. 250.

têm sentido mais largo do que nos contratos de adesão. Em se tratando de regra excepcional, fora do regime geral da responsabilidade civil, a interpretação *contra proferentem* deve adquirir novo contorno, não apenas aplicável aos contratos de adesão, mas sempre que tal cláusula seja redigida, exclusivamente, por uma das partes. Adela Serra Rodríguez menciona a lei de 19 de julio de 1984, cuja disposição deixa claro que "*l*as dudas en la interpretación se resolverán en contra de quien las haya redactado, prevaleciendo las cláusulas particulares sobre las generales, siempre que aquéllas sean más beneficiosas".[663] A regra não se aplica, exclusivamente, aos contratos de adesão, mas sempre que seja possível identificar-se o autor da cláusula. Para Richard Lawson, o principal efeito da regra *contra stipulatorem* é o de que uma parte, desejando afastar as consequências ordinárias decorrentes da lei, deverá fazê-lo em termos claros, ou seja, "*an ambiguous clause is no protecion*".[664] Idêntica conclusão é mencionada por Paulina Nebbia ao alertar que, se as condições são obscuramente redigidas, deverão ser interpretadas contra aquele que a propôs, *normalmente o vendedor.*[665]

---

663 RODRIGUEZ, Adela Serra. *Cláusulas abusivas en la contratación: En especial, las cláusulas limitativas de responsabilidad*, p. 30.

664 LAWSON, Richard. *Exclusion clause and unfair contract terms*, p. 32.

665 NEBBIA, Paolisa. *Unfair contract terms in European Law*, p. 25. Ainda nesse, podemos citar António Pinto Monteiro, ao ensinar que, "na dúvida, as condições gerais devem interpretar-se contra o predisponente: *in dubio contra stipulatorem*. O que levou os tribunais, em vários casos, a considerarem com excessiva facilidade certas cláusulas com sentido duvidoso a fim de as interpretar em termos equitativos, favoráveis ao aderente. É ainda habitual afirmar-se, por último, que as disposições gerais de contratos — *máxime* as cláusulas de irresponsabilidade — poderão interpretar-se *restritivamente*, por forma a atenuar o seu alcance em ordem á proteção do aderente" (MONTEIRO, António Pinto. *Cláusulas limitativas e de exclusão de responsabilidade civil*, p. 356-357).

Embora as cláusulas em comento sejam inseridas pelo devedor, não é incomum a elaboração de cláusulas pelo próprio credor. Em contratos regulados ou celebrados com empresas públicas ou de economia mista, a inclusão de cláusulas convencionais de responsabilidade ocorre com certa frequência. Algumas minutas de contratos anexas a editais de licitação passaram a incluir cláusulas de limitação de responsabilidade, como, por exemplo, em minutas padrão da Petrobras para atrair maior número de licitantes, especialmente em concorrências internacionais em que a limitação de responsabilidade é condição padrão. Nesse caso, poderíamos nos perguntar se a cláusula deveria ser interpretada *contra proferentem*, o que resultaria em interpretação extensiva, ou se deveria ser mantida a interpretação restritiva. Entendemos que deverá ser mantida esta última e a razão é simples. No caso de renúncia, a cláusula deverá ser, sempre, interpretada restritivamente. A renúncia poderá ser bilateral ou unilateral, no sentido de que exista ou não contrapartida. Se houver contrapartida, o intérprete deverá buscar o equilíbrio das prestações, porém mantida a interpretação restritiva, como observado aqui. Na hipótese de ser unilateral a renúncia, como nos editais de licitação, maior deverá ser o cuidado em restringir a extensão da renúncia para não atingir hipóteses não contempladas pelo renunciante, seja ele aderente ou predisponente.

Essa possibilidade de redação da cláusula pelo credor evidencia que a interpretação restritiva não se confunde com a interpretação *contra proferentem*. Uma cláusula poderá ser redigida pelo credor e interpretada em seu favor, sem qualquer consideração à regra *contra stipulatorem*. A interpretação restritiva, nesse caso, não decorrerá da regra *contra proferentem*, mas da proteção à parte que renunciou a um direito e a um regime comum de responsabilidade civil.

8.4 Princípio da transparência

O princípio da transparência permeia todos os ordenamentos jurídicos, embora tenha se desenvolvido sob essa denominação pelos tribunais alemães, em especial nas relações de consumo.[666] De acordo com Joachim Schmidt-Salzer, a hipótese visada pelas partes e o modo de aplicação da cláusula devem emanar do próprio texto da cláusula.[667] Disso resulta que um dos atributos da cláusula deve ser a clareza, ao mesmo tempo evidenciando que a cláusula foi dada ao conhecimento da parte que renuncia à indenização. O "*racional*" dessa regra está presente no fato de que ninguém, naturalmente, aceitaria suportar dano causado por outrem, com negligência, sem que tivesse acordado expressamente com tal condição. Não se pode presumir, portanto, a aceitação desta regra, razão pela qual é indispensável deixar claro que a limitação ou a exoneração de responsabilidade foi efetivamente aceita pelo credor.

Essa regra de interpretação está intimamente relacionada à regra de interpretação estrita. Cláusulas de limitação ou de exoneração de responsabilidade tendem a ser complexas e a utilizar linguagem sofisticada, não acessível ao contratante leigo. É muito comum encontrarmos contratos confundindo danos diretos com danos emergentes e lucros cessantes com danos indiretos.

---

666 REICH, Norbert. La transparence des clauses limitatives dans le droit allemand. In: GHESTIN, Jacques (Dir.). *Les clauses limitatives ou exonératoires de responsabilité en Europe*, p. 77 e ss.

667 "En effet, la jurisprudence a développé nombre de régles spéciales d'interprétation qui, en définitive, visent toutes à restreindre au possible la portée des clauses de conditions générales. L'une des plus importantes règles à cet égard est celle suivant laquelle le cas vises et leur mode de résolution doivent ressortir du texte même de la clause (règle dite de transparence)." (SCHMIDT-SALZER, Joachim. Droit allemand. In: GHESTIN, Jacques (Dir.), *op. cit.*, p. 63.)

O artigo 403 do Código Civil brasileiro, disposição equivalente à do Código de Napoleão, faz referência a danos direta e imediatamente causados da inexecução do contrato. Ora, essa modalidade de danos pode ter natureza de danos emergentes ou de lucros cessantes, inexistindo identificação necessária entre *danos indiretos* e lucros cessantes. Lucros cessantes podem ser direta e imediatamente causados da inexecução do contrato, o que, em linguagem contratual, poderia ser definido como danos diretos.

Robert Pothier — autor do texto que deu origem ao artigo do Código de Napoleão —, para explicar a regra, exemplifica com o célebre caso da vaca contaminada.[668] Um pecuarista vende gado que sabidamente estava contaminado. Disso resulta que o comprador perde o animal adquirido e as demais vacas de seu rebanho, contaminadas pela vaca adquirida. Além disso, perde os rendimentos do leite contaminado. Para Pothier, a perda das vacas — danos emergentes — e o faturamento perdido pelo leite não vendido são resultantes direta e imediatamente da inexecução do contrato — cumprimento imperfeito. Na linguagem utilizada nos contratos atuais, poderíamos descrever essas perdas como danos diretos. Porém, o mesmo comprador poderia utilizar-se dos animais para aragem do pasto para cultura agrícola. Nesse caso, o vendedor, mesmo tendo conhecimento da contaminação — agindo em dolo —, não poderia prever os efeitos indiretos de seu comportamento. Por essa razão, segundo Pothier, o vendedor não poderia ser responsabilizado pelos danos não direta e imediatamente causados de sua inexecução.

Essa é uma solução equivalente ao famigerado caso *Hadley v. Baxendale* da tradição da *common law*. O transportador atrasou-se na entrega de equipamento necessário ao funcionamento de uma usina.

---

668 POTHIER, Robert. *Tratado das obrigações*. Trad. Adrian Sotero de Witt Batista e Douglas Dias Ferreira. Campinas: Servanda, 2001. p. 148.

A parte lesada pleiteou o ressarcimento pelos lucros cessantes. A Corte entendeu que a regra deveria tomar em consideração o que as partes, ao celebrar o contrato, teriam previsto como justo e razoável efeito da quebra do contrato. A decisão considera, por exemplo, a hipótese de que o autor tivesse outro equipamento sobressalente, o que seria normal para um empresário. Por esse motivo, a decisão partiu do pressuposto que a perda de receita não teria sido considerada pelo transportador como um dano ressarcível, de maneira justa e razoável, pela quebra do contrato.[669] A perda de receita, nesse caso, seria categorizada como dano indiretamente causado para o mesmo efeito previsto por Robert Pothier.

Os clássicos exemplos apontados servem para demonstrar que os conceitos de danos diretos ou indiretos, consequentes, punitivos etc, têm características próprias e são consideravelmente sofisticados para que possam ser interpretados por um leigo. Logo, tratando-se de cláusula que impõe renúncia a direitos, sua linguagem deverá ser a mais clara possível — regra da transparência —, não deixando margem a dúvidas quanto ao real interesse comum das partes no momento da contratação. Isso tem relevância no momento da confecção do contrato e, em particular, no momento da interpretação, pois o juiz, a fim de assegurar-se que a cláusula tenha sido aceita pelo credor, deverá examinar se o seu sentido e extensão eram compreensíveis às partes envolvidas.

No Brasil, o mesmo é verdadeiro, exigindo das partes clareza e objetividade na redação dos contratos. Em caso julgado pelo Tribunal de Alçada Civil de São Paulo, a propósito de contrato de seguro de automóvel, o acórdão assim se manifesta:

---

669 Texto apresentado em FARNSWORTH, Alan; YOUNG, William F. *Contracts, cases and materials*. 5. ed. Westbury, NY: The Foundation Press, 1995. p. 534-539.

> "[...] a redação é tão confusa, fruto apenas do intuito da seguradora — infelizmente, tão encontradiço nos dias atuais — de estabelecer cláusulas que enredem o segurado, de tal forma que sempre haverá algum argumento, por mais cerebrino e distante, que impeça a indenização. Observe-se a absoluta falta de clareza do contrato, que, em um primeiro momento, colhe do segurado a resposta de que, se o veículo estiver sendo dirigido por menor de 24 anos, não haverá cobertura, para, em seguida, dizer que não haverá cobertura se ficar comprovado que o menor de 24 anos utiliza o veículo por tempo superior a 15% do tempo da semana."[670]

A regra da transparência também nos obriga a deixar claro que a cláusula integra um regramento contratual e não apenas mero aviso. Essa regra tem efeitos práticos muito evidentes. Por exemplo, um aviso em estacionamento não poderá ser tomado como integrante de um regramento contratual, da mesma forma que textos impressos em um simples *ticket* ou prospecto não terão qualquer efeito obrigacional. O exemplo usual dessa hipótese diz respeito às placas inseridas nas portas de quartos de hotéis excluindo a responsabilidade por roubo de objetos deixados no quarto. Nos contratos de hospedagem, o contrato formava-se no *check in*, sendo inadmissível a inclusão de cláusulas não declaradas ao consumidor no momento da formação.

O mesmo princípio poderá ser aplicado às relações entre profissionais. Isso é, especialmente, relevante porque tem sido cada vez mais comum a contratação mediante "carta de intenções", ou documentos equivalentes, enviando-se, em seguida, as condições gerais de contrato com cláusulas não previstas no primeiro documento. Ora, embora não contenha todo o regramento contratual, uma carta de intenções poderá ser suficiente para gerar uma relação contratual, desde que apresente os elementos necessários para o aperfeiçoamento de determinado tipo

---

670 *REVISTA DOS Tribunais*, São Paulo, 833/24, 2005.

de negócio. Dessa maneira, a parte chamada a discutir ou a aderir às condições gerais de contrato poderá rejeitar a negociação ou aplicação de tal regramento pelos mesmos fundamentos pelos quais não poderiam ser aceitas as advertências nas portas de hotéis. Formado o contrato, as regras aqui apontadas não poderiam ser impostas a *posteriori* pela outra parte, tendo em vista que, pelo princípio da transparência, todas as condições restritivas de direitos deveriam ter sido consideradas pelas partes no momento da formação do contrato.

Embora não tenhamos encontrado jurisprudência em matéria de contratos entre empresas, esse princípio pode ser verificado em relação de consumo com empresa de plano de assistência médica. Em determinado contrato constou cláusula excluindo os exames "que não constem da nova tabela de honorários médicos", não tendo se comprovado a entrega ao contratante da referida tabela e sendo a cláusula elaborada "sem destaque e redigido de forma complexa e de difícil compreensão".[671]

De qualquer forma, o dilema entre simplicidade e complexidade não é tão trivial, pois a linguagem técnica dos juristas e advogados busca a precisão e prevenção da ambiguidade, o que nem sempre pode ser atingido por uma linguagem leiga que, na tentativa de alcançar o homem médio, acaba por afastar-se de conceitos já sedimentados na linguagem e doutrina jurídica. Nem sempre o simples aplicado ao complexo trará o melhor resultado, nem tão pouco o complexo aplicado ao simples permitirá a solução mais eficiente.

8.5 *Interpreting out* e *repugnancy rule*

Nos países de tradição da *common law* desenvolveu-se uma forma, designada por Gyula Eörsi como "arma" radical de interpretação, pela

671 *REVISTA DOS Tribunais* 821/376, 2004.

qual as cláusulas de exoneração de responsabilidade seriam tomadas pelas Cortes como não integrantes do regramento contratual. Cláusulas tão inesperadas que poderiam eliminar a finalidade principal do contrato, motivo pelo qual o intérprete poderia assumir que sobre elas não teria havido acordo.[672]

Como expressa David Yates, esse artifício de interpretação permite à Corte desconsiderar — como não escrita — a cláusula de exoneração de responsabilidade sob o fundamento de que elas são "*repugnant to the main purpose of the contract*"[673] (repugnantes ao principal propósito do contrato). O autor cita um caso pelo qual o transportador teria liberadas suas responsabilidades pela entrega da mercadoria no desembarque, porém, a *bill of ladding* também estipulava que ela seria entregue sob instruções do vendedor. Os agentes do transportador, no entanto, liberaram a mercadoria ao comprador, que deixou de pagá-las. O transportador alegava que sua responsabilidade teria cessado com o desembarque e, portanto, não poderia responder pelos prejuízos do vendedor. A questão a ser colocada é a seguinte: ao redigir a cláusula, as partes teriam concebido a isenção de responsabilidade para o transportador nesse caso específico de entrega da mercadoria ao comprador? A Corte respondeu: "*of course not*"[674]. Dar tal interpretação seria como admitir que o transportador pudesse liberar-se mediante simples desembarque, entregando a mercadoria a qualquer um[675].

---

672 EÖRSI, Gyula. The validity of clauses excluding or limiting lilability. *American Journal of Comparative Law*, n. 23, p. 215-235, 1975.

673 YATES, David. *Exclusion clauses in contracts*, p. 139.

674 *Ibidem*, p. 140.

675 *Ibidem*, *loc. cit.*

Ana Prata também menciona a regra da *interpreting out*, relacionando-a à *repugnancy rule*,[676] doutrina "segundo a qual a cláusula exoneratória tem de ser rejeitada — ou ao menos, limitada ou modificada na extensão necessária — para a tornar compatível com o *main purpose* do contrato".[677]

Gyula Eörsi indica três expressões da técnica *interpreting out*. A primeira refere-se ao *main purpose of the contract*, conforme explicado. A segunda ocorre quando é dado à cláusula de exoneração outro sentido, como, por exemplo, o atributo de mero aviso escrito em recibo, sem que a parte consinta com uma cláusula contratual propriamente dita. A terceira manifestação do *interpreting out* surge quando uma parte tem fundadas razões para acreditar que o contrato não contenha determinada cláusula e, por consequência, esta deixa de fazer parte do acordo.[678]

Exemplo interessante da última hipótese é citado por Joseph M. Perillo. Em *Weaver v. American Oil Co.*,[679] as partes — um posto de gasolina e uma empresa distribuidora de combustível — firmaram contrato contendo cláusula estipulando que *o locatário deveria indenizar os danos sofridos pela locadora, mesmo na hipótese de negligência da própria locadora*. O contrato fora assinado pelo locatário, sem que ele

---

676 "Este o resultado obtido em numerosas decisões dos tribunais ingleses com o seguinte pressuposto de raciocínio: sempre que a consideração e interpretação do contrato na sua globalidade conduzam à conclusão de que a *exemption clause* nele inserta, se aplicada, levaria à destruição do objectivo essencial do contrato, ela deve ser rejeitada. O fundamento desse raciocínio encontra-se na *doctrine of repugnancy* [...]." (PRATA, Ana. *Cláusulas de exclusão e limitação da responsabilidade contratual*, p. 358)

677 *Ibidem, loc. cit.*

678 EÖRSI, Gyula. *The validity of clauses excluding or limiting lilability*, p. 7.

679 *Weaver v. American Oil CO*, 261 N.E2d 99 (Ind. App. 1 Div1970).

o tivesse lido. Embora se tratasse de contrato entre empresas, a Corte tomou em consideração o poder de barganha de cada uma das partes e declarou que a cláusula, em si mesma, era contrária à ordem pública. A Corte, além de outros argumentos, alegou que inexistia o consentimento e, portanto, a cláusula não poderia ser tomada como integrante do acordo. O exemplo citado, portanto, define a regra, seguida por vários outros julgados, de que a validade da cláusula está condicionada à determinação de que houve o verdadeiro e voluntário consentimento da parte, sendo aplicável inclusive nas relações entre empresas, como é o caso.[680]

A nosso ver, no entanto, o *interpreting out* ou *repugancy rules*, embora doutrinas relevantes para o processo de interpretação, são temas mais afeitos à própria validade da cláusula, seja no que se refere à demonstração de existência de consentimento, seja no tocante à sua aplicação à violação de obrigação fundamental do contrato. David Yates, aliás, observa que parte da decisão do caso do transporte de mercadorias citado como exemplo cuida da teoria do *breach of fundamental term*.[681]

Como adverte Ana Prata, a inclusão da técnica *interpreting out* em sede interpretativa pode ser bastante duvidosa,[682] porém, entendemos que a questão necessita de distinção entre o *main purpose of the contract* e o *fundamental term*. Um elemento essencial é parte do

---

680 PERILLO, Joseph M. *Calamari and Perillo on contracts*. 5. ed. first reprint. Saint Paul, MN: Thompson - West, 2004. p. 399 e ss.

681 YATES, David. *Exclusion clauses in contracts*, p. 140.

682 "Outras orientações em matéria de interpretação são menos pacíficas, mas mais arrojadas: algumas têm objectivos e métodos tão ousados que será extremamente duvidosa a possibilidade de as situar ainda em sede interpretativa: assim acontece com a chamada técnica de *interpreting out*, que acaba por se reconduzir à declaração de invalidade da cláusula ou à declaração de não oponibilidade dela ao outro contratante." (PRATA, Ana. *Cláusulas de exclusão e limitação da responsabilidade contratual*, p. 358).

objeto do contrato, integra a prestação, ao passo que o *main purpose of the contract* se refere à finalidade almejada pelas partes. No caso do transporte citado, isso fica evidente. O objeto principal do contrato de transporte era a transferência segura das mercadorias de um ponto a outro, porém o destinatário desta era elemento relevante para a finalidade do contrato.

O problema concernente à aplicação das cláusulas de exoneração e de limitação de responsabilidade ao objeto da obrigação principal do contrato é examinada em mais profundidade no Capítulo 5 deste livro, porém, a nosso ver, a doutrina da *repugnancy rule*, entendida como relacionada ao *main purpose* (finalidade) e não ao *fundamental term* (objeto), será relevante para a interpretação na medida em que traz aspecto funcional (a finalidade) como elemento interpretativo. Ou seja, independentemente de a cláusula referir-se à prestação principal ou acessória, o juiz deverá tomar a finalidade do contrato como um dado para a aplicação ou rejeição (*interpreting out)* da cláusula.

Esse conceito guarda parentesco com as chamadas *cláusulas insólitas* do direito suíço, entendidas como cláusulas estranhas ao negócio. O Tribunal Federal suíço, em decisão de 1983, definiu cláusulas insólitas, afirmando que são estranhas ao negócio as disposições que modifiquem essencialmente a natureza do negócio ou o retirem por completo do quadro de determinado tipo legal. Porém, ao invés da técnica do *interpreting out*, ou seja, considerar a cláusula tão somente como não integrante do contrato, a doutrina e a jurisprudência da Suíça a mantêm, mas a submetem a controle mais restrito, seja do ponto de vista formal, seja no tocante ao seu conteúdo ou a seus critérios interpretativos.[683]

---

683 STAUDER, Bernd. Droit suisse. In: GHESTIN, Jacques (Dir.). *Les clauses limitatives ou exonératoires de responsabilité en Europe*, p. 106-109.

O exemplo citado — entre fornecedor de mercadorias e empresa transportadora — evidencia que conceitos como *repugnancy rule* ou *clause insolite* poderão servir tanto para relações de consumo quanto para contratos livremente pactuados entre as partes, aplicando-se critérios como de razoabilidade e de equilíbrio.

8.6 Regras gerais de interpretação contratual

Como observa Francesco Benatti, as cláusulas de exoneração de responsabilidade devem ser interpretadas segundo os bons costumes, a boa-fé e o equilíbrio contratual[684] — ou seja, aplicam-se a essas convenções as mesmas regras de interpretação próprias a todo negócio jurídico. Adela Serra Rodríguez acrescenta que o juiz poderá, além das regras de interpretação próprias às cláusulas de exoneração e de limitação de responsabilidade, valer-se, como forma de controle judicial, das chamadas cláusulas gerais de conteúdo indeterminado, por ela designadas como "conceitos válvula", como boa-fé, abuso de direito, ordem pública, equidade e outros.[685] Esta orientação tem sido seguida em algumas decisões, uma delas inclusive citando este parágrafo da primeira edição deste livro.[686]

O mesmo é verdadeiro no Brasil. O Código Civil contém diversos artigos que apresentam regras e princípios que servem à interpretação dos negócios jurídicos, como o artigo 112, que define a prevalência da "intenção consubstanciada nas declarações"; o artigo 113, que consagra

---

684 BENATTI, Francesco. Clausole di esonero dalla responsabilità. In: ______. *Digesto delle discipline privatistiche: Sezione civile*, p. 109.

685 RODRIGUEZ, Adela Serra. *Cláusulas abusivas en la contratación: En especial, las cláusulas limitativas de responsabilidad*, p. 31.

686 Apelação Cível nº 1022573-34.2017.8.26.0482 (TJSP), relatora: Lígia Araújo Bisogni, 24 de maio de 2021.

a boa-fé e os usos e costumes; o artigo 114, que serve de fundamento para interpretação estrita das cláusulas de exoneração e de limitação de responsabilidade; o artigo 187, que qualifica como ilícito o ato praticado em abuso de direito, contrariamente ao seu fim econômico ou social, à boa-fé e aos bons costumes; os artigos 317 e 478, que procuram preservar o equilíbrio das prestações; o artigo 421, que condiciona a liberdade de contratar em razão e nos limites da função social do contrato; e o artigo 422, que mais uma vez, em sede contratual, reafirma o princípio da boa-fé objetiva, entre outros artigos esparsos.

Ao analisar a validade das cláusulas objeto deste livro, mencionamos dois critérios apontados pelas doutrinas inglesa e alemã que dizem respeito ao equilíbrio das prestações e justiça material dos contratos (*fairness*) e a adoção da razoabilidade (*reasonableness*) como critério de admissibilidade das cláusulas. Esses critérios são de extrema relevância também como instrumentos interpretativos e podem ser deduzidos dos princípios agasalhados pelo Código Civil brasileiro, em especial da boa-fé objetiva e do equilíbrio das prestações.

Além desses princípios positivados pelo Código Civil, podemos identificar outras regras de interpretação, como a conservação dos contratos, sua interpretação sistemática, consideração das circunstâncias do caso, comportamento das partes etc. Porém, naquilo que mais nos interessa para o propósito deste livro, vamos nos deter sobre a regra contida no revogado Código Comercial que admitia a interpretação *in dubio pro debitoris* e sobre o princípio da conservação dos contratos.

8.6.1 *In dubio pro debitoris*

O devedor que deixa de cumprir sua obrigação ou a executa de modo imperfeito fica obrigado a indenizar a outra parte contratante. Torna-se, portanto, devedor de uma indenização. Assim enunciada a questão, cabe-nos indagar se a cláusula que mitiga o dever de indenizar deveria ser interpretada no sentido menos oneroso ao devedor, ou seja, mediante aplicação da vetusta regra de interpretação *in dubio pro debitoris*.

A interpretação mais favorável ao devedor constava do Código Comercial brasileiro como a última alternativa dada ao intérprete, quando, nos casos duvidosos, "que não possam resolver-se segundo as bases estabelecidas, decidir-se-á em favor do devedor" (artigo 131, 5). Esse artigo, juntamente com toda a primeira parte daquele Código, foi revogado com a edição do Código Civil de 2002.

Entendemos, no entanto, que a interpretação *in dubio pro debitoris* poderá ser aplicada, se assim resultar dos princípios da boa-fé e da equidade. Podemos encontrar, pelo menos, dois dispositivos no novo Código, além do enunciado geral de conformidade à boa-fé (artigos 113 e 422), que cuidam em específico dos efeitos do inadimplemento. O primeiro deles atribui ao juiz o poder de reduzir equitativamente a cláusula penal (artigo 413) e o segundo permite ao juiz a redução do valor da indenização no caso de excessiva desproporção entre a gravidade da culpa e do dano.

Além disso, o artigo 133 do Código Civil afirma que, nos contratos, o prazo presume-se em favor do devedor. Poder-se-ia contrapor o argumento de que, cuidando, exclusivamente, do prazo, a interpretação em favor do devedor deveria restringir-se a essa hipótese. O artigo 423, somando-se a isso, impõe a interpretação *contra proferentem* nos contratos por adesão. A esse propósito, tem razão Paula Forgioni quando assevera que a interpretação contra o estipulante é um tanto diversa da menos gravosa ao obrigado.[687] Primeiro, porque a inter-

687 "Não é demais lembrar que a interpretação contra aquele que estipula a cláusula (*interpretatio contra stipulatorem*) é um tanto diversa da menos gravosa para o obrigado. Essa distinção vem bem marcada nos artigos 1.370 e 1.371 do *Codice Civile*; enquanto o primeiro trata da 'interpretação contra o autor da cláusula',

pretação menos gravosa ao devedor poderá verificar-se em contrato negociado entre as partes, fora do contexto dos contratos por adesão. Segundo, porque, mesmo em contrato por adesão, a parte obrigada poderá ser o aderente ou o estipulante e, nesse caso, ainda que adotada a interpretação mais favorável ao aderente, a obrigação a ser executada poderá ser adimplida da maneira menos gravosa. Razão pela qual, a nosso ver, não seria incompatível a presença de ambas as regras de interpretação no mesmo ordenamento jurídico. Como anota Paula Forgioni, a interpretação a favor do devedor é "pauta de 'correção' do ordenamento mercantil" e, definindo regra específica para os contratos por adesão, não se pode pressupor que o "Código Civil tenha deixado de positivar cânone hermenêutico bastante útil ao funcionamento do sistema de direito comercial".[688]

Por sua vez, as cláusulas de limitação ou de exoneração de responsabilidade representam exceção convencional ao regime geral da responsabilidade civil, pelo qual o devedor responde na íntegra pelo dano causado em decorrência do inadimplemento contratual e o credor obriga-se a renunciar ao seu direito à indenização. Notemos que o devedor é o devedor da indenização, ao passo que o credor é aquele que efetivamente se obriga pelos termos da cláusula. Nesse sentido, poder-se-ia afirmar que o devedor perante a cláusula é justamente o credor da obrigação inadimplida. De certa maneira, a *interpretatio in dubio pro debitoris*, nesta hipótese, coincidiria em seus efeitos com a interpretação estrita e com a regra *contra proferentem*, todas elas

---

estipulando que 'as cláusulas inseridas nas condições gerais de contrato ou em modelo ou formulários elaborados por um dos contratantes, interpretam-se, na dúvida, a favor do outro, o segundo faz o contrato 'menos gravoso para o obrigado'." (FORGIONI, Paula A. *Interpretação dos negócios empresariais*, p. 140.)

688 *Ibidem*, p. 141.

tendentes a interpretar a cláusula em benefício daquele contra o qual foi criada. Ideia expressa por José de Aguiar Dias:

> "Aconselham os especialistas a interpretar a cláusula duvidosa em favor daquele que se obriga. Segundo esses, a dúvida deve, portanto, beneficiar o credor, a cargo de quem está a obrigação, na cláusula, que consiste, afinal em renúncia à reparação do dano. Consequentemente, entendem que a cláusula deve ser interpretada restritivamente, dado o seu caráter de derrogação do direito comum. Ora, neste, o devedor é responsável pela e está obrigado à reparação."[689]

O contrato poderá, por sua vez, no caso de limitação de responsabilidade, definir o modo do cumprimento do dever de indenizar. Nesse caso, o devedor será o responsável pelo pagamento da indenização e, a nosso ver, novamente, o princípio poderá ser aplicado no sentido de não tornar mais onerosa ao devedor a maneira do ressarcimento do dano sofrido pelo credor, ainda mais se considerarmos que o valor teto da indenização poderá, eventualmente, ser suficiente para a indenização integral do dano.

Tornar mais onerosa a obrigação ao devedor seria contrariar o dever de cooperação em mitigar os efeitos do dano. Embora não tenha se referido em específico ao inadimplemento, Judith Martins-Costa enumera, entre deveres decorrentes da boa-fé, a "colaboração para o correto adimplemento da obrigação principal, ao qual se liga, pela negativa, o de não dificultar o pagamento, por parte do devedor".[690] Portanto, a boa-fé é o fundamento de tal dever, conforme C. Massimo Bianca, que define a cooperação do credor como "la attivitá torna

---

689 AGUIAR DIAS, José de. *Cláusula de não-indenizar*, p. 156.

690 MARTINS-COSTA, Judith. *A boa-fé no direito privado*, p. 439.

a rendere possibile, agevolare o non aggravare la prestazione del debitore".[691]

Não há razão para que esse dever de não dificultar o pagamento deixe de ser aplicado ao pagamento da indenização pela parte inadimplente. A esse propósito, aliás, podemos tomar também o caso de "desequilíbrio no exercício jurídico" citado por António Manuel da Rocha e Menezes Cordeiro, hipótese em que a vantagem auferida pelo titular do direito impõe sacrifício desproporcional ao devedor, integrando-se, aqui, "situações como o desencadear de poderes-sanção por faltas insignificantes".[692] O autor reporta-se a disposições do Código Civil alemão pelo qual o direito do credor em não aceitar prestações incompletas pode ser restringido pela "cláusula geral do exercício inadmissível": "quando a parcelização (*sic*) do cumprimento não prejudique o credor e a recusa deste em receber uma prestação incompleta cause danos desmedidos ao devedor".[693]

Esse dever de mitigação dos efeitos do inadimplemento também pode ser observado na regra do dever de mitigar o dano (*duty to mitigate damages*), do direito americano. De acordo com essa regra, uma parte afetada pelo inadimplemento não pode, de maneira não razoável, sentar-se indolentemente e permitir o acúmulo dos danos (*unreanably sit idly by and allow damages to accumulate*). Nesse caso, a Corte não permitirá que o prejudicado seja ressarcido pelos danos que poderia ter evitado sem riscos indevidos.[694]

---

691 BIANCA, C. Massimo. *Diritto Civile: L'obbligazione*, p. 374-375.

692 CORDEIRO, António Manuel da Rocha e Menezes. *Da boa-fé no Direito Civil*. Coimbra: Almedina, 1985. v. II, p. 857.

693 , António Manuel da Rocha e Menezes. *Da boa-fé no Direito Civil*, p. 858.

694 PERILLO, Joseph M. *Calamari and Perillo on contracts*, p. 584. Esse mesmo princípio é expresso por Alan Farnsworth: "A court ordinarily will not

Por essas razões, a nosso ver, é admissível a aplicação da regra do *in dubio pro debitoris*, com o propósito de não tornar mais onerosa a obrigação do devedor ao ressarcimento do dano por ele causado, como um dos deveres de cooperação decorrentes da boa-fé objetiva.

8.6.2 Princípio da conservação dos contratos

O princípio da conservação das convenções já se encontrava presente no Direito Romano, porém sua expressão moderna deu-se pela obra de Robert Pothier,[695] que o expressou nos seguintes termos: "Quando uma cláusula é susceptível de dois sentidos, deve entender-se naquele em que ela pode ter efeito; e não naquele em que não teria efeito algum".[696] Orlando Gomes acrescenta que a regra "funda-se na razão principal de que não se deve supor que as partes tenham celebrado um contrato inutilmente e sem seriedade".[697]

Essa regra, na verdade, desdobra-se em duas. A primeira, na direção de que, entre dois sentidos possíveis de uma cláusula ambígua, deve ser adotado aquele que dê efeitos à vontade das partes, e a segunda, na de que a questão da nulidade da cláusula perante a integralidade do contrato e a sua nulidade parcial.[698] Esse critério de interpretação, no

---

compensate an injured party for loss that that party could have avoided by making efforts appropriate, in the eyes of the court, to circumstances". (FARNSWORTH. E. Allan. *Contracts*, p. 896)

695 BESSONE, Darcy. *Do contrato: Teoria geral*, p. 228.

696 Texto traduzido do *Traité des obligations* por BESSONE, Darcy, *op. cit.*, p. 228.

697 GOMES, Orlando. *Contratos*, p. 247.

698 "Il princípio di conservazione del contratto è un principio generale che trova applicazione anche in tema di nullità (n. 339) e che riguarda tutti gli atti negoziali." (BIANCA, C. Massimo. *Diritto Civile: Il contratto*. Milano: Giuffrè, 2000. p. 436.)

que diz respeito às cláusulas de exoneração e de limitação de responsabilidade, desdobra-se, por sua vez, em três questões:

(a) No caso de haver ambiguidade, deve ser dado sentido à cláusula, mesmo considerada a interpretação estrita e princípios como o da transparência?
(b) Nula a cláusula, será integralmente nulo o contrato?
(c) Uma vez válido o contrato, a nulidade de um elemento (nulidade parcial) da cláusula tem o condão de aniquilá-la inteiramente?

8.6.2.1 Princípio da conservação e a interpretação estrita

Como vimos, existem algumas "armas" poderosas para o controle das cláusulas de exoneração e de limitação de responsabilidade, como *repugnancy rule*, *insolite clause*, *cláusulas surpresa*, além de mecanismos extremos de interpretação como o *interpreting out*. Muitas dessas doutrinas partem do princípio de que a interpretação deva ser estrita e os termos da cláusula devam ser os mais claros possíveis, de tal sorte que seu sentido e extensão sejam decorrência imediata dos seus próprios termos. Assim compreendida a interpretação estrita, poderíamos, então, concluir que a cláusula não admitiria qualquer ambiguidade, determinando-se a sua nulidade toda vez que não seja possível definir as hipóteses cobertas pela isenção ou limitação da responsabilidade.

Em se tratando a interpretação estrita de uma regra específica de interpretação, prevaleceria sobre o princípio geral da conservação, aplicável a toda cláusula e a qualquer contrato.

Sobre esse ponto, Manuel García Amigo faz valiosas ponderações: (a) o juiz somente poderá valer-se do princípio de maneira subsidiária, depois que se caracterize a impossibilidade de se identificar a vontade comum das partes; (b) o princípio procura preservar efeitos ao negócio jurídico, sem definir quais sejam esses efeitos; (c) sua aplicação pressupõe declaração de vontade válida em relação a todo o contrato; (d) em se tratando de condições gerais de contrato, a preservação da cláusula, mantendo-se a restrição ou limitação, opera-se contra o aderente, diverso da regra *contra proferentem*; (e) no caso de existência de conflito entre o princípio da conservação e a regra *contra proferentem*, deve-se atribuir à cláusula o sentido mais favorável ao aderente, mantendo-se sua eficácia.[699]

Entendemos, no entanto, que, embora o autor somente tenha feito referência ao suposto conflito entre interpretação *contra proferentem* e o princípio da conservação, o mesmo raciocínio poderá ser aplicado à relação entre o princípio da conservação e a interpretação estrita. De tal sorte que, atribuído sentido à cláusula, este deverá ser aplicado de maneira estrita, tal como formulado aqui.

Ou seja, segundo Manuel García Amigo, sendo possível atribuir efeitos à cláusula, fundado no princípio da conservação dos negócios jurídicos, o sentido a ela atribuído deverá ser mais favorável ao aderente ou, com proposto no parágrafo anterior, ter seu alcance definido segundo a regra da interpretação estrita. Assim, fica afastada a suposta incompatibilidade entre a aplicação da regra da conservação dos contratos e a interpretação estrita ou a regra *contra proferentem*.

8.6.2.2 Efeitos da nulidade da cláusula sobre a validade do contrato

Pelo princípio da conservação das avenças, a nulidade de uma cláusula não deverá, necessariamente, implicar nulidade de todo o contrato. Essa

---

699 GARCIA AMIGO, Manuel. *Cláusulas limitativas de la responsabilidad contractual*, p. 246-247.

regra é a expressão do princípio de que *utile per inutile non vitiatur*, não se contaminando as cláusulas válidas pelas nulas.

No direito português, o princípio é positivado no artigo 292 do Código Civil que determina a "redução" do negócio, salvo quando se mostre que este não teria sido concluído sem a parte viciada. Em outras palavras, o negócio será preservado, salvo se o devedor provar que o negócio não teria sido realizado sem a inclusão da cláusula. Na hipótese de se tratar de interpretação do acordo, o intérprete não poderá valer-se, exclusivamente, da declaração de um dos contratantes, mas identificando a vontade comum das partes, ou, nos termos propostos por António Pinto Monteiro, "que a *vontade hipotética ou conjectural das partes*, no momento da conclusão do negócio, era no sentido da invalidação total, mostrando, pois, que as partes teriam preferido não contratar se soubessem que a cláusula exoneratória não seria válida".[700] Porém, não chegando o intérprete a uma conclusão a respeito da vontade comum e não somente a vontade daquele que pretende invalidar a cláusula, deve afirmar-se o princípio da conservação do contrato, mantendo-se válido o negócio e nula a cláusula. Essa, aliás, é a solução mais razoável, pois, se nulo fosse o negócio, teríamos o mesmo efeito da exoneração da responsabilidade que é negada pela declaração de sua nulidade. Ou, em outras palavras, "justifica-se a validade do contrato no restante conteúdo, apesar da nulidade da cláusula exoneratória, pois, a entender-se doutro modo, a sanção legal da nulidade, em benefício do credor, não faria muito sentido, acabando por aproveitar, em muitos casos ao devedor".[701]

---

700 MONTEIRO, António Pinto. *Cláusulas limitativas e de exclusão de responsabilidade civil*, p. 442.

701 *Ibidem*, p. 444.

Por consequência, não demonstrado o caráter determinante da cláusula para a conclusão do negócio, ela será totalmente ineficaz, mantendo-se o contrato sob o regime geral da responsabilidade civil aplicável aos contratos. As disposições convencionais serão substituídas pelas disposições legais próprias ao negócio jurídico.

Essa mesma regra pode ser encontrada na Espanha, como informa Adela Serra Rodríguez, mantendo-se a validade do contrato, sob determinados requisitos, sendo o principal deles a "*accidentalidad de la cláusula suprimida*", com a aplicação da nulidade fundamentada no mesmo critério da *voluntad hipotética* das partes no sentido de que o contrato não teria sido firmado sem a inclusão da cláusula. Caberá, portanto, ao intérprete, investigar os elementos essenciais de cada operação econômica. Dessa maneira, não obstante nula uma de suas cláusulas, o contrato seguirá "*cumpliendo en lo posible la función económica perseguida por las partes*".[702]

8.6.2.3 Nulidade parcial das cláusulas de exoneração e de limitação de responsabilidade

Com base em uma cláusula que admita a exoneração ou limitação de responsabilidade em caso de dolo ou de lesão à integridade física da pessoa humana, hipóteses de nulidade em quase todos os ordenamentos jurídicos, cabe-nos indagar se a mesma cláusula poderá ter efeitos para a exoneração ou limitação de responsabilidade em caso de culpa leve ou de danos tão somente materiais, hipóteses que, em rigor, são admitidas como válidas. Conforme António Pinto Monteiro, não se trata de "saber se a nulidade de uma cláusula arrasta consigo a nulidade do

702 RODRÍGUEZ, Adela Serra. *Cláusulas abusivas en la contratación: En especial, las cláusulas limitativas de responsabilidad*, p. 165 e ss.

contrato, mas de saber se a nulidade parcial de uma cláusula implica a nulidade total *dessa mesma cláusula*".[703] A resposta ao autor é negativa, e seu argumento é bastante razoável, pois, se o credor teria aceitado a exoneração ou limitação mesmo em caso de dolo, porque não a aceitaria em caso de culpa leve, nos termos da lei? "Pretender o credor o contrário, traduzir-se-ia, *em princípio*, num inadmissível *venire contra factum proprium*".[704] Na França, Geneviève Viney e Patrice Jourdain lançam a mesma questão a propósito da nulidade parcial: a cláusula perde todo seu valor ou é possível que ela produza os efeitos que a lei autoriza?[705] Os autores respondem ancorados na jurisprudência da Corte de Cassação que optou pela segunda solução, devendo o juiz, em face de cláusulas genéricas, identificar as disposições lícitas e ilícitas, validando as primeiras e tornando inoperantes aquelas contrárias à ordem pública.[706]

O mesmo se dá na Suíça, que declara nulas as cláusulas decorrentes do dolo e da culpa grave, admitindo-se a exoneração ou limitação em caso de culpa leve. Nessa hipótese, uma cláusula genérica que admitisse a exoneração ou limitação de responsabilidade em caso de dolo ou culpa grave seria declarada nula, porém não totalmente, reduzindo-se

---

703 MONTEIRO, António Pinto. *Cláusulas limitativas e de exclusão de responsabilidade contractual*, p. 446.

704 *Ibidem*, p. 446.

705 VINEY, Geneviève; JOURDAIN, Patrice. *Les effets de la responsabilité*, p. 414.

706 "Faut-il alors considérer la clause comme dénuée de toute valeur ou lui laisser produire les effets que la loi autorise? La Cour de Cassation a opté nettement en faveur de la dernière de ces deux solution. 'Attendu', *a-t- elle notamment affirmé*, 'qu'une clause de non-responsabilité n'est pas nulle, dans son integralité, par cela seul qu'elle est rédigée en termes trop généraux; qu'il appartient au juge de distinguer suivant les conséquences juridiques à en tirer, ce qu'elle avait de licite et ce qu'elle contenait d'inopérant comme contraire à l'ordre public." (*Ibidem*, p. 414.)

sua eficácia à limitação admitida pela lei, qual seja, nas situações em que há culpa leve. Assim explica Bernd Stauder: "En outre, les clauses que dérogent au droit dispositif mais que son frappées de nullité, para exemple pour un des motifs énoncés à l'art. 20 al. 1CO, seront maintenues avec un contenu réduit à la limite admissible (*geltungserhaltende Reduktion*).[707] Regra que, entretanto, não se aplicará em uma relação de consumo, hipótese em que a cláusula será substituída pelo regime geral da responsabilidade civil de reparação integral do dano, inclusive no caso de culpa leve.[708] No tocante aos contratos empresariais, entendemos que a solução é plenamente aplicável no Brasil, considerando-se a admissão das cláusulas convencionais de responsabilidade aos danos causados por culpa leve.

8.7 Regras convencionais de interpretação

Por fim, examinados os princípios positivados pelo direito ou criados pela jurisprudência e pela doutrina, temos de indagar se as partes podem definir critérios próprios de interpretação de operações econômicas específicas. Trata-se de um fenômeno designado por Geneviève Helleringer como "contractualisation du pouvoir judiciarie d'interpretation".[709] Esse fenômeno, nosso ver, está associado ao que Antonio Junqueira de Azevedo designa como mudança de paradigma "que passara da lei ao juiz, está mudando, agora, do juiz, ao caso. A

---

707 STAUDER, Bernd. Droit suisse. In: GHESTIN, Jacques (Dir.). *Les clauses limitatives ou exonératoires de responsabilité en Europe*, p. 131.

708 *Ibidem*, p. 131-132.

709 HELLERINGER, Geneviève. Quand les parties font leur loi. In: LEWKOWICZ, Gregory; XIFARAS, Mikhail (Dir.). *Repenser le contrat*. Paris: Dalloz, 2009. p. 287.

centralidade do caso — é este o eixo em torno qual gira o paradigma jurídico pós-moderno".[710]

As partes passam a colaborar com o intérprete a fim de dar a ele os instrumentos interpretativos segundo as circunstâncias do caso. Em relações comerciais, é justo presumir que as partes tenham melhor conhecimento das particularidades do negócio e do mercado em que se insere. Dessa maneira, as partes incluem no contrato definições e modos de tratamento de questões que podem não ser familiares aos juízes, buscando, assim, um valor cada vez mais perseguido pelos agentes econômicos, a segurança jurídica que lhes dê previsibilidade acerca dos efeitos de seus atos.

Geneviève Helleringer enumera alguns exemplos de como as partes podem interferir no poder de interpretação do juiz. Em primeiro passo, temos uma interferência na própria qualificação do acordo celebrado, que a autora designa como "*contractualisation de la nature de l'engagement*",[711] quando as partes definem a natureza contratual ou não do instrumento firmado, retirando a incerteza da qualificação judicial do acordo. Exemplo bastante frequente na prática negocial é a inserção de cláusulas em memorandos de entendimentos ou cartas de intenções em que se declara que o acordo não poderá ser tomado como um contrato, deixando, portanto, de ter força vinculante até que o acordo perseguido tenha efeito obrigacional entre as partes. Procuram deixar evidente que se trata de acordo preparatório sob reserva de confirmação.[712] O Caso *Pão de Açúcar v. Disco*, *leading case* brasileiro

---

710 AZEVEDO, Antonio Junqueira de. *O direito pós-moderno e a codificação*. In: ______. *Estudos e pareceres de Direito Privado*, p. 60.

711 Quand les parties font leur loi. In: LEWKOWICZ, Gregory; XIFARAS, Mikhail (Dir.). *Repenser le contrat*, p. 287.

712 *Ibidem*, p. 286-287.

em matéria de contrato preliminar, ilustra bem as incertezas de uma qualificação judicial do negócio, tendo motivado intensos debates no Supremo Tribunal Federal acerca da natureza contratual do documento firmado, que decidiu pelo seu caráter não contratual, embora as partes o tenham designado como "Contrato Preliminar para Compra e Venda de Ações".[713]

Outro modo de qualificação do negócio apontado por Geneviève Helleringer diz respeito à tipicidade, quando as partes, ao designar o contrato, o sujeitam a um regime próprio tipificado na lei. Ou ainda, de acordo com a mesma autora, refere-se ao acordo quanto aos elementos julgados essenciais pelas partes. Por exemplo, segundo o artigo 482 do Código Civil brasileiro, são elementos essenciais da compra venda o consentimento pertinente ao objeto e ao preço. As partes, no entanto, podem tornar essencial um elemento acidental, como o prazo. É muito comum encontrarmos cláusulas inseridas em contrato de compra e venda afirmando que o cumprimento do prazo é da essência do contrato, quando a entrega da mercadoria a destempo retira a eficácia econômica desse instrumento. Nesse caso, o juiz terá um guia importante de interpretação ao analisar eventual litígio pertinente à resolução do negócio.

Além da qualificação, as partes podem interferir no modo de interpretação do conteúdo do contrato e também sobre a forma de solução dos conflitos, sendo movidas por uma finalidade comum, como uma organização do "dialogue tripartite entre les parties et le juge qui permettra la résolution des différends".[714]

---

713 STF – RE 88.716-RJ – 2ª T., Rel. Min. Moreira Alves, J. 11.9.1979.

714 HELLERINGER, Geneviève. Quand les parties font leur loi. In: LEWKOWICZ, Gregory; XIFARAS, Mikhail (Dir.). *Repenser le contrat*, p. 288.

Essa atuação das partes no processo de interpretação, no entanto, tem seus limites. Decorrem, claramente, da liberdade contratual, porém não podem alterar critérios interpretativos de ordem pública. Em se tratando de relações de consumo, por exemplo, o poder de interferência encontra barreira nas disposições do próprio Código de Defesa do Consumidor, cujos termos são de ordem pública por disposição do próprio texto legislativo (artigo 1º). Em matéria contratual entre empresas, o mesmo fundamento, embora mitigado pela maior liberdade de definição do conteúdo do contrato, se mantém, não podendo as partes, por exemplo, acordar que contrato deverá ser interpretado em dissonância com os ditames da boa-fé, princípio de ordem pública etc.[715].

Ao concluir a análise das regras e instrumentos de interpretação, podemos notar que há ainda, no que tange à cláusula de limitação e de exoneração de responsabilidade, forte acento consumerista – o que é compreensível, pois essas cláusulas têm seu *habitat* nos contratos por adesão, figura criada para fazer face à contratação em massa no mercado de consumo de uma sociedade industrial. Porém, como vimos ao longo deste livro, a doutrina e a jurisprudência têm procurado encontrar os limites para a devida solução das questões contratuais surgidas entre empresas e há tendência para a discriminação entre os diversos contextos em que a cláusula é aplicada.

Caberá à doutrina e à jurisprudência definir os critérios e as linhas demarcadoras entre uma atitude adequada de proteção ao consumidor e um comportamento pouco desejável de paternalismo à inoperância empresarial. Nosso propósito foi demonstrar, neste capítulo, que a interpretação poderá ser instrumento poderoso de controle, não só do abuso da utilização de cláusulas de limitação e de exoneração

---

715 "Ainsi, la clause de directive d'interpretation qui écarterait l'intepretation de bonne foi resterait inefficace par l'effet d l'ordre public substantial." (Ibidem, p. 298.)

de responsabilidade, mas, também, do tratamento paternalístico, concedido de maneira indevida a empresas que deveriam se submeter aos riscos próprios do mercado, servindo os limites impostos, não como castigo, mas como incentivo ao aperfeiçoamento da atividade empresarial, pois a esta cabe desenvolver seus próprios mecanismos de proteção contra os riscos inerentes aos negócios.

CAPÍTULO 9

SISTEMATIZAÇÃO DA VALIDADE DAS CLÁUSULAS DE EXONERAÇÃO E DE LIMITAÇÃO DE RESPONSABILIDADE NO DIREITO ESTRANGEIRO

9.1 Os sistemas do "direito civil"

O caminho trilhado até aqui tomou em consideração, em muitos aspectos, a doutrina e a jurisprudência estrangeiras; porém, isso foi feito de modo pontual, à medida que os temas o exigiam.

Conforme examinamos, salvo a posição de Ana Prata, considerada a sua interpretação do Código Civil lusitano, a doutrina é unânime em admitir a validade da estipulação de cláusulas de limitação e de exoneração de responsabilidade nos contratos celebrados fora das relações de consumo. Mesmo nas relações de consumo, em rigor, tal como expresso na Diretiva 13/93 da Comunidade Europeia ou no *Unfair Contract Terms in Consumer Contracts Act* do direito inglês, a questão é dirigida para os contratos por adesão (*not individually negotiated*).

Em geral, as restrições à validade da cláusula são repetidas pelos autores e legislações que tratam em específico do tema: impossibilidade de convenção para as hipóteses de dolo, culpa grave ou contrária à ordem pública, sendo, neste último caso, citada a violação à integridade física da pessoa humana.

Aspecto caro a este estudo é o da restrição à convenção de não indenizar os danos decorrentes do cumprimento da obrigação principal. Sobre esse ponto, é interessante destacar a evolução da doutrina do *breach of fundamental term*, nos países de tradição da *common law*, onde a teoria deixa de ser aceita como regra de direito, no exato momento em que os países de tradição da *civil law* se voltam a ela como critério de validades das cláusulas.

Embora exista certa unanimidade acerca do tratamento da responsabilidade por ato próprio, a maior divergência se faz presente no tocante à viabilidade de exoneração ou limitação por atos de dependentes ou auxiliares.

Portanto, antes de enveredarmos nas conclusões finais, este capítulo tem por propósito sistematizar ideias, conceitos e normas pertinentes ao tema no direito estrangeiro de maneira mais organizada. A pretensão, aqui, não é proceder a uma análise comparatística, mas tão somente possibilitar ao nosso leitor uma visão um pouco mais estruturada do que foi apresentado ao longo dos capítulos anteriores.

Como referência bibliográfica relevante para essa análise, não podemos deixar de destacar a coletânea concebida sob a direção de Jacques Ghestin, que reúne textos preparados em colóquio sobre o tema ocorrido em 1990.[716] Embora transcorridas duas décadas da edição dessa obra, muito do que nela foi escrito permanece válido e aplicável nos países europeus. Outra obra relevante em matéria de direito comparado é a de Paolisa Nebbia, sobre cláusulas abusivas (*unfair contract terms*) no direito europeu.[717]

No item a seguir, apresentamos breve exame da legislação pertinente em alguns países da Europa — Alemanha, Espanha, França, Itália e Portugal.

---

716 GHESTIN, Jacques (Dir.). *Les clauses limitatives ou exonératoires de responsabilité en Europe.*

717 NEBBIA, Paolisa. *Unfair contract terms in European Law.*

9.1.1 França

A leitura dos autores europeus permite-nos observar que, embora a doutrina diligencie para sistematizar o tratamento do tema, a jurisprudência francesa revela-se hesitante e contraditória em muitos aspectos.

Primeiro, em se tratando de relações de consumo, diverso de outros países, a França não dispõe de lista clara de cláusulas abusivas. Existe, sim, uma lista, porém estabelecida por um órgão administrativo, e que serve de referência para os juízes avaliarem a abusividade da disposição.[718]

No que diz respeito à validade da cláusula de limitação e de exoneração de responsabilidade, doutrina e jurisprudência tendem a ser bastante rígidas e estritas em sua admissibilidade, mesmo em contratos fora das relações de consumo. Nas relações paritárias, negociadas com liberdade pelas partes, a jurisprudência revela certa *antipatia* em relação a esse tipo de convenção, trazendo para o campo empresarial um conceito próprio da proteção consumerista, como é o caso da hipossuficiência técnica. É, no entanto, exclusivo do direito francês o requisito de que a cláusula somente tenha validade entre empresas da mesma especialidade, conforme expresso em célebre caso envolvendo as grandes empresas Alsthom e Sulzer, examinado no Capítulo 7 deste livro.[719]

Como não há norma específica sobre o tema no Código Civil francês, a doutrina reporta-se ao fundamento de validade da convenção no princípio da autonomia privada.

Relativamente à responsabilidade por fato de terceiro, os autores e a jurisprudência tendem a aplicar os mesmos preceitos relativos aos atos próprios do devedor, embora François Chabas noticie certa vacilação

718 JOURDAIN, Patrice; VINEY, Geneviève. *Les effets de la responsabilité*, p. 365 e ss.

719 O caso é descrito em mais detalhes no capítulo sobre a interpretação.

da jurisprudência acerca da hipótese de culpa grave. São registradas decisões jurisprudenciais em sentidos contraditórios, ora admitindo, ora negando validade da exclusão ou limitação da responsabilidade por atos de auxiliares em caso de culpa grave[720].

Outra especificidade da doutrina e da jurisprudência francesas refere-se à responsabilidade extracontratual. Enquanto a maioria dos ordenamentos jurídicos e da doutrina admite a limitação e a exoneração de responsabilidade extracontratual, observadas certas condições, na França há resistência à admissibilidade, havendo entendimento majoritário de que são nulas essas convenções.

9.1.2 Alemanha

Como já referido, em se tratando de relações de consumo, a Alemanha vale-se de listas que enumeram cláusulas vetadas (lista negra) ou cláusulas sujeitas ao escrutínio judicial (lista cinza), devendo o juiz avaliar sua razoabilidade e consonância com os princípios da boa-fé. Porém, como noticia Paolisa Nebbia, a esfera de aplicação do controle dos contratos *standard* não se restringe aos consumidores, podendo ser aplicada também aos contratos empresariais.[721]

Diverso do Brasil, em que o Código de Defesa do Consumidor fulmina de nulidade as cláusulas de limitação ou de exoneração de responsabilidade, independentemente do grau de culpa, na Alemanha,

---

720 CHABAS, François. *Leçons de droit civil: Obligations, théorie générale*, p. 766.

721 "In German Law the AGB-G did not use the concept of consumer in determining its sphere of application *ratione personae*. The AGB-G was in principle applicable to all standard contract terms (in the sense of § 1), whether used in consumer or business contracts, with the exception of specific types of contracts (eg. Labour)." (NEBBIA, Paolisa. *Unfair contract terms in European Law*, p. 76.)

em se tratando de condições gerais de contrato, é vetada a exoneração ou limitação da responsabilidade pela indenização dos danos causados por culpa grave, seja dos prepostos, dirigentes ou outros auxiliares, porém, não se aplica essa restrição aos contratos empresariais. Os tribunais e a doutrina majoritária, entretanto, tendem a assimilar a regra também para as relações empresariais,[722] o que faz coincidir a restrição de cláusulas relativas ao dolo e à culpa grave com os demais ordenamentos jurídicos europeus.

A esse propósito, o artigo 276, (3), do BGB declara que o devedor não poderá liberar-se previamente da responsabilidade por ato intencional (dolo); porém, o artigo 278 afirma a responsabilidade do devedor por atos de terceiros na mesma extensão da responsabilidade por suas próprias faltas e afasta a aplicação do item (3) do artigo 276, abrindo a possibilidade de limitação ou exoneração da responsabilidade por atos dolosos de auxiliares e representantes legais. A jurisprudência, por sua vez, em se tratando de contratos por adesão, tem declarado inválidas as hipóteses de culpa grave.[723]

---

722 "Pour le domaine des contrats conclus avec des consommateurs, il est explicitement prévu en l'art. 11 nº 7 que toute exclusion de la négligence grossière du débiteur-même, de ses préposés dirigeants ou d'autres auxiliares est nulle. La loi est donc allée au-delà de l'état de la jurisprudence antérieure. Pour le domain des contrats interprofessionnels l'art. 11 nº 7 n'est pas applicable. Toutefois dans l'application de la clause générale susmentionnée les tribunaux, guides par la majorité de la doctrine, tendent à atteindre des résultats équivalents à l'art. 11 nº 7 ce qui signifie en pratique une assimilation de la protection des clients profissionels à la protection expressément prevue du législateur pour le consommateurs." (SCHMIDT-SALZER, Joachim. Droit allemand. In: GHESTIN, Jacques (Dir.). *Les clauses limitatives ou exonératoires de responsabilité en Europe*, p. 55-56.)

723 Evolução descrita por MONTEIRO, António Pinto. *Cláusulas limitativas e de exclusão de responsabilidade civil*, p. 266 e ss.

Se, no entanto, há efetiva negociação entre as partes, prevalece o princípio da liberdade contratual, ficando apenas afastada a cláusula por falta intencional (dolo), mas admitindo-se a limitação de responsabilidade por falta grave.[724]

Embora a cláusula tenda a ser tratada no âmbito do direito do consumidor, alguns princípios aplicam-se também às relações empresariais, em especial quando se trata de condições gerais de contrato[725]. Segundo Basil S. Markesinis e outros, mais recentemente, o motivo para a intervenção nos contratos firmados sob condições gerais deixa de ser uma questão de "pobre homem" *versus* grande corporação, mas justifica-se tão somente pela circunstância negocial em que as partes deixam de negociar os detalhes de condições *standard* em cada operação. Por

---

724 A matéria é explicada por Joachim Schmidt-Salzer: "Les parties contractantes disposent donc d'un choix: – soit elles négocient le contrat clause par clause: les clauses exoneratóires issues d'une telle négociation sont alors gouvernées par le principe de la liberte contractuelle. Le tribunaux doivent les appliquer. Seule est donc soumise à prohibition l'exoneration de responsabilité pour faute intencionnelle du debiteur lui-même ou de ses instances organiques. Par conséquent une limitation de responsabilité pour faute grossiere du débiteur ou des membres da sa direction sur un montant determine individuellement contractée est valable." (SALZER, Joachim Schmidt. Droit allemand. In: GHESTIN, Jacques (Dir.). *Les clauses limitatives ou exonératoires de responsabilité en Europe*, p. 58).

725 No tratado de direito comparado de Basil S. Markesinis e outros, os autores observam: "Indeed, many cases concerned the use of standard terms outside the consumer sphere (see, for instance, BGHZ 41, 151). So, when the legislature finally developed rules into statutory form, it did not limit the Gesetz zur Regelung des Rechts der Allgemeinen Geschaftsbedingungen of 1977 (now repealed) to consumer transactions, though some provisions differentiated along these lines and the idea of unduly imposing standard terms on the weaker party was clearly present at the back of the minds of the promoters and draftsmen of the new legislation" (JOHNSTON, Angus; MARKESINIS, Basil S.; UNBERATH, Hannes. *The German law of contract: A comparative treatise*. 2. ed. Oxford, UK: Hart Publishing, 2006. p. 165).

considerarem que os mecanismos do mercado são insuficientes para assegurar proteção a ambas as partes, as cortes veem-se justificadas a exercer o controle dos contratos firmados sob condições gerais.[726]

Podemos identificar no direito alemão as seguintes características:

(a) Admite-se a validade das cláusulas de limitação e de exoneração de responsabilidade como expressão da liberdade contratual, vedada a exoneração ou limitação por falta intencional (artigo 276, 3, do BGB);

(b) Devem ser observadas as regras de incorporação da convenção ao contrato, a fim de assegurar-se que o credor tenha ciência de que a cláusula é parte do contrato;

(c) A interpretação será restritiva e *contra proferentem*, em caso de contratos por adesão;

(d) A cláusula deve ser razoável, segundo critérios a serem avaliados caso a caso. Um dos critérios encontra-se na interdição a cláusulas de exoneração das obrigações ditas *cardinales*, tema explorado a propósito da análise da validade das cláusulas relacionadas ao inadimplemento da obrigação principal;

(e) É possível a limitação da responsabilidade por atos de terceiros por culpa grave, ficando vedada a sua aplicação para falta intencional, seja do devedor ou de seus auxiliares — nos termos do artigo 276 combinado com o artigo 278 do BGB.

---

726 "The reason for interfering with the contract in the case of standard terms is said not to be an abuse of any kind in imposing them — not a question of the little man versus big concern — but rather that the parties are not likely to negotiate the details of standard terms in each and every case. Indeed, this would contradict the very purpose of using standard terms. Thus, saving transaction costs is a strong incentive, even for a customer in a strong market position, to accept standard terms whatever their content. (Others have argued that so long as some consumers are prepared to meet the costs of such complaints and bargaining over standard terms, others will then be able to free-ride on their efforts). Since the market mechanisms will not ensure that the terms adequately protect both parties, the courts are justified in policing standard terms." (*Ibidem*, p. 165.)

9.1.3 Itália

O Código Civil italiano contém preceito específico sobre o tema. O artigo 1.229, na sua primeira parte, veda a cláusula de limitação ou de exoneração de responsabilidade em caso de culpa grave do devedor. Na segunda parte, o dispositivo legal acrescenta que será nula a cláusula que isente ou limite a responsabilidade do devedor ou de seus auxiliares em decorrência de atos contrários às normas de ordem pública. Também no direito italiano, a doutrina exemplifica, com frequência, como de ordem pública, aquelas cláusulas atentatórias à integridade física e psíquica da pessoa humana.

Se considerarmos que o artigo 1.229 se desdobra em dois parágrafos, uma interpretação literal da norma poderia nos levar aos mesmos resultados do direito alemão. Isso, no sentido de se admitir a limitação ou exoneração de responsabilidade por atos de auxiliares em caso de dolo ou culpa grave, uma vez que a restrição do segundo parágrafo do artigo 1.229 se refere somente às normas de ordem pública. Entretanto, a doutrina tende a interpretar que a restrição às cláusulas de exoneração e de limitação em caso de culpa grave ou dolo é aplicada ao devedor e também aos seus auxiliares.

Guido Alpa enumera as seguintes características do direito italiano sobre o tema[727]:

(a) As cláusulas de limitação e de exoneração de responsabilidade são admitidas de maneira geral, feitas as restrições no tocante a dolo, culpa grave[728] e normas de ordem pública;

---

727 ALPA, Guido. Droit italien. In: GHESTIN, Jacques (Dir.). *Les clauses limitatives ou exonératoires de responsabilité en Europe*, p. 137-151.

728 Nem mesmo há que se falar em equiparação do dolo à culpa grave, pois esta é também interdita de maneira expressa pela lei.

(b) A qualificação jurídica de alguns tipos contratuais demanda regras próprias pertinentes à alteração do regime da responsabilidade civil, sendo comum a todas as hipóteses a interdição ao *pactum de dolo non praestando*. Na compra e venda, é admitida a exclusão de garantias contra evicção ou pelos vícios da coisa, salvo em caso de a evicção decorrer de fato do devedor ou se este tinha conhecimento dos vícios da coisa. Hipóteses consistentes com a regra geral de interdição das cláusulas por dolo ou culpa grave, nos termos do artigo 1.229. No contrato de locação, são inválidas as cláusulas que isentem o locador pelos vícios da coisa em caso de má-fé do locador ou se esses vícios comprometerem a efetiva utilização da coisa pelo locatário. Semelhantes regras são estabelecidas para contratos de empreitada, depósito, transporte de pessoas e de valores, todas procurando afastar a exoneração ou limitação em caso de dolo ou buscando preservar a função econômico-social de tais tipos contratuais que poderia ser afastada pela cláusula de exoneração ou de limitação de responsabilidade;

(c) Não há controle sobre a validade das cláusulas tomando-se em consideração a qualidade das partes e se admite, inclusive, a validade das cláusulas nos casos de prestação de serviços ou fornecimento de bens pelo poder público ou concessionários;

(d) Se as cláusulas estiverem contidas em contratos por adesão, a interpretação será *contra proferentem*;

(e) O controle da atividade do devedor se insere no controle da compatibilidade com o tipo contratual em questão;

(f) São nulas as cláusulas que exonerem ou limitem a responsabilidade por danos à pessoa;

(g) Prevalece o princípio de ordem pública, tal como a hipótese de danos à pessoa, e Guido Alpa chama a atenção para o interesse social de proteção ao crédito, como forma de ordem pública contratual, prevalecendo, nesse caso, o princípio da boa-fé. Quanto ao equilíbrio, ou justiça contratual, o autor observa que esse é um ponto delicado, pois, no sistema jurídico italiano, a equivalência de prestações é tema que se aplica em condições extremas, como a resilição por lesão, por exemplo. Como diz o autor: "Et on ne parle pas de 'justice' de l'échange, s'il existe de toute façon une contre-prestation".[729]

9.1.4 Espanha

O ordenamento jurídico espanhol não contém previsão específica sobre o tema e o Código Civil segue, em muito, as disposições do Código francês. Dessa maneira, a doutrina admite a convenção de irresponsabilidade fundada sobre o princípio da autonomia privada.[730] Porém, o artigo 1.102 declara nula a renúncia à ação para reclamar perdas e danos derivados do ato doloso. O Código é silente sobre a culpa grave, mas doutrina e jurisprudência seguem a tradição da regra *culpa lata dolo aequiparatur*. Além do dolo, são incluídos os bons costumes e a ordem pública como limites à sua validade.[731]

---

729 ALPA, Guido. Droit italien. In: GHESTIN, Jacques (Dir.). *Les clauses limitatives ou exonératoires de responsabilité en Europe*, p. 149.

730 "La doctrine espagnole est d'accord pour reconnaître en principe la validité de ces clauses sur la base de l'autonomie de la volonté qu'établit l'art. 1255 Code Civil, dans le quel est résumée la philosophie libérale du XIX siècle: 'Les contractants peuvent établir les pactes, les clauses et les conditions que bon leur semble, mais à condition qu'elles ne soient pas contraires au lois, aux bonnes moeurs et à ordre public'" (GARCIA-CANTERO, Gabriel. Droit espagnol. In: GHESTIN, Jacques (Dir.), *op. cit.*, p. 217). Manuel Garcia Amigo define as cláusulas de irresponsabilidade também fundado na autonomia privada (GARCIA AMIGO, Manuel. *Cláusulas limitativas de la responsabilidad contractual*, p. 94); e Natalia Álvarez Lata a elas se refere como uma de suas expressões mais paradigmáticas (LATA, Natalia Álvarez. *Cláusulas restrictivas de responsabilidad civil*, p. 3).

731 GARCIA-CANTERO, Gabriel, *op. cit.*, p. 221; LATA, Natalia Álvarez, *op. cit.*, p. 133 e ss.; GARCIA AMIGO, Manuel, *op. cit.*, p. 148 e ss.

No que tange às cláusulas relativas à responsabilidade extracontratual, Manuel Garcia Amigo as ignora em sua obra e Natalia Álvarez Lata assevera que o tratamento doutrinário e jurisprudencial sobre o tema na Espanha é decerto escasso: "inusitada inexistencia de litigios sobre la materia han fomentado el desinterés de los estudiosos del Derecho por el problema de la exclusión convencional de la responsabilidad aquiliana".[732]

9.1.5 Portugal

O debate da validade da cláusula de limitação e de exoneração de responsabilidade em Portugal é bastante intenso. Em países onde não há previsão expressa acerca do tema, a jurisprudência tende a atribuir validade às cláusulas sob o fundamento da autonomia da vontade. Em outros, a lei define os limites à sua validade, como é o caso da Itália. Em Portugal, existem normas a respeito, porém não são precisas, gerando interpretações divergentes sobre o sentido do texto legal.

Para tornar esse ponto mais claro, vale a pena reproduzir os termos dos artigos 800 e 809 do Código Civil português.

Na dicção do artigo 800, ao tratar dos atos dos representantes legais ou auxiliares:

> "[...] O devedor é responsável perante o credor pelos actos dos seus representantes legais ou das pessoas que utilize para o cumprimento da obrigação, como se tais actos fossem praticados pelo próprio devedor.
> 1. A responsabilidade pode ser convencionalmente excluída ou limitada, mediante acordo prévio dos interessados, desde que a exclusão ou limitação não compreenda actos que representem a violação de deveres impostos por normas de ordem pública."

---

732 LATA, Natalia Álvarez. *Cláusulas restrictivas de responsabilidad civil*, p. 103.

O item 2 do artigo em comento é muito semelhante à norma contida no segundo parágrafo do artigo 1.229 do Código Civil italiano e a doutrina portuguesa estende, igualmente, aos terceiros, além das normas de ordem pública, as restrições pertinentes ao dolo e à culpa grave, embora António Pinto Monteiro faça distinção entre terceiros dependentes e terceiros autônomos.[733] Mesmo Ana Prata, que mantém posição muito estrita no tocante à validade das cláusulas de não indenizar por atos próprios do devedor, não hesita em admitir a validade das cláusulas em relação aos representantes legais e auxiliares.[734]

A controvérsia nasce em razão do artigo 809, que trata da renúncia do credor aos seus direitos:

> "[...] É nula a cláusula pela qual o credor renuncia antecipadamente a qualquer dos direitos que lhe são facultados nas divisões anteriores nos casos de não cumprimento ou mora do devedor, salvo o disposto no nº 2 do artigo 800."

Ana Prata assevera que, entre os direitos inequivocamente incluídos na restrição — previstos nas divisões anteriores, referidas no artigo 809 — estão aqueles relacionados ao ressarcimento dos danos causados em razão do inadimplemento ou cumprimento defeituoso das obrigações contratuais.[735] Por consequência, segundo a autora, são nulas as

733 MONTEIRO, António Pinto. *Cláusulas limitativas e de exclusão de responsabilidade civil*, p. 258 e ss.

734 PRATA, Ana. *Cláusulas de exclusão e limitação de responsabilidade contratual*, p. 669 e ss.

735 A autora cita, entre outros, os seguintes: "direito à indenização pelos prejuízos decorrentes de culposo incumprimento da obrigação pelo devedor (art. 798); direito à indenização pelos prejuízos resultantes da inexecução quando a prestação se impossibilite, definitiva e supervenientemente, por causa imputável ao devedor (art. 801, nº 1); direito à resolução do contrato, quando, sendo este

cláusulas de exoneração de responsabilidade por expressa previsão legal, aplicando-se igualmente o regime da nulidade às cláusulas de limitação.

No tocante às cláusulas de limitação, Ana Prata apresenta os seguintes argumentos:

(a) Como o texto legal não faz distinção entre renúncia total ou parcial, deve-se interpretar pela restrição a ambas;

(b) Como o item 2 do artigo 800 menciona a exoneração e a limitação, a referência genérica no artigo 809 teria abarcado a restrição a ambas as formas de convenção;

(c) Embora a cláusula penal, que em determinadas circunstâncias tem o mesmo efeito de uma cláusula de limitação do *quantum* indenizatório — quando seu valor é inferior ao dano —, seja utilizada com recorrência como justificativa para a validade da cláusula de limitação, na comparação entre as duas figuras, a autora procura demonstrar as diferenças entre ambas para, então, afastar o argumento de validade pela equivalência desses dois tipos de cláusula;

(d) As cláusulas de limitação de responsabilidade são distintas da limitação patrimonial para a satisfação do crédito, pois, se o patrimônio presente do devedor não é suficiente para o pagamento da indenização decorrente do inadimplemento, nada obstará a execução sobre bens futuros;

---

bilateral, a prestação se tenha impossibilitado por causa imputável ao devedor ou este a tenha, definitiva e culposamente incumprido (art. 801, nº 2); direito à resolução do contrato, sendo este bilateral, com fundamento em impossibilidade parcial da prestação ou em incumprimento parcial, imputáveis ao devedor; direito à indenização quando o devedor tenha optado, em consequência de incumprimento culposo ou de definitiva impossibilidade de cumprimento imputável ao devedor, pela resolução do contrato (art. 801, nº2); direito à indemnização quando o credor haja resolvido o contrato com fundamento em parcial impossibilidade ou incumprimento da prestação, imputáveis ao devedor (art. 802, nº 1, parte final) [...]" (*Ibidem*, p. 669).

além disso, se a limitação se dá sobre parte do patrimônio do devedor, ainda assim a permissão dada pela lei a essa hipótese (art. 602) não permitiria a derrogação da restrição do artigo 609, pois, segundo a autora, os interesses que a lei visa proteger são diversos daqueles que fundamentam a limitação da responsabilidade;

(e) Os argumentos de utilidade prática são diversos da cláusula de limitação, pois os interesses individuais e privados dos devedores empresários são conflitantes com o interesse social de proteção dos credores consumidores;

(f) É difícil distinção proceder a uma distinção entre as cláusulas de limitação e as exoneração de responsabilidade.[736]

António Pinto Monteiro, por sua vez, na dissertação apresentada em programa de pós-graduação da Universidade de Coimbra, em 1984, dois anos depois que Ana Prata o fizera na Universidade de Lisboa, chega a conclusões opostas. Conforme o autor, o elemento *sistemático* deve pautar a interpretação, sendo "*possível* entender com outro alcance a ressalva da parte final do artigo 809, em termos de a articulação destas normas conduzir a resultados que reputamos de maior coerência normativa e mais ajustados à realidade económica e social hodierna".[737] António Pinto Monteiro, afirma que, ao assumir a responsabilidade por dolo e culpa grave, excluindo-se a responsabilidade por culpa leve, o credor "não está propriamente a renunciar à responsabilidade, antes a definir o âmbito da obrigação do devedor, assumindo voluntariamente o *risco* de não ser indemnizado por danos decorrentes de faltas *ligeiras*"[738] e arremata que negar tal possibilidade seria impedimento

---

736 PRATA, Ana. *Cláusulas de exclusão e limitação da responsabilidade contratual*, p. 618 e ss.

737 MONTEIRO, António Pinto. *Cláusulas limitativas e de exclusão de responsabilidade civil*, p. 249.

738 *Ibidem*, p. 251.

às operações arriscadas, como prejuízos não apenas ao credor, mas também ao tráfico jurídico em geral.

Embora nosso escopo não seja pontuar sobre direito português, entendemos que a razão está com António Pinto Monteiro, pois a interpretação de uma norma não pode se pautar exclusivamente na literalidade da lei; ademais, é compreensível que Ana Prata tivesse uma visão negativa das cláusulas, uma vez que, em muitos aspectos, deixou de distinguir os efeitos da cláusula sobre as relações de consumo e as relações empresariais. António Pinto Monteiro, de sua parte, ao mesmo tempo em que mantém o cuidado com a proteção dos credores, consumidores ou empresários, não deixa de atentar para a realidade negocial e para as necessidades que se apresentam nas relações entre empresários.

A doutrina e a legislação portuguesas demonstram dar razão a António Pinto Monteiro. Quase vinte anos depois da controvérsia entre os autores citados, Nuno Manuel Pinto Oliveira, em 2004, publica obra na qual se posiciona pela tese de António Pinto Monteiro, valendo-se igualmente da interpretação sistemática. A obra mais recente, porém, tem em seu favor um dado legislativo posterior à controvérsia do início da década de 80 do século XX — o que certamente torna a obra de António Pinto Monteiro ainda mais preciosa como interpretação legislativa.

Na dicção do artigo 18 do Decreto-Lei nº 446/85, que regula as Cláusulas Contratuais Gerais — no Brasil, designadas Condições Gerais de Contrato —, aprovado em 1985, são absolutamente nulas as cláusulas que "excluam ou limitem, de modo directo ou indirecto, a responsabilidade por não cumprimento definitivo, mora ou cumprimento defeituoso em caso de dolo ou de culpa grave". Por essa via, Nuno Manuel Pinto Oliveira conclui:

> "[...] a interpretação sistemática — do art. 809 do Código Civil dirigida a obter uma concordância material com a al. c) do art. 18 da LCCG impele-nos a uma interpretação restritiva: o art. 809 proibirá a inclusão de cláusulas de irresponsabilidade por dolo ou culpa grave em contratos negociados, não proibirá a inclusão neles de cláusulas de *irresponsabilidade por culpa leve*."[739]

O próprio António Pinto Monteiro, em reimpressão da obra de 1985, incluiu nota de atualização pela qual também invoca a interpretação sistemática a partir do artigo 18 do Decreto-Lei que trata das condições gerais. O autor também noticia que a jurisprudência portuguesa já vinha endossando sua tese, em sede tanto do Supremo Tribunal de Justiça quanto do Tribunal Constitucional.[740]

Curiosamente, essa condição guarda paralelismo com o efeito legislativo do artigo 51 do Código de Defesa do Consumidor no Brasil. A lei que regula as condições gerais de contrato em Portugal visa, em especial, resguardar interesses de consumidores, mais expostos às condições gerais. Assim, exatamente essa lei de proteção acaba por confirmar a validade das cláusulas de exoneração e de limitação de responsabilidade para as relações paritárias. No Brasil, embora não houvesse, como não há, norma de conteúdo semelhante à do artigo 809 do Código Civil português, se alguma dúvida existia acerca da validade das cláusulas de alteração do regime geral da responsabilidade civil, esta foi dissipada com o artigo 51. Isso porque o referido dispositivo admite a limitação de responsabilidade, mesmo em relações de consumo entre pessoas jurídicas.

---

739 OLIVEIRA, Nuno Manuel Pinto. *Cláusulas acessórias ao contrato*: cláusulas de exclusão e de limitação do dever de indenizar e cláusulas penais, p. 33.

740 MONTEIRO, António Pinto. *Cláusulas limitativas e de exclusão de responsabilidade civil*, p. 332-g- 332-l.

9.2 A tradição da *common law*[741]

Embora a tradição da *common law* seja aplicada em diversos países colonizados pela Inglaterra, as referências feitas a seguir ficarão limitadas à própria Inglaterra e aos Estados Unidos, onde muitos dos princípios mencionados foram desenvolvidos. Além disso, por razões históricas, não podemos deixar de observar que foi na Inglaterra que se desenvolveu de maneira proeminente a *revolução industrial* e que, nos Estados Unidos, deu-se o maior fenômeno de concentração gerando os primeiros grandes conglomerados empresariais — movidos pela expansão das estradas de ferro e exploração do aço.[742] Revolução industrial e concentração econômica constituíram o solo fértil para o surgimento das cláusulas de exoneração e de limitação

---

741 Segundo William Burnham, o sistema da *common law* surgiu depois da invasão dos normandos, em 1066, quando a realeza desenvolveu Conselhos Reais (King's Council) que, inicialmente, exerciam o poder judicial. Mais tarde, as cortes reais adquiriram independência em face do Conselho Real e passaram a exercer jurisdição própria. Enquanto cortes regionais, controladas por nobres locais, resolviam muitas disputas, os casos mais importantes eram reservados para as cortes reais. "The judges decided these important cases, not according to the local customary law that would be applied by the local courts, but by reference to an amalgam of local customs, Norman and pre-Norman, throughout the entire country. The law thus determined and applied became known as 'common law' because it was law that was 'common' to the entire country, unlike local law, which could vary from place to place. Eventually, the royal courts grew and displaced a large part of the power of the local courts." Como, ainda, observa o autor, passou-se a aplicar o princípio da *stare decisis*, pelo qual o instinto dos juízes "was to keep their decisions as consistent as possible" (BURNHAM, William. *Introduction to the law and legal system of the United States*. Saint Paul, Minn: West Publishing Co., 1995. p. 40-41).

742 Interessante descrição desse processo pode ser encontrada na obra de MICKLETHWAIT, John; WOOLDRIDGE, Adrian. *A companhia, breve história de uma ideia revolucionária*. Trad. S. Duarte. Rio de Janeiro: Objetiva, 2003. caps. 3-4.

de responsabilidade. De um lado, uma jurisprudência nascente e preocupada em assegurar — e proteger — a expansão industrial e, de outro, o poder das grandes empresas em impor suas condições ao mercado.

Dessa maneira, é incontestável que a *common law* admite a estipulação de cláusulas de limitação e de exoneração de responsabilidade. em rigor, essas cláusulas são designadas como *exclusion*[743], *exculpation*[744] ou *exemption clauses*[745] e, quando referidas especificamente como cláusulas de limitação de responsabilidade, podem ser denominadas *limitation of liability* ou, embora não sejam conceitos coincidentes, *limitation of remedies*. Nesse último caso, as cláusulas limitam o recurso do devedor a certas maneiras de tutela de seu crédito, como exclusão do direito à execução específica, inversão de ônus da prova, redução do prazo para cobrança, exclusão de recursos ao ressarcimento de determinados tipos de danos, como *consequential damages* — disso resulta exclusão de responsabilidade atinentes a certos danos ou limitação da responsabilidade somente para danos emergentes.[746] De tal forma que, por vezes,

743 David Yates dá a seu livro o título *Exclusion clauses in contracts*, e Robert Lawson se utiliza da expressão em seus dois livros: *Exclusion clauses* e *Exclusion clauses and unfair contract terms*.

744 SCHWARTZ, Alan; SCOTT, Robert E. *Commercial transactions*: principles and policies. 2. ed. Westbury, NY: The Foundation Press, 1991. p. 459.

745 YATES, David. *Exclusion clauses in contracts*, p. 197.

746 Alan Schwartz e Robert Scott assim se referem à limitação dos recursos disponíveis para o credor: "Sellers of 'hard goods' — appliances, machines — supply warranty clauses whose central features vary little across industries. These standard clauses (i) disclaim all implied warranties, (ii) expressly warrant the goods against defects in material and workmanship, (iii) limit the buyer's remedies, should the express warranty be breached, to the repair or replacement of defective parts, with the seller having the option of which remedy to use; (iv) limit the time within which claims under the express warranty can be made;

é possível notar que *limitation of remedies* é expressão utilizada como um gênero, do qual a *limitação de responsabilidade* surge como espécie.

No que tange aos limites de validade das cláusulas de exoneração e limitação de responsabilidade, ainda que a linguagem não coincida, podemos concluir que são basicamente os mesmos dos países de tradição da *civil law*.

Destacamos que são inadmissíveis as cláusulas de exoneração e de limitação de responsabilidade para os danos decorrentes de atos cometidos mediante *fraude* ou *dolo*. Embora o conceito de fraude não possa ser reduzido ao de dolo, muitas das decisões fazem alusão à fraude; no entanto, podemos claramente notar que o elemento relevante se refere à intencionalidade de causar danos à outra parte.

Compete-nos salientar que uma das principais peculiaridades do direito anglo-saxão diz respeito ao desenvolvimento do conceito de *fundamental breach*, que, embora tenha perdido força nos países da *common law*, tem sido objeto de análise e fundamento de parte da doutrina e da jurisprudência de países da Europa continental.

Fundamental breach pode ser verificada como *breach of a fundamental term*, ou seja, como resultante do descumprimento de obrigação essencial do contrato, ou como o inadimplemento que atinge a raiz da relação obrigacional, conforme descrito no caso *Chandris v. Isbrandtsen-Moller*.[747]

(v) exclude liability for consequential damages." (SCHWARTZ, Alan; SCOTT, Robert E, *op. cit.*, p. 204).

747 Como reportado por Richard Lawson: "In *Chandris v. Isbrandsten-Moller*, the claim involved an action for demurrage where a charterer landed a dangerous cargo in breach of contract. Devlin J, as he then was referred to a breach of some fundamental or basic condition of the contract, mentioning also a 'fundamental breach going to the root of the contract'" (LAWSON, Richard. *Exclusion clauses*, 3. ed. London: Longman, 1990. p. 57). A citação completa do caso é: *Chandris*

A nosso ver, a teoria do *breach of a fundamental term* não se confunde, necessariamente, com a proibição de cláusulas de exoneração ou de limitação de deveres relacionados à obrigação principal. Em alguns casos, o inadimplemento fundamental é descrito como algo que "underlies the whole contract, so that, if it is not complied with, the performance becomes something totally different from that which the contract contemplates, such as the delivery of *pine logs* for *mahagony logs*"[748] (grifo nosso). Podemos notar que as cortes inglesas afastam a validade das cláusulas quando o adimplemento se dá em condições para as quais elas não foram criadas, como na citação reproduzida aqui, onde foram entregues *pine logs* (toras de pinho) em vez de *mahagony logs* (toras de mogno).

O princípio do *fundamental breach*, no entanto, foi perdendo força e, como noticiado por Richard Lawson, de uma regra de direito, necessariamente aplicável, transformou-se em *matter of construction*, ou seja, como uma regra de interpretação que somente poderia ser empregada caso a caso.[749]

Ao ser aplicada pela doutrina da tradição da *civil law*, podemos notar que o conceito se aproxima tanto da regra de interpretação relacionada à restrição quanto à validade em caso de inadimplemento de obrigação essencial, quanto da culpa grave, no sentido de *fundamental breach* e não apenas de *breach of a fundamental term*. Por consequência, podemos identificar também a culpa grave como restrição à validade das *exculpatory clauses*.

---

v. Isbrandsten-Moller Co [1951] 1 KB 240; 94 SJ 534; [1950] 2All ER 618; *revsg in part* 94 SJ 303; [1950] 1 All ER 768; 83 Ll L Rep 285.

748 Referência feita por Richard Lawson ao caso *Smeaton Hanscomb v. Sassoon I Setty* (Sasson I) Son & Co (Nº1) [1953] 1 WLR 1468; 97 SJ 862 [1953] 2 All ER 1471; [1953] 2 Lloyd's Rep 580. (*Ibidem*, p. 57).

749 LAWSON, Richard. *Exclusion clauses*, p. 57-67.

A integridade física da pessoa humana é um bem a ser preservado, de tal maneira que não se admite o afastamento da responsabilidade pelos danos que lhe são impostos, valendo ressaltar que se admite, no entanto, a alocação de riscos entre contratantes, desde que não se comprometa a integral indenização da vítima, ou seja, duas empresas podem definir, entre si, quem deverá indenizar a vítima. Nesse caso, não se trataria de exclusão ou limitação de responsabilidade perante o lesado, mas de mera estipulação de quem o indenizará.[750]

Por derradeiro, observamos que, em relação a atos de terceiros, a doutrina e a jurisprudência admitem a limitação e exoneração da responsabilidade do credor. Porém, no tocante à extensão da cláusula em benefício de terceiros, como subcontratados, é possível encontrar precedentes que mantêm a sua responsabilidade, mesmo diante da existência de *exclusion clauses* em benefício do devedor. As decisões embasadas nessa orientação fundamentam-se no princípio da relatividade dos contratos (*privity of contract*), uma vez que o subcontratado não é parte do contrato principal.[751]

750 O caso *British Crane Hire Corp v. Ipswich Plant Hire* é analisado com mais profundidade no Capítulo 8, que trata da interpretação das cláusulas de exoneração e de limitação de responsabilidade.

751 LAWSON, Richard, *op. cit.*, p. 41-46.

CONCLUSÕES

Nosso primeiro destaque contempla o fundamento de admissibilidade das cláusulas de exoneração e de limitação de responsabilidade. Conforme assinalamos, a doutrina é quase unânime em atribuir à autonomia privada o embasamento jurídico para a validade das cláusulas. Mesmo nos países que regulam de maneira explícita referida convenção, os autores tendem a ver na norma jurídica positivada uma expressão desse princípio que, embora mitigado, ainda é plenamente aplicável às relações contratuais.

Procuramos acrescentar que, a nosso ver, essa relevância decorre não apenas do exercício da liberdade de definição do conteúdo contratual, mas, em especial, da necessidade de atendimento às necessidades de uma sociedade que demanda contratação e, por vezes, de serviços e produtos de alto risco. Trata-se, então, da busca de equilíbrio entre assegurar o desenvolvimento e, *pari passu*, a proteção do credor.

Em matéria de direito do consumidor, entendemos que a legislação brasileira, com destaque ao Código consumerista, cumpre papel fundamental, pois serve não apenas para a defesa do consumidor, mas, também, de guia aos empresários, definindo com clareza os limites em que sua atividade deverá ser exercida.

Conforme observamos, alguns ordenamentos deixam aberta a possibilidade de convenção de não indenizar mesmo em relações de consumo. Referidas brechas legislativas, a nosso ver, retiram a efetividade da proteção ao consumidor, levantando dúvidas acerca da natureza do contrato, quando algumas cláusulas são negociadas, ou mesmo levando aos tribunais o encargo de definir, factualmente, as circunstâncias que possam ensejar culpa leve. Merece, assim, aplauso a opção do legislador brasileiro ao optar por, simplesmente, fulminar de nulidade as cláusulas de exoneração e de limitação de responsabilidade nas relações de consumo com pessoa física.

Não obstante tenha recebido críticas por estender sua proteção às pessoas jurídicas, no que tange ao nosso tema, o Código de Defesa do Consumidor mais uma vez merece louvor ao admitir a limitação de responsabilidade em circunstâncias justificáveis. Melhor teria sido omitir a qualificação *circunstâncias justificáveis*, o que traz um nível de incerteza nas relações, porém, essa abertura representa o reconhecimento do legislador no sentido de que as relações entre empresários merecem tratamento que não se confunde com a necessária defesa do consumidor pessoa física. Isso significa que, embora possa ocorrer o chamado *diálogo das fontes*, desenvolvido pela doutrina, é preciso delimitar o campo de atuação das regras de direito contratual.

O fenômeno apontado pode ser designado como crise, morte do contrato, ou, ainda, sua fragmentação, porém, a nosso ver, a multiplicidade de fontes normativas somente evidencia a chamada *hipercomplexidade* do mundo moderno referida por Antonio Junqueira de Azevedo. Trata-se, então, da riqueza da realidade, cujo desenvolvimento significa maior incerteza, mas, igualmente, oportunidade de sofisticação das soluções e instrumentos jurídicos direcionados ao novo paradigma do caso.

Quanto aos limites à validade das cláusulas de exoneração e de limitação de responsabilidade, de nosso ponto de vista, os princípios consagrados pelo Código Civil brasileiro, com especial destaque à boa-fé objetiva, nos impõem os mesmos parâmetros reconhecidos em todos os ordenamentos jurídicos, como é o caso do dolo e da culpa grave.

Com relação à responsabilidade por atos de terceiros, concordamos com Antonio Pinto Monteiro ao se posicionar sobre a possibilidade de exoneração ou de limitação no que tange a terceiros independentes. Acrescentamos, no entanto, que se trata de condição a ser analisada caso a caso, sendo viável a exoneração ou limitação quando houver circunstâncias que retirem do devedor a capacidade de escolha de seus colaboradores, seja em razão de interferência do credor, seja porque as condições do mercado impõem a ele determinados provedores de bens ou serviços. A razão de nosso cuidado decorre do fato de que os terceiros independentes, em rigor, são subcontratados, nem sempre conhecidos do credor. Admitir de modo indiscriminado a exoneração do devedor por atos de terceiros independentes seria romper os limites do dolo e da culpa grave do próprio devedor.

Divergimos do posicionamento de Fábio Henrique Peres sobre a restrição da validade aos contratos paritários. O Código do Consumidor admite a limitação de responsabilidade entre empresários, sem fazer qualquer ressalva aos contratos por adesão. Até porque determinadas condições, incluindo as cláusulas de limitação de responsabilidade, têm se tornado frequentes nas relações empresariais, de tal sorte que sua inclusão em condições gerais de contrato entre empresários pode, em dadas circunstâncias, qualificar-se como *course of dealing*, como reconhecido em julgados de países de tradição da *common law*.

Ainda a respeito dos efeitos da cláusula sobre terceiros, trouxemos à discussão tema pouco explorado pelos autores, qual seja, o compartilhamento convencional do risco mediante cláusulas de limitação de responsabilidade combinadas com assunção recíproca do dever de indenizar danos causados por integrantes de determinado grupo de empresas em um mesmo empreendimento. Mecanismo engenhoso que, ao solidarizar o risco entre os diversos agentes econômicos, viabiliza o desenvolvimento de grandes obras de infraestrutura.

Outro limite ao qual não podem furtar-se às cláusulas de limitação e de exoneração de responsabilidade é alusivo à ordem pública. O principal corolário desse princípio resulta na integridade da pessoa humana, pelo que nos juntamos a alguns autores que ressaltam sua aplicação não apenas à integridade física, mas igualmente sobre a integridade psíquica da pessoa humana.

Reiteramos, nestas conclusões, que a existência de norma cogente ou a aplicação do princípio da ordem pública como impedimento de validade de convenções particulares não é privilégio ou exclusividade das cláusulas de exoneração e de limitação de responsabilidade, sendo invocadas tão somente pelo caráter excepcional das cláusulas de não indenizar em relação ao regime geral da responsabilidade civil.

Outro aspecto, citado com recorrência, é a restrição à aplicação das cláusulas de limitação ou de exoneração de responsabilidade ao inadimplemento da obrigação principal. . Entendemos que não há, no Brasil, norma que restrinja a sua aplicação às obrigações meramente acessórias e, além disso, apresentando exemplos e hipóteses, procuramos demonstrar a sua total legitimidade em determinadas circunstâncias. Ressalvamos, no entanto, nossa concordância que a obrigação *cardinal*, como dizem os alemães, deva ser referência para a *interpretação* do contrato, seja para a verificação de que ela não compromete a função econômico-social da operação econômica, seja para assegurar um mínimo de equilíbrio das relações. Essa posição coincide com a evolução que o tema *breach of fundamental term* teve sob os ordenamentos de tradição da *common law*. Assim, a perquirição da função econômico-social e do equilíbrio contratual deve ser adotada como critério de interpretação em operações econômicas concretas e não em padrões ou modelos idealizados.

Esse último tema apontado demonstra, igualmente, a importância da interpretação das cláusulas de exoneração e de limitação de responsabilidade, em particular sua aplicação estrita em função de seu caráter excepcional. Acrescentamos, apenas, que essa interpretação não deve ser objeto da confusão em que incidem alguns autores ao equipará-la à interpretação *contra proferentem*, uma vez que a interpretação estrita pode ser aplicada igualmente aos contratos negociados com liberdade.

Esperamos que, em face de tudo quanto foi analisado, as conclusões apresentadas possam contribuir para o debate a propósito do tema, em particular considerando-se que, estando o País em fase especial do seu desenvolvimento, o incremento da atividade econômica enseja maior equilíbrio nas relações contratuais entre empresários. A esse propósito, a cláusula de exoneração e a cláusula de limitação de responsabilidade – com destaque para esta última – podem ser instrumentos desse equilíbrio, alocando de maneira adequada os riscos próprios a tais empreendimentos.

Finalmente, depois de quase uma década da publicação da primeira edição, podemos verificar que o tema permanece relevante, controverso e sempre atual. Atuando especialmente em arbitragens de construção, os debates ainda são calorosos quanto à validade e eficácia das cláusulas seja em relação à obrigação principal ou na qualificação da culpa grave. De maneira que, mais uma vez esperamos ter contribuído a dar um passo mais adiante para desvelarmos o sentido e alcance das cláusulas de exoneração e de limitação de responsabilidade, cada vez mais frequentes na prática negocial.

REFERÊNCIAS

ABBAD, Marianne Faure. *Les fait générateur de la responsabilité contractuelle*. Poitiers: JGDJ, 2003.

ADAMS, John. *Risco*. Trad. Lenita Rimoli Esteves. São Paulo: Senac, 2009.

ADRIANO, Germana Carlotta. *Clausole di esonero e di limitazione della responsabilità civile*. Roma: Aracne, 2009.

AGUIAR DIAS, José de. *Cláusula de não-indenizar*. 4. ed. Rio de Janeiro: Forense, 1980.

______. *Da responsabilidade civil*. 9. ed. Rio de Janeiro: Forense, 1994. v. I-II.

AGUIAR JUNIOR, Ruy Rosado de. *Extinção dos contratos por incumprimento do devedor*. 2. ed. Rio de Janeiro: Aide, 2004.

ALPA, Guido. Droit italien. In: GHESTIN, Jacques (Dir.). *Les clauses limitatives ou exonératoires de responsabilité en Europe*. Paris: LGDJ, 1990.

______. *Elogio dell'incertezza: Aspetti della letteratura civilistica*. Nápoles: Scientifiche Italiane, 1991.

______. *Introduzione allo studio critico del Diritto Privato.* Turim: G. Giappichelli, 1994.

______. *La responsabilità civile.* Turim: UTET, 2010.

______. *Tecnica e controllo dei contratti standard.* Rimini: Maggioli, 1984.

ALTERINI, Atilio Aníbal. *La limitación cuantitativa de la responsabilidad civil.* Buenos Aires: Abeledo-Perrot, 1997.

ALVIM, Agostinho. *Da inexecução das obrigações e suas conseqüências.* 5. ed. São Paulo: Saraiva, 1980.

ARAUJO, Fernando. *Teoria económica do contrato.* Coimbra: Almedina, 2007.

ARAUJO, Paulo Doron Rehder; ZANCHIM, Kleber Luiz. Interpretação contratual: o problema e o processo. In: FERNANDES, Wanderley (Coord.). *Fundamentos e princípios dos contratos empresariais.* São Paulo: Saraiva, 2007.

ASCARELLI, Tulio. *Studi in tema di contratti.* Milão: Dott A. Giuffrè, 1952.

ASQUINI, Alberto. Perfis da empresa. Trad. Fábio Konder Comparato. *Revista de Direito Mercantil, Industrial, Econômico e Financeiro,* São Paulo, v. 35, n. 104, p. 109-126, out./dez. 1996.

ATIYAH, P. S. *Essays on contract.* Oxford, UK: Clarendon Papebacks, 1996.

______. *The rise and fall of freedom of contract*. Oxford, UK: Clarendon Press, 1979.

AYNES, Laurent. Droit Français. In: GHESTIN, Jacques (Dir.). *Les clauses limitatives ou exonératoires de responsabilité en Europe*. Paris: LGDJ, 1990.

AZEVEDO, Álvaro Villaça. *Teoria geral das obrigações, responsabilidade civil*. 10. ed. São Paulo: Atlas, 2004.

AZEVEDO, Antonio Junqueira de. Cláusula cruzada de não-indenizar *(cross waiver of liability), ou cláusula de não indenizar* com eficácia para ambos os contratantes. Renúncia ao direito de indenização. Promessa de fato de terceiro. Estipulação em favor de terceiros. In: ________. *Estudos e pareceres de Direito Privado*. São Paulo: Saraiva, 2004.

AZEVEDO, Antonio Junqueira de. *Negócio jurídico*: existência, validade e eficácia. 4. ed. atual. de acordo com o novo Código Civil. São Paulo: Saraiva, 2002.

______. *Negócio jurídico*: existência, validade e eficácia. 2. ed. São Paulo: Saraiva, 1986.

______. Nulidade de cláusula limitativa de responsabilidade em caso de culpa grave. Caso de equiparação entre dolo e culpa grave. Configuração da culpa grave em caso de responsabilidade profissional. In: ______. *Novos estudos e pareceres de Direito Privado*. São Paulo: Saraiva, 2009.

______. Por uma nova categoria de dano na responsabilidade civil: o dano social. In: ______. *Novos estudos e pareceres de Direito Privado.* São Paulo: Saraiva, 2009.

BAIRD, Douglas G.; GERTNER, Robert H. *Game theory and the law.* Cambridge: Harvard University Press, 1994.

BEALE, Hugh. Droit anglais. In: GHESTIN, Jacques (Dir.). *Les clauses limitatives ou exonératoires de responsabilité en Europe.* Paris: LGDJ, 1990.

______; LANDO, Ole. *Principles of European contract law.* Parts I and II. Haia: Kluver Law International, 2000.

BEAUDONNAT, Emile. *Des clauses de non-responsabilité et de l'assurance de fautes.* Paris: Librairie de Jurisprudence Ancienne et Moderne, 1927.

BECK, Ulrich. *O que é globalização?* Tradução de André Carone. São Paulo: Paz e Terra, 1999.

BENATTI, Francesco. Clausole di esonero dalla responsabilità. In: ______. *Digesto delle discipline privatistiche* – sezione civile. Turim: UTET, 1995.

______. *La responsabilità precontrattuale.* Milão: Giuffrè, 1963.

BERLE JUNIOR, Adolf A.; MEANS, Gardner C. *The modern corporation and private property.* Nova York: Commerce Clearing House, 1932.

BERNSTEIN, Lisa. Opting out of the legal system: extralegal contractual relations in the diamond industry. *Journal of Legal Studies*, v. XXI, Chicago: The University of Chicago, 1992.

BERNSTEIN, Peter L. *Against the gods, the remarkable story of risk*. Nova York: John Wiley & Sons, 1996.

BESSONE, Darcy. *Do contrato: Teoria geral*. Rio de Janeiro: Forense, 1987.

BESSONE, Mario. *Il contratto in generale*. Turim: G. Giappichelli, 2002. t. VII.

BETTI, Emilio. *Interpretazione della legge e degli atti giuridici*. 2. ed. Milão: Dott. A. Giuffrè, 1971.

______. *Teoría general del negocio jurídico*. Trad. A. Martín Peres. Granada: Comares, 2000.

BIANCA, C. Massimo. *Dell'inadempimento delle obbligazioni, art. 1218-1229*: commentario del Codice Civile. SCIALOJA, Antonio; BRANCA, Giuseppe (a cura). Bolonha: Nicola Zanichelli, 1967.

______. *Diritto Civile: Il contratto*. Milão: Giuffrè, 2000. v. 3.

______. *Diritto Civile: L'obbligazione*. Milão: Giuffrè, 1993. v. 4.

______. *Diritto Civile: La responsabilità*. Milão: Giuffrè, 1994. v. 5.

BITTAR, Carlos Alberto. *Responsabilidade civil nas atividades nucleares*. São Paulo: Revista dos Tribunais, 1985.

BLACK, Henry Campbell. *Black's Law Dictionary*. 6. ed. St. Paul, Minn.: West Publishing Co., 1990.

BODIN DE MORAES, Maria Celina. *Danos à pessoa humana, uma leitura civil-constitucional dos danos morais*. 4. tir. Rio de Janeiro: Renovar, 2009.

BODIN DE MORAES, Maria Celina. *O princípio da dignidade humana*. In: ______. (Coord.). *Princípios do Direito Civil contemporâneo*. Rio de Janeiro: Renovar, 2006.

BOLTON, Patrick; DEWARTRIPONT, Mathias. *Contract Theory*. Cambridge: The MIT Press, 2005.

BOURGOIGNIE, Thierry. Les clauses limitatives ou exonératoires de la responsabilité du professionnel à l'égard du conommateur: clauses en sursis. In: GHESTIN, Jacques (Dir.). *Les clauses limitatives ou exonératoires de responsabilité en Europe*. Paris: LGDJ, 1990.

BULGARELLI, Waldírio. *Questões contratuais no Código de Defesa do Consumidor*. São Paulo: Atlas, 1993.

BURNHAM, William. *Introduction to the law and legal system of the United States*. Saint Paul, Minn: West Publishing Co., 1995.

CARIOTA FERRARA, Luigi. *Il negozio giuridico nel Diritto Privato italiano*. Nápoles: Morano, [s.d.].

CARVALHO DE MENDONÇA, Manuel Inácio. *Doutrina e prática das obrigações ou tratado geral dos direitos de crédito*. 4. ed. Rio de Janeiro: Revista Forense, 1956.

CASTELLS, Manuel. *A era da informação*: economia, sociedade e cultura. Trad. Roneide Venancio Majer. São Paulo: Paz e Terra, 1999. (A sociedade em rede, v. I).

CASTRONOVO, C. Problema e sistema nel danno da prodotti. In: MENICHINO, Cristina. *Responsabilità oggetiva e clausole di esonero e di limitazione della responsabilità contrattuale*. Milão: CUEM, 2006.

CATAUDELLA, Antonino. *I contratti, parte generale*. 2. ed. Turim: G. Giappichelli, 2000.

CAVALIERI FILHO, Sérgio. *Programa de responsabilidade civil*. 3. ed. São Paulo: Malheiros, 2002.

______. *Programa de Responsabilidade Civil*. 5. ed. São Paulo: Malheiros, 2003.

CECCHERINI, Grazia. *Clausole di esonero tra principi giuridici e regole di mercato*. Turim: G. Giappichelli, 2008.

______. *Il Codici Civile, Comentário: Responsabilità per fatto degli ausiliari, clausole di esonero da resposabilità*. Milão: Giuffrè, 2003.

CECCHERINI, Grazia. *Responsabilità per fatto degli ausiliari: clausole di esonero a responsabilità - artt. 1228-1229. Il Codice Civile: Commentario*. Milão: Giuffrè, 2003.

CERQUEIRA, Gustavo. As garantias e a exclusão de responsabilidade. In: ______. *Direito contratual entre a liberdade e proteção dos interesses e outros artigos alemães-lusitanos*. Coimbra: Almedina, 2008.

CHABAS, François. *Leçons de droit civil: Obligations, théorie générale.* Org. Henri Mazeaud, Leon Mazeaud, Jean Mazeaud et François Chabas. 9. ed. Paris: Montchrestien, 1998. t. II, v. I.

CHAVES, Antonio. *Responsabilidade pré-contratual.* 2. ed. São Paulo: Lejus, 1997.

CHAZAL, Jean-Pascal. *Enseignements épistémologiques de l'affaire Chronopost.* In: JAMIN, Christophe (Dir.). *Droit et économie des contrats.* Paris: LGDJ, 2008.

CHIRONI, G. P. *La colpa nel Diritto Civile odierno: Colpa extra--contrattuale.* Turim: Fratelli Bocca, 1903. v. I.

______. *La colpa nel Diritto Civile odierno: Colpa extra-contrattuale.* 2. ed. Turim: Fratelli Bocca, 1897.

CIANCI, Mirna. Renúncia da exceção de prescrição: Abrangência do tema. In: ______. *Prescrição no novo Código Civil: Uma análise interdisciplinar.* São Paulo: Saraiva, 2005.

CLUZEL, Félix. *Essai pour les clauses d'irresponsabilité.* Paris, 1913. In: AGUIAR DIAS, José de. *Cláusula de não-indenizar.* 4. ed. Rio de Janeiro: Forense, 1980.

COASE, Ronald H. *The firm, the market and the law.* Chicago: The University of Chicago Press, 1990.

COHEN, Michael, RIOLO, Rick L.; AXELROD, Robert. *The Role of Social Structure in the Maintenance of Cooperative Regimes.* Working papers, 2000. Disponível em: <www.umich.edu>. Acesso em: 5 dez. 2009.

COMMISSION OF CANADÁ. *Law and risk*. Vancouver: UBC Press, 2005.

COMPARATO, Fábio Konder. *Essai d'analyse dualiste de l'obligation em droit privé*. Paris: Librarie Dalloz, 1964.

______. *O seguro de crédito*. São Paulo: Revista dos Tribunais, 1968.

COOTER, Robert; ULEN, Thomas, *Law and economics*. 4. ed. Boston: Pearson Addison Wesley, 2004.

CORDEIRO, António Manuel da Rocha e Menezes. *Da boa-fé no Direito Civil*. Coimbra: Almedina, 1985. v. I- II.

CORGAS-BERNARD, Christina. La contractualization de l'indemnisation: Entre forfait et plafond. In: HIEZ, David; CHASSAGNARD-PINET, Sandrine (Coord.). *Approche renouvelée de la contractualization*. Aix-Marseille: Presses Universitaires D'Aix-Marseille, 2007.

COUTO E SILVA, Clóvis V. do. *A obrigação como processo*. Reimpr. Rio de Janeiro: FGV, 2007.

______. *A obrigação como processo*. São Paulo: Bushatsky, 1976.

COVELLO, Sérgio Carlos. *A obrigação natural, elementos para uma possível teoria*. São Paulo: LEUD, 1996.

CRASWELL, Richard; SCHWARTZ, Alan. *Foundations of contract law.* Nova York: Foundation Press, 1994.

CRUZ, Gisela Sampaio da. *O problema do nexo causal na responsabilidade civil.* Rio de Janeiro: Renovar, 2005.

CSERNE, Peter. Freedom of choice and paternalism in contract law: a law and economics perspective. *German working papers in law and economics*, v. 2006, Paper 6, p. 31. Disponível em: <www.bepress.com/gwp/default/vol2006/iss1/art6>. Acesso em: 8 set. 2010.

CUNHA, Daniela Moura Ferreira. *Responsabilidade pré-contratual por ruptura das negociações.* Coimbra: Almedina, 2006.

DAINTITH, Terence; TEUBNER, Gunther. *Contract and organization.* Berlin: Walter de Gruyter, 1986.

DI MAJO, Adolfo; FERRI, Giovanni Baptista; FRANZONI, Massimo. *Il contratto in generale.* In: BESSONE, Mario (Coord.). *Trattato di Diritto Privato.* Turim: G. Giappichelli, 2002. t. VII.

DIAS, José de Aguiar. *Cláusula de não-indenizar.* 4. ed. Rio de Janeiro: Forense, 1980.

______. *Da responsabilidade civil.* 9. ed. rev. e atual. Rio de Janeiro: Forense, 1994. v. I.

______. *Responsabilidade civil em debate.* Rio de Janeiro: Forense, 1983.

DIB, Albert. *Legal Handbook for Architects, Engineers and Contractors.* Nova York: CBC, Clark Boardman Callaghan, 1993.

DINIZ, Maria Helena. *Curso de Direito Civil brasileiro: Teoria das obrigações contratuais e extracontratuais.* São Paulo: Saraiva, 2003. v. 3.

DUARTE JUNIOR, Antonio Marcos. A importância do gerenciamento de riscos corporativos em bancos. In: DUARTE JUNIOR, Antonio Marcos; VARGA, Gyorgy (Orgs.). *Gestão de riscos no Brasil.* Rio de Janeiro: Financial Consultoria, 2003.

______; VARGA, Gyorgy. *Gestão de riscos no Brasil.* Rio de Janeiro: Financial Consultoria, 2003.

DUARTE, Nestor. Comentários ao artigo 211 do Código Civil. In: PELUSO, Cezar (Coord.). *Código Civil comentado: Doutrina e jurisprudência.* 3. ed. Barueri: Manole, 2009.

DUFWA, Bill W. *Droit suédois comparé au droit français.* In: GHESTIN, Jacques (Dir.). *Les clauses limitatives ou exonératoires de responsabilité en Europe.* Paris: LGDJ, 1990.

DURANT, Paul. *Des conventions d'irresponsabilité.* Paris: Librairie des Juris-Classeurs, 1932.

______. *Des conventions d'irresponsabilité.* Tese. Paris, 1931.

DWORKIN, Ronald. *Taking rights seriously.* 5. impr. Londres: Duckworth, 1987.

EASTERBROOK, Frank H.; FISCHEL, Daniel R. *The corporate structure of corporate law.* Cambridge: Harvard University Press, 1991.

EGGLESTON, K.; POSNER, E.; ZECKHAUSER, R. *Simplicity and complexity in contracts.* Disponível em: <http://www.cyberlibris.typepad.com/blog/files/contractsEPosner.pdf>. Acesso em: 6 jan. 2011.

ELGUETA, Giacomo Rojas. *L'autonomia privata e le limitazione della responsabilità patrimoniale del debitore.* Roma: Aracne, 2006.

ELIAS, Norbert. *O processo civilizador.* Trad. Ruy Jungman. Rio de Janeiro: Jorge Zahar Editor, 1993. v. 2.

EÖRSI, Gyula. The validity of clauses excluding or limiting liability. Disponível em: <www.cisg.law.pace.edu/cisg/biblio/eorsi2.html>. Acesso em: 27/11/2009).

EPSTEIN, Richard. A. Beyond foreseeability: consequential damages in the law of contract. In: FREY, R.G.; MORRIS, Christopher W. (Ed.). *Liability and responsibility. Essays in law and morals.* Cambridge, UK: Cambridge University Press, 1991.

EWALD, François (Org.). *Les limites de la reparation du prejudice.* Paris: Dalloz, 2009.

FARINA, Elizabeth Maria Mercier Querido. *Competitividade: Mercado, estado e organizações.* São Paulo: Singular, 1997.

FARNSWORTH, Allan; YOUNG, William F. *Contracts*. 2. ed. Boston: Little, Brown and Co., 1990.

______. *Contracts, cases and materials*. 5. ed. Westbury, NY: The Foundation Press, 1995.

FERNANDES, Adauto. *Cláusula de não responsabilidade*. Rio de Janeiro: A. Coelho Branco Filho, 1943.

FERNANDES, Wanderley. Contrato de adesão e a racionalização dos processos de produção e contratação. In: LOPEZ, Teresa Ancona; AGUIAR JUNIOR, Ruy Rosado de (Coord.). *Contratos de consumo e atividade econômica*. São Paulo: Saraiva, 2009.

FERNANDEZ, Maria Serrano. *Estudio de derecho comparado sobre la interpretación de los contratos*. Valencia: Tirant lo Blanch, 2005.

FERRARA, Luigi Cariota. *Il negozio giuridico nel Diritto Privato italiano*. Nápoles: Morano [s.d.].

FERRARESI, Maria Rosaria. *Diritto e mercato*. Turim: Giappichelli, 1992.

FIANE, Ronaldo. *Teoria dos jogos para cursos de administração e economia*. Rio de Janeiro: Elsevier, 2004.

FIGUEIREDO, Antonio Borges de; MARTINS, Alan. *Prescrição e decadência no direito civil*. 3. ed. São Paulo: Thomson-IOB, 2005.

FLANAGAN, Roger; NORMAN, George. *Risk management and construction*. Oxford, UK: Blackwell Publishing, 2003.

FONSECA, Arnoldo Medeiros da. *Caso fortuito e teoria da imprevisão.* 3. ed. Rio de Janeiro: Revista Forense, 1958.

FONTAINE, Marcel. Observations sur les clauses limitatives ou exonératoires de responsabilité en Europe. In: GHESTIN, Jacques (Dir.). *Les clauses limitatives ou exonératoires de responsabilité en Europe.* Paris: LGDJ, 1990.

FORGIONI, Paula A. *Contrato de distribuição.* São Paulo: Revista dos Tribunais, 2005.

______. Interpretação dos negócios empresariais. In: FERNANDES, Wanderley (Coord.). *Fundamentos e princípios dos contratos empresariais.* São Paulo: Editora Saraiva, 2007.

______. *Teoria geral dos contratos empresariais.* São Paulo: Revista dos Tribunais, 2009.

FRADA, Manuel A. Carneiro da. *Contrato e deveres de proteção.* Separata do Volume XXXVIII do Suplemento ao Boletim da Faculdade de Direito da Universidade de Coimbra, 1994.

______. *Teoria da Confiança e Responsabilidade Civil.* Coimbra: Almedina, 2003.

FREY, R.G.; MORRIS, Chistopher W. *Liability and responsibility: essays in law and morals.* Cambridge: Cambridge University Press, 1991.

GALBRAITH, John Kenneth. *O novo Estado industrial.* Trad. Ana Paula Curado. Sintra: Publicações Europa-América, 1985.

GALGANO, Francesco. *Diritto Privato.* 5. ed. Pádua: CEDAM, 1988.

______. *El negócio jurídico.* Tradução de Francisco Gascó e Lorenzo Albentosa. Valencia: Tirant lo Blanch, 1992.

______. *I fatti illeciti.* Pádua: CEDAM, 2008.

______. *Il contratto.* Pádua: CEDAM, 2007.

______. Le antiche e le nuove frontirere del danno risarcibile. *Contratto e impresa*, pubblicazione bimestrale, anno XXIV, Turim: CEDAM, n. 1, jan.-fev. 2008.

GALVÃO TELLES, Inocêncio. *Direito das obrigações.* 7. ed. rev. e atual. Coimbra: Coimbra, 1997.

GARCIA AMIGO, Manuel. *Cláusulas limitativas de la responsabilidad contractual.* Madri: Tecnos, 1965.

GARCIA-CANTERO, Gabriel. Droit espagnol. In: GHESTIN, Jacques (Dir.). *Les clauses limitatives ou exonératoires de responsabilité en Europe: Actes du colloque des 13 et 14 décembre 1990.* Paris: LGDJ, 1990.

GEMEI, Hassan. Les réactions des clients du Proche Orient aux clauses limitatives ou exoneratoires de responsabilité des fournisseurs européens. In: GHESTIN, Jacques (Dir.). *Les clauses limitatives ou exonératoires de responsabilité en Europe.* Paris: LGDJ, 1990.

GHESTIN, Jacques (Dir.). *Les clauses limitatives ou exonératoires de responsabilité en Europe: Actes du colloque des 13 et 14 décembre 1990.* Paris: LGDJ, 1990.

GILISSEN, John. *Introdução histórica ao direito.* 4. ed. Trad. A. M. Hespanha. Lisboa: Fundação Calouste Gulbenkian, 2003.

GILMORE, Grant. *The death of contract.* Edited and with a foreword by Ronald K. L. Collins. 2. ed. Columbus: Ohio State University Press, 1995.

GODOY, Cláudio Bueno de. Comentários ao artigo 927 do Código Civil. In: PELUSO, Cezar (Coord.). *Código Civil comentado: Doutrina e jurisprudência.* 3. ed. Barueri: Manole, 2009.

______. Comentários ao artigo 932 e 933 do Código Civil. In: PELUSO, Cezar (Coord.). *Código Civil comentado: Doutrina e jurisprudência.* 3. ed. PELUSO, Cezar (Coord.). Barueri: Manole, 2009.

______. *Responsabilidade civil pelo risco da atividade: Uma cláusula geral no Código Civil de 2002.* São Paulo: Saraiva, 2009.

GOMES, Orlando. *Contratos.* 26. ed. atual. por Antonio Junqueira Azevedo e Francisco Paulo de Crescenzo Marino. Rio de Janeiro: Forense, 2007.

GONÇALVES, Carlos Roberto. *Responsabilidade civil.* 11. ed. São Paulo: Saraiva, 2009.

GORDLEY, James. *The philosophical origins of modern contract doctrine.* Oxford: Clarendon Press, 1991.

GRAU, Eros Roberto. *Ensaio e discurso sobre a interpretação/aplicação do direito*. 2. ed. São Paulo: Malheiros, 2003.

GROTIUS, Hugo. *O direito da guerra e da paz (de uire belli et pacis)*. Trad. Ciro Mioranza. Unijuí: Fondazione Casamarca/Unijuí, 2004. v. 1.

GRUNDMAN, Stefan; MAZEAUD, Denis (Ed.). *General clauses and standards in European contract law*. Haia: Kluwer Law International, 2006.

HARRIS, Donald. R.; VELJANOVSKI, Cento G. The use of economics to elucidate legal concepts: the law of contract. In: DAINTITH, Terence; TEUBNER, Gunther (Eds.). *Contract and organization: Legal analysis in the light of economic and social theory*. Berlin: Walter de Gruyter, 1986.

HART, Oliver. *Firms, contracts and financial structure*. Oxford, UK: Clarendon Press, 1995.

HELLERINGER, Geneviève. Quand les parties font leur loi. In: LEWKOWICZ, Gregory; XIFARAS, Mikhail (Dir.). *Repenser le contrat*. Paris: Dalloz, 2009.

HIGGINS, Robert C. *Analysis for financial management*. 8. ed. Boston: McGraw-Hill, 2007.

HOMES, Oliver W. *The common law*. Boston: Little, Brown and Company, 1963.

HONDIUS, Edward. Droit Néerlandais. In: GHESTIN, Jacques (Dir.). *Les clauses limitatives ou exonératoires de responsabilité en Europe.* Paris: LGDJ, 1990.

HRUDEY, Steve E.; LEISS, Willian. On proof of profitability: introduction to law and risk. In: LAW COMMISSION OF CANADA. *Law and risk.* Vancouver: Law Commission of Canada, 2005.

IBBETSON, David. *A historical introduction to the law of obligations.* Oxford, UK: Oxford University Press, 2006.

IRTI, Natalino. *L'ordine giuridico del mercato.* Roma: Laterza, 2003.

JACKSON, Howell E. et al. *Analytical methods for lawyers.* Nova York: Foundation Press, 2003.

JOHNSTON, Angus; MARKESINIS, Basil S.; UNBERATH, Hannes. *The German law of contract*: a comparative treatise. 2. ed. Oxford, UK: Hart Publishing, 2006.

JOSSERAND, Louis. *Cours de droit civil positif français.* Paris: Librairie du Recueil Sirey, 1933. v. II.

______. *De l'esprit des droits et de leur relativité: Théorie dite de l'abus des droits.* 2. ed. Paris: Dalloz, 2006.

KAPLOW, Louis; SHAVELL, Steven M. Contracting. In: ______. *Analytical methods for lawyers.* Nova York: Foundation Press, 2003.

KNIGHT, Frank H. *Risk, uncertainty and profit.* Mineola, NY: Dover Publications, 2006.

KONDER, Carlos Nelson. *Contratos conexos: Grupos de contratos, redes contratuais e contratos coligados.* Rio de Janeiro: Renovar, 2006.

KRONMAN, Antony T.; POSNER, Richard A. *The economics of contract law.* Boston: Little Brown, 1979.

KUMMEROV, Gert. *Algunos problemas fundamentals del contrato por adhesion em ele derecho privado.* Caracas: Faculdad de Derecho, Sección de Publicaciones, 1956.

LAFOND, Jean-Jacques; MARTIMORT, David. *The theory of incentives.* Princeton: Princeton University Press, 2002.

LAGARDE, Paul. Droit International Privé. In: GHESTIN, Jacques (Dir.). *Les clauses limitatives ou exonératoires de responsabilité en Europe.* Paris: LGDJ, 1990.

LAITHIER, Yves-Marie. Clause pénale et dommages et interest incitatifs. In: JAMIN, Christophe (Dir.). *Droit et économie des contrats.* Paris: LGDJ, 2008.

LALOU, Henri. *Traité pratique de la responsabilité civile.* 50. ed. Paris: Librairie Dalloz, 1955.

LARENZ, Karl. *Base del negocio jurídico e cumplimiento de los contratos.* Trad. Carlos Fernandez Rodriguez. Granada: Colmares, 2002.

LASTRES, José Luis García-Pita y. *La limitación de la responsabilidad civil del naviero.* Vitoria-Gasteiz: Servicio Central de Publicaciones del Gobierno Vasco, 1996.

LATA, Natalia Álvarez. *Cláusulas restrictivas de responsabilidad civil.* Granada: Comares, 1998.

LAUTENSCHLEGER JUNIOR, Nilson. Limitação de responsabilidade na prática contratual brasileira: permite-se no Brasil a racionalização dos riscos do negócio empresarial? *Revista de Direito Mercantil, Industrial, Econômico e Financeiro*, São Paulo; Malheiros, n. 125, 2002.

LAWSON, Richard. *Exclusion clauses and unfair contract terms.* 5. ed. Londres: Sweet and Maxwell, 1998.

______. *Exclusion clauses.* 3. ed. Londres: Longman, 1990.

LEÃES, Luiz Gastão Paes de Barros. *A responsabilidade do fabricante pelo fato do produto.* São Paulo: Saraiva, 1987.

LEISS, William; HRUDEY, Steve E. On proof and probability: introduction to law and risk. In: LAW COMMISSION OF CANADA. *Law and risk.* Vancouver: UBC Press, 2005.

LEWICKI, Bruno. Princípio da precaução: impressões sobre o segundo momento. In: BODIN DE MORAES, Maria Celina (Coord.). *Princípios do direito civil contemporâneo.* Rio de Janeiro: Renovar, 2006.

LIMA, Alvino. *Dano e risco.* 2. tir. São Paulo: Revista dos Tribunais, 1963.

LOBO, Paulo Luiz Neto. *Condições gerais dos contratos e cláusulas abusivas.* São Paulo: Saraiva, 1991.

LOPES, José Reinaldo de Lima. *O direito na história, lições introdutórias*. 2. ed. rev. São Paulo: Max Limonad, 2002.

______. *Responsabilidade civil do fabricante e a defesa do consumidor*. São Paulo: Revista dos Tribunais, 1992.

______. Juízo jurídico e a falsa solução dos princípios e das regras. *Revista de Informação Legislativa*, ano 40, n. 160. Brasília: Senado Federal, Secretaria Especial de Editoração e Publicações, 2003.

LOPEZ, Teresa Ancona. *Comentários ao Código Civil (565 a 652)*. São Paulo: Saraiva, 2003. v. 7.

______. ______. *O dano estético: Responsabilidade civil*. 3. ed. rev. ampl. e atual. com o Código Civil de 2002. São Paulo: Revista dos Tribunais, 2004.

______. *Nexo causal e produtos potencialmente nocivos: A experiência brasileira do tabaco*. São Paulo: Quartier Latin, 2008.

______. Principais linhas da responsabilidade civil no direito brasileiro contemporâneo. In: AZEVEDO, Antonio Junqueira; TORRES, Heleno Taveira; CARBONE, Paolo (Coord.). *Princípios do novo Código Civil brasileiro e outros temas: Homenagem a Tullio Ascarelli*. São Paulo: Quartier Latin, 2008.

______. *Princípio da precaução e evolução da responsabilidade civil*, São Paulo: Quartier Latin, 2010.

LORENZETTI, Ricardo Luis. *Tratado de los contratos: Parte general*. Buenos Aires: Rubinzal-Culzoni, 2004.

LUHMANN, Niklas. *Risk: A sociological theory*. Trad. Rhodes Barrett. New Brunswick: Transaction Publishers, 2006. Traduzido do alemão: *Soziologie des risikos*.

MACHADO, Paulo Affonso Leme. *Direito ambiental brasileiro*. 15. ed. São Paulo: Malheiros, 2007.

MANN, Thomas. *Os Buddenbrook, decadência de uma família*. Trad. Herbert Caro. São Paulo: Círculo do Livro, 1981.

MANTELO, Marco. *Interpretazione funzionale e rischio contrattuale*. Nápoles: Jovene, 2003.

MARIANO, João Cura. *Responsabilidade contratual do empreiteiro pelos defeitos da obra*. 3. ed. Coimbra: Almedina, 2008.

MARINO, Francisco Paulo de Crescenzo. *Contratos coligados no direito brasileiro*. São Paulo: Saraiva, 2009.

MARQUES, Cláudia Lima. *Confiança no comércio eletrônico e a proteção do consumidor*. São Paulo: Revista dos Tribunais, 2004.

______. *Contratos no Código de Defesa do Consumidor*. 4. ed. rev., atual. e ampl. São Paulo: Revista dos Tribunais, 2002.

MARTINEZ, Pedro Romano. *Cumprimento defeituoso, em especial na compra e venda e empreitada*. Coimbra: Almedina, 2001.

MARTINS-COSTA, Judith. *A boa-fé no direito privado*. 2. tir. São Paulo: Revista dos Tribunais, 2000.

______. *Comentários ao Novo Código Civil.* São Paulo: Forense, 2005. v. V, t. I.

MAXIMILIANO, Carlos. *Hermenêutica e aplicação do direito.* Rio de Janeiro: Forense, 2005.

MAZEAUD, Henri; MAZEAUD, Leon. *Traité théorique et pratique de la responsabilité civile.* 4. ed. Paris: Librairie du Recueil Sirey, 1947. t. I.

MELO DA SILVA, Wilson. *Da responsabilidade civil automobilística.* 5. ed. São Paulo: Saraiva, 1988.

______. *Responsabilidade sem culpa e socialização do risco.* Belo Horizonte: Bernardo Alvares, 1962.

MENDES, Maria Cristina Varalla; RODRIGUEZ, Caio Farah. Notas sobre alocação de riscos e garantias contratuais. In: FERNANDES, Wanderley (Coord.). *Fundamentos e princípios dos contratos empresariais.* São Paulo: Saraiva, 2007.

MENDONÇA, Manuel Inácio Carvalho de. *Doutrina e prática das obrigações ou tratado geral dos direitos de crédito.* 4. ed. Rio de Janeiro: Revista Forense, 1956

MENICHINO, Cristina. *Responsabilità oggetiva e clausole di esonero e di limitazione della responsabilità contrattuale.* Milão: CUEM, 2006.

MICKLETHWAIT, John; WOOLDRIDGE, Adrian. *A companhia, breve história de uma ideia revolucionária.* Trad. S. Duarte. Rio de Janeiro: Objetiva, 2003. caps. 3-4.

MILARÉ, Édis. *Direito do ambiente, a gestão ambiental em foco*. 6. ed. São Paulo: Revista dos Tribunais, 2009.

MIRANDA, Custodio da Piedade Ubaldino. *Contrato de adesão*. São Paulo: Atlas, 2002.

MONTEIRO, António Pinto. *Cláusula penal e indemnização*. Reimpr. Coimbra: Almedina, 1993.

______. *Cláusulas limitativas e de exclusão de responsabilidade civil*. Reimpr. Coimbra: Almedina, 2003.

MONTEIRO, Washington de Barros. *Curso de Direito Civil: Direito das obrigações*. 32. ed. atual. por Carlos Alberto Dabus Maluf de acordo com o Novo Código Civil (Lei no 10.406, de 10-1-2002. São Paulo: Saraiva, 2003. v. 4.

MORAES, Maria Celina Bodin de. *Danos à pessoa humana*. 4. tir. Rio de Janeiro: Renovar, 2009.

MOREIRA ALVES, José Carlos. *Direito Romano*. 4. ed. Rio de Janeiro: Forense, 1986. v. II.

MOTA, Octanny Silveira da. A cláusula de não indenizar e o contrato de transporte aéreo: em torno do artigo 105 do Código Brasileiro do Ar. *Revista de Direito Civil*, São Paulo: Revista dos Tribunais, ano 2, n. 5, 1978.

NEBBIA, Paolisa. *Unfair contract terms in European Law*. Oxford, UK: Hart Publishing, 2007.

NEGREIROS, Teresa. *Teoria do Contrato.* Rio de Janeiro: Renovar, 2002.

NERY JUNIOR, Nelson; NERY, Rosa Maria de Andrade. *Código Civil anotado e legislação extravagante.* 2. ed. rev. e ampl. São Paulo: Revista dos Tribunais, 2003.

NORONHA, Fernando. *Direito das obrigações.* São Paulo: Saraiva, 2003. v. 1.

NORTH, Douglas C.; THOMAS, *Robert P. The rise of the western world: A new economic history.* Cambridge: Cambridge University Press, 1999.

NUNES, Rizzatto. *Comentários ao Código de Defesa do Consumidor.* 5. ed. rev., atual. e ampl. São Paulo: Saraiva, 2010.

OLIVEIRA, Nuno Manuel Pinto. *Cláusulas acessórias ao contrato*: cláusulas de exclusão e de limitação do dever de indenizar e cláusulas penais. 2. ed. Coimbra: Almedina, 2005.

OMMESLAGUE, Pierre van. *Droit belge.* In: GHESTIN, Jacques (Dir.). *Les clauses limitatives ou exonératoires de responsabilité en Europe.* Paris: LGDJ, 1990.

ORTEGA, Francisco. *Amizade e estética da existência em Foucault.* Rio de Janeiro: Graal, 1999.

PASUKANIS, Evgueny Bronislanovitch. *A teoria geral do direito e o marxismo.* Trad. Soveral Martins. Coimbra: Centelha, 1977.

PELUSO, César. *Código Civil comentado*. 3. ed. Barueri: Manole, 2009.

PENTEADO, Mauro Rodrigues. *Consórcio de empresas*. São Paulo: Livraria Pioneira, 1979.

PEREIRA, Caio Mário da Silva. *Instituições de Direito Civil: Contratos*. 11. ed. Rio de Janeiro: Forense, 2003. v. III.

______. *Instituições de Direito Civil: Contratos*. 14. ed. rev. e atual. por Regis Fichtner. Rio de Janeiro: Forense, 2010. v. III.

______. *Lesão nos Contratos*. Rio de Janeiro: Forense, 2001.

PEREIRA, Regis Fichtner. *A responsabilidade civil pré-contratual*. Rio de Janeiro: Renovar, 2001.

PERES, Fábio Henrique. *Cláusulas contratuais excludentes e limitativas do dever de indenizar*. São Paulo: Quartier Latin, 2009.

PERILLO, Joseph M. *Calamari and Perillo on contracts*. 5. ed., 1ª reimpr. Saint Paul, MN: Thompson - West, 2004.

______. *Calamari and perillo on contracts*. 5. ed. Saint Paul: Thomson - West, 2003.

PERLINGIERI, Pietro. *Perfis do Direito Civil*. 2. ed. Trad. Maria Cristina de Cicco. Rio de Janeiro: Renovar, 2002.

PINHEIRO, Rosalice Fidalgo. *O abuso do direito e as relações contratuais*. Rio de Janeiro: Renovar, 2002.

PINTO, Carlos Alberto da Mota. *Teoria geral do Direito Civil.* 4. ed. Coimbra: Coimbra, 2005.

POLANYI, Karl. *A grande transformação: As origens da nossa época.* Rio de Janeiro: Campus, 2000.

PONZANELLI, Giulio. *Le clausole di esonero dalla responsabilità civile, studio di diritto comparato.* Milão: Giuffrè, 1984.

______. *Le clausole di esonero dalla responsabilità civile: Studio di diritto comparato.* Milão: Giuffrè, 1984.

______. (a cura di). *Il resarcimento integrale senza il danno esistenziale.* Pádua: CEDAM, 2007.

POTHIER, Robert Joseph. *Tratado das obrigações.* Trad. Adrian Sotero De Witt Batista e Douglas Dias Ferreira. Campinas: Servanda, 2001.

______. *Tratado das obrigações.* Trad. Adrian Sotero de Witt Batista e Douglas Dias Ferreira. Campinas: Servanda, 2001.

PRATA, Ana. *Cláusulas de exclusão e limitação de responsabilidade contratual.* Reimpr. Coimbra: Almedina, 2005.

______. *Cláusulas de exclusão e limitação de responsabilidade contratual.* Reimpr. Coimbra: Almedina, 2005

______. *Notas sobre responsabilidade pré-contratual.* Coimbra: Almedina, 2005.

PUFENDORF, Samuel. *De los deberes del hombre y del ciudadano según la ley natural en dos libros.* Trad. e notas Maria Asunción Sanchez Manzano e Salvador Rus Rufino. Madri: Centro de Estudios Políticos y Constitucionales, 2002.

REICH, Norbert. La transparence des clauses limitatives dans le droit allemand. In: GHESTIN, Jacques (Dir.). *Les clauses limitatives ou exonératoires de responsabilité en Europe.* Paris: LGDJ, 1990.

______. Le principe de la transparence des clauses limitatives relatives au contenu des prestations dans le droit allemand des conditions générales des contrats. In: GHESTIN, Jacques (Dir.). *Les clauses limitatives ou exonératoires de responsabilité en Europe.* Paris: LGDJ, 1990.

RIBEIRO, Joaquim de Sousa. *O problema do contrato: As cláusulas contratuais gerais e o princípio da liberdade contratual.* Reimpr. Coimbra: Almedina, 2003.

ROCHA, Sílvio Luiz Ferreira da. *Responsabilidade civil do fornecedor pelo fato do produto no direito brasileiro.* São Paulo: Revista dos Tribunais, 1992.

RODRIGUES JUNIOR, Luiz Otávio. Função, natureza e modificação da cláusula penal no direito brasileiro. 2006. Tese (doutorado em direito). Faculdade de Direito da Universidade de São Paulo. São Paulo: 2006.

RODRIGUES, Sílvio. *Direito Civil: Dos contratos e das declarações unilaterais de vontade.* 29. ed. atual. São Paulo: Saraiva, 2003. v. 3.

______. *Direito Civil: Responsabilidade civil.* 19. ed. atual. de acordo com o novo Código Civil (Lei 10.406, de 10-1-2002). São Paulo: Saraiva, 2002. v. 4.

RODRIGUEZ, Adela Serra. *Cláusulas abusivas en la contratación: En especial, las cláusulas limitativas de responsabilidad.* Pamplona: Aranzadi, 1996.

RODRIGUEZ, Caio Farah; VARALLA, Cristina. Notas sobre alocação de riscos e garantias contratuais. In: FERNANDES, Wanderley (Coord.). *Fundamentos e princípios dos contratos empresariais.* São Paulo: Saraiva, 2007.

ROPPO, Enzo. *O contrato.* Trad. Ana Coimbra e M. Januário C. Gomes. Coimbra: Almedina, 1988.

ROSENVALD, Nelson. Comentários ao artigo 424 do Código Civil. In: PELUSO, Cezar (Coord.). *Código Civil comentado: Doutrina e jurisprudência.* 3. ed. Barueri: Manole, 2009.

ROSS, Stephen F. *Principles of antitrust law.* Westbury: The Foundation Press, Inc., 1993.

SACCO, Rodolfo; DE NOVA, Giorgio. *Il contratto.* 3. ed. Turim: UTET, 2004.

______. Il contratto. In: SACCO, Rodolfo (Dir.). *Trattato di Diritto Civile.* 3. ed. Turim: UTET, 2004. t. II.

SALANIÉ, Bernard. *The economics of contracts.* 2. ed. Cambridge: The MIT Press, 2005.

SAVATIER, Rene. *Traité de la responsabilité civile en droit français*. Paris: Librairie Générale de Droit e Jurisprudence, 1939. t. I.

SCHMIDT-SALZER, Joachim. Droit allemand. In: GHESTIN, Jacques (Dir.). *Les clauses limitatives ou exonératoires de responsabilité en Europe*. Paris: LGDJ, 1990.

SCHRAGE, E. J. H. (Ed.). *Unjust enrichment and law of contract*. Haia: Kluwer Law International, 2001.

SCHWARTZ, Alan; SCOTT, Robert E. *Commercial transactions: Principles and policies*. 2. ed. Westbury, NY: The Foundation Press, 1991.

______. *Sales Law and the contracting process*. 2. ed. Westbury: The Foundation Press, Inc., 1991.

SCOGNAMIGLIO, Renato. *Contratti in generale*. Bolonha: Nicola Zanichelli, 1970.

______. *Responsabilità civile e danno*. Turim: G. Giappichelli, 2010.

SCOTT, Dayna Nadine. Shifting the burden of proof: the precautionary principle and its potential for the democratization of risk. In: LAW COMMISSION OF CANADA. *Law and risk*. Vancouver: Law Commission of Canada, 2005.

SERPA LOPES, Miguel Maria. *Curso de direito Civil*. 6. ed. Rio de Janeiro: Freitas Bastos, 1995.

SILVA, Eva Maria Sónia da. *Da responsabilidade pré-contratual por violação dos deveres de informação*. Coimbra: Almedina, 2003.

SILVA, Joaquim Marcelo Barbosa da. As cláusulas excludentes e limitadoras da responsabilidade contratual. Caso fortuito e força maior. *Revista de Direito Privado*, São Paulo, ano 2, abr.-jun. 2001.

SILVA, Wilson Melo da. *Responsabilidade sem culpa*. Belo Horizonte: Bernardo Alvares, 1962.

SPIER, Kathryn E.; WHISTON, Michael D. On the efficiency of privately stipulated damages for breach of contract: entry barriers, reliance and renegotiation. In: BAIRD, Douglas G. (Ed.). *Economics of contract law*. Cheltenham, UK: An Elgar Reference Collection, 2007.

STAUDER, Bernd. Droit suisse. In: GHESTIN, Jacques (Dir.). *Les clauses limitatives ou exonératoires de responsabilité en Europe*. Paris: LGDJ, 1990.

STEELE, Jenny. *Risks and legal theory*. Oxford: Hart Publishing, 2004.

STIGLITZ, Joseph. *Rumo a um novo paradigma em economia monetária*. Trad. Laura Knapp e Cecília Camargo Bartalotti). São Paulo: Francis, 2004.

STOCCO, Rui. *Tratado de responsabilidade civil: Doutrina e jurisprudência*. 7. ed. São Paulo: Revista dos Tribunais, 2007.

SWEET, Justin; SCHNEIER, Marc M. *Legal aspect of architecture, engineering and the construction process*. 7. ed. Toronto: Thompson, 2004.

TEUBNER, Gunther. *Direito, sistema e policontextualidade*. Trad. Brunela Vieira de Vincenzi e outros. Piracicaba: UNIMEP, 2005.

TRABUCCHI, Alberto. *Istituzioni di Diritto Civile*. 43. ed. Pádua: CEDAM, 2007.

TRIMARCHI, Pietro. *Istituzioni di Diritto Privato*. 17. ed. Milão: Giuffrè, 2007.

______. *Rischio e responsabilità oggetiva*. Milão: Giuffrè, 1961.

TUHR, A. Von. *Tratado de las obligaciones*. Trad. W. Roces. Madri: Reus, 1934. t. I.

VARELA, João de Matos Antunes. *Das obrigações em geral*. 10. ed. Coimbra: Almedina, 2000. v. I.

______. *Das obrigações em geral*. 7. ed. Coimbra, Almedina. 1997. v. II.

VASCONCELOS, Pedro Pais de. *Contratos atípicos*. Coimbra: Almedina, 1995.

VENOSA, Silvio de Salvo. *Direito Civil IV: Responsabilidade civil*. 9. ed. São Paulo: Atlas, 2009.

______. *Direito Civil III: Contratos em espécie*. 6. ed. São Paulo: Atlas, 2006.

______. *Direito civil IV: Responsabilidade civil*. 9. ed. São Paulo: Atlas, 2009.

VINEY, Geneviève. *Introduction à la responsabilité de droit civil: Traité de droit civil*. 3. ed. Paris: LGDJ, 2008.

______. Rapport de synthèse. In: GHESTIN, Jacques (Dir.). *Les clauses limitatives ou exonératoires de responsabilité en Europe*. Paris: LGDJ, 1990.

______; JOURDAIN, Patrice. *Les effets de la responsabilité*. 2. ed. Paris: LGDJ, 2001.

WALD, Arnold. *Obrigações e contratos*. 12. ed. rev. ampl. e atual. com a colaboração de Semy Glanz. São Paulo: Revista dos Tribunais, 1995.

WALLACE, I. N. Ducan. *Hudson's building and engineering contracts*. Londres: Sweet & Maxwell, 1995.

WEBER, Max. *Economia e sociedade*. Tradução de Regis Barbosa e Karen Elsabe Barosa. São Paulo: UnB, 2004. v. 2.

WESTERMANN, Harm Peter. *Código Civil alemão: Direito das obrigações, parte geral*. Trad. Armindo Edgar Laux. Porto Alegre: Sergio Antonio Fabris, 1983.

WIEACKER, Franz. *História do Direito Privado moderno*. 2. ed. Trad. A. M. Botelho Hespanha. Lisboa: Fundação Calouste Gulbenkian, 1993.

WILLIAMSON, Oliver E. *The economic institutions of capitalism*. Nova York: Free Press, 1985.

YATES, David. *Exclusion clauses in contracts.* 2. ed. Londres: Sweet and Maxwell, 1982.

ZANETTI, Cristiano de Sousa. *Direito contratual contemporâneo: A liberdade contratual e sua fragmentação.* São Paulo: Método, 2008.

______. *Responsabilidade pela ruptura das negociações.* São Paulo: Juarez de Oliveira, 2005.

ZIMMERMANN, Reinhard; WHITTAKER, Simon. *Good faith in European contract law.* Cambridge, UK: Cambridge University Press, 2005.

REFERÊNCIAS BIBLIOGRÁFICAS DA SEGUNDA EDIÇÃO

AVELAR, Letícia Marquez de. *A cláusula de não indenizar: Uma exceção do direito contratual à regra da responsabilidade civil.* Curitiba: Juruá, 2012.

BANDEIRA, Luiz Octávio Villela de Viana. *As cláusulas de não indenizar no direito brasileiro.* São Paulo: Almedina, 2016.

BLUM, Brian A. *Contracts*, 6ª ed. Nova York: Woters Kluwer, 2013.

BOECHEM, Felipe. *Limitação do dever de indenizar do operador em joint operating agreements.* Rio de Janeiro: Lumen Juris, 2019.

CARMO, Lie Uema do. *Contratos de construção de grandes obras.* São Paulo: Almedina, 2019.

CLIMENT, José Ramón Salelles. *Exclusión y limitación de responsabilidad en la contratación entre empresarios.* Zaragoza: Publicaciones del Real Colegio de España, 2007.

DIMSEY, Mariel; FOUNTOULAKIS, Christiana e SCHWENZER, Ingebor. *International sales law: A guide to CISG.* Oxford (UK): Hart Publishing, 2012.

FERNANDES, Wanderley. A cláusula de limitação de responsabilidade no inadimplemento da obrigação principal. In: PAVINATTO, Tiago e SIMÃO, José Fernando (coord): *Liber amicorum Teresa Ancona Lopes: Estudos de responsabilidade civil.* São Paulo: Almedina, 2021.

FERNANDES, Wanderley e LIMA, João Emmanuel Cordeiro de. *A cláusula de limitação/ampliação de responsabilidade como mecanismo de regulação de riscos ambientais.* In: MATIAS, João Luis Nogueria (coord). *Os impactos da proteção ao meio ambiente no direito.* Rio de Janeiro: Lumen Juris, 2017.

GIDO, Jack e CLEMENS, James P. *Gestão de projetos.* São Paulo: Centage learning, 2011.

HARARI, Yuval Noah Harari. *Homo Deus: A brief history of tomorrow.* Nova York: HarperCollings Publishers, 2017.

IBARBIA, Francisco Elizalde. *El contenido del contrato.* Cizur Menor (Navarra): Thompson Reuters, 2015.

KALOS, Malvin H. e WHITLOCK Paula A. *Monte Carlos Methods,* 2ª ed. Weinheim: Wiley-Blackwell, 2008.

KOROBKIN, George. *A common law approach to contracts.* Nova York: Wolters Kluwer, 2012.

KRAUS, Jody S. e SCOTT, Robert E. *Contract law and theory.* 4a. ed. Newark: Lexis Nexis, 2007.

MACDONALD, Elizabeth. 2ª ed. *Exemption clauses and unfair terms.* Haywards Heath (UK): Tottel Publishing, 2006.

MARTINS-COSTA, Judith. *A boa-fé no direito privado: Critérios para a sua aplicação.* 2ª ed. São Paulo: Saraiva, 2018.

MARTINS-COSTA, Judith. *Contrato de construção. Contrato aliança. Interpretação contratual. Cláusula de exclusão de responsabilidade do dever de indenizar. Parece. Revista de Direito Civil Contemporâneo.* Ano 1. V. 1, Outubro-Dezembro de 2014. São Paulo: Revista dos Tribunais, 2014.

MORSELLO, Marco Fábio. *Contratos de transporte: Novos paradigmas do caso fortuito e força maior.* São Paulo: Revista dos Tribunais, 2021.

NANNI, Giovanni Ettore. *Inadimplemento absoluto e resolução contratual.* São Paulo: Revista dos Tribunais, 2021.

PEREIRA, Vinícius. *Cláusula de não indenizar: Entre riscos e equilíbrio.* Rio de Janeiro: Lumen Juris, 2015.

POSNER, Eric A. *Contract law and theory.* New York: Wolters Kluwer, 2011.

SCHMITT, Cristiano Heineck. *Cláusulas abusivas nas relações de consumo.* 4ª ed. São Paulo: Revista dos Tribunais, 2014.

SCHWENZER, Ingeborg (editora). *Commentary on the UN Convention on The International Sales of Goods (CISG).* 3a. ed. Oxford (UK): Oxford Press, 2010.

SILVEIRA, Luiz Felipe. *Dano indireto e culpa grave nos contratos de construção.* São Paulo: Almedina, 2022.

VERAS, Ney Alves. *Cláusula exoneratória de responsabilidade contratual e as relações de consumo no ordenamento jurídico brasileiro.* Leme: Editora de Direito, 2005.

WALD, Arnoldo. A cláusula de limitação de responsabilidade no direito brasileiro. *Revista de Direito Civil Contemporâneo*, N. 2, V. 4, Julho-Setembro de 2015. São Paulo: Revista dos Tribunais, 2015.

ZIMMERMANN, Reinhard. Limitation of liability for damages in European Contract Law. *Revista de Direito Civil Contemporâneo.* N. 2, V. 3, Abril-Junho de 2015. São Paulo: Revista dos Tribunais, 2015.